中国旅游文化传统

（增订本）

喻学才 著

中国建筑工业出版社

图书在版编目（CIP）数据

中国旅游文化传统/喻学才著.—增订本.—北京：中国建筑工业出版社，2016.7
ISBN 978-7-112-19411-7

Ⅰ.①中… Ⅱ.①喻… Ⅲ.①旅游文化－中国 Ⅳ.①F592

中国版本图书馆CIP数据核字（2016）第094783号

责任编辑：郑淮兵　张幼平
书籍设计：京点设计
责任校对：陈晶晶　姜小莲

中国旅游文化传统（增订本）

喻学才　著

*

中国建筑工业出版社出版、发行（北京西郊百万庄）
各地新华书店、建筑书店经销
北京京点图文设计有限公司制版
北京云浩印刷有限责任公司印刷

*

开本：880×1230毫米　1/32　印张：13⅝　字数：364千字
2016年10月第一版　2016年10月第一次印刷
定价：39.00元
ISBN 978-7-112-19411-7
（28567）

版权所有　翻印必究
如有印装质量问题，可寄本社退换
（邮政编码　100037）

增订本自序

　　从1987年我在汉阳兵工厂召开的首届中国旅游学学术研讨会上油印散发的《中国旅游文化的优良传统》（上册），到今天由中国建筑工业出版社出版的这本《中国旅游文化传统》（增订本），岁月在不知不觉中已经走过了29个年头。29年来，我们国家的旅游业经历了许多难忘的历史性变革。如从外事接待模式到旅游经济模式的转变，由重视旅游之经济属性到重视旅游之文化属性的转变，由名山大川之外无资源的传统认识发展到深圳华侨城人造景观的认识巨变，由单纯接待外国游客的入境旅游发展到现在的入境旅游、出境旅游和国内旅游齐头并进。一言以蔽之，由原来的小众旅游发展到今天的大众旅游。近40年来，中国旅游业从无到有，从小到大，从弱到强。由原来的旅游资源大国发展到今天的世界旅游大国、强国，真是翻天覆地、旷古未见的大变化！

　　置身这个伟大的时代，我跟其他同行一样，也积极投身于旅游业大发展这个亘古难逢的伟大事业之中。我在湖北大学执教8年，开设中国旅游文学跨系公选课，组织湖北省青年旅游研究会，研究旅游文化等学术问题，同时积极为地方旅游发展出谋献策。东南大学执教23年来，一直从事旅游学科科研教学工作。在我国的旅游学科建设规范化方面，在旅游规划编制方面，在旅游文化研究方面，在建筑文化研究方面，在旅游文学创作方面，我一直都在孜孜以求地工作。当然，投入时间心血最多的还是旅游文化研究，或者说是20世纪以前的中国旅游文化传统的梳理总结工作。

　　我认为，如果要对数千年的中国旅游历史进行分段的话，宏观地说，只宜分为两大段，即小众旅游和大众旅游两个历史阶段。大众旅游，也就是1978年至今正在进行的旅游。1978年现代旅游业正式拉开序幕前的所有时代，都可以归之于小众旅游的范畴，因为区分大众旅游和小众旅游，首先要看是否有中介组织旅游者进行旅游活动。古代中国旅游都是没有中介机构组织安排的旅游。1927年，当时的国民政府虽然已经开始发展现代旅游业，但旋即被兵荒马乱所冲击。中国大陆真正的现代旅游业，应该从1978年算起。因为邓小平黄山谈话，和旅游局、民航局局长谈话是中国大陆现代旅游业的标志性事件。其次就是看参加旅游活动之群体的代表性。历史上有能力旅游的人总是少数，即使国内旅游也是如此。而20世纪80年代以来，特别是进入21世纪以来，中国旅游的游客构成则发生了根本性变化。工人、农民、干部、学生、商人都是旅游的参加者，结束了古代帝王将相、文人墨客、僧侣道士，商贾游侠等小众群体垄断旅游的时代。

1995年，本书初版由东南大学出版之际，北京大学陈传康教授曾经热情赐序。他在序言中希望我打通理论研究和应用开发之间的壁垒，希望我在完成《中国旅游文化传统》这本旨在总结过去三千年旅游之历史经验的专著后，能够再写一本总结当代旅游文化开发利用的著作。这是一个很有分量的期待。我虽做了一些准备，但总结当代旅游业发展，不是一个或几个学者的事情。好在普天之下，旅游学界有志于此的大有人在。而我首先要做的是把小众旅游三千年的历史经验总结出来，为有中国特色的当代旅游文化建设提供借鉴，为世界人民了解认识古老中国的旅游文化遗产提供方便。2014年中国建筑工业出版社假座东南大学榴园宾馆召开建社60周年编辑文化研讨会，会议期间沈元勤社长热情向我约稿，我才想到将1995年出版的这本《中国旅游文化传统》作一次较大的修订，算是我献给伟大祖国欣欣向荣的旅游业的一份礼物。

这次修订，除对全书各章节进行系统的修订外，重点增补了《中国旅游史鸟瞰》部分。因为篇幅太长，只好将其分为上下两章。此外，新增了《"欲修禊事清明近，曲水流觞拟晋贤"——中国旅游文化重视雅集的传统》《"青山有幸埋忠骨，白铁无辜铸佞臣"——中国旅游文化重视伦理评价的传统》《旅游不妨政,玩物不丧志——中国旅游文化与民同乐的传统》《"敬老慈幼,无忘宾旅"——中国旅游文化的好客传统》《"向平婚嫁何日事?卧游宗炳暮年期"——中国旅游文化的卧游传统》五个篇章。这次修订增补的内容总计12万字稍多,终于了却了我从1995年就一直挂在心头的遗憾,因为那年月确实太忙了,没有时间静下心来完善没有来得及完成的这些专题。

在未来的岁月里,我会尽我的力量,为记录当代旅游业的伟大变化做些力所能及的工作。如果天假以年,我愿意为我们伟大祖国的旅游文化创造继续工作30年,甚至40年!

时值北京首届世界旅游发展大会召开前夕,我衷心祝愿伟大祖国的旅游业再谱新篇,再创辉煌!也衷心祝愿世界各国人民常来常往,相敬如宾!

著者
2016年5月18日于三元草堂

初版序一

陈传康

  研究旅游科学，和其他学问一样，也有基础研究、应用研究之分。譬之万里长江，其基础研究有如上游，应用开发有如中下游。上游有上游的风光，中下游有中下游的韵味。17年来，随着改革开放的深入，中国旅游业得到了长足的发展。一大批关心旅游事业的各方面的专家学者的积极参与，促进了旅游科学的发展，也促进了旅游业的发展。为了解决应用研究的结构操作理论，旅游科学基础研究正在走上实证规范化的发展道路，出版了旅游科学各方面的教科书，也发表了不少理论探讨的文章。这些研究工作对于应用研究的发展，毫无疑问具有很大的促进作用。

  喻学才的《中国旅游文化传统》，从整体上看是一部基础研究的专著。但喻学才的学术追求却是力图打通基础研究与应用开发之间的界限。他很期望在旅游科学的"长江"上来一次漂流探险。也即是说从中国旅游文化的传统研究中探索出中国旅游文化的继承和发展。此书作为专著，将有助于旅游从业人员认识和把握旅游业的中国特色，从而避免在旅游开发和旅游宣传中不重中国特色的缺憾；作为教材，将有助于培养导游和经理注意从历史角度去阐述与中国旅行家有关的旅游点的文化内涵，也有助于培养旅游者用历代旅行家的审美眼光去更深刻地感受旅游点的文化内涵。

  中国历史上不同时期的著名旅行家去过哪些著名的旅游点？旅行家是以什么样的心境和价值观去欣赏中国各地的美景的？著名探险旅行家的旅游传统留下哪些文字记录？地方志和山水名胜志对景点的记载有何特点？怎样理解"行万里路"和"读万卷书"的关系？中国的旅游资源保护传统、游览艺术观念、旅游文化中的类比附会传统等有何特点？旅行家的忧患意识，或者说中国的大好河山怎样激发旅行家的"国家兴亡，匹夫有责"的爱国思想？山川景物因旅行家作"记"而传留后世，尚实尚古传统以及借景言情言志对山水游记的影响，崇尚自然与人工造园，旅行中的饮食、茶、酒文化特征等在本书中都有翔实而又带有独立分析的阐述。真可谓一书在手，可以总览中国旅游文化传统。

由于历史的局限，中国传统的旅行家大都是帝王将相、达官贵人等上层人士。他们在各种社会活动中顺便从事旅游。因而天子出巡，达官走马上任，武将出征，文官出使，宗教人士朝圣都可成为旅行家。中国历史上的纯粹旅行家最著名的是徐霞客。徐霞客的"苦行僧"式的旅行生涯最值得今人学习，培养下辈人刻苦奋斗、自强不息精神的最好办法是开展徐霞客式的也即现代的背包旅游活动。

通过旅游文化传统的回溯，还应该同时看到现实，并展望未来。随着科学的发达，发明创造依靠科学而增多，这一切必将大大促进世界经济的繁荣和人民群众生活的改善。"旧时王谢堂前燕，飞入寻常百姓家"不再只是诗人的感慨，而将成为千百万人旅游实践的写照。旅游已从上层人士的享受转化为群众性的精神文化消费活动。可以肯定，中国旅游文化传统也将逐步为大众旅游所继承和发展，并将有所创新。

当今旅游的文化特征是什么？旅游正从单纯的风景观光走向"行、住、食、游、购、娱"六要素的综合活动。旅游文化的建设也要扩大到这些方面，既要重视自然风光和历史胜迹、城市风光等的文化背景分析，又要开拓人工游乐景观（主题园、人工景点），发展不同于第一代（西游记宫等）和第二代（锦绣中华、中华民族园、世界之窗等）人工景点的第三代人工游乐景观，也要发展康体休闲旅游的文化内涵。

喻学才是一个笔耕不辍的中青年学者，他曾几次来北京大学拜访我，并与我一起开过学术会议。据他自己向我介绍，1989年前，他主要从事中国旅游文化传统研究，发表过20来篇讨论中国旅游文化的论文,写了一本名为《中国旅游文化传统》的专著,20余万字,即本书。1989年后,他开始转到应用研究上来。如对湖北、海南、南京等省市旅游文化发展战略的研究,对古三国旅游线、楚文化旅游线开发战略研究。他还谈了我的旅游地理方面学术论文对他的启发和影响。他给我留下的印象是：既谦虚又自信；既能搞基础研究,也能搞应用研究,并且有开拓性。

喻学才到东南大学中国文化系后,在旅游资源的应用研究方面,在创造东南大学旅游专业的特色方面费了不少心血。我期望他能在已有的基础上,结合开展应用研究的实证规范化体会,再写一本系统研究现代旅游文化的专著,作为本书的续编,将可更好地促进旅游文化在中国的发展。

1995年除夕之夜
于北京大学中关园

初版序二

陈树青

从事旅游工作20多年，我常想，若能把我国历代的旅游思想整理出来，进行分析，探索演变的规律，研究发展的趋势，那该有多好！

一年前收到一份书稿，题名为《中国旅游文化的优良传统》，打开先看目录。"雅厌城阙、酷嗜江海""途穷不忧、行误不悔""读万卷书、行万里路""仁者乐山、知者乐水""山以贤称、境缘人胜""乐因乎心，不因乎境"……一下子就把我吸引住了。我看了一遍又一遍，达到了爱不释手的地步。

这本书提纲挈领，从几千年的历史长河中，从浩瀚的书海中发掘、整理、归纳，提出了对中国旅游文化传统的一些鲜明的认识，还广征博引、引经据典，在进行论证的同时，介绍了许多有关我国旅游文化的有趣知识，能启迪思路、发人深省。在旅游业务、旅游理论的书籍中，堪称一本好书，填补了在旅游文化研究中的一个空白。

现在的书名改为《中国旅游文化传统》，去掉了"优良"二字。这并不等于说我国的旅游文化传统不优良，而是想强调说明，旅游文化作为一种精神文明，同所处时期的社会经济条件、政治形势是密切相关的。时代变了，对旅游的认识、观念也必然会起变化。例如，孔子提倡"近游"，在交通发达、内外开放的今天，还能抱住"近游"思想不放吗？时代不同了。今天，我国的旅游事业方兴未艾，蒸蒸日上。过去是少数人、极少数人旅游，现在旅游的人越来越多，旅游必将成为大多数人的事。过去是在狩猎、巡视、军事、外交、探险、遁世中兼作游览，现在旅游正成为一个独立的行业，从捎带旅游走向专门出游；过去基本限于在陆地上旅游，现在已扩展到天空、海洋，将来还要扩展到太空；过去主要是在国内旅游，今后将逐步开展到国外、海外去的旅游活动；过去主要是徒步或乘车马舟楫旅行，现在已有汽车、飞机、轮船、气球、飞翔船等各种现代化的运输工具和专门的旅游交通工具，使人们旅途舒适，看到的景观更多；过去对河山的赞美主要是诗词、游记、散文，现在则有影视、录音录像、歌曲等，增加了许多现代化的表达手段……

从根本上讲，将逐步实现从"旅"到"游"的彻底转变。"旅"是从一地到另一地，是人所处地域的变化。"游"却是在"旅"的过程中寻求乐趣，给"旅"注入新的内容，赋予特定的涵义，达到"娱心适意"的目的。作为旅游活动反映的旅游文化，在服务对象上，要实现从为少数达官贵人、墨士骚客到为广大游客群众的转变，在描述的地域空间上，也要实现从"热点"到"冷点"，从地面到天空、海洋、极地，从中国到世界的转变。在描述的题材方面要走出山水的圈子。过去，由于山水在旅游文学中占了突出的地位，使人们误以为旅游就是游山玩水，欣赏山水风光，其实，旅游内容远不止于此。食、住、行、买、游、风景名胜、风土人情、以及衣着服饰、体育、修学、宗教朝圣……都是旅游活动的内容。自然的、人文的、社会的，只要是在旅游活动中涉及的都有可能成为旅游文化的一个组成部分。过去，较多地叙述人们所看到的各种美丽景色，旖旎风光，今后要更多地表述人们在旅游活动中的感受，不仅描写客体，还要描写主体。同旅游活动有关的各种哲学、道德、价值观念将随着旅游活动的变化而变化，并给社会带来巨大的影响。旅游文化不仅要在原有的广阔土地上耕耘，培植新品种，还有大片的处女地需要去开垦、拓荒。

"生乎千载以下，溯乎千载以上"，在这时代大变化的今天，回顾历史、憧憬未来，显然是十分必要的。回顾的目的不是留恋过去，而是展望明天。旅游文化是整个中华文化的一个组成部分，根深叶茂，光研究过去也够研究一辈子的。人们很容易被灿烂的古文化吸引，但这不是研究的目的。不能让大家沉湎于过去，而是要帮助大家"跳出来"，"飞上去"。对过去只能批判地继承，推陈出新。好的要发扬光大，坏的要坚决摒弃。研究往昔各种旅游文化现象的因由，为的是更好地理解今天现有的各种旅游文化现象的来历，把握住前进的航向，做一个创造旅游新文化的自觉战士。

一滴水可以映照出太阳的光辉，一本书却难以把一个复杂的社会现象的方方面面都说周详，更何况在对旅游文化的研究还处在开创阶段。这本书中对某些旅游现象，如今天的蜜月旅行，男女情侣在旅游中的表现，健康爱情和旅游的密切关系，这个一般令人忌讳的问题就没有展开论述，又如对少数民族富有特色的旅游文化也几乎没有谈到。至于中国旅游文化和外国旅游文化的异同，这种可以有专著加以论述的题目当然也无法在这本主要论述中国旅游文化传统的书中去探讨了。许多有关旅游文化的课题，还有待各方学者去讨论研究、著书立说。我不想对此书的不足之处横加挑剔，评头品足，否则就有点苛求了。

青年时代，我曾想只身壮游全国，没能做到，上海的单车独行侠傅庆胜做到了。到了中年，我想编写中国旅游思想史，没能做到，青年教师喻学才做到了。喻学才不是旅游部门的职业旅游工作者，凭着他对旅游事业的热情和孜孜不倦的追求，他博览群书，做有心人，终于作出了这一可贵的贡献。我期望并相信他将为旅游事业作出更多更大的贡献。

1988 年 10 月于北京

初版序三

冯乃康

早在 1987 年九华山第一届全国山水旅游文学会议期间就见到了喻学才同志的《中国旅游文化优良传统》(上编)油印本,并在会上听到了他写作此书的甘苦介绍,后来又陆续从一些刊物和学术会议上看到该书下编的有关章节。读了后有下面几点感想。

一、作者的气概不凡

中国旅游文化同其他形态文化一样,源远流长,有着丰富的内容和显著的特征,它对发展中国现代旅游已经并且将继续产生巨大的影响,但也同其他形态文化一样,中国旅游文化的有关文字,大都散见在浩如烟海的古籍文献中,至喻学才前尚未见到一部系统介绍中国旅游文化的专著乃至有分量的专文。喻学才看到这一现实,勇敢地挑起这副重担,以一个人的力量,不辞辛劳,多方勾稽(作者在写作上编时就已查阅了千种古旧图书),历时六载才完成这一书稿,气概不凡,精神可嘉,求实可敬,填补了一项中国旅游文化研究的空白。

二、内容翔实,论从叙出

此书稿共有近 20 个专题,从中国旅游文化形成的背景及其哲学基础,直至方方面面的内容都作了较为详细的介绍,许多资料都已沉寂多年,极少为世人所知,但也被作者捞出,实在不易。该书不以论代叙,而是论从叙出,即从中国旅游文化的丰富材料中引出结论,因此,论点固然鲜明突出,材料更是翔实、丰富,既可将此书当作"论"来读，也可将其当作"史"来读。例如"仁者乐山，知者乐水"一章，作者对孔子此说不是自己出来说明，而是用与孔子同时代或稍后的人的论述来解释，这样不但更接近孔子的原意，而且也使书稿的内容更为丰富。接下去分析中国旅游文化的这种"比德"传统，同样是引用古人直至毛泽东的诗词作为材料来加以分类和阐释，从中不但看出"比德"传统的基本内容，而且看出这一传统的发展线索。

三、抓住了中国旅游文化的核心

这部书稿的最大特点是抓住了中国旅游文化的核心，这就是重文传统。从夏代谚语"吾王不游，吾何以休？吾王不豫，吾何以助？一游一豫，为诸侯度"开始，直到晚清大批知识分子出洋远游，中国古人的旅游，几乎没有离开过具体的社会原因。帝王的出巡，武士的出征，学子的求学，商贾的行商以及为了迁升而走"终南之径"等，古代旅游大都依附于一定的社会活动，这一延续千百年的旅游特征，造成了中国旅游文化必然有着重文的传统，重视出游的目的，重视景物的人文因素，重视观赏的内心发现，重视景观的人文开发，等等。为什么古人为我们留下这么多的人文景观，即使是那些自然景观中，其人文气息也极其浓郁，这不能不跟中国旅游文化的这一特点有关。而喻学才的这本著作就紧紧抓住了这一点，从立论、构思到分章、行文，都紧紧围绕它来展开自己的叙述和论证。就我所见该书上编各专题看，从头一个专题"雅厌城阙，酷嗜江海"的旅游价值观传统到最后一个专题"游亦有道，游道如海"的游览艺术传统，都在说明中国旅游文化重文的特点。另外，同任何一种形态的文化主体一样，旅游文化的主体是旅游者，因此，要阐明中国古代旅游文化，也就必然要首先阐明旅游者在整个旅游过程中的文化心态，这一点在此书稿中也表现得非常突出。

四、实事求是，立论中肯

中国旅游文化有着优良的传统，但它毕竟产生、发展于封建社会，其中必然也渗入了一些糟粕。喻学才对此从一开始就有着清醒的认识，并且贯穿于整个写作和书稿的各个方面。例如，书稿最初题名《中国旅游文化的优良传统》，现改为《中国旅游文化传统》就说明了这一点。在各章中，除了首先肯定该项传统积极进步的内容，也并不回避其中落后乃至反动的东西，例如"山有山经，地有地志"一章，在充分肯定中国旅游文化注意保存旅游史料传统的前提下，对其封闭性的一面，也进行了适当的批判，特别是书中专立一章，对三千年中国旅游文化传统中的不良成分作了集中罗列和批判，这样，看了全书就会对中国旅游文化全貌有了深入了解，这种对史、论的实事求是态度是值得称赞的。

五、回顾历史，不忘现实

本书稿虽主要是论述中国古代旅游文化，但作者时时不忘其对现实的影响和作用。在每章的行文中，作者几乎都或明或暗，或隐或显地把古人的有关论述同发展现代旅游联系起来。例如，在"勿断大木，勿斩大山"一章中，作者引叙了古人关于保护自然、文物的大量言论后，也批判了一些读书人对景观的文字污染行为，作者最后提出"游山水者，能不慎乎"？这一反问是从历史的深处发出的，其力量就更大。又如"游亦有道，游道如海"一章，介绍了古人许多游览方法，其中引《林泉高致》"真山水之烟岚，四时不同。春山艳冶而如笑，夏山苍翠而如滴，秋山明净而如妆，冬山惨淡而如睡"一段文字，说明古人讲究观景时间，但"现在许多游览区按八小时作息，日出而作，日入而息。许多好景，游人无从问津，不明游道之过也"。喻学才在这里，既是对古人游道的总结，也是对当代某些旅游管理者不明游道的批评，联系得既自然，又批评得中肯。

当然，以一个人的力量，在一个短期内要对丰富的中国旅游文化作出全面、公正而又深入的研究评价，难度是很大的，这就使得喻学才的这部书稿不能不带有初创期的一些痕迹。例如，一定还能挖掘出更多的材料，作出更深刻的分析，有的地方也可以做得更准确些(大约在定稿时已经改正)，但毕竟已经有了一个良好的开始。能在中国旅游文化研究开创期出版这部书，出版者实在是独具慧眼，功德无量。

我和我的同事们盼望这部最后定名为《中国旅游文化传统》的专著早日与世人见面。

1991年6月18日

初版自序

在我们国家发展旅游业，自从抛弃外事接待模式以来，经济学家们的"中国旅游业最主要目的是促进国家经济发展，因此旅游业天生是一个经济性产业"，"旅游消费有文化性的特点并不能改变旅游业的经济性"的观点便一直占统治地位。

毫无疑问，旅游业的发展，在根本上取决于管理和经营都必须遵循商品经济的客观规律。毫无疑问，用管理外事接待工作的方法管理旅游业或将其当作一种社会福利事业，只能使旅游业长期停留在落后状态。

忽视旅游业是经济产业的观点是片面的认识，但忽视旅游文化同样也是片面的认识，需知中国是一个有五千年历史的文明古国，有在世界上含量最丰富的文化遗产，作为旅游资源，人文景观所占比重又特别突出，因此无论是从开发资源、设计产品还是提供服务方面都有一个既重经济效益又重社会效益、既要赚取外汇又要宣传中国文化的双重任务。从弘扬爱国主义主旋律的角度看，我们应该通过宣传我们伟大祖国的"旅游文化"，让外国人知道中国文化的伟大和古老。从追求旅游业的经济效益而言，一个旅游产品体现不出中国文化的内蕴，吸引力如何产生？试想，旅行社设计的线路毫无文化特色可言，旅游者会心甘情愿地把钞票送给你吗？导游员面对人文古迹，讲不出个子丑寅卯，挖掘不出景点的文化内涵，旅游者能满意吗？为什么旅游者愿意消费那些古色古香、土色土香、野色野香的旅游项目，而对于刻意迎合西方游客的西式居住环境、饮食文化不予好评呢？道理很简单，因为游客和经营者所达成的协议虽然是经济的，但在服务内容上则要求满足其精神文化的需要。旅行社、饭店、旅游点如果只重视赚钱，忽视旅游者的精神需要，换言之，如果只重视旅游经济而忽视旅游文化的存在，那后果将是可想而知的。

众所周知,由于起步晚,我国旅游业从业人员文化层次偏低。作为政府,如不从舆论导向上加以引导和强调,从人才培养上加以布局和落实,所谓重视旅游资源的文化积淀很可能会被以经济效益可观为借口而加以"广泛利用",那前景将是灾难性的。从发展国内旅游来讲,也存在一个旅游资源文化内涵挖掘提炼和利用的问题。进入20世纪90年代以来,专家们不断发出警告:中国人不懂中国文化的越来越多,大量的旅游项目都互相模仿,盲目开发,只讲眼前的经济效益(其实许多也只是对市场需求的错误判断罢了,如大量的文学名著模拟景观、游乐宫之类),不计民族国家文化遗产的损失,这一切,难道不值得我们深省一二吗?

由此可见,从指导思想和实际行动重视"旅游文化",实为推动旅游活动向高品位前进的必由之路,这种导向对于纠正只重金钱不重人,只重旅游经济不重旅游业的非经济因素的偏向无疑是有积极意义的举措。

旅游业是一项文化性很强的产业。旅游者为了追求一种身心上的文化享受才进行旅游活动。旅游产业无论是就其"形"还是就其"神"而言,只有体现出各种不同的文化特点才能吸引旅游者,产生旅游消费,从而产生旅游经济活动。因此可以说,没有文化就没有旅游业。20世纪80年代,我国的旅游主要是国际旅游,旅游资源开发基本上局限在有限的几座大城市中,所谓开发也主要是简单利用和修复有较大价值的文物古迹,学术界指责的建设性破坏诸现象其影响面还不太大。20世纪90年代以来,国内旅游蓬勃兴起,和20世纪80年代的旅游资源开发不同,20世纪90年代的特点有二:一是村村点火、处处冒烟式的全国范围内的旅游开发热潮出现;二是人造景观大量涌现并且鱼龙混杂。与第一特点相联系,中国的旅游开发大有不问市场、盲目做发财梦的势头;与第二特点相联系,中国旅游开发日益表现出重经济轻文化的不良趋势。有钱或有权,想怎么搞就怎么搞,将规划视同"鬼话"。造成今日这种潘多拉魔盒效应,固然有中国国民劣根性(如求同倾向、急功近利)起作用,但政策导向和人才培养导向的疏忽也是不容忽视的事实。我们的主管部门是否考虑过:我们上那么多人文景观项目,投入那么多资金,我们的文化准备充分吗?理论本应先行,自20世纪80年代中期以来,学者们便呼吁国家重视旅游文化建设,但没有引起应有的重视。我们开发的旅游产品,是否受消费者欢迎,关键看质量。但衡量旅游产品质量的标准是文化,没有文化或文化品位低劣的旅游产品是劣质旅游产品,是不会给投资者带来好的效益的。

《中国旅游文化传统》就是在上述忧患意识的纠缠下写成的。半个世纪前,毛泽东主席号召国人在学习西方的同时,从孔夫子到孙中山都要加以总结。应该指出的是,我国旅游业现在还停留在拿来主义的阶段,总结云云可能还有些超前。但如忽视了这总结,忽视了这总结在中国作风、中国气派的现代旅游文化建设中的作用,忽视中国旅游文化传统的影响,我们将会为此付出沉重的代价。在企业管理方面,我们的《论语》《三国演义》《菜根谭》《孙子兵法》被外国人借鉴已结出硕果,并反馈到国内泛起阵阵涟漪。我们祖宗留下的旅游文化传统,总不应也走"出口转内销"的老路吧?

《中国旅游文化传统》从酝酿到出版,经历了10个年头的时间。10年中,无论是在图书馆中查阅旅游文献,还是在风景名胜区实地考察,我曾千百次地为中国旅游文化传统的博大精深而感动不已。因为这伟大的传统几乎无时不在,也几乎无地不在。她是那样的古老,又是那样年轻;她是那样遥远,又是那样的近在咫尺。我真正感觉到一种思接千载、视通万里的快乐和有幸做一个中国人的自豪!

传统是祖宗留给我们的宝藏,绝非像有些人所说的是进步的包袱,我们希望有更多的人来研究中国旅游文化传统,我的研究只不过是一块引玉之砖,无论是就深度还是广度而言,都只是一种尝试。我们希望有更多的旅游业从业人员重视旅游文化,共同为建设既有中国特色又符合世界潮流的现代旅游文化而努力!

在《中国旅游文化传统》的写作过程中，先后得到过湖北大学图书馆谭联秀馆员、湖北省图书馆特藏部张德英馆员、李天翔先生、著名古典文学专家张国光教授、著名文化史专家冯天瑜教授等多人的关心和支持。上编油印本问世后，又先后得到安徽大学臧维熙教授，东南大学郑云波教授，原中国旅游出版社陈树青副总编辑，中国旅游学院冯乃康教授，原广西社科院范阳院长、丘振声研究员，南京师范大学钟陵教授，重庆师范学院黄中模教授，云南人民出版社蔡育曙社长、朱原编辑，山东出版总社原社长许评先生，中国孔子基金会秘书长、曲阜师大骆承烈教授，北京旅游学院谢鹤林副教授，《旅游学刊》刘德谦主任等师友的称道和鼓励，使我得以一鼓作气，写成全书。我的已毕业多年的学生陕晓明、郭慧群、杨宏斌三同学牺牲休息时间为我誊抄了部分文稿。妻子毛桃青在我写稿最紧张的两年中，放下自己的研究课题，全力承担家务，使我得以全身心投入，其情可感，劳绩难忘。

在本书的出版过程中，东南大学文学院刘道镛院长、东南大学教务处陈怡处长、东南大学教材评审委员会诸委员给予了大力支持，借此机会，表示感谢。

著者
1995 年 7 月 28 日于楚雷宁雨轩

目 录

第一章　旅游和旅游文化　　001
　一、中国古代的旅游定义　　001
　二、现代西方学者对"旅游"、"旅游者"的定义　　006
　三、有关"旅游文化"的看法　　009
　四、我之"旅游文化"观　　012

第二章　中国旅游史鸟瞰（上）　　016
　一、神话传说时期　　016
　二、夏、商、周时期　　019
　三、秦、汉时期　　025
　四、魏晋南北朝时期　　028
　五、隋、唐时期　　030

第三章　中国旅游史鸟瞰（下）　　036
　六、两宋时期　　036
　七、元、明、清时期　　041

第四章　"雅厌城阙，酷嗜江海"
　　　　——中国旅游文化的核心价值观　　050
　一、"不事王侯，高尚其事"　　050
　二、"蹈天踏地焉可恃，驰骋快意恣游履"　　055
　三、乐因乎心，不因乎境　　057
　四、富不如贫，贵不如贱　　062

目 录

第五章 "山以贤称,境缘人胜"
　　——中国旅游文化的重人传统·················· 064
　一、重人传统的哲学基础···················· 066
　二、重人传统面面观······················ 071

第六章 "途穷不忧,行误不悔","以性灵游,以躯命游"
　　——中国旅游文化的探险传统·················· 084
　一、"移孝作忠"························ 084
　二、"世之奇伟瑰怪非常之观,常在于险远"············ 087
　三、历代远游人物例略····················· 088
　四、中西探险旅游之比较···················· 108

第七章　山有山经,地有地志
　　——中国旅游文化注意保存史料的传统·············· 110
　一、地方志对旅游史料的记载·················· 111
　二、山水名胜志对旅游史料的记载················ 118
　三、正史和别集:旅游史料的另一宝库·············· 125
　四、对重视保存史料传统的原因之分析·············· 126

第八章 "读万卷书,行万里路"
　　——中国古代治学与旅游相结合的传统·············· 129
　一、司马迁··························· 132
　二、郦道元··························· 134
　三、顾炎武··························· 135
　四、赵绍祖··························· 136
　五、结束语··························· 137

第九章 "勿断大木,勿斩大山"
　　——中国古代旅游文化重视资源保护的传统············ 139
　一、秦汉以前的资源保护思想·················· 140

二、明清以来关于旅游资源保护的呼声…………………… 145

三、当代旅游资源的破坏与保护：难题………………… 152

第十章 "游亦有道"，"游道如海"
　　——中国旅游文化重视游览艺术的传统…………… 160

一、分类………………………………………………… 160

二、"能至"、"能言"、"能文"——旅游三境界 ………… 161

三、"胜事"、"胜情"、"胜境"、"胜具"——四者缺一不可… 162

四、各领所见，互不雷同………………………………… 163

五、"看山如观画，游山如读史"………………………… 164

六、山水欣赏法举隅…………………………………… 166

七、崇尚变化的旅游哲学……………………………… 167

第十一章 "西湖称庆忌之塔，长安载四皓之坟"
　　——中国旅游文化的附会传统……………………… 172

一、因形似而附会……………………………………… 172

二、因音近而附会……………………………………… 174

三、因神似而附会……………………………………… 175

四、因误解空间而附会………………………………… 178

五、望文生义、误读古书而附会………………………… 180

六、因热爱家乡而附会………………………………… 182

七、因崇拜迷信而附会………………………………… 183

八、关于附会的评价…………………………………… 184

九、如何看待假古董…………………………………… 186

第十二章 "与其倚门而富，无宁补屋而贫"
　　——中国古代的性旅游文化传统…………………… 190

一、性旅游溯源………………………………………… 190

二、中国古代性旅游概说……………………………… 191

目 录

三、中国古代娼妓的从良传统 ········· 195

四、中国古代性旅游面面观 ·········· 199

第十三章 "昼短苦夜长，何不秉烛游"
——中国旅游文化的忧患传统 ········ 206

一、概说 ······················ 206

二、从《周易·旅卦》说起 ··········· 208

三、"生死守一丘"，能无忧乎？ ········ 212

四、"人事有代谢，山川无古今"，能无忧乎 ·· 213

五、"岂惟玩景物，亦欲摅心慄" ········ 215

六、"忧劳可以兴国，逸豫可以亡身" ····· 217

七、三不朽价值观 ················ 219

第十四章 "山川景物，因文章而传"
——中国旅游文化的重文传统 ········ 222

一、传统：从帝王旅行家到一般游客 ····· 222

二、诗文 ······················ 225

三、楹联 ······················ 230

四、匾额 ······················ 232

五、摩崖 ······················ 233

六、历代学人论景因文显 ············ 237

第十五章 "景一未详、裹粮宿舂；事一未详，发箧细括"
——中国旅游文化崇尚真实性的传统 ··· 241

一、《山海经》 ··················· 241

二、《穆天子传》 ·················· 243

三、《法显传》和《大唐西域记》 ········ 245

四、中、西旅行记之比较 ············ 248

第十六章 "生身千载之下,游心千载之上"
——中国旅游文化的尚古传统 ············ 254
一、尚古崇贤——游客评价景观的价值尺度 ········ 256
二、沿波讨源——山水游记创作中的惯例 ·········· 258
三、热衷纵向继承,轻视横向移植 ················ 260
四、"后之视今亦犹今之视昔"
　　——当代旅游业中尚古倾向概说 ············ 263

第十七章 "虽由人作,宛自天开"
——中国旅游文化崇尚自然的传统 ··········· 267
一、"山川之美,古来共谈" ···················· 267
二、"外师造化,中得心源" ···················· 270
三、"穴石作户牖,垂泉当门帘" ················ 272
四、"虽由人作,宛自天开" ···················· 276

第十八章 "每与风月期,可无诗酒助?"
——中国古代的旅游饮食文化传统 ············ 282
一、旅游饮食文化 ···························· 282
二、中国烹饪源远流长 ························ 284
三、中国饮食文化的特色 ······················ 285

第十九章 "来往云何不惜劳,勤民匪止为游遨"
——中国古代帝王的巡狩传统 ·············· 298
一、封禅 ···································· 300
二、巡狩 ···································· 306
三、封禅巡狩的相关档案 ······················ 314
　历代帝王封禅表 ···························· 314
　明代遣官致祭表 ···························· 316
　清代遣官致祭表 ···························· 317

目录

　　康熙南巡与乾隆南巡……………………………………… 317

第二十章 "欲修禊事清明近，曲水流觞拟晋贤"
　　——中国旅游文化重视雅集的传统……………………… 322
　一、雅集传统的历史渊源………………………………… 322
　二、兰亭雅集……………………………………………… 324
　三、滕王阁雅集…………………………………………… 327
　四、其他类型的雅集……………………………………… 333

第二十一章 "青山有幸埋忠骨，白铁无辜铸佞臣"
　　——中国旅游文化重视伦理评价的传统………………… 335
　一、伦常评价高于事功评价……………………………… 336
　二、爱民忠君，尚正去邪………………………………… 337
　三、热爱乡邦——伦理评价中的地方保护主义………… 338
　四、人民爱憎真历史：岳飞墓和秦桧墓的不同命运…… 339
　五、五伦是和谐社会的五根支柱………………………… 341
　六、两篇记文说忠孝……………………………………… 345

第二十二章 旅游不妨政，玩物不丧志
　　——中国旅游文化的与民同乐传统……………………… 347
　一、从几个历史故事说起………………………………… 347
　二、周公姬旦的游乐观…………………………………… 349
　三、古代圣贤论休闲的合理性…………………………… 352
　四、历代地方官游不妨政的案例举隅…………………… 364

第二十三章 "敬老慈幼，无忘宾旅"
　　——中国旅游文化的好客传统…………………………… 371
　一、闲说"逆旅"………………………………………… 371
　二、敬老慈幼，无忘宾旅：齐桓公和当时同盟国的盟誓… 372

三、"宾至如归"典故说源 ……………………………… 373
四、《管子》关于宾客接待的制度建设 ……………… 374
五、墨子论逆旅的职业之爱 …………………………… 374
六、晋朝潘岳的《上客舍议》的重大价值 …………… 375
七、明代著名慈善旅社老板——李疑 ………………… 376

第二十四章 "婚嫁向平何日事？卧游宗炳暮年期"
——中国旅游文化的卧游传统 ……………………… 381

一、宗炳首创卧游传统 ………………………………… 382
二、"卧游"的意义 …………………………………… 382
三、卧游与山水诗、山水画 …………………………… 383
四、卧游与题画诗 ……………………………………… 385
五、卧游与游记 ………………………………………… 387
六、卧游与地方史志 …………………………………… 387
七、卧游与生活情趣 …………………………………… 389

第二十五章 "千秋功罪，谁人曾与评说"
——中国旅游文化传统的继承和建设 ……………… 392

一、中国旅游业的历史回顾 …………………………… 392
二、中国旅游业的发展道路：既要现代化又要中国化 …… 394
三、中国旅游文化建设之我见 ………………………… 396

第一章　旅游和旅游文化

一、中国古代的旅游定义

研究中国的旅游文化，当先从旅游二字说起。三国曹魏以前，"旅"和"游"是分开用的。

（一）说"旅"

在中国古代，"旅"字义项甚多，仅就其与今日旅游内涵有关联的解释看，计有下述几种类型：

1. 指商务往来。《周礼·考工记》❶："通四方之珍异以资之，谓之商旅。"

2. 指商人。《礼记·月令》❷："来商旅。"《注》："商旅，贾客也。"（贾，音 gǔ，行商）。《吕氏春秋·仲秋》❸："来商旅。"《注》："旅者，行商也。"

3. 指客馆。《说文通训定声》❹："旅，假借为庐。"

---

❶ 《周礼·考工记》：儒家经典之一，是一本关于先秦职官与各种典章制度的书。汉初名《周官》，后改称《周礼》。《周礼》全书由《天官冢宰》《地官司徒》《春官宗伯》《夏官司马》、《秋官司寇》《冬官司空》六部分组成。其中《冬官司空》一篇在汉初已经失传，《考工记》也是先秦作品，被后人补入《周礼》中。《周礼》为考求古代典章制度的必备书。

❷ 《礼记·月令》：儒家经典之一。又名《小戴礼记》。原是解释《仪礼》的资料汇编。解释工作由孔子弟子及后学们完成。到西汉时期，出现了戴德的辑本（习称《大戴礼记》）和戴圣的辑本（习称《小戴礼记》）。汉代学者郑玄给《礼记》作注，使《小戴礼记》脱离《仪礼》而独立成书，《月令》是该书的一章。

❸ 《吕氏春秋》：书名，亦称《吕览》。共 26 卷，旧题秦吕不韦撰，其实是由吕不韦组织其门客集体编写而成。全书分八览、六论、十二纪，是一部以儒家为主而兼容并包的杂家著作。

❹ 《说文通训定声》：书名。清朱骏声撰，18 卷，是一部研究《说文解字》的学术著作。

4.指帝王的祭祀天地活动。《周礼·天官·掌次》:"王大旅上帝。"《注》:"大旅上帝,祭于圆丘,故有故而祭,亦曰旅。"《论语·八佾》❶记载:"季氏旅于泰山。"孔子在这里用的"旅"就是在泰山祭祀天地的意思。按照《周礼》的规定,诸侯只能在自己封地内的山川行祭祀之礼,泰山是只有周天子才有资格祭祀的地方,季氏无视等级规定,孔子因此十分恼火。嘲笑季氏不知天高地厚。

5.指旅客。用今天的话说,即旅游者。《管子·小匡》❷:"卫人出旅于曹。"《注》:"旅,客也。"《易·旅·疏》❸:"旅者,客寄之名,羁旅之称,失其本居而寄他方,谓与为旅。"这句话的意思是:"旅"这个字,它指的是寄身他乡的意思。凡离开自己的居所而出外作客的,都可以"旅"字概括之。旅是一个通指,相当于当代的旅游概念。

从上述诸义项可以看出:一、中国古代的旅游,其起源不外商务往来和帝王巡狩两途。二、不管是何种性质的旅游,都必然具备一个共同的特征,即"失其本居而寄他方"。

(二)说"游"

"游"字本作"遊",是取用脚走之义,今简化成"游"。"遊"字最古老的定义与农业有关。《管子·中匡篇》:"司马问管子:'先王之遊,……何谓也?'管子曰:'春出原农事之不本者谓之遊。'""不本者"意指没有种子的农户。此句意为古代天子春天到全国各地巡视,发现农户穷困得连种子都没有的,便由朝廷提供。

---

❶《论语》:书名。孔子弟子记载孔子言论及孔子师生活动的书。《八佾》是《论语》中的一章。
❷《管子》:书名。凡24卷,周朝管仲撰,旧题唐房玄龄注。书中有关于管子后事的记载,是后人增加的。原本16篇,今佚10篇。其篇目为《经言篇》、《外言篇》、《内言篇》、《短语篇》、《轻重篇》等。《内言篇》中有《大匡》、《中匡》、《小匡》等节,《内言篇》佚,今人郭沫若撰有《管子辑校》。中有佚文可以参考。
❸《易》:书名,亦称《周易》,为儒家六部经典之一,有经中之经的美誉。《周易》的内容有:(1)八卦,(2)重卦,(3)卦辞,(4)十翼。八卦、重卦、卦辞为《周易》的主体部分。故称为经。十翼为解释经文的文字,故称为传。秦始皇焚百家书,《周易》因被认为是卜筮书而幸免于难。《旅》为重卦六十四之一。从汉代以来,研究《周易》的著作甚多。本书引用的《疏》系《周礼正义》,此书系晋代韩康伯注,唐孔颖达疏。

诸侯也一样，应该在自己封地范围内访贫问苦。"遊"也叫"夕"或"豫"。"夕"或"豫"的含义是"秋出补人之不足"和"秋省实而助不给"。话虽不全同，而意思则是一致的。即秋天帝王、诸侯巡视境内，发现谁家歉收，便根据灾情轻重，补充粮食，免致饥馑。《管子·戒篇》对"游夕之业"评价极高，认为"先王有游夕之业，宝法也"。

古代中国"游"也称"敖"。《说文解字》❶"敖，出遊也。从出从放。"（指"敖"字由"放"字与"出"字合成）《管子·小问》："桓公放春，三月观于野。"金廷桂解释说："放春，当春而遊放也。"这可能是我国春游一词最早的来源了。除了齐国春遊叫"放春"外，楚国的春游叫"发春"，见《楚辞》。汉代叫"行春"、"班春"。都是春游的意思。《礼记·学记》上说："故君子之于学也，藏焉、修焉、息焉、遊焉。夫然，故安其学而亲其师，乐其友而信其道，是以虽离师辅而不反也。"所谓藏、修、息、遊，就是要学生将学习（"藏"、"修"）与游乐休息（"息"、"遊"）相结合，唯有如此，才能使学生在学习、生活中感到快乐，从而敬业乐群，最后便能达到信道不移的目的。汉人注解《学记》中的这几句话说："谓闲暇无事于之遊。"很显然，这种"遊"和古代帝王的"遊豫"相比已有相当的进步了。它不再是君主政治的一种手段，而成了读书人健康身心的措施。"放春"的性质也不同于遊豫，它以娱乐身心，以享受明媚的春光为目的。其实，这种以娱乐身心为目的的旅游，早在春秋时代，孔子就已提倡过。他劝弟子们"游于艺"，见《论语·述而》。《正字通》❷解释这个"游"字道："游，自适也。"《论语集注》解释这个"游"字说："游者，玩物适情之谓。"

在中国古代，"游"字曾被赋予许多涵义，要之，它们都是"旅

---

❶ 《说文解字》：书名。凡30卷，汉许慎撰。以小篆为主。凡9353字。古籀文录为重文，凡1163，共分540部，推究六书之义，为治小学者所宗。是我国最早的字典。

❷ 《正字通》：书名。12卷。明张自烈撰。或题廖文英撰。这是因为廖文英用钱购买自烈原稿而批为己有的缘故。

游"二字的内涵所可包容的,如外出求学,叫"游学",《史记·荀卿传》❶:"游学于齐。"出使他国,也叫"游",如《战国策·秦策》❷:"资臣万金而游。"《注》:"游,行。"外出旅行,也叫"游",如《南史·刘慧斐传》❸:"游于匡山。"出仕他国,也叫"游",如《战国策·秦策》:"闻吴人之游楚者"。《注》:"游仕。"人际交往亦可称"游",《后汉书·枚乘传》❹"与英俊并游"。以声色娱乐为目的的行为,称为"游冶",也称"冶游",见《福慧全书·庶政部·禁妇女烧香》❺:"后世风俗不古,妇女好为游冶"。天子出游叫"游幸",如《旧唐书·杨贵妃传》❻:"妃每从游幸,乘马则力士授辔策。"士子在异乡做官,称为"游宦"。因为从旅游的角度看,他是游客,从政治身份看,他又是官吏,故称"游宦",如《汉书·地理志下》❼:"及司马相如游宦京师诸侯,以文辞显于世。"古代狩猎活动被称做"游田",《尚书·伊训》❽上有"敢有殉于货色,恒于游田。《潜夫论·潜叹》❾:"文王游田,遇姜尚于渭滨。"在古代,旅行讲演被称为"游讲",如《北史·熊安

---

❶ 《史记》:书名。凡130卷。汉司马迁撰。起黄帝,迄汉武。其内容包括十二本纪(用于叙帝王)、十年表(用于纪岁月)、八书(纪政事)、三十世家(叙诸侯)、七十列传(为士庶作志),是一部反映汉武帝以前历史的通撰之作。

❷ 《战国策》:书名。简称《国策》,又名《短长书》,汉刘向集先秦诸国所记战国时事,分东西周、秦、楚、燕、齐、三晋、宋、卫、中山12国,名战国策。

❸ 《南史》:书名。共80卷。唐李延寿撰。所记南朝史实自宋迄陈凡170年。系删削宋、齐、梁、陈四史而成。较四史简要。

❹ 《后汉书》:书名。南朝宋范晔撰。共120卷。系参考《东观汉记》等十余家后汉史著而撰成。其书仿《史记》体例,纪十志十列传八十,合为百篇。晔因获罪而死。十志未成,由梁刘昭因用司马彪《续汉书》之文补足。

❺ 《福慧全书》:书名。清黄六鸿撰。共33卷,汇集一时地方施政者的心得。《四库全书总目提要·杂家类》存目。

❻ 《旧唐书》:书名。亦称《唐书》。五代刘昫撰。因其后有宋朝宋祁、欧阳修所撰《唐书》。为区别起见,以《旧唐书》名之。

❼ 《汉书》:书名。因为有了《后汉书》,为区别起见,也有称本书为《前汉书》者。因其记西汉一代事,亦称《西汉书》。凡120卷。本纪十二、表八、志十、列传七十。东汉班固撰。为我国史书上的第一部断代史著作。

❽ 《尚书》:经书名。亦称《书经》、《书》。是我国最古老的一部历史文献,其中保存了若干殷周时代的历史文件和原始资料,是研究先秦文化的必读书。

❾ 《潜夫论》:书名。凡10卷。东汉王符撰。王符因耿直忤俗,乃隐居著书以论时得失,不想显扬自己的名声,故号曰《潜夫论》。内容包括《赞学》、《务本》、《潜叹》等36篇。

生传》❶:"安生在山东时,岁岁游讲,从之者倾郡县。"以求法传教为目的的僧侣旅游,称为"游方",也叫"游行。"前者如贾岛《送灵隐上人》诗:"遍参尊宿游方久,名岳奇峰问此公。"后者如《法华经·信解品》:❷"渐渐游行,遇向本国。"

通过上述粗略的考察,我们不难看出"游"字的意蕴从实用向审美进化的轨迹。"游"字最初与农业、政事关系密切,并且只有帝王才有"游"。后来"春游"出现了,一般官吏与民众也可参加。特别是官学下移,大批知识分子也开始步入旅游队伍中来,娱乐旅游取代了实用旅游。旅游者也由王公贵族变成了包括商人、知识分子在内的一切有闲暇、有金钱、有游兴的人们。其间的风气转移真实地说明了旅游的定义也是历史发展的产物。或者说,不同时代关于旅游的定义无不打上时代的烙印。

(三)说"旅游"

"旅游"二字作为一个词汇使用,最早为建安三曹之一的曹植(192—232),植字子建。曹子建在民间因"煮豆燃豆萁,豆在釜中泣。本是同根生,相煎何太急"七步成诗感动乃兄曹丕而著名,有"才高八斗"之誉。遍查中国几千年的文献,最早创造"旅游"这个词汇的还是曹子建。他在赠友人夏侯威的《离友诗》中有"王旅游兮背故乡,彼君子兮笃人纲"的句子。夏侯威其为人"少有成人之风",曹子建很欣赏他。两人关系密切。他因公远出,不舍夏侯威,乃赠诗为念。全诗如下:"王旅游兮背故乡,彼君子兮笃人纲。媵予行兮归朔方,驰原隰兮寻旧疆。车载奔兮马繁骧,涉浮济兮汎轻航。迄魏都兮息兰房,展宴好兮唯乐康。"❸

---

❶ 《北史》:书名。凡100卷。唐李延寿撰。所记北朝史实自魏迄隋凡242年。延寿因世居北方,故《北史》一书远较《南史》详密。
❷ 《法华经》:佛经名。全称《妙法莲花经》,揭示三乘归一之旨。
❸ 《艺文类聚》,卷二十一。《艺文类聚》,唐高祖李渊下令编修,给事中欧阳询主编,其他参与人员还有秘书丞令狐德棻、侍中陈叔达、太子詹事裴矩、詹事府主簿赵弘智、齐王府文学袁朗等十余人。历时3年,武德七年(624年)成书。《艺文类聚》、《北堂书钞》、《初学记》、《白氏六帖》合称"唐代四大类书"。

虽然自曹植以后，南朝沈约，唐朝白居易、张籍等许多人都使用了旅游一词。如沈约诗："旅游媚年春，年春媚游人。"白居易诗："江海漂漂共旅游，一樽相劝散穷愁。"刘沧诗："灯微静室生乡思，月上岩城话旅游。"张籍诗："过岭万余里，旅游经此稀。"

数千年来，我国历代先民积淀了丰厚的旅游文化遗产。这些遗产我们将在以后各章节分别介绍。与丰厚的旅游文化遗产积淀形成反差的是，我们的先民似乎对概念方面的问题不感兴趣。在旅游概念的探讨方面远没有旅游文化留下的遗产丰厚。在我们这个旅游传统悠久的文明古国的各类古籍辞书上，至今找不到"旅游"的词条。我们国家不仅早在三国曹魏时期就有"旅游"一词出现，而且早在唐朝就有对"旅游"本质比较科学的定义。唐孔颖达在《周易·疏》中解释"旅"字时写道："旅者，失其本居而寄他方。"这完全可以说是世界上最早关于旅游的定义。但可惜夹杂在周易注疏文字里。直到20世纪20~30年代的《旅行杂志》上，还很难见到"旅游"二字。把"旅游"作为一种课题来研究更是没有的事。新中国成立后，先是由于内忧外患，国家无力顾及旅游事业的发展，接着是"极左"思潮严重泛滥，"旅游"被视为资产阶级的生活方式而受到限制。旅游学术研究更是无人谈起。而在世界范围内，第一次世界大战以来，英、美、意大利、法国、瑞士等国相继大力发展旅游业，与发展旅游业的形势相适应，旅游学术研究也日渐繁荣。关于"旅游"、"旅游者"等概念的定义也逐渐多起来。

二、现代西方学者对"旅游"、"旅游者"的定义

"旅游"一词在西方文化中来源于法文"tour"一词。欧洲经过文艺复兴时代，1672年后，不少德国人、波兰人、丹麦人到法国去，使用一本名叫《忠诚的导游》的旅游指南。书中建议两条旅游路线：一条包括巴黎和法国西南部，称为"Petittour"，意为转一小

圈；另一条除了这些地方外，还包括法国的南方、东南部和勃艮第地区，称为"Grand tour"，意为转一大圈。"Tour"在法语中原意是旋转、兜圈、环行的意思。到18世纪，"Tour"这个词在英国流传开来，并专指当时英国上流社会中受过良好教育的青年到欧洲大陆上转一大圈，以示完成学业的旅行。约于1800年，在英国把转一大圈的人称为"Tourist"，即旅游者。从1811年起，则以"Tourism"这个词来表示旅游，1841年以托马斯库克为标志的现代旅游业，也沿用了这个词汇。从旅游这一复杂的现象提炼成一个抽象的概念。牛津词典对此词的解释是："由于在各地方旅行逗留感到满足。"凡进行这类旅行的人，都可称为"旅行者"。在世界范围内，旅游发展成为一种产业，学术界因之把旅游作为科学来研究，还不到一百年的时间。因此，在这之前，要想对旅游有一个科学的界说是不切实际的。第一次世界大战以后，随着旅游业的发展，旅游学术著作开始出现，对"旅游"、"旅游者"的定义也逐渐热闹起来。

我们先看看关于"旅游"的定义：

世界旅游业组织的定义是："为消遣而外出旅行，旅客在某个国家的逗留时间不得少于24小时。"瑞士旅游学专家汉泽克尔拉普认为，"旅游是非定居者的旅行和暂时居留而引起的现象和关系的总和，这些人不会导致永久居留并且不从事赚钱活动"。联合国的官方旅行机构国际联合会的定义是："到一个国家访问，停留超过24小时的短期旅客，其旅行目的属于下列两项之一：（1）悠逸（包括娱乐、度假、保健、研究、宗教或体育运动）；（2）业务、家庭、出使、开会，谓之旅游。"墨西哥旅游部对旅游所下的定义是："一个人用自己的经济手段，为了娱乐、保健、休息、文化活动或其他类似的理由而自愿外出旅行谓之旅游。"诸说之中，我对墨西哥旅游部和瑞士汉泽克尔拉普教授的定义表示赞同。

次言"旅游者"之定义：

1933年，英国人F.W.奥格威尔所著《旅游活动》一书问世。这部旅游学专著是第一部用数学统计方法科学地研究旅游活动的尝试性著作。他从经济的角度给"旅游者"以界定,他说:旅游者必须具备下述两个条件:第一,离开自己久居地到外面任何地方去,时间不超过一年;第二,在离开久居地期间,他们把钱花在他们所到的地方,而不是在其所到的地方去挣钱。这个定义的缺陷是在时间的规定上太机械,若然,马可·波罗则不能称为"旅游者"了。另外,对作为"旅游者"定义至关重要的旅游动机却只字未提。前南斯拉夫旅游学家 S. 翁科维奇在其所著《旅游经济学》中还提到一位叫诺尔瓦勒的学者的定义:"不论出于什么原因(要求长期定居于某国或经常就业者除外)进入外国境内并在临时逗留国内花钱者(所花的钱须是在别处挣得的),均可算为旅游者。"(这个定义同样忽视了国内旅游者的存在)从旅游统计学的角度看,和一般旅客的界限,必须对旅游动机进行科学的研究,现在国际上比较通行的看法是,在到另一地区或国家旅行的人中,包括两大类人:一类是以观光游览健身求知为目的,另一类则是出于公差或其他事务,或者是出于长期就业之愿望,即为赚钱而旅行。而对于后一类人,是必须排除出"旅游者"的范围之外的。如联合国统计委员会 1968 年所下的定义:除了谋求职业获取报酬的原因外,凡离开平时所居住的地方,到另外一个地方去的人均可称为"旅游者"。请看,这种定义和中国唐代学者孔颖达(574–648)在《周易疏》中的定义何其相似!唯一不够科学的是,中国古人没有把以赚钱为目的的旅行排除掉。不过,那毕竟是 1000 多年前中国古人的见解啊。在世界旅游史上,这个定义的价值理应受到重视。

　　作为一个国家,在发展旅游业的过程中,要想旅游统计科学可靠,对"旅游者"定义的把握是必不可少的。并且,对"旅游者"还应分国际和国内两大类。既然国际旅游界有统一的标准,统计就应依标准而行。而在我国,由于现阶段不重视旅游科学研究,"旅游者"概念在多数从业人员心目中还相当模糊。这样的直接后果便是旅游统计的标准混乱。1986 年 11 月 17 日《世界经济导报》发表了陈宙同志的《何谓"旅游者"》一文,文中写道:"去年入境人数1783万,而全国接待的旅游人数为300万,原因是其中有1480多万从港澳台回乡探亲的人数。又如,作'一日游'的人,一般只算作'郊游者',不算作'旅游者'。而我国去年的旅游人数中,把35.8万名'郊游者'也算在内了。"1986年初,某报头版头条报道:"规划要求到1990年时我国要接待500万国外游客,到公元2000年时,接待人数争取突破1000万大关"。时隔半年,另一家大报第二版却报道:上半年来华旅游入境人数达1100多万人。照此说法,到21世纪末的旅游规划岂不是在该年上半年就完成了吗?至于外国旅游商或旅游记者,对我国旅游统计中的"奥妙"就更搞不清了。例如,他们问:"去年中国的旅游外汇收入12.5亿美元,按入境人数计算,难道每人平均旅游消费仅70美元?"由此观之,"为了使旅游统计科学化,急待在概念上进一步澄清并尽可能同国际上通用的概念一致"。事情过去了30年,我国旅游统计当然有不小进步。但不必讳言的是:由于前些年过分强调GDP指标的导向,旅游统计领域同样存在部分地区弄虚作假的现象。旅游统计和人口统计一样,科学性仍有待加强。

三、有关"旅游文化"的看法

旅游文化这个名词是新近才出现的。1978年以前的我国旅游图书资料中,还从未发现过。"五四"以来在中国大地上掀起的两次"文化热",讨论了各种形态的文化,唯独没有人顾及它。据笔者考察,"旅游文化"是一个舶来的域外名词。它的最早提出者是美国学者罗伯特·麦金托什和夏希肯特·格波特。他俩合著的于1977年在美国出版的《旅游学——要素·实践·基本原理》一书的第二章标题便是"旅游文化"。从中文书刊上"旅游文化"出现的先后顺序看,1984年出版的《中国大百科全书·人文地理学》似是最先使用"旅游文化"这个概念的。那本书上是这样阐释"旅游文化"的:

旅游与文化有着不可分割的关系，而旅游本身就是一种大规模的文化交流，从原始文化到现代文化都可以成为吸引游客的因素。游客不仅吸取游览地的文化，同时也把所在国的文化带到了游览地，使地区间的文化差别日益缩小。绘画、雕刻、摄影、工艺作品，是游人乐于观赏的项目。戏剧、舞蹈、音乐、电影又是安排旅游者夜晚生活的节目。诗词、散文、游记、神话、传说、故事，又可将旅游景物描绘得栩栩如生。

这等于说，旅游文化即旅游主体在旅游过程中所传播的本国文化和所接受的异国文化的总和。很显然，作者所理解的文化主要局限于文学艺术领域，还不是广义上的文化。

《旅游学——要素·实践·基本原理》一书的作者心目中的"旅游文化"是："实际上概括了旅游的各个方面，人们可以借助旅游文化来了解彼此间的生活和思想。"这是从广义文化的视角给旅游文化下的定义。而根据作者的思路，这"各个方面"事实上就是

> 在吸引和接待游客与来访者的过程中，游客，旅游设施、东道国政府和接待团体的相互影响所产生的现象与关系的总和。

这个定义的实质与前引百科全书的说法没有根本的不同。只是在"文化"的外延方面较前说更为宽泛些。

1987年7月29日《中国旅游报》探索专栏里发表了晏亚仙的《旅游文化管见》。在该文的第二部分，作者对"旅游文化"作了如下定义：

> 旅游文化，是根据发展旅游事业的规划和旅游基地的建设，以自然景观（名山、名水、名城、名景）和文化设施为依托，以包括历史文化、革命文化的社会主义精神文明为内容，以文学、艺术、游乐、展览和科研等多种活动形式为手段，为国内外广大旅游者服务的一种特定的综合性事业。

这一定义的不足在于作者的定义域太狭窄。"旅游文化"这一概念固然是近年才有的,然而各个民族今日的"旅游文化"绝不会是前无古人的平地盖起的新楼。它是历史发展的产物。正如我们研究中国饮食文化时不能脱离对中国饮食文化的历史的考索一样,对旅游文化的定义也不能割断历史。比方说,中国旅游文化崇尚真实,重视文化的积累,既重近游,又重远游。这些现象必须历史地分析。如果一个定义弄出来,不能说明世界各国文化中普遍存在的旅游文化现象,那怎么行呢。

1987年11月11日《中国旅游报》探索专栏发表了陈辽的《漫谈旅游文化》。陈辽在文中指出:

> 什么是旅游文化?如果要给它下个定义的话,那就是:旅游文化是人类过去和现在所创造的与旅游有关的物质财富和精神财富的总和。
>
> 具体的说,旅游文化包括两方面的内容,一是广义的:举凡旅游路线、旅游途中、旅游景点上一切有助于旅游者文化知识的物质财富和精神财富,都属于旅游文化的范畴;二是狭义的,举凡一切能够使旅游者在旅途中舒适、愉快并能提高旅游者文化素质的物质财富和精神财富,也都属于旅游文化的范畴。

关于对陈辽定义的评估,我想在这里摘引邵士权同志的《浅析旅游文化及其现实任务——兼与陈辽同志商榷》文中的有关论述,因为他的意见我是同意的。他说:陈辽同志的定义其实只在《辞海》的"文化"定义加了一个"旅游"限域(《辞海》的"文化"定义是:"人类社会历史发展过程中所创造的全部物质财富与精神财富。也特指意识形态")。他说:"我们不反对用广、狭二义来规范旅游文化,但是,如不严格把握好'广'的程度,那势必将旅游文化引向经济学、旅游学等上面去。如陈辽同志的文章,其对旅游文化的界说倾向基本上偏向旅游学。他在广义定义上,把文化遗址、名胜古迹、神话传说、革命旧址等分条列叙,重加论述。

从狭义立场出发,除了对旅游文化心理研究较为恰当外,他把旅游业的基本设施、基础设施都统统归于旅游文化,特别是归于狭义旅游文化范畴,这显然是不恰当的,他忘记了狭义文化是特指精神和意识形态领域这样一个基本的事实。"简言之,陈辽的定义没有体现出广义旅游文化和狭义旅游文化的差别。近三十年来,我国旅游文化概念阐释方面的进展,可参看本书著者的相关综述。❶

四、我之"旅游文化"观

我个人认为,所谓旅游文化,应该有传统旅游文化和现代旅游文化的区别之界定。传统旅游文化指的是没有旅游中介服务之前的旅游文化。它指的是旅游主体和旅游客体之间各种关系的总和。所谓旅游主体,就是出门旅行的人,用现代概念表述,就是旅游者。所谓旅游客体,指的是一切可供主体游览的对象,如山川湖泊、珍奇动植物、名胜古迹、风俗人情,等等。旅游客体在没有和旅游主体发生关系之前,是不能划入旅游文化范畴的。《周易·贲卦》说:"观乎天文,以察时变;观乎人文,以化成天下。"这里的"文"乃文饰之意,"化"乃变化、教化之意。很显然,中国古人心目中的"文化"概念是和自然概念相对立的。换言之,即便在古代中国人心目中,"文化"一词也不包括未与人类发生关系的自然物。

旅游主体和旅游客体的关系史,就是旅游文化的演进史。以我国为例,从旅游主体看,上古时候的旅游神话人物和传说人物都是帝王一类人物,而绝无平民,因为那个时代社会生产力相当落后,交通工具的原始和自然灾害的难于对付,一句话,物质资料的匮乏决定了只有帝王一类人物才可能充当旅游者。他们可以多占生活资料和生产资料,而一般人则不能。从旅游客体看,上

---

❶ 《近年来旅游文化研究概况》,见湖北省社科院《社会科学动态》,1989年10月期;《近七年旅游文化研究综述》(上,下),分别见于《社会科学动态》1996年第8期,1996年第9期;《旅游文化研究二十年》,见南京《东南大学学报》(哲社版,2004年第1期)

古时候帝王巡狩或封禅，虽然也是与名山大川在发生关系，但那时的关系不是主体欣赏名山大川的自然美，而是凭借它们祭祀上天，主体和客体之间是一种主体畏惧客体，希望客体能赐福于主体的关系。后来随着宗教观念的淡化和审美能力的长进，主体和客体的关系就演变为主体欣赏客体的自然美了。这一变化在战国时期的诸侯王国的国君和诸子百家的旅游活动中已有所体现，而在晋宋之交形成高峰。到了唐宋时期，帝王封禅不过是游山玩水的代名词，而到了元明以后，随着主体欣赏水平的提高，延续了两千年的封禅活动终于废止，改为定期派官致祭而已。

不同国家和民族的旅游主体，由于文化背景的差异，在和客体发生的关系中表现出各不相同的特点。这也就是我们常说的民族特色和地域特色。这种差异通常表现在哲学思想、审美心理、思维方式、价值尺度等方面。例如我在本书第五章《山以贤称，境缘人胜》中就比较了中西方旅游者对待自然界的不同态度：

> 中国人对于客观世界，特别是自然界，多取欣赏的态度，而西方人则多取实用的态度。因为立足点在欣赏，故常将主观体验作为主体来研究；因为立足点在实用，故西方人每能将自然界当作独立于人之外的对象来研究。因其将审美主体放在首位，故此形成了中国旅游文化的重人传统。因其将审美客体放在首位，故形成了西方旅游文化的重物传统。

又比如由于中国是一个以内陆为生存空间的农业古国，故形成安土重迁的民族心理。与这种文化背景相联系，中国古代的一般旅游者大多缺乏对未知世界的探险欲望，而习惯于在熟悉的客体上游览。近游传统就这样形成了。而西方由于海洋文化的孕育，故探险猎奇，攫取财富的欲望甚炽，探险远游的传统也就这样形成了。

现代旅游文化跟古代旅游文化最大的不同在于，现代社会，旅游主体跟旅游客体发生关系不是直接发生，而是通过中介组织旅行社进行。从1841年托马斯·库克的第一次包价旅行开始就是这样。这种有中介的旅游文化已经存在了一个半世纪。因此，对旅游服务文化的重视是为现代旅游文化最大的特色。当然，随着互联网、物联网以及未来的光联网等技术手段的进步，未来的旅游者更多地将是借助技术手段这个中介。当然，也可以把这种变化理解为中介载体的变化。

旅游文化具有以下三个特征：

（一）地域性。不同空间的旅游文化，由于自然客体的差异以及历代先民所赋予客体的附加值之差异性，其特点往往风马牛不相及。它们各自的内在价值是无法代替的。如前述中西比较即是显例。

（二）新奇性。从旅游主体角度观之，旅游之富有魅力，就在于在旅游过程中，主体可以闻所未闻，见所未见。这可以说是人类与生俱来的本性。古往今来浩如烟海的旅行记、旅游诗忠实地记录了不同时代的千千万万旅游者闻所未闻、见所未见时的激动心情。可以这样说，追求新奇永远是旅游者的精神动力。而任何一种旅游文化，如果失去了自己的新奇性，它的生命力也就终止了。反过来说，任何一个国家或民族，如果一味地邯郸学步，盲目向先进发达国家和地区看齐，把自己的固有特色加以毁灭，那前途将是不堪设想的。现在，有些第三世界国家（包括我国）在发展旅游业过程中，为了迎合外国旅游者的口味，机械模仿客源国，如盖高层宾馆、搞西式服务，等等。殊不知旅游者固然要吃好、住好，但在吃、住的问题上，谁又愿意不远万里前来重复本国已享受过的一切呢？而有些欠发达地区本来拥有一流的自然资源，因为缺少审美眼光，或者为了眼前的经济利益，选择错误的开发路线，常常干出杀鸡取卵、焚琴煮鹤的蠢事。如前些年长江三峡灯影峡有个一流的喀斯特溶洞，承包给福建某开发商。开发商将洞中象形钟乳石切割掉卖给酒店做装饰，而糊了一些水泥象形景观在洞里遮人耳目。

（三）继承性。以上我们谈了旅游文化的地域性和新奇性。这两性又是与时间的承续性相联系的。开辟以来，人类便在残酷的生存竞争环境中自然地依血缘关系结成群体。千百年来代代相传的族规族法，会在无形中成为本族成员的精神纽带。在和异族文化接触时，这种纽带总要顽强地发挥其抵制功能。但这种抵制不是抵制一切，而是抵制与本国家本民族胃口不合的东西。大凡一种具有持久生命力的文化，都十分重视对传统的继承。因为文化的发展，不外乎推陈出新两方面。而创新则不能抛开传统。19世纪瑞士著名文化史学者柏克哈特曾经批评了当时文化界的一种流行理论，即认为一个新社会的创造，可以把过去的传统毁灭。而在历史文化的废墟上，再由他们重新创建起来。他说，这种狂热的心态，实在是因为不了解一个文化社会成长发展的性质与过程所致。所以他说，对文化传统的背弃，即无异走向野蛮。一般文化如此，旅游文化亦不例外。在当前，我国旅游业要想在国际旅游市场上占住地位，要想把旅游事业发展与国民精神文明的建设结合起来，很重要的一环，就是要尽快恢复被"极左"路线和"十年浩劫"摧残了的文化传统，从深层挖掘中国旅游文化的核心价值，继承优良传统，抛弃不良传统。若然，中国作风和中国气派才不致成为一句空话！

不同地域、不同民族的旅游文化也会互相影响。这种影响首先反映在衣着、风度等比较外在的方面，然后才是深层的影响。对外开放以来，中国旅游文化的精华如园林、烹饪已为越来越多的外国旅游者所接受，而西方的旅游文化中的探险意识、商品意识不是也开始深入中国人心中了吗？我们睁眼看大街上跑的高级轿车，大多是进口的，旅行包、旅行车、旅行帐篷、太阳镜等旅游用具也充实了我们的旅游生活。对待西方旅游文化，我认为只要法有可采，莫论中西；对于传统旅游文化，只要对我们当代旅游文化的建设理有所明，又何须分新分旧！

第二章　中国旅游史鸟瞰（上）

我国的旅游历史，大体上可区分神话传说时期和信史时期这么两个时期。而信史时期又可依次厘定为夏商周、秦汉、六朝、唐宋、元明清和近代五个阶段。

一、神话传说时期

由于儒家不信"怪力乱神"，对远古神话传说肆意阉割篡改，致使中国神话不如希腊丰富完整。其中旅游神话的遭遇也不比其他类型的神话好多少。虽然如此，在先秦古书中，仍然保存了一些极有价值、能够让我们间接了解先民旅游活动的神话传说。

中华民族的始祖黄帝，在秦汉时期的典籍中，特别是道家的著作中，他是一个足迹遍于天下、性好远游的古代帝王。传说"黄帝游幸天下,有记里鼓,道路记以里堆"❶,"里堆"也即后世的"堠"（音 huō，用于了望和记载里程的土堆），系今天的铁路、公路边上的里程碑之前身。杨升庵因此推断"堠"起源于黄帝时（同上）。黄帝的儿子累祖也性喜远游，最后死在旅途中。❷《尚书》上说，尧的儿子傲也是"唯漫游是好"。以与颛顼争帝、怒触不周山闻名的天神共工之子修，亦"好远游，舟车所至，足迹所达，靡不穷览。"❸ 至于治水英雄大禹的旅行经历，更是流布众口，妇孺皆知。

---

❶ （明）杨慎《升庵集》卷七十二引古本《山海经》
❷ （汉）应劭《风俗通义》引崔实《四民月令》。《风俗通义》:书名。东汉应劭撰。亦名《风俗通》。原书23卷，今存10卷。以考论古代典礼和纠正群书错误为特色。其中保存了"修好远游"、"女娲补天"、"李冰斗蛟"等神话资料。
❸ （汉）应劭《风俗通义》

据说中国历史上最早的旅行指南九鼎,就是大禹完成治水任务后铸成的。史书上说禹铸九鼎,把全国各地山川形势、道路远近以及奇禽猛兽和一切不利旅行的事物标在鼎上,以便人们旅行时趋吉避凶。跟他一起治水的伯益,把沿途见闻,包括山川名称、方位、出产等地理、气象、动植物知识分点介绍,并附有奇禽怪兽各种图形。这就是《山海经》❶。关于禹铸九鼎,《左传》❷亦有比较简短的记载。禹疏九河的遗迹在黄河、长江等水道上多有留存,许多关于大禹治水的优美传说至今尚活在劳动人民口中。

在世界旅游史上,古希腊的神话在拥有旅游神之多这一点上,怕是不能望中国的项背。

神话和传说虽不能据为信史,但既散见于先秦时期众多的古籍之中,总不会事出无因。它至少说明中国人早在遥远的古代就酷爱旅游。人们将修和累祖奉为旅游神加以膜拜,从天子到庶人出门远行没有不首先祭祀他们的,这更可说明中国古代热爱旅游有着深厚的群众基础。关于"修"和"累祖"这两位旅游神的被祭祀,先秦古籍中的记载情况是这样的:汉人应劭在《风俗通义·祀典篇》及《独断篇》中认为人们祭祀的旅游神"行神"或"道路之神"是共工的儿子修。而《宋书·历律志》引崔实《四民月令》主张旅游神应是黄帝的儿子累祖。现将原文抄下,以备省览:

> 谨按《礼传》,共工之子曰修,好远游,舟车所至,足迹所达,靡不穷览,故祀以为祖神。

他还举了《诗经》中的韩侯和《左传》中的鲁襄公出行前祭祀"祖

---

❶ 《山海经》:书名。其书名始见于《史记·大宛传》。凡18篇。汉人刘歆《山海经叙录》、王充《论衡》以及《吴越春秋》都认为系大禹和伯益所作(本书《中国旅游文化崇尚真实的优良传统》章中有关于《山海经》作者的论述,可以参看)。本书保存神话最多,且最原始,向为神话学家所重视。

❷ 《左传》:儒家经典名。亦称《左氏春秋》或《春秋左氏传》。是我国历史上最早以《春秋》大事记为纲而撰成的编年史。其记述年代上起鲁隐公元年(前722年),止于鲁哀公二十七年(前468年)。前后记叙了春秋时期250多年的历史。《春秋》只是简括的历史大事记,《左传》则把事件经过加以详细描述,使故事首尾完整、曲折有致。关于《左传》的作者,《汉书·艺文志》认为是春秋时鲁国太史左丘明著。书名亦因之而名《左氏春秋》。

神"的情形作例子。唐颜师古注《汉书·景帝十三王传》"祖于江陵北门"一句时引用崔实的说法：

> 祖者，送行之祭，因飨饮也。昔黄帝之子累祖，好远游，而死于道。故后人以为行神也。

对于这种古书记载的看似矛盾的现象，清代学者孙诒让在《周礼正义·夏官·大驭篇》有一段分析。他说：古代祭祀行神这件事，《周礼》的正文和注解文字都没有言及。这件事最早见于《曾子问·疏》一书，而这本书却是引用崔实《四民月令》的说法。那上面说："宫内之軷❶祭古之行神；城外之軷，祭山川与道路之神。"他又引惠士奇的话："祖道本祭行神，祖在城门外，行则庙门外之西。礼虽不同，其神一也。崔云道路之神，非行神而何？"孙氏作结论道：

> 宫内城外两軷祭，神不当有异。惠说近是。今考"行"为天子七祀之一，地示之小祀也。祖神即道神。

大概因为累祖和修都是人民崇拜的远古旅行家，在安排神位时为了不至于偏袒而多设一个位子吧。人们崇拜他们，每当远行便祭祀他们，其用意不外乎"求道路之福"（同前引崔实《四民月令》）。

在中国古代，这种出门远行祭祀旅游神的活动，大量见于历代文史书籍。例如：《吴越春秋·勾践入臣外传》："越王勾践，五年五月，与大夫文种范蠡入臣于吴，群臣皆送至浙江之上，临水祖道，军阵固陵。"《文选·荆轲歌序》："丹（燕太子丹）祖送于易水上。"大体说来，祖送的内容为先祭旅游神，然后进行告别宴会。

近半个世纪以来，欧美学者经过大量的研究，认为《山海经·海外东经》中的"黑齿国"即今之墨西哥。1960年代初湖北荆门县出土的战国铜戚上的中国珥蛇舞人像，同秘鲁绣有海神像的地毯图案完全一样。《山海经》所记"光华之谷"就是北美科罗拉多大

---

❶ 軷音bá，古代祭道路之神的名称。祈福者封土象山，用柏树枝或菩刍做神主，祭祀完毕，用牲口拉着的车轮碾过，取行路无艰难之意。

峡谷。《山海经》对密西西比河流域等北美东部地区也作了描写。❶若然，则先民们的远游就不是神话而是事实了。

二、夏、商、周时期

夏代的旅游史料，我们迄今所能见到的文字资料除了《尚书》、《史记》几部古书中关于大禹治水的记载外，有一条谚语值得一提。谚云："吾王不游，吾何以休？吾王不豫，吾何以助！一游一豫，为诸侯度。""豫"也是"游"的意思。这条夏代谚语由于孟子的征引而被保存下来❷赵岐注云："言王者巡狩观民，其行从容，若遊若豫。豫亦遊也，遊亦豫也。"文意谓老百姓好久不见自己的君主出遊了，他们中有的春天没有种子，有的秋天吃不饱肚子。从前君主按时巡视，小民不至于饥寒，而现在却久久不见君王的影子。言下之意，有责怪君王不关心人民的意味。夏、商、周三代的帝王旅游，一般叫"巡狩"，或者叫"遊豫"，或者叫"遊夕"，意思都一样，是与农业生产密切相关的政治活动。在《晏子春秋》中保存了一段齐景公出游的见闻。书中说齐景公出游途中看到许多饿死百姓的尸体默然无语，晏子趁机谏诤，说你不能这样冷漠，先王齐桓公可不是这样。齐桓公出游老百姓高兴，因为他出游就是关心老百姓的生计。原文如下：

> 景公出遊于寒涂，睹死胔，默然不问。晏子谏曰：昔吾先君桓公出遊，睹饥者与之食；睹疾者与之财。使令不劳力，籍敛不费民。先君将遊，百姓皆悦，曰：君当幸遊吾乡乎？今君遊于寒涂，据四十里之氓殚财不足以奉敛，

---

❶ 卫聚贤《中国古代与美洲交通考》以及《科学画报》1980年第8期《是四千年前的文明吗？》。
❷ 《孟子》：书名。西汉司马迁、东汉赵岐、宋代朱熹等认为此书乃战国时期邹国孟轲自著，唐代林慎思、韩愈、宋代晁说之、郑樵则主张此书乃孟子弟子万章、公孙丑等辑录老师的言论而成。此说已成定论。《孟子》一书自《汉书·艺文志》以来，一直被放在子部，南宋朱熹始将其列入经部。

尽力不能周役。民氓饥寒冻馁死胔相望而君不问，失君道矣……其年公三月不出遊。❶

夏商时期的商业旅游、学术旅游乃至域外旅游，由于史料缺乏，暂时还无法讨论。

到了东周，礼崩乐坏，王纲解体。大批周天子身旁的文化人离开朝廷，分别投奔诸侯。《论语·微子》篇上记载了当时中央音乐家的去向：太师挚去了齐国，亚饭乐师干去了楚国，三饭乐师缭去了蔡国，四饭乐师缺去了秦国；打鼓的方叔去了黄河地区，摇小鼓的武去了汉水地区；少师阳和击磬的襄去了海滨。❷这不过是当日官学下移的一个缩影。从此，在中国历史上开始出现士阶层。由于诸侯争霸，周天子无力控制局面。士阶层因此显得异常活跃。孔子、孟子、苏秦、张仪，不过是春秋战国时期众多策士中声望卓著的几个。知识分子朝秦暮楚，奔走不暇，所谓孔席不暖、墨突不黔❸恰是当日士阶层奔走于诸侯之门的写照。这应该是中国旅游史上的一个新纪元。因为在此之前，旅游者主要是帝王和商人。而此后，像苏秦、张仪这样出身寒微的人，像孔子这样没落的贵族，乃至他们出身各异的弟子，都加入到旅游队伍中来了。当然，那时的旅游，主要目的还不在欣赏娱乐，而是游说诸侯追逐名利。但是，大量的旅游实践和审美感受，也促使他们的旅游带上审美的色彩。其中不少旅游哲学见解，对后世中国的旅游文化产生了不容低估的影响。这在《论语》、《庄子》❹、《孟子》、《荀子》❺、《韩

---

❶ 《晏子春秋》卷一。
❷ 太师挚适齐，亚饭干适楚，三饭缭适蔡，四饭缺适秦，鼓方叔入于河，播鼗武入于汉，少师阳、击磬襄入于海。
❸ "孔席不暖，墨突不黔"二句：意为孔子周游列国、推行自己的政治主张，席子还未坐暖又要出发。墨子因长年在外面活动、家中的烟囱里连黑烟也没有。
❹ 《庄子》：书名。战国时期庄周撰。亦名《南华真经》。其书共33篇、而最能体现庄子思想的是《逍遥游》《齐物论》《养生主》《人间世》《德充符》《大宗师》《应帝王》七篇。
❺ 《荀子》：书名。战国时期荀况撰，凡20卷。其中《天论》《解蔽》《正名》《性恶》为该书精华所在。

非子》❶、《列子》❷等先秦子书中，可谓随处可见。

夏、商两代的旅游接待设施，因文献难征，不得而知。周代的接待设施，已经相当普遍了。《周礼·周官》上说："凡国十里有庐，则宾客寄舍也。"

夏商周三代最大的，且又有文字记载的旅行家，当推夏禹和周穆王。夏禹的旅游当然是治水的附产品。他的三过家门而不入的先天下之忧而忧、急人民大众之所急的圣贤胸襟，给中国人民留下了十分美好的印象。穆王姓姬名满，是西周王朝第五代国君。史书上说他在位55年，其人天性好游，发下宏愿，要使天下都布满他的车辙马迹。反映他的旅游生涯的书叫《穆天子传》❸是他的10名随行史官秉笔直书的实录。《穆天子传》上说周穆王有8匹好马，有一个叫造父的驾车手。说周穆王的马车行走飞快。后世好事者甚至附会说周穆王的马车一日夜能行万里。周穆王曾经登上昆仑之丘，游览过黄帝轩辕氏之宫殿，"眺望钟山之岭，玩帝者之宝。勒石王母之山，纪迹元圃之上。乃取其嘉木艳草，奇鸟怪兽，玉石珍瑰之器，重膏银烛之宝。"又说，周穆王"北升于舂山之上以望四野，舂山是惟天下之高山也。天子五日观于舂山之上"。

周朝对旅游理论思考得最深刻，并对后世产生了深远影响的是儒家孔子和道家的庄子和列子。孔子提出了"仁者乐山，智者乐水"❹的比德说和"父母在，不远游，游必有方"❺的近游观。庄子提出了"依乎天理，因其固然"的审美观点和"旧国旧都，望之怅然"的怀旧旅游理念。《列子》一书提出了"人之游也观其所见，

---

❶ 《韩非子》：书名。战国时期韩非撰。本称《韩子》。唐以后为与韩愈区别起见，改称《韩非子》，其书共55篇，以《五蠹》、《说难》、《孤愤》等篇为重要。

❷ 《列子》：书名。旧题周朝列御寇撰，晋朝张湛作注。其学以老庄为本，然亦有其他学说窜入，清人姚际恒《古今伪书考》目为伪书似亦太过。

❸ 《穆天子传》：书名。内容介绍见本书《中国旅游文化崇尚真实的优良传统》章。

❹ 《论语·雍也》

❺ 《论语·里仁》

我之游也观其所变""务外游不如务内观"❶的尚变的旅游观以及与此相联系的内游理论,在旅游哲学领域已经达到很高的高度。

孔子参加一年一度的"蜡宾",也就是古代的农业丰收狂欢节。孔子参与了,很感慨。弟子中有人问他。农民像这样疯玩是不是太过分了?孔子说,一年辛苦劳作,休息一天有什么过分的!《礼记》上记载说"仲尼与于蜡宾,事毕出游,于观之上喟然而叹",意思是说,孔子参加了蜡宾这样的民俗活动后,还出游消遣,大发感慨。

不仅圣人孔子喜欢此类活动。诸侯国的国君喜欢旅游的也大有人在。如:

晋赵文子观于九原,曰:乐哉斯丘!

齐景公游于海上,3个月不肯回朝理政,说这种海上之游其乐可以忘死。楚庄王在云梦泽中游玩也是乐而忘返。

谈到周代的旅游文化,有一本书是必须要提到的。这本书就是《周易》,尤其是《周易》书中的"旅卦"需要研究。这是最早的旅游文化之系统论述,涉及到一个人在外旅游所应采取的人生态度和处世经验。尽管古代的旅游跟今天的旅游有很多不同,但最基本的要素还是相差无几。因此,在讨论中国旅游文化传统时,我们不能不涉及周易的旅卦。该卦实际上是古人总结出来的人在旅途自我保护的智慧指南。具体介绍我们将放在《中国旅游文化的忧患传统》那一章进行。

《礼记》中也涉及旅游文化:《礼记·月令》上说:"仲夏之月,可以远眺望,可以升山陵。"

《礼记·内则》还涉及旅游修养的论述:"从长者而上丘陵,则必乡(向)长者所视。登城不指,城上不呼。"意思是跟随长者上高处游览,应顾及对长者的尊敬,不能长者看东,晚辈看西。不能大呼小叫,东指西点。这是中国文化尊老敬长传统在旅游领域的体现。

---

❶ 《列子·仲尼》

此外，齐国的管仲❶首创女闾制度，实为我国历史上营妓制度的滥觞。后世妓院供奉管仲为神，当与此有关。

谈到先秦的旅游文化，下面这些旅游典故，作为中国人，我们应该知道：

逆旅。在中国古代典籍中，旅馆一般称逆旅。逆，就是迎接的意思。逆旅，就是迎接安顿旅客的场所。

环人。《周礼》中的环人相当今天的旅游接待官员。这种官员的职责是负责送迎邦国的来使，以及管理过往宾客的行路证明——"路节"。古代国家行人前往各地，路节是必须的身份证明。官员凭借路节到地方旅舍食宿，商贾也是凭借路节游走四方，交易生意。

姜尚（约前1156－前1017）接受逆旅主人忠告因而顺利接受封地。《史记》记载：姜尚（字子牙，也称"师尚父"）"东就国，道远行迟。逆旅主人曰：'吾闻时难得而易失。客寝处甚安，殆非就封者也。'太公闻之，夜衣而行。至国，莱侯来伐，与之争营丘。"

这个故事说明旅店老板也非常人。他的一句话提醒了姜尚，封地还未搞定，哪里是高枕无忧的时候！特别是"时难得而易失"这句话，真明白的人太少。世之因循苟且，行百里者半九十，多因不知此理所致。郑桓公也有一个类似的故事。《说苑》："郑桓公会封于郑，暮夜宿于宋东之逆旅。逆旅之叟曰：时难得而易失，今客之寝安，殆非就封者也。"

秦国商鞅变法废除逆旅而作法自毙。商鞅（约前395－前338）为了统一全国人民的思想，提出了《一民》的主张，为了富国强兵，他还抛出了《垦令》和《农战》的主张。在《垦令》篇中，有一段专门谈到废逆旅的意见，他认为，"废逆旅则奸伪躁心私交疑农之民不行。逆旅之民无以食，则必农。农则草必垦矣"。❷商鞅的废逆旅令肯定实施过。《史记》记载："秦孝公卒，太子立。公子虔

---

❶ 管仲，字夷吾。春秋时期齐国著名政治家和外交家。其治国安邦之思想主张以礼义廉耻纲纪国民。主张富国强兵。其思想见《管子》一书。

❷ 《商子·垦令第一》，浙江人民出版社，百子全书版。

告商君欲反。发吏捕商君。商君亡,至关下。欲舍客舍。舍人曰:商君立法,舍人无验者坐之。商君叹曰:为法自弊,一至此哉!"商鞅变法失败,逃亡之初,夜投函谷关逆旅,逆旅之人向他索要路节之类的身份证明,商鞅自然没有。所以他感慨地说:自己立法废除逆旅,但自己外出却被自己制定的法律治住了,真是自作自受啊。商鞅的做法是破坏客观规律的。他认为只要把逆旅禁止了,经营逆旅以之为生的从业者就失去了饭碗。要谋生,就不得走垦草务农的道路。他不知道逆旅本身就是一种就业门路。

叔孙婼讲究逆旅环境。《左传》曰:"叔孙婼(? -前517)所馆者,虽一日必葺墙屋。去之如始至。"这段话是说有个叫叔孙婼的有洁癖,他住旅馆,即使只住一天,也要整理装饰房屋。离开时跟刚来时一个样。晋朝有个王子猷,十分爱竹。所到之处,即使只住一夜,也不含糊,一定要种几棵竹子才安心。与叔孙婼趣味正同。

宾至如归的示范效应。在中国古代,明智之士都看重逆旅接待工作,认为这就是政治。一个国家如果重视宾客接待,就兴旺;反之就衰亡。在春秋时期,晋文公(前697-前628)重视宾客接待,因此四方之士宾至如归,晋国日益强大。相反,陈国的司里不大在乎宾客接待,经常有客人入境却没有地方住宿的事情发生,因此周定王的特使单相公预测陈国必亡。公元前601年,单襄公受周定王委派,前去宋国、楚国等国聘问。路过陈国时,他看到国道上杂草丛生,边境上也没有迎送宾客的人,到了国都,他了解到陈灵公跟大臣一起戴着楚国流行的帽子去了著名的风流寡妇夏姬家,丢下周天子的代表不接见。单襄公回到京城后,跟周定王说,陈侯本人如无大的灾难,陈国也一定会灭亡的。

> 春秋之世,晋人崇大诸侯之馆,而宾至如归。子产所以美文公之霸。陈之司里不授馆,羁旅无所。单襄公知其必亡[1]。

---

[1] 明章懋《语录》,四库全书本。

司里是春秋时期主管城建和街巷管理、旅馆管理的官员。

路室。春秋时期楚国的旅馆叫路室。《楚辞》曰:"路室之女方桑兮,孔子过之以自侍。"注:路室,客舍也。言孔子出游过于客舍,其女方采桑,一心不视。(孔子)善其贞信取以自侍。

秦汉著名旅馆名称:广成传、槀街邸。广成,秦客馆名;槀街,汉客馆名。俱见《魏都赋》。原文曰:"营客馆以周坊,饰宾侣之所集。广成之传无以侔,槀街之邸不能及。"

苏秦概括楚国社会风气。《战国策》:"苏秦之楚,三日乃得见王,谈卒,辞行。楚王曰:愿留。秦曰:楚国食贵于玉,薪贵于桂,谒者难见于鬼,王难见于帝。今臣食玉炊桂,因鬼见帝,其可得乎?"在苏秦的笔下,战国时期楚国的物价贵,政府官员脸难看,门难进,事难办的社会风气真是入木三分。

庄子论旅游者怀念故国故人的心理。庄子曰:"不闻夫越之流人乎?去国数日,见其所知而喜;去国旬月,见所尝见于国中者而喜;及期年也,见似人者而喜矣。不亦去人滋久思人滋深乎?夫逃虚空者藜藋柱乎鼪鼬之径跟位其空,闻人足音跫然而喜矣,况乎昆弟亲戚之謦欬于其侧者乎?"❶

三、秦、汉时期

秦王嬴政并吞宇内、威震八荒之前,我国东南沿海诸侯国齐、燕等地方士阶层已开始形成。他们大概是被海市蜃楼所迷惑,一心寻找海上仙山,企求不死之药化去人类生也有涯的苦恼。秦始皇统一中国后,也迷上了长生术。为了寻找海上仙山的不死之药,秦始皇派出了许多方士四处考察。他自己则把古老的巡狩制度继承下来,作为了解下情,巩固统治的策略。另一方面,在巡狩的同时,还加进了寻求长生之药的求仙内容。这一点,是他和此前

---

❶《庄子·徐无鬼》

历代帝王巡狩的最本质的不同。不过,应该说明的是,秦始皇为了巡狩的需要,大规模地扩建道路、建设行宫,这对发展旅游应该说还是起了很重要的作用的。他派出大量方士寻幽访胜,目的虽然是不死之药,而客观上却有利于山水自然美的发现和开发。

秦始皇巡狩天下,沿袭周穆王"勒石王母之山,纪迹元圃之上"的摩崖传统。跟周穆王不同的是,秦始皇将其发展为"刻石",即另外打凿坚硬平整的石面,在上面刻字,为自己纪功志游。其刻石多达七八处。今尚存完整的刻石遗迹有峄山刻石。泰山刻石尚存数字。其他多以古代拓片传世。无论如何,秦始皇将古代帝王的本来属于政治文化的巡狩传统变成求仙旅游,将摩崖变为刻石,都属创举。

汉武帝的旅游路子与秦始皇惊人的相似。他一生也巡狩和求仙并重。不过,汉武帝的开拓精神比秦始皇更强烈。汉武帝时对匈奴等少数民族政权的武装反击,张骞的西域探险,司马相如的西南夷之行,司马迁为撰写《史记》而游历全国各地,共同构成了这一鼎盛时代的旅游特点。而尤其值得称道的是张骞的西域之行和司马迁的学术旅游活动。前者是有政治目的的探险旅游,而后者则是比较典型的学术考察。这是划时代的进步。

汉武帝微行逆旅遇险。汉武帝"尝至柏谷,夜投亭长,亭长不纳。乃宿于逆旅。逆旅翁谓上曰:汝长大多力,当勤种稼穑。何忽带剑群聚,夜行动众。此不欲为盗则淫耳。上默然不应。有顷还内,上使人觇之。见翁方要少年十余,皆持弓矢刀剑欲图上。妪曰:吾观此丈夫非常人也,不如因礼之。出谓上曰:此翁好饮酒,狂悖。今日且令公子安眠无他。因杀鸡作食。平明,上去。是日还宫。乃召逆旅夫妻见之,赐妪金十斤。其夫为羽林郎。自是惩戒,希复微行。"❶

后汉周阳开旅馆免费提供住宿。"后汉周阳少孤微,尝修逆旅

---

❶《汉武故事》

以供过客，而不受报。"❶

第五伦住逆旅离开时总是自己打扫好卫生。第五伦是王莽当政时期的一个地方小官。"第五伦自度仕宦牢落，变易姓名，自称王伯齐。尝与奴贩盐，北至太原贩卖。每所至客舍，去辄为粪除。道上号曰道士。开门请求，不复责舍宿直。"❷这种离开旅馆前做一次卫生的习惯，真是难能可贵啊。

郭林宗住旅馆自己搞卫生。"郭林宗每行，宿逆旅，辄躬洒扫。及明去后，人至见之，曰：此必郭有道昨宿处也。"❸

汉灵帝搞模拟逆旅。灵帝数游戏于西园中，令后宫彩女为客舍主，身为商贾服，行至舍，彩女下酒食，因共饮食以为戏乐。❹

关于楚襄王巫山神女梦高唐的附会。濠州西有高塘馆，俯近淮水。御史阎敬爱宿此馆题诗曰："借问襄王安在哉，山川此地胜阳台。今朝寓宿高塘馆，神女何曾入梦来！"轺轩来往莫不吟讽。有李和风者至此又题诗曰："高唐不是这高塘，淮畔江南各一方。若向此中求荐枕，参差笑杀楚襄王。"读者莫不解颐。❺

王粲诗中最先出现"游客"一词。王粲诗曰："悠悠步荒路，靡靡我心愁。四望无烟火，但见林与丘。城郭生榛棘，蹊径无所由。雚蒲竟广泽，葭苇夹长流。游客多悲伤，泪下不可收。朝入谯郡界，旷然消人忧。诗人美乐土，虽客犹愿留。"❻

古诗十九首中的旅游意识。汉代人的旅游意识很强。《古诗十九首》中保存了当时人的生命意识，他们明白人生苦短，应该追求舒心适意的精神生活。旅游就是最综合、满足感最全的一种精神生活。如："人生不满百，常怀千岁忧。昼短苦夜长，何不秉烛游？""青青陵上柏，磊磊涧中石。人生天地间，忽如远行客。

---

❶ 《册府元龟》卷八百十二
❷ 《东观汉记》
❸ 《郭林宗别传》
❹ 《续汉书》
❺ 《南部新书》
❻ 《艺文类聚》卷二十八

驱车策驽马,游戏宛与洛。长衢罗夹巷,王侯多第宅。两宫遥相望,双阙百余尺。极宴娱心意,戚戚何所迫!"又如:《芙蓉池诗》曰:"乘辇夜行游,逍遥步西园。双渠相溉灌,嘉木绕通川。卑枝拂羽盖,修条摩苍天。惊风扶轮毂,飞鸟翔我前。丹霞夹明月,华星出云间。上天垂光采,五色一何鲜!寿命非松乔,谁能得神仙?遨游快心意,保己终百年!"诗中的"人生不满百,常怀千岁忧。昼短苦夜长,何不秉烛游""人生天地间,忽如远行客""寿命非松乔,谁能得神仙?遨游快心意,保己终百年!"已然成为中华民族智慧人生的格言警语。

四、魏晋南北朝时期

西晋末年,天下大乱。王室东迁,偏安江左。这一次大迁徙对于中国旅游史的意义不可低估。以往长期生活在黄河流域的社会上层人物,走惯了"大道如砥,其直如矢"的北方道路,一旦进入"山重水复疑无路,柳暗花明又一村"的江南地区,强烈的时空变化感刺激了这批文化人的大脑。历史的潮流把他们从黄河流域赶到长江流域,黑暗时期的政治风云又使他们不得不考虑全身远害这个问题。这一时期的绝大多数知识分子都走了寄情山水、啸傲风月的道路。由于天下分裂,军阀割据,人为地造成此疆彼界,因此这一时期的旅游绝大多数是短途旅行。与其说是探奇,还不如说是为了追求适意娱情,这一时期的突出特征是对山水作审美评价的现象蔚然成风。刘义庆的《世说新语》❶一书中就留下了为数众多的山水欣赏文字。谢灵运因仕途不顺,以博学多才而寄情

---

❶ 《世说新语》:书名。凡3卷。南朝宋刘义庆撰。梁刘孝标注。其书分德行、言语、政事、文学、方正、品藻等38门,专记东汉至东晋上层人士的轶事琐语。如《言语篇》载:"桓征西(即桓温)治江陵城甚丽,会(恰值)宾僚出江津望之云:'若能目(评价)此城者有赏。'顾长康时为客在座,目曰:'遥望层城,丹楼如霞。'桓即赏以二婢。""简文入华林园,顾谓左右曰:'会心处不必在远,翳然林水,便自有濠濮间想也,觉鸟兽禽鱼自来亲人。'"从以上数例可窥晋人审美水平之一斑。

山水，成为中国山水文学的鼻祖。

这一时期也有个别涉足远游的旅行家，像东晋义熙年间舍身求法、陆去海还的法显，像"默室求深，闭舟问远"、用大半生精力撰写《水经注》❶的郦道元即是代表。特别是法显的远游以及远游记录《佛国记》❷，开辟了我国宗教徒的域外远游之先声，极大地丰富了我国古代的探险旅游传统。东晋王羲之等人的兰亭雅集也开了后世文人墨客春秋佳日游山玩水、分韵作诗的雅集传统之先河。

最早的自助旅行者。"（刘）实少贫窭，杖策徒行。每所憩止，不累主人，薪水之事皆自营给。及位望通显，每崇俭素，不尚华丽。尝诣石崇家如厕，见有绛纹帐裀褥甚丽，两婢持香囊。实便退，笑谓崇曰：误入卿内。崇曰：是厕耳。实曰：贫士未尝得此，乃更如他厕。"❸晋代刘实系见于记载的最早的徒步自炊旅行者。

晋朝诗人王赞诗揭示常人怀念故乡之情结。《杂诗》："昔往仓庚鸣，今来蟋蟀吟。人情怀旧乡，客鸟思故林。"

画家顾恺之（字长康）喜欢旅游。"顾长康从会稽还，述山川之美，云：千岩竞秀，万壑争流。草木蒙茏其上，若云兴霞蔚。""又郗诜山行，喜闻樵语牧唱，曰：洗尽五年尘土肠胃。"

谢安是东晋大臣。官至太傅。到建业（今南京）后，"思会稽（绍兴）东山，于城东筑土以拟之。营立楼馆，植林木甚盛。每携中外子姓往来游集，殽馔屡费百金。"

《晋书》曰：庾太尉亮镇武昌，秋夜气佳景清。佐吏殷浩王胡之徒登南楼啸咏，音调始遒。俄而庾公至，诸贤欲起避之。公徐曰：诸君少住，老子于此兴复不浅。因便据胡床与诸人谈咏竟夕。这就是六朝时期的名士风流。

---

❶ 《水经注》：书名。内容介绍见本书《"读万卷书，行万里路"》章。
❷ 《佛国记》：书名，又名《法显传》。内容介绍见本书《中国旅游文化崇尚真实的优良传统》章和《中国旅游文化的探险旅游传统》章。
❸ 《晋书》卷四十一

五、隋、唐时期

隋朝的历史短暂，然而炀帝却称得上是别具特色的旅行家。他追求奢侈，不惯车马旅行的劳顿，乃下令修凿京杭大运河，开创中国旅游史上舟游之新篇章。此外，他的弄臣巧匠杜宝、黄衮发明的水上游乐机械，亦是对我国近游传统的一次丰富❶。

唐初，太宗皇帝吸取隋朝亡国的教训，加上大臣魏征等人的谏阻，他几乎没有过较远距离的旅游活动。他在《帝京篇》小序中明言自己特别欣赏近游。其词曰："沟洫可悦，何必江海之滨？麟阁可玩，何必两陵之间乎？忠良可接，何必海上神仙乎？丰镐可游，何必瑶池之上乎？"❷

由于开国君主树下了近游的先例，后继者们几乎没有一个放情远游的，除开高宗、玄宗、武则天的几次封禅活动例外。

唐代沿袭隋制，实行科举取士制度。出身寒门的读书人，只要有真才实学，通过科举道路可以进入统治集团。这种政策极大地调动了广大中下层士子的从政热情。唐人因此而远游成风。这

---

❶ 见《大业拾遗记》《水饰》等书。杜宝的《水饰》对于水上游乐机械的记述至为详细。先是隋炀帝命学士杜宝修《水饰图经》15卷，由黄衮按七十二势制成机械人和机械动物。三月上巳日，炀帝令群臣于曲水观水饰。这七十二势就是以72个不同人物故事为题材的机械人、动物游乐设施的总称。举例来说，像"禹过江黄龙负舟""秦始皇入海见海神""武帝泛楼船于汾河""屈原遇渔父""屈原沉汨罗""长鲸吞舟"以及"穆天子觞西王母于瑶池之上""孔子值河浴女子"等。这七十二势皆刻木为之，"或乘舟，或乘山，或乘乎洲，或乘磐石，或乘宫殿"。"木人长二尺许，衣以绮罗，装以金碧，及作杂禽兽鱼鸟皆运动如生，随曲水而行，又间以妓航（即载妓女的船只）与水饰相次。亦作十二航，航长一丈，阔六尺，木人奏音声，击磬撞钟，弹筝鼓瑟，皆得成曲。及为百戏跳剑舞轮，升竿掷绳，皆如生无异。其妓航水饰亦雕装奇妙，周旋曲池，同以水机使之。又作小舸子，长八尺，七艘，木人长二尺许，乘此船以行酒，每一船一人擎酒杯，立于船头。一人捧酒钵。次立一人撑船，在船后。二人荡桨，在中央。绕曲水池回曲之处各坐宾客，其行酒船随岸而行，行疾于水饰。水行绕池一匝，酒船得三遍乃得同止酒，船每到坐客之处即停住。擎酒木人于船头伸手，遇酒客取酒，饮讫，还杯。木人受杯，回身向酒钵之人取杓斟酒，满杯依式自行，每到坐客依例皆如前法。"杜宝说这些装置都是在水中岸上安了配套的机械设施才如此像真人一样。他解释说，这些杰作都出自"巧性今古罕俦"的黄衮之手（详见杜宝《大业杂记》以及《太平广记》卷二百二十六引《大业拾遗记》）。

❷ 《全唐诗》卷一

是继晚周社会以来的又一次旅游高峰。和以前的许多世纪相比，这个时期是旅游人数最多的一个时期。士子们为了提高诗艺，遍游名山大川，考验史书正误，拓展眼界胸襟；广交文朋诗友，切磋诗歌艺术，以博取功名富贵。当他们考上进士后，一批批步入政界。各州县行政长官绝大多数便由新进士充任。这批高层次的旅游者任职以后，在上任的路上，在任所里，游山玩水便成了他们工作的一部分。因此，这一时期的旅游诗以前所未有的数量出现在文坛上，许多脍炙人口的名篇，如李白的《望庐山瀑布》《静夜思》，王维的《送梓州李使君》，王之涣的《登鹳鹊楼》，杜甫的《望岳》，孟郊的《游终南山》，韩愈的《谒衡岳遂宿岳寺题门楼》等，都是诗人们当年的旅游见闻和感受之写照。这一时期读书人中涌现了一大批旅行家，如写出"海内存知己，天涯若比邻"名句和名篇《滕王阁序》的王勃，远征到今日越南的"过岭万余里"的张籍，以著《茶经》闻名中外的陆羽和以通俗易懂的诗风著称于世的白居易等。

这一时期由于举国重道教，天下道教名山的开发得到了朝廷的资助，洞天福地呈现出一派欣欣向荣的景象。道士中也涌现了不少有名的旅行家，如司马承祯。

这一时期佛教也得到了较大的发展，"天下名山僧占多"已逐步成为事实，佛教的发展和道教的兴盛一样，使自然山水打上日渐浓重的人文印记，自然山水的美得以日渐发露。更值得一提的是佛教徒中出现了杰出的探险旅行、舍身求法的玄奘。他是继晋代陆去海还的法显之后的又一个大旅行家。他的事迹载在《大唐西域记》中。鉴真和尚七次渡海，向日本传播佛法，也是中国文化史上大放异彩的杰出人物。柳宗元《永州八记》的写成，标志着游记文学的成熟。

与旅游队伍日渐壮大形势相适应，唐代旅游客馆亦相当发达。除西安、泉州、洛阳、扬州、益州（成都）、广州等大城市，即便是小小县城也不缺乏此类设施。杜甫客蜀时曾专门写过一篇《唐兴县客馆记》，记述当年唐兴县（今四川蓬溪县）县令王潜的话："邑中之政，庶几缮完矣。唯宾馆上漏下湿，吾人犹不堪其居，以容四方宾，宾其谓我何？"❶这类建筑在规模上已大大超过用作传驿的传舍。其中有回廊、环廊可供游人散步，可免日晒雨淋，更有"修竹茂树"以美化环境。公馆的结构如下："门之内为厅事，其后为燕息所。东西为夹室，左庖（厨房）右湢（音bì，浴室），以及仆从车马之所寓……厅之前列松树，松柏纵横有序，四周以垣丈计者六十有奇，上瓦旁甃，风雨无虞。"❷这虽是明代的记载，因中国文化因多创少，尤其是历代寺庙、学宫、公馆多沿陈法，故可想象唐宋时期公馆当去此不远。另外，唐人已有用于旅游盛物的"被袋"了。❸"被袋非古制，不知何时起也，比者远游行则用。太和九年，以十家之累，士人被窜谪，人皆不自保，常虞仓卒之遣，每出私第，咸备四时服用。旧以纽革为腰囊，置于殿乘。至是，服用既繁，乃以被袋易之。大中以来，吴人亦结丝为之，或有饷遗，豪徒玩而不用。"❹唐代由于中外人员流动量大。旅馆业十分发达。当时已经出现了类似后世慈善事业的专门用于接待经济困难的弱势群体的旅舍。如出身名门望族的杜子春，穷困时在一家波斯人开的客店里住店，巧遇一位老者，使他转贫为富，重振了家业。为了报答这位老者，杜子春在发财后大兴慈善事业，在扬州盖造旅舍100多间，专门收容孤儿寡妇。❺

在唐代，"凡有人要从这一处到别一处去旅行的，应得呈验两封信，一封是地方官给的，一封是本地的太监❻给的。地方官

---

❶ 《全蜀艺文志》卷三十四。四库全书本。
❷ 谢迁《公馆记》，见《天一阁藏明代方志选刊》中之《嘉靖天长县志》。
❸ 《资暇录》:书名。唐李匡乂撰。凡三卷。此书以考证世俗记载的讹误而作。关于"被袋"，《资暇录》有一段记载，现抄录于次："被袋非古制，不知孰起也。比者远游行则用。旧以纽革为腰囊，置于殿乘，至是服用既繁，乃以被易之，成俗于今。大中（唐宣宗年号）以来，吴人亦结丝为之。"
❹ （宋）王谠《唐语林》卷八，周勋初本第732页。
❺ 《太平广记》卷十六
❻ 刘半农、刘小蕙合译本《苏莱曼东游记》原文如此。

的信是护照一类的东西，上面写明所经过道路，及持信人的姓名，其同伴人，其年岁，其同伴人的年岁，并其所属的部族名。凡在中国旅行的人，无论是中国人，是阿拉伯人，或者是别种的外国人，都应当有一份证明。至于太监所给的一封信，却证明旅行人所带银钱或商货的多少。因为在路上，每到一站，便有站兵来检查这两封信。检查之后即在信上批明：'某年某月某日，某国某人到此，携某物，同伴者某某人'。所以要有这样的手续，是预防旅行人在路上丢失银钱或商货起见，要是有什么人丢失东西，或者是死了，人家就可以查明他的东西是如何丢失的，仍旧发还给他。如果他死了，就还给他的继承人。"这段话出自唐代阿拉伯商人苏莱曼的《东游记》中。于此可见唐代对入境旅游者管理之一斑。实际上，苏莱曼所说的需要验证的两封信当时被称之为过所，唐朝官制，过所是由仓曹参军掌握❶。我国宁波博物馆收藏有一份中日友好的文物，即明州（今宁波）太守发给遣唐使学问僧最澄的牒。这个通关文牒，就像现代人出国用的护照。古时候，没有牒就出不了国门。这张牒记载了日本僧人最澄于唐贞元二十年，经明州（宁波）到天台山学佛时的经历。这本"护照"制作很精美，看上去很高大上，上面盖有不少印章。专家介绍说，牒中的"最澄"是东汉末帝汉献帝的子孙，在中国西晋时代去日本，定居于近江国滋贺郡，赐姓三津首。最澄是唐德宗贞元二十年（804年）8月底到明州的，当时在明州养病半月后去天台山。《明州牒》签发于该年9月12日，并记最澄已经病愈，将于15日去天台山。这本1200多年前的"护照"，是唐时日本僧人到宁波的见证。

唐代的读书人都喜欢远游。如伟大诗人李白有"五岳寻仙不觉远，一生好入名山游"的夫子自道。

> 胡文穆记李白三帖：其一，"乘兴蹋月，西入酒家，不觉人物两忘，身在世外"。其二，"夜来月下，卧醒，

---

❶《旧唐书》卷四十二

花影零乱，满人襟袖，疑如濯魄于冰壶也"。其三："楼虚月白，秋宇物化。于斯凭阑，身世飞动。把酒自忘，此兴何极！"非太白不能道。❶

张志和属于隐逸类的旅行家。他的四海云游，名气很大。唐肃宗觉得他四海云游，没有人管理生活，太辛苦。就赐给他一男一女两个奴婢。张志和将他们配为夫妇。男的叫"渔童"，女的叫樵青。"渔童捧钓收纶，芦中鼓枻。樵青苏兰薪桂，竹里煎茶。以此放浪，终于江湖间。"❷

晋、唐时期的庐山开发。远公《庐山记》曰：匡庐众岭中第三岭极高峻，人所罕经也。太史公东游登其峰而遐观，南眺五湖，北望九江，东西肆目，若涉天庭焉。唐李白登华山落雁峰，曰："此山最高，呼吸想通帝座。恨不携谢朓惊人诗来搔首问青天耳！"

陶岘三舟游天下。陶渊明的后裔，在唐代昆山一支中有个叫陶岘的，家资富有。性爱旅游，很会享受生活。"陶岘者，彭泽孙也。开元中家于昆山，富有田业，择家人不欺能守事者悉付之事。身则泛游江湖，遍行天下，往往数载不归。见其子孙成人皆不辨其名字也。自制三舟，备极工巧。一舟自载，一舟置宾，一舟置饮馔。客有前进士孟彦深、进士孟云卿、布衣焦遂，各置仆妾共载。而岘有女乐一部，尝奏清商曲。逢山泉则穷其境物，乘兴春行。岘且名闻朝廷。又值天下无事，经过郡邑无不招延，岘拒之，曰：某麋鹿闲人，非王公上客。亦有未招而诣者。吴越中号为水仙。"❸

刘伯寿，洛阳九老中的一个。他"筑室嵩山下，每登嵩顶，回则于峻极中院记岁月。捐馆之年题云：余今年若干岁，登顶凡七十四次矣。精力虽疲，心未足也。后王辅道学士与其孙之静游嵩，至峻极中院，作一绝句云：烂红一点出浮沤，夜坐嵩峰顶上头。笑对松窗谈祖德，当年七十四回游"。

---

❶ 《佩文斋书画谱》卷七十三
❷ （唐）颜清臣《张志和传碑》，见《广群芳谱》卷十八。
❸ （唐）袁郊《甘泽谣》

苦吟诗人孟郊喜欢游山。中唐的苦吟诗人孟东野，是一个"向事每计较，与山实绸缪"的山水旅游迷。他46岁中进士，50岁才选上溧阳县尉。迎接其母来溧阳，写下了千古名篇《游子吟》，溧阳一带的山水吸引了他。他经常骑着毛驴到吴楚相争留下的古遗址平陵城也就是今天的高淳固城遗址那里盘桓吟咏，以致耽搁了自己的工作也在所不计。这些唐人都是丰神俊朗、别具肺肠的旅游迷。

唐代的柳宗元还从史的角度介绍了历代地方行政长官到中央王朝来述职的馆舍。他说："凡诸侯述职之礼，必有栋宇建于京师，朝觐为修容之地，会计为交政之所。其在周典则皆邑以具汤沐；其在汉制则皆邸以奉朝请；唐兴因之则皆院以备进奏。"❶这种类似当代的各省驻京办一样的接待设施，在周朝的名称叫"邑"，这种邑跟一般的所谓邑不同的地方就在于它有"具汤沐"的使命。也就是为前来京城办事的地方诸侯提供食宿等接待服务。汉代这种接待设施叫"邸"。唐代叫"院"。

---

❶《邠宁奏记》

第三章 中国旅游史鸟瞰（下）

六、两宋时期

宋代旅游风气甚盛。就连帝王也热心谈游事。如陆游晚年在严州（今浙江桐庐）担任知州，他在辞别孝宗皇帝时，孝宗皇帝还不忘提醒他："严州，山水胜处。职事之暇，可以赋咏自适。"❶

宋代与唐代类似。地方官亦十分重视旅游景点和接待设施的建设。最能从理论上说明旅游服务设施重要意义的，当推梁介。梁介为四川泸江地方官，他在《泸江亭记》中指出："予谓游观之益，则欲择胜；行旅之益，则欲求其便"。游观之益，之所以需要择胜，这是因为无论是自然景观还是人文胜迹，都是精华。精华之所以为精华，是按照一定的标准挑选出来的。为什么旅时需要方便呢？因为"水行而乘舟，人之所同也。然四支（同肢）百骸，窘束于寻丈之间，动作寝卧，皆失故常，疾风怒涛，为之忧惧。浮家而俱者，虽僮仆婢妾，慊然有不自适之意。行及郡邑，人人自以为得少休也。縻舟而出，左右前后，有屋室可娱，相命而趣之，列席而坐，载酒而酌，彷徉盘礴，洒然忘疲，岂不足以为行人之惠乎。"他更进而指出：如果地方官只关心自己所居的地方的环境美化，而对于城镇的公馆则不闻不问，"主宾相接，劳迎饯送，顾瞻栋宇腐败倾倒，此而弗顾，谓其能善理也哉。"认为这样不重视公馆建设、维修的地方官不是好官。他因此而把问题提到"一亭之废兴，系

---

❶《宋史》卷三百九十五《陆游传》

行者之休戚"的高度。❶这种见解，同唐代杜甫在《唐兴县客馆记》结尾时所说的"若观宇不修而台榭是好，宾至无所纳其车，我浩荡无所措手足，获高枕乎"那句话，在好客这一点上实在没有什么不同。在我国，自古以来便有热情好客的传统。古时候重宾客之交，故诸侯列国皆有舍馆以纳宾客。宾馆的建筑既求安全实用，又讲究美观大方。公共交通也经常维修，地方官经常了解宾馆的损坏情况，加以修缮。因此宾至如归，没有灾患。古时候上级官员考察下级政绩时，这方面也是重要的一环。有人甚至以此来观国之兴替和政之得失。在中国古代，用以规范人们行为的礼制共有五个方面，而宾客之礼居其一。宋代的楼钥在《安州驿记》中描述重新修建旧公馆的情形："先为台门以及厅宇，两庑正堂以次俱办，凡为屋三十楹，足为大宾客憩节之地。经理其下，必欲器用庀濡，井井一新，使来者如归。"

在宋代文献中，还保存着部分旅游日用必需品的记录。如宋人旅游车——"安车"："安车车轮不欲高，高则摇。车身长六尺，可以卧也。其广合辙，辋以蒲索缠之，索如钱大可也。车上设四柱，盖密簟为之，纸糊黑漆，勿加梭，梭重又蔽眼，害于观眺。厢高尺四寸，设茵荐之。外可以稳睡。为法：车后为门，前设扶板，加于厢上。在前可凭，在后可以临。时移徙以铁距子簪于两厢之上，板可阔尺余，令可容书策及肴尊之类，下以板弥之。卧则障风。近后为牵户，以备仄卧观山也。车后施油幰（音xiǎn，车的帷幔）。幰两头设轴如画帧。轴大如指，有雨则展之，傅于前柱。欲障日障风则半展，或偏展一边，临时以铁距子簪于车盖梁及厢下，无用则卷之，立于车后。车前为纳陛（车前的踏板，上有油幰遮日、雨，踏板可放足），令可垂足而坐。要卧则以板梁之，令平。琴书酒榼（音kē，古时盛酒的器具）扇帽之类，挂车携盖间车后皆可也。"❷可见

---

❶ 《永乐大典》卷2217引《江阳谱》
❷ （宋）沈括《忘怀录》，见《说郛》卷十九。

宋人游山玩水在交通工具上真肯动脑筋哩！

宋人游山，一般不喜欢太多人一起。比较理想的是一主二仆，外加杂使三人，因为游山伴侣太多，则应接人事很疲劳，有妨静赏。仆人多了每到一个地方还会惹事生非。沈括为我们记录了当时游山者携带的生活必需品的名称、数量："行具二肩（由两个人担负）。甲肩：衣被、枕、盥漱具、手巾、足布、药、汤、梳。竹为之二鬲并底盖为四，食盘子三，每盘果子楪（同碟，木制）十，矮酒榼一，可容数升以备沽酒，匏（音páo，葫芦的一种，外壳可做饮具）一杯三，漆筒合子贮脯脩干果嘉蔬各数品，饼饵少许，以备饮食不时应猝（急）。唯三食盘相重为一鬲，其余分任之。暑月果脩合皆不须携。乙肩：竹鬲二，下为柜上为虚鬲。左鬲上层书箱一，纸、笔、墨、砚、剪刀、韵略、杂书册。柜中食碗楪各六，匕箸各四，生果数物、削果刀子。左鬲上层琴一，竹匣贮之。折叠棋局一，柜中棋子、茶二三品。腊茶即煨熟者盏托各三。附带杂物：小斧子、斫刀、剧药锄子、蜡烛二、拄杖、泥靴、雨衣、伞、笠、食铫（音diào，烧水烧饭用的器具），虎子（便壶）、急须子（暖酒器，吴地方言。见《三余赘笔》）、油筒。"一人挑物质食料，一人挑精神食料。分工明确。

宋人雅爱山水，特别是知识阶层更甚。宋人林昉《田间书》附录的《杂言》中为我们留下了一则当时邀请友人一同游山的请柬：

有残缣败素，绘一山一水爱之若宝，售之必千金。至于目与真景会，则略不加喜，勿乃贵伪而贱真耶？味乐之真，今日正在我辈。春雪既霁，春风亦和。或坐钓于鸥边，或行歌于犊外，百年瞬息，欢乐几何？肴核杯盘，随意所命，勿以丰约拘也。檄书驰告，盍（音hē，何不的意思）勇而前！

这份请柬从批评世人只知宝爱山水画而不识直接欣赏真山水出发，鼓动朋友们及时赏景，不要因酒肴不精而犹豫。请柬本为枯燥的应用文，却写得如此摇曳生姿、韵味无尽，实在不比晋宋人的山水旅游小品逊色。

有宋一代，在旅游文学和旅游理论方面，也有更大的进展。以人而论，两宋著名的旅行家就有范仲淹、苏轼、陆游、杨万里、范成大等人。以流传千古的旅游名著论，范仲淹的《岳阳楼记》、苏轼的《赤壁赋》陆游的《入蜀记》、范成大的《吴船录》，苏轼、杨万里等人的旅游文学著作，都是两宋历史土壤滋孕出来的奇葩。以旅游理论论，这一时期以欧阳修、苏东坡等为代表的古文家，揉合儒、道、释三教，提出了中国读书人不能在官场表现其才具，必借山水以体现其价值，乐不因境而因乎心等一系列旅游理论见解。

宋代董汲还撰有《旅舍备要方》，为我国最早的旅游保健专书。

宋代官员游山玩水，评论山水，蔚成风气。

柳开和释惟深就是这样的一对山水知己。柳开居住在河南汤阴，宋至道元年（995），桂林和尚释惟深从五台山归，路经汤阴，前来探望柳开。与柳开畅谈往昔游山玩水的山水鉴赏意见，柳开原来在桂林当太守时，这个惟深就经常跟他"论南岳山水之秀，"认为是"湖岭胜绝。"后来，惟深一个人从山西长治到河南安阳，游到林虑山天平山明教院，感觉在那里"寻幽穷胜，纵观泉石，"其美过衡岳远甚。于是他又陪同柳开重游了一次天平山。柳开因而得以写下《游天平山记》。

范仲淹在担任桐庐地方官期间，创作了脍炙人口的山水旅游组诗。

唐宋时期是诗人的时代。旅游者们大多能诗。如李白四海为家有酒即家的旷达。李白《客中作》曰：

兰陵美酒郁金香，玉盌盛来琥珀光。

但使主人能醉客，不知何处是他乡。

对山水名胜的爱恋是万千游子久旅不归的主因。崔涂《旅怀》诗曰：

水流花谢两无情，送尽东风过楚城。

蝴蝶梦中家万里，杜鹃枝上月三更。

故园书动经年绝，华发春惟满镜生。
自是不归归便得，五湖烟景有谁争？

宋朝官员旅况自嘲诗：晁补之《题谷熟驿》："一官南北鬓将华，数亩荒池净水花。扫地开窗置书几，此生随处便为家。"

范成大的旅游诗，充满禅意。他的全集中，旅游诗歌占了一大半的篇幅。如其中《过松源晨炊漆公店十首之一》云：

莫言下岭便无难，赚得行人错喜欢。
政入万山圈子里，一山放出一山拦。❶

陆游旅行诗。《上虞逆旅见旧题岁月感怀诗》曰：

舴艋为家东复西，今朝破晓下前溪。
青山缺处日初上，孤店开时莺乱啼。
倦枕不成千里梦，坏墙闲觅十年题。
漆园傲吏犹非达，物我区区岂足齐！

《果州驿诗》曰："驿前官路堠纍纍，叹息何时送我归。池馆莺花春渐老，窗扉灯火夜相依。孤鸾怯舞愁窥镜，老马贪行强受羁。到处风尘常扑面，岂惟京洛化人衣。"

无论什么时代，人员流动，特别是跨地域流动，都是需要身份证明的。这个证明最早叫"传"，后来叫"过所"。"传"就是转的意思。意思是说"转移所在，识以为信。"

过去有关津之别。所谓关，意思是"判过所之处"，所谓津，则只管渡人，"不判（查验）过所。"汉文帝十二年曾经"除关无用传"。张晏解释说："传，信也。若今过所也。"显见，传的叫法在前，过所是后起的名称。

在汉代，由于中外交往频繁，旅游身份证的使用也势在必行。当时的身份证称"过所"。在《楼兰尼雅出土文书》第637号上，就保存下了一份过所的原文："月支国胡支柱，年卅九，中人，黑色。"第700号"过所"上写着："异，年五十六，一名奴；髭须，

---

❶ 《诚斋集》卷三十五

仓白色，著布帴褶。"在与其共出的过所中有一件写明是由敦煌太守签发的。

《三国志·魏志》上记载，"仓慈为敦煌太守，西域杂胡欲诣洛者，为封过所"。所谓"封过所"，大概就是验证批阅加盖印信的意思吧。

唐代关于过所管理制度是这样的："凡度关先经本部本司请过所。在京则省给，在外则州给之。而虽非所部有来文者所在亦给。"❶ 关令掌禁末游，伺奸慝。凡行人车马出入徃来必据过所以勘之。❷ 历史上有不少关于使用过所的故事。如《廷尉决事》书中记载："广平赵礼诣洛治病，门人齎过所诣洛阳，责礼冒名渡津。受一岁半刑。"可以想见，这个门人携带的过所一定不是赵礼本人的。如果是本人的，则主管过所的人不会责怪他"冒名渡津"。没有十足的证据也不会判刑。

徐铉《稽神录》上也记载了一个关于仆人卷款而逃，连过所一起盗走，害得主人进退不得的故事："道士张谨好符法。客游华阴，得二奴曰德儿、归宝，谨愿可凭信。张东行，凡书囊、符法、过所、衣服，皆付归宝负之。将及关，二奴忽不见。所齎之物皆失之矣。时秦、陇用兵，关禁严急，客行无验，皆见刑戮。既不敢东度，乃还主人。乃见二儿，因掷过所还之。"

过所这种名称大概一直叫到唐代。宋朝很多人都不知过所为何物。所以洪迈说：其实过所跟今时"公凭引据"是一回事。❸

七、元、明、清时期

元代版图辽阔，人们的视野较前更为开阔。从《四库全书》元人文集中提供的信息看，当时许多旅游者都能跨国旅游。大量的旅行记中反复强调天下一统给旅游者带来的安全保证和交通便

---

❶ 《旧唐书》卷四十三
❷ 《旧唐书》卷四十四
❸ （宋）洪迈《容斋随笔》卷十

利。故这一时期的远游理论和实践都有较大幅度的进展。另一方面,由于种族压迫,以汉人为代表的中国读书人,特别强调心灵的解放。因此这一时期近游、心游理论也相当突出(参阅本书《雅厌城阙,酷嗜江海》章)。

元代还有一点迥异于此前各代的地方,是凡官府必设译史,用以解决语言翻译和文字识别的困难。"今幅员既广,诸国人仕乎中外者言语不通,国各有字,俗既不同,难以相壹。凡官府必设译史以通语言辨文字。"❶

元代旅游方面,由于国际往来增多,故对于旅舍建设和服务有一套气魄颇大的规定。意大利著名旅行家鄂多立克曾这样记载元代中国旅舍及其服务:

因为旅舍需要供应,所以他(指元朝最高统治者)叫在他的整个国土内遍设屋舍庭院作客栈,这些屋舍叫做驿站。这些屋舍中有各种生活必需品,对于在那些地区旅行的一切人,无论其境况如何,有旨叫免费供给两餐。❷

鄂多立克不了解。其实此前10多个世纪,中国早已有成建制的水陆道路和驿站建设管理。元代的不同在于版图大,文字语言沟通困难。中国人民的热情好客的古老传统,在元代亦得到了发扬光大。元代的旅游名著甚多,最著者有周达观《真腊风土记》❸李志常《长春真人西游记》❹。

此外,这个时期由于国家版图空前的广阔,国际交往也特别频繁。因为此种背景,有元一代,虽然不足百年,但还是诞生了大量的旅行家。虽然不带公务的纯粹的旅行家现在我们还所知甚少,但

---

❶ 《兵部译史房题名记》,见《樗隐集》,卷二,四库全书本。
❷ 《鄂多立克东游录》,中华书局2002年版。
❸ 周达观:元代旅行家,字草庭,浙江永嘉人。元贞元年(1295)曾随国使访问真腊(今柬埔寨),大德元年(1297)返国。同年将在真腊的旅游见闻撰成《真腊风土记》。
❹ 李志常:元代全真教主丘处机的弟子。曾随其师赴西域谒成吉思汗。归后整理旅行途中所见的山川、风俗、饮食、草木等情况而撰成《长春真人西游记》,他写的这部旅行记为研究古代中亚史地和中西交通的重要文献。

因公外出留下著作的元代旅行家很多。在我国，至今仍有55个少数民族。其中回族历代先民对中华民族旅游文化所作出的贡献尤其突出。回族先民大致自唐代开始就有不少人因经商等原因移居中华。在唐朝首都长安甚至形成了专门的回回社区。到了元代，回族族民更多。逐渐形成了以宁夏、陕西等地为主的回民聚居区。回族先民对中华民族最大的贡献是商务旅游和海洋探险方面的旅游文化。前者以唐宋时期的回族先民为主，如晚唐僖宗时期阿拉伯商人伊本·瓦哈勃口述、阿布·赛德·哈散笔录的《中国印度见闻录》，元朝时期最著名的是伊本·白图泰的《伊本·白图泰游记》（也有译为《伊本·拔都塔游记》者）。后者以明代下西洋远航的郑和、费信、马欢等回族先民为代表。其代表作有《星槎胜览》等。

明代和晚周、唐宋类似，可以说是中国旅游史上的第三个高峰。这一时期的特点在于整个社会普遍重视山水景观的鉴赏和旅游经验的总结。明代，是我国旅游史上的黄金时代。最杰出的旅行家有王士性、王士性总结自己的旅行原则："吾视大地间一切造化之变，人情物理，悲喜顺逆之遭，无不于吾游寄焉；当其意得，形骸可忘，吾我尽丧。吾亦不知何者为玩物，吾亦不如何者为采真"❶《康熙临海县志·王士性传》评价王士性说"公盖无时不游，无地不游，无官不游，而文章即于是灿焉耳……公义气凌霄，一官为寄，天下九州履其八，所未到者闽耳；诸名山自五岳而外，穷幽极险，凡一岩一洞，一草一木之微，无不精订；他若堪舆所述，象胥所隶，千名百种，无不罗而致之笔札之间。有《五岳游草》十二卷，《广游志》二卷行世。"❷郑和❸、

---

❶ 周振鹤点校《五岳游草 广志绎》. 北京：中华书局，2006。
❷ （康熙）《临海县志·王士性传》载周振鹤点校本《王士性地理书三种》附录部分，上海古籍出版社1993。
❸ 郑和（1371-1435）：明代宦官、航海旅行家。本姓马，小名三宝。永乐年间皇帝赐姓郑，回族，今云南晋宁人。从明永乐三年（1405）奉命组织庞大的船队通使西洋始直到宣德八年（1433）最后返国为止，前后七下西洋，经历30余国，最南到了爪哇（今印尼）。最北到了波斯湾和麦加，最西到了非洲东岸木骨都束（今索马里的摩加迪沙）。他的七下西洋的资料，在黄省曾的《西洋朝贡典录》以及费信、马欢的旅行记中时有记载。

徐霞客❶，出生于明朝；精于山水鉴赏的王思任❷、公安三袁❸、和钟惺、谭元春❹、张岱❺都出生在这个时期。《徐霞客游记》《星槎胜览》❻《广志绎》《历游记》等千古不朽的旅游名著亦产生于斯世。这个时代的旅行家还十分注重性灵的抒发。明人创作的旅游诗、文数量要超过唐人，意境也有不少开拓和创新，明人游山水，往往用前人诗句集句为联。杨慎《升庵集》（卷七十六）说他游峨眉山时，曾在山寺准备好的"简板"上题写了"奇胜冠三蜀"（晁公武语），"震旦第一山"（佛经），……又写了"半天开佛阁，平地见人家。"他说这副集句联题在老保楼简板上，用的是范景仁的成句。

明代旅游家辈出，旅游诗集，游记专书铺天盖地，真乃中国旅游史上一大放异彩的时代。

---

❶ 徐霞客（1586-1641）：名弘祖，字振之。号霞客。以号行世。明末江阴人，自幼颖悟，好读奇书，负不羁之才，蓄五岳之志，从22岁第一次出游，至55岁病死，33年中徐霞客"以性灵游，以躯命游"。他的足迹遍天下，其所经历之处的山川形胜、民风土俗无不一一详记。尤其是对祖国西南地区的岩溶地貌的考察，在当时世界上处于领先地位。他22岁以后的经历都反映在他倾毕生精力完成的《徐霞客游记》一书中。

❷ 王思任（1574-1646）：明浙江山阴人。字季重，号遂东。万历进士，历官至礼部右侍郎，出任地方官期间，因为政绩突出，朝廷调遣频仍，而天下佳山胜水几乎被他游遍。性好艺术，饶有雅趣。著有《游唤》、《历游记》、《广志绎》等旅游文学作品，游记中颇多山水鉴赏的心得。为明代一大旅行家。其《游唤》《历游记》为游览全国各名山大川之作。

❸ "公安三袁"：明万历年间在江汉平原上的公安县出现了一个猛烈抨击前、后七子拟古主义的文学革新派。其代表人物是袁宗道（字伯修，1560-1600）袁宏道（字中郎，1568-1610）、袁中道（字小修，1575-1610）三兄弟，以游踪而论，伯修逊色一些，中郎、小修游踪颇广。且三人都有很高明的山水鉴赏能力。他们的出现，大大丰富了明代的旅游艺术经验。

❹ 钟惺、谭元春：钟惺（1574-1625），字伯敬。号退谷。谭元春（1586—1637），字友夏，号鹄湾，均为今湖北天门县人。他俩是继公安派之后崛起于明末文坛的又一个以文学革新为旗帜的文学流派。因天门古称"竟陵"，故文学史目这一流派为竟陵派。钟、谭好游，而且善游。和他们的文学革新主张相适应，他俩旅游不肯雷同前人，不只在游法上不雷同，在游记、旅游诗创作上也强调各领其要。笔者曾撰有《钟、谭的山水文学理论》、《钟、谭的山水文学创作》（见喻学才著《三元草堂文钞.山水文学研究》，南京大学出版社2012年版），可以参看。

❺ 张岱（1597-？）字宗子，又字石公，山阴人。出身世家大族，"极爱繁华"。明亡后，"无所归止，披发入山"，过上隐居生活。其回忆平生的力作《陶庵梦忆》《西湖梦寻》，用系列小品文的形式，追忆逝去的时光，其中有大量关于山水鉴赏和市民旅游的资料，从研究旅游史和旅游文学的角度看，这些信息弥足珍贵。

❻ 《星槎胜览》：书名，明费信（1384-？）撰。凡四卷。费信为郑和下西洋的随行人员。此书为作者随使至海外诸国20余年见闻的结晶。向来与郑和的另一位译员马欢所撰《瀛涯胜览》齐名。

在现存的 5000 多种明人别集中，至少有近 2000 种集子里有大量的山水旅游诗文。这笔旅游文化遗产需要更多的学者专家去深入发掘。

明末清初的社会，已经形成了一种热爱旅游，热爱旅游诗文绘画创作的时代风气。这个可以从众多的文人书信和山水名胜诗画著作看出。这个变化是一个很重要的变化。如清初诗人王士禛《题倪驾部胜游画册》写道："昨晤倪驾部霖冲，出其所图二大册。则凡平生宦辙所经繇，都邑之巨丽，山川之名胜，皆在焉。"❶ 又《沈石田画》条记载：沈启南先生画十帧，帧系一绝句，为楚州，为高邮，为广陵，为扬子，为句曲，为天平山，为马鞍山，为垂虹桥，为西湖之岳坟，为下天竺寺。江以北凡四皆无山；而江以南则山五而水一。真清远奇丽之观也。高斋展玩间，自谓不减少文卧游。足以掩关矣。❷

清代南昌新建文人喻震孟建设安亭以庇行者。清代南昌新建文人喻震孟（生于清道光丙戌冬十月十二日，卒于清光绪乙未秋八月二十一日。享年 70 岁），中年以后，绝意科举。曾"仿朱子法，于其里兴社仓，辅之义学，建安亭以庇行者。"❸

清代是中国封建王朝最后一个时期。和此前各代相比，它有一系列不同的特点。一、旅游者的构成发生了变化。平民阶层开始步入旅游者队伍中。二、旅游空间拓宽了。清代由于闭关锁国的格局被外力打破，一大批先进的中国人得以通过各种途径从事域外旅游。这一时期出国旅游的人数之多，阶层之广，在中国历史上是空前的。岳麓书社出版的《走向世界丛书》几乎收录了这一时期域外旅游记的全部。三、由于康熙乾隆对知识分子所采取的压制、禁锢政策。读书人不能自由地抒写胸中忧愤，被迫将精力转移到做考据一类没有政治风险的学问上。此种风气亦对旅游文化产生了深刻影响，使

---

❶ 《弇州四部稿.续稿》卷一百七十
❷ 《弇州四部稿.续稿》卷一百六十
❸ 据清人蔡希邠《皇清勅授文林郎喻公鲁台孝廉墓志铭》，见新建新塘喻氏族谱。

中国旅游文化的尚实传统在清代发展到极致。四、由于西洋文化的影响，中国人多年来很少变化的旅游观念、旅游方式、旅游工具都相应地发生了一系列变化。晚清时，上海租界区已形成专门为外国游客服务的民间旅游业组织。民国时期上海已开始出现以营利为目的的中国旅行社，并且创办了专业刊物——《旅行杂志》。特别值得一提的是，晚清以迄近代，许多仁人志士远游海外，经过中西文化的比较，大量撰文揭发国民劣根性，以唤醒国人自强意识。如康有为在欧洲11国游记中批评中国人不爱惜文物古迹，喜欢随地吐痰，鲁迅旅日期间发现中国人民族自尊心的缺乏等，对于改造中国国民素质以追步世界发达国家，无疑是值得大书特书的事情。民国时代更有单人独骑自行车环游世界的潘德明。前些年有只身自费考察黄河的杨联康、独漂万里长江的尧茂书以及他的后继者们，虽说这样的旅游名人还太少，和我们这个几千年文明古国的形象不相称，但毕竟已经开始。

清代旅行接待设施的建筑规制：

"行旅宿会之所馆曰亭。重屋无梯。竽檐四植。如溪亭、山亭、河亭、石亭之属。其式备四方、六八角、十字脊，及方胜圆顶诸式。亭制以《金鳌退食笔记》九梁十八柱为天下第一。湖上多亭，皆称丽瞩。"清代最繁华的可以代表这个时代的扬州瘦西湖旅馆格局："正寝曰堂，堂奥为室。古称一房二内。即今住房两房一堂屋是也。今之堂屋，古谓之房；今之房，古谓之内。湖上园亭皆有之。以备游人退处。厅事无中柱，住室有中柱。三楹居多，五楹则藏东西两稍间于房中，谓之套房。即古密室、复室、连房、闺房之属。"❶

王士祯在给某位朋友的一封信中介绍了自己游览武当山的见闻和感受，该信件为清朝前期武当山旅游留下了一幅剪影："弟以

---

❶ （清）李斗《扬州画舫录》卷十七，中华书局1980年版第420页。

三月登太和，其瑰壮秀拔不知于三峨如何？要自弟视，五岳琅璈象管，断续云气中，幡节婀娜，听如意指挥。玉京太清之游当不过如此也。所不堪意者宫观数十百，画作一家相，羽流万数，无一人捉麈尾作玄语。游客填道，诵佛号振耳，作谄希福，不减长安市乞儿。且以晚显，故遂不得南宋以前人片咏只字，令人扼腕。今所上一赋四记百咏可黏置斋壁当少文卧游否？"❶

王士祯上武当山，具体时间不详。但当在作者40岁以后则可以肯定。从他的这封信看，武当山的山体格局，他认为不在五岳之下。但他不满意的是武当山的文化。第一，该山接受旅游者的历史，只能上溯到宋代，宋代以前的摩崖几乎一块也看不到，诗词作品也是这样。他因此感到很遗憾。第二，武当山在前明永乐以降大肆修建道观。但在王士祯看来，"宫观数十百，画作一家相，"太没有变化了，他感到不过瘾；第三，武当山上道士以万计，但却没有几个有文化，能挥着麈尾跟文人清谈，让他扫兴；第四，漫山遍野的香客，都是来跟真武大帝做交易的，捐钱捐物，烧香许愿，希望真武大帝保佑他们全家过去、现在和未来永远吉祥。应该说，他是有眼力的。他批评的旅游现象至今过去了300多年，还是没有太大的改变，或者说还是很多宗教名山的常见现象。

清代中国旅游历史上还有3位著名的休闲人物不能不提，他们是李渔、袁枚和张宝。李渔（1611-1680），初名仙侣，后改名渔，字谪凡，号笠翁。汉族，浙江金华兰溪人。明末清初文学家、戏曲家。18岁中秀才，入清后无意仕进，从事著述和指导戏剧演出。后居于南京，把居所命名为"芥子园"，并开设书铺，编刻图籍，广交达官贵人、文坛名流。著有《凰求凤》《玉搔头》等戏剧，《觉世名言十二楼》《连城璧》（三者合集《无声戏》）等小说，以及休闲专著《闲情偶寄》等书。李渔的艺术鉴赏水准和休闲哲学美学思想，是中国旅游文化遗产中的重要组成部分。

---

❶《弇州四部稿》，卷一百二十七

袁枚（1716-1797），清代诗人，散文家。字子才，号简斋，别号随园老人，时称随园先生，钱塘（今浙江杭州）人，祖籍浙江慈溪，曾官江宁知县。为"清代骈文八大家"、"江右三大家"之一，文笔又与大学士直隶纪昀齐名，时称"南袁北纪"，袁枚年纪很轻就看破了官场，不到40岁就隐居到随园，靠一支笔养活一家人，侍弄自己的随园。他不仅是中国文学史上的清代代表人物，他还是一个自己有造园理论和造园实践的清代造园家。他心系旅游，80岁时还上黄山。当然，他好色，70多岁还每年春天到扬州、苏州等地去寻芳猎艳。他的全集中有《随园六记》。至于那些极富性灵的旅游诗歌，更是我们国家旅游文化宝库中的重要遗产。

张宝，清朝乾隆嘉庆时期上元（今南京江宁区）人。他是清朝一个有点类似唐朝陶岘的旅行家。张宝早年科举不利，乃拜师学画，随后20岁到60岁的40年间，他基本以在外旅行绘画兼做书画生意为主。他善画，亦善交。所到之处，结交社会名流。获赠书法作品无数。晚年乃精选平生所作画103幅，配上各地名流的题赠，编成《泛槎图》一书。在中国的旅行家中，他是比较特别的一个。可以说他继承了宗少文的卧游思想，但他同时又兼有商人和文人的身份，是一个比较独特的存在。

清代地方官中，有一个叫刘大观的县令，也值得一提。因为他是清朝县令中有意发展旅游的官员。乾隆五十一年（1786）刘大观在天宝县令任上，带领民众上山种植竹木和花卉，以供游人登眺，作《芳山种花》诗以纪其事。❶

清代钱泳虽然幕僚一生，但其人对地方行政有真知灼见。他说："治国之道，第一要务在安顿穷人。"发展旅游，就是安顿穷人行之有效的招数。他对陈宏谋、胡文伯等地方官主政苏州期间的一些作为进行了批评："昔陈文恭公宏谋抚吴，禁妇女入寺烧香，三春游屐寥寥，舆夫、舟子、肩挑之辈，无以谋生，物议哗然，由

---

❶《玉磬山房诗集》前《刘大观生平年谱初考》

是弛禁。胡公文伯为苏藩，禁开戏馆，怨声载道。金阊商贾云集，宴会无时，戏馆酒馆凡数十处，每日演剧养活小民不下数万人。此原非犯法事，禁之何益于治？"他盛赞苏轼当年主政杭州期间以工代赈帮助穷人，公私两便。他分析说："苏郡五方杂处，如寺院、戏馆、游船、青楼、蟋蟀、鹌鹑等局，皆穷人之大养济院。一旦令其改业，则必至流为游棍，为乞丐，为盗贼，害无底止，不如听之。"潘榕皋农部《游虎丘冶坊浜诗》云："人言荡子销金窟，我道贫民觅食乡。"真仁者之言也。❶我们不得不说，钱泳的见识已经相当超前。

对外开放以来，中国传统的旅游文化正在吸收世界各国的旅游文化中的营养是毫无疑问的。试想，大家如果还死守着"孝子不登高，不临危"的古训，大家都陶醉在浩如烟海的书堆中作卧游，或充其量在近郊公园内优哉游哉，怎么可能出现探险旅游呢？价值观念的更新，当归功于对外开放和中西价值观念的碰撞。

限于体例，在本书中中国旅游史只能这样做个大致的勾勒。

---

❶《履园丛话》卷一

第四章 "雅厌城阙,酷嗜江海"
——中国旅游文化的核心价值观

一、"不事王侯,高尚其事"

中国是一个隐逸传统悠久的国家,历代史书都有大量隐士的传记材料。这中间较早且最著名的隐士,有许由、伯夷、叔齐和庄光❶。

尧以天下重任委托许由,许由认为尧以名利思想来动摇其心,嫌尧的话弄脏了耳朵,跑到颍水去洗耳。伯夷、叔齐为孤竹君之二子,因为劝阻周武王伐纣没有成功,乃双双隐于首阳山,发誓不做周王朝的臣子,不吃周王朝的俸禄,直到双双饿死在山上。庄光是光武帝刘秀❷太学读书时的同窗好友,光武帝得天下后,劝庄光从政,庄光不许。刘秀和他同床话旧,庄光像年轻时一样,以

---

❶ 帝尧,传说中上古帝王名。许由,帝尧时高士,阳城人。字武仲,隐居于沛泽中,尧要把帝位让给他,他不受,逃到箕山下,自耕自食。尧后来又召他当九州长,许由连听也不愿听,嫌来使的话弄脏了耳朵,跑到颍水去洗耳。先秦古籍中关于他的轶闻不少,例如《琴操》上说:许由喝水用手捧,有人送一把瓢给他,他用了一次,将瓢挂在树上,风吹瓢响,他嫌吵,便摔碎了瓢仍用手捧。伯夷、叔齐;伯夷:商末孤竹君的长子。初,孤竹君以次子叔齐为王位继承人。孤竹君死后,叔齐让位,伯夷不受。后兄弟俩投奔西伯侯,但恰逢姬发兴师讨伐商纣王。因其以臣伐君,伯夷叔齐扣马而谏。武王不听。兄弟俩乃隐居首阳山,誓不食周粟。庄光:东汉余姚人。字子陵。因其姓犯汉明帝讳(汉明帝叫刘庄)改姓严。故后世人多以严光称之,而本姓反不大为世人所知。庄光年轻时与光武帝同游学,及光武即位,庄光变姓名隐居不见。光武百计得之,拜谏议大夫,不就。归隐富春江畔,耕钓终生,后人名其垂钓处曰严陵濑。今多呼钓台。

❷ 汉光武帝(前6年-后57年),即刘秀。东汉王朝的开国皇帝。字文叔,南阳蔡阳(今湖北枣阳西南)人。西汉皇族。王莽末年,天下大乱,刘秀以恢复汉家制度为号召,削平各地割据势力,统一全国。

足置光武腹上,未许其请而终老于富春江之钓台。大量的隐逸史料蕴含着先民们深刻的旅游价值观念。这些价值观中有一条叫"不事王侯,高尚其事"。它在成书于西周初年,完善于战国时期的《周易》一书中有明确的表述。《周易》蛊卦上九说:"不事王侯,高尚其事。"象曰:"不事王侯,志可则也。"则,就是效法、模仿的意思。意思是说象许由、伯夷他们的操持是可以效法的。从大传和象辞作者的态度,不难看出当时人们对于隐逸的价值评价是很高的。

早期的旅游,除了帝王和大臣以及巨商大贾有条件远游,一般人只能以隐居深山老林或江畔海滨、避开喧闹的名利场等形式存在,或者说叫做近游。远游也好,近游也好,都是先民们在改造自然和社会的实践活动中产生的一种需要,一种较高层次的精神需要。因为"人不仅为生存而斗争,而且为享受,为增加自己的享受而斗争"❶。按照我国先民中文化人的价值观念,人生在世,若不能平步青云,纡青拖紫,也应放情山水,啸傲林泉。不奔走于名利场,必寄身于山水窟。当然,更有一种人,在名利场中经过一段时间的紧张角逐后,出于全身远祸的目的,乃主动退隐,如唐代王维。在中国古代还有一种功成身退的人,如汉代张良。伟大诗人李白就极其推崇这种功成身退的完人。不过,尽管在现实世界里追名逐利的魅力要远远大过啸傲林泉,像唐代诗僧畅当所讽刺的"相逢尽道归山去,林下何曾见一人"的情况却是客观事实。但从理论上,或者说从形式上看,几乎没有一个人明显地贬损寄身林泉的隐逸道路和追求世外声色的旅游生活。即使很热衷官场的人,一旦得暇游览,其口头或者文章中总要说上几句官务繁冗,不如优游林下快乐之类的话。这大概是因为处理人与人之间的关系要远比处理人与自然之间的关系来得复杂,来得紧张的缘故吧。

---

❶ 彼得·拉普罗维奇·拉普罗夫语,见恩格斯 1875 年 11 月《致彼·拉·拉甫罗夫》,《马克思恩格斯全集》第 34 卷。

晋陆云曰："富贵者是人之所欲，而古之逸民轻天下细万物而欲专一丘之欢，擅一壑之美，岂不以身重于宇宙而恬贵于芬华哉。故天地不易其乐，万物不干其心。然后可以妙有生之极，享无疆之休也。"❶绝大多数人欣羡富贵，孔子早就发现"富与贵是人之所欲也。"陆云的《逸民赋》发表后，很快就遭到当时的大将军掾何道彦的反驳，何氏在《反逸民赋》中"盛称官人以美宠禄之华靡，伟名位之大宝，斐然其可观也"（《逸民箴》，同前书）。

但高人逸士们由于人生的教养和追求的不同，他们会把身体，把尊严，把自由看得比富贵重要。陆云说"身重于宇宙""恬贵于芬华"正是这个意思。远离官场，栖身山水，自由闲适，正是中国古代的高人逸士们所醉心的生活方式。

南朝宋代杰出的旅行家、山水诗鼻祖谢灵运（385—433）在《游名山志·序》中写道：

俗议多云欢足本在华堂，枕岩漱流者乏于大志，故保其枯槁。余谓不然。君子有爱物之情，有救物之能，横流之弊，非才不治，故有屈已以济彼。岂以名利之场贤于清旷之郭耶？

语万乘则鼎湖有纵辔，论储贰则嵩山有绝控。又陶朱高摄越相，留侯愿辞汉赋，推此而言，可以明矣。

这两段话的意思是：世俗的议论大多认为有抱负的人追求高官厚禄，而缺乏大志的人才枕岩漱流（耽情山水），以自保其清贫寂寞的生活。我的看法与此不同。才杰之士具有爱民的感情，救民的能力，每逢天下大乱之秋，没有才杰之士出面，烂摊子是无法收拾的。因此有许多才杰之士是不得已才违背自己的本性去干济世救民的伟业。难道能只看表面现象便断定高官厚禄的价值高过枕岩漱流吗？

明言"名利之场"并非贤于"清旷之郭"，并分别以黄帝置天

---

❶《逸民赋》，见《陆士龙集》卷一，四库全书本。

第四章 "雅厌城阙，酷嗜江海"

子宝位于不顾而纵游四方，大禹不愿继承舜的王位而隐居嵩山，范蠡虽为越相却弃相位而游于五湖，张良虽尊为王者师但偏偏无意于富贵而有情于山水几个典型事例，反驳那些认为"枕岩漱流者乏于大志"的人们。他又指出："夫衣食，生之所资；山水，性之所适。"前者是人的生理需要，后者则是人的精神需要。这些见解都是极精到的。按诸20世纪马斯洛心理学的人生五层需要论也十分合拍。❶

　　从审美角度分析，先哲们早已看出在官场、城市里的生活多受拘束，人的自由感受到极大的限制。争名于朝，争利于市，虽然锦衣玉食，后拥前呼，而心境常为外物所牵制，因而难得心情欢畅。而寄迹山林之中，人与大自然融为一体，没有利害关系纠缠其间，则可避免上述烦恼。但此种境界，绝大多数人是很难理解的。正如明薛蕙在《嵩邱歌送蒋子云》中所云："君看万乘亦何似，古人弃之如脱躧！纷纷流俗笑此言，肯把山林易青紫？世间万事俱零落，何用明珠弹鸟雀！因嗟季子狭三河，转忆尚平娱五岳。"毕竟绝大多数人是很看重现实的荣华富贵的。唐代文人李翱在给好朋友的书信中说得很是中肯，他说，自己只是考虑规避后面可能发生的灾祸，所以决定退隐。退隐后自己潜心研究学问。其乐趣仿佛古代的赤松子、汉代的张良。其境界不仅仅是向子平的婚嫁毕后游山水！"但举世好爵禄权柄，具写此心以告人，人无有少信之者。皆为不诚之言也。王拾遗是桂州旧僚颇知此志，若与往来，伏望问之可知其旨。"可见热衷官场的前呼后拥之荣华富贵，永远是大多数。对于这些迷恋权位者他们只有到身陷囹圄或者到了上断头台时才会明白身闲是富、心闲是贵这样简单的哲理。

　　大约从汉晋以降，关于隐逸空间究竟是在山林好还是在城市

---

❶ 亚伯拉罕·马斯洛的需要层次论是人类动机的最著名理论之一。他提出了五层需要：1.生理需要：食物、水、氧气、性等。2.安全需要：治安、稳定、秩序和受保护。3.爱的需要：情感、集体荣誉感（家庭、朋友间的）、感情联系。4.受尊重的需要：自尊、声望、成功、成就。5.自我实现需要：自我价值的实现。这五大需要的层次以生理需要为最基本需要. 而自我实现层次最高。

好，在知识阶层出现了全新的解释。这种解释者把隐逸分为"大隐"和"小隐"两种类型，而占压倒优势的意见是"大隐隐朝市，小隐隐林薮"。这种转变对于城市旅游资源的开发，对于中国园林的形成，产生了一定的积极作用。从主体方面分析，这种转变是以主观需要不变为前提的。东晋大诗人陶渊明的《饮酒》诗说得通俗：

> 结庐在人境，而无车马喧。
> 问君何能尔，心远地自偏。

元人许有壬《题登瀛图》诗表达的意思与之相近：

> 望洋俯瞰万顷碧，振衣直蹑千仞峰。
> 因知此心本非远，此心到处皆蓬瀛。

只要主观上有优游林下、鄙视荣华之心，即使身处"人境"，车马骈阗，也无妨其隐逸之志。因为说到底是一个人的核心价值观选择。而古人的所谓大隐小隐的分类，严格说来意义不大。因为遍考历代的所谓隐士们，绝大多数都不是选择深山老林、人迹罕至的地方去做什么小隐，而是选择在距离大都市比较近的地方，如西安的终南山，洛阳的嵩山，南京的钟山等处做大隐。这几乎是一个普遍存在的历史事实。因为所谓隐居，对大多数隐居者而言，不过是另类一点的求名手段。用我们今天的话说，不过是为了把自己卖个好价钱而蓄意进行的包装而已。元人刘将孙（刘辰翁之子）曾写过一篇《半隐记》。他在那篇文章中揭穿了所谓隐士们的老底。他认为可操作的是亦官亦隐，亦工亦隐，亦学亦隐。因为人是社会的人，首先要生存。其次才是精神追求。鲁滨孙可以独自生存否？不可也。若无星期五，若无人类创造的工具斧头等，他如何能修船造屋？正如刘将孙的文章所言，你只要考察一些古来的所谓隐士选择的场所，大多靠近城市，如六朝时期南京的钟山，唐宋时期西安的终南山和嵩山，所谓隐逸，不过是读书静修，借机买名。之所以选择那样与大都市近在咫尺的地方，更直接的目的是便于交际官府或首都之社会贤达。他说：

"人不能高飞远举，不能不在人间。四皓商山隐处，政在长安不远。一日安车聘之，即随之而起。入侍称觫功参良平，是半世隐而半世显也。"❶ 孟子说过：无恒产者无恒心❷。因此，隐逸还是需要恒产做前提的。没有恒产的读书人，就不得不在体制内去混生活了。孔子说："三月无君，则惶惶如也。"❸ 此语入木三分地刻画出春秋时期无恒产的士阶层"皮之不存，毛将焉附"的惶惑。

二、"跼天蹐地焉可恃，驰骋快意恣游履"

我将在本书有关章节谈到周穆王的远游，并对其车辙马迹遍于天下的旅游活动表示向往。在本节文字中，我想从价值观的角度说明一下周穆王所开创的远游传统在中国人心目中的地位。

元人吴莱在《读〈穆天子传〉》一诗中，高度赞扬了周穆王的远游精神。他认为，人禀七情，应该享受大自然和人类社会中的怪事奇闻。他说："跼天蹐地焉可恃。"如果把自己局限在狭小的天地之间，"目荧耳聍听狭视，攻啮皮肤遗骨髓"，过那种"生不谐乐死空诔"的生活，他是看不起的。他向往那种"驰骋快意恣游履"的远游生活，他在诗中写道：

浮湛里闬曷时已？顾瞻形骸吁可鄙。
我披我书我欲襵，思为穆王执鞭弭。
泰山沧海步我跬，岁月迈矣我搏髀。
游侠者非仙者是，流荡忘返独不耻。❹

此人性喜远游，诗文中时有表现。如《景阳宫登初阳台谒抱朴子墓》中就有"人生扰扰间，颇觉天地窄"。远游难免风霜交侵，面皮皴裂，他幽默地说："危坐但看灯生晕，远游不觉脸生鳞"。有

---

❶ （元）刘将孙《养吾斋集》，卷二十二
❷ 《孟子·滕文公上》
❸ 《论语·八佾》
❹ （元）吴莱《渊颖集》卷三

一次，吴莱出使外国，走海道，亲朋故旧都很为他的安全担心。归来时，大家来打听海行见闻，作者在《还舍后人来问海上事诗以答之》中表现出十分放达的见解：

> 尔母为我惧，遭此千丈虬。……
> 试看尘世间，甚彼大瀛海。
> 衣裳日沉溺，篙橹相奔溃。
> 奔溃孰能救，沉溺将奈何。

诗中将海上的探险之行与社会生活中追名逐利的险情作了比较，认为到大自然中去探险比在社会名利场中角逐，其危险性要小得多，表现出一种不以险为惧的襟怀。

元人黄溍也向往"寄身沉寥内，下睨人寰陋"❶式的高蹈远举生活。他看不起那种终生不出乡间的腐儒：

> 腐儒世所贱，薄艺守铅椠。
> 无能旅骏奔，徒取肆游览❷

有人还认为造物者从生人之初就赋予了人类以远游求自由解放的权力：

> 天地定位，山川通气。事毕矣，而又必生人，以充塞往来其间。则人也者，大天大地大山大水所托以恒不朽者也。人有两目，不第（但）谓其昼视日，夜视月也；又赋之两足，亦不第欲其走街衢田陌，上长安道已也。❸

他对于那种心安理得地把自己局限在寸田尺宅中的人们大不以为然："瓦一压而人之识低，城一窥而人之魄狭。天下之三山六水，土处一焉。一土之中，蠕蠕攘动，以尽其疆阳。是恶能破蜂之房而出蚁之穴耶？"（引文同上）他的意见深刻揭示了远游是人类精神生活的需要，是认识世界、改造世界的需要。

明代大文学家袁宏道也曾在旅游中批评游侣："恋躯惜命，何

---

❶（元）黄溍《文献集》卷一《西岘峰》
❷ 同上书卷《重登云黄山》
❸（明）王思任《游唤·序》

用游山！"认为探前人未臻之境，即使摔死也比病死在家里床上有价值❶。大旅行家徐霞客的母亲对于远游的价值亦有极高的评价。她说只要能见所未见，闻所未闻，作为一男子汉，也就没什么好惭愧的了，详见本书《探险旅游传统》章。袁宏道将远游的人分为两类，一为"妻山侣石"类，一为"放情极意"类。而他认为前者的价值高过后者：

> 大抵世间只有两种人。若能屏绝尘虑，妻山侣石，此为最上。如其不然，放情极意，抑其次也。若只求田问舍，挨排度日，此最世间不紧要之人，不可为训。古来圣贤如嗣宗、安石、乐天、子瞻、顾阿瑛辈，皆信得此一着及，所以终一生得力。❷

古人论远游价值的文字甚多，我们在这里主要撷取了元明两代旅行家们的部分意见。至于周穆王以下的历代远游名家，如汉代的张骞、晋代法显，唐代的李白和玄奘等人，千百年来，在远游问题上几乎没有任何人给予非议，足见我中华民族是一个酷爱旅游的民族。虽然由于经济条件和其他原因的限制，我们国家在历史上所产生的远游旅行家还不够多，但对远游的价值则是普遍认可的。

三、乐因乎心，不因乎境

读过《论语》的人都知道，在《论语·先进》章有一段孔子要弟子们各言其志的故事，说的是孔子弟子子路、曾点、冉有、公西华四人在孔子的鼓励下，子路说他有能力用3年时间治理好一个拥有兵车千乘，夹在大国之间，外受侵扰，内闹饥荒的国家，使其人民勇敢善战，并且懂得礼义。冉有说一个六七十平方公里

---

❶ 钱伯城《袁宏道集笺校》卷三十七《开先寺至黄岩寺观瀑记》
❷ 袁小修本《袁中郎先生全集》卷五《锦帆集》卷三《龚惟长先生》

或五六十平方公里的小国家，让他去治理，只消3年，可以达到丰衣足食的地步。但国家的礼乐，则需仰仗别人来施行了。公西华说他没有上述两位的抱负，如果举行宗庙祭祀，或者与诸侯会盟，他可以穿上礼服，戴上礼帽，作一个小小的傧相。于四位弟子，孔子唯独对曾点的志趣：

  暮春者，春服既成，冠者五六人，童子六七人，浴乎沂，风乎舞雩，咏而归。

极表满意，"喟然叹曰：吾与点也！"曾点不过说时当暮春，已经穿得上春装了。他和五六位成年人，六七位未成年者，去沂水中游泳，去舞雩台上吹风，然后一路唱着歌回到学校。论抱负，这好像不能说比前述三人高明远大，但孔子却在精神上同他发生强烈的共鸣。这是为什么呢？

读过《庄子·逍遥游》者自然不会忘记斥鴳嘲笑大鹏的寓言：

  穷发之北，有冥海者，天池也。……有鸟焉，其名为鹏，背若泰山翼若垂天之云，抟扶摇羊角而上者九万里，绝云气，负青天，然后图南，且适南冥也。

  斥鴳笑之曰：彼且奚适也？我腾跃而上，不过数仞而下，翱翔蓬蒿之间，此亦飞之至也，而彼且奚适也。

斥鴳心安理得，起落于蓬蒿之间，认为大鹏的"绝云气，负青天"式的高飞远举和它的数仞之间的翱翔，在不能"无待"于外物这一点上，并没有本质的差别。大鹏身躯长大，飞行高度高达九万里，飞行时间长达六个月，斥鴳身躯瘦小，飞行高度不过数仞，飞行时间不过片刻即需休息。但在受客观条件的限制，不能绝对自由这一点，大鹏和斥鴳都是一样的命运。

南北朝时期有个陶弘景（452-536），在宋齐两朝曾经出仕，后隐居于句曲山（今江苏句容茅山）华阳洞，自号"华阳陶隐居"。梁武帝萧衍（464-549）即位，礼聘他下山从政，陶弘景执意不出。武帝每有大事不能决疑，便前往华阳洞咨询，对陶备极礼遇。时人因此有"山中宰相"之目。陶氏信仰道教，热爱山水。据说武帝请他做官，几次未能如愿。后来梁武帝在给陶的信中问他句曲山中有什么东西使他这般迷恋。陶氏用一首小诗回答武帝：

山中何所有？岭上多白云。

只可自怡悦，不堪持赠君。

他的这首小诗，道出了中国旅游文化的一大奥秘。这个奥秘就是"自怡"。中国古人欣赏山水，主要目的和最高境界就是"自怡"，或者叫做"自适"。"自怡"和"自适"从字面上看略有不同，实则是一回事，都是讲的使审美主体获得美的愉悦或满足。至于所欣赏对象的大小长短高低华朴，则无关紧要。孔子激赏曾点的春游计划，庄子创作的大鹏斥鷃的寓言，陶弘景的白云自怡之悦，虽其创造者有儒、道之分，内容又有想象与现实之别，究其实质，都是在同一哲学思想指导下产生的文化心态。

元人黄溍曾经指出，山林之士虽然和世俗之士的嗜好不同，山林之士嗜好山水林泉，而世俗之士贪恋荣华富贵，就所追求的对象来说，两者存在着很大的差异。但从根本上讲，从"不能无待于外"这一点看，山林之士和世俗之士都是一样的。他们的追求都要凭借客观条件，因而谈不上真正意义上的自由。他认为，孔子的"仁者乐山，知者乐水"，并不是说"仁者"要想求得精神上的愉悦，就非得依赖山水等客观条件不可：

仁者乐山，而未始资夫山以为仁；知者乐水，而未始资夫水以为知。君子之乐固无所待于外也。

这就是说仁者并不以山之高低大小来影响自己的审美活动，知者也并不以水之急缓洪纤来妨碍自己的审美满足。仁者生养万物而不自以为功，知者遵循客观规律与时推移应物变化。苟能寄寓这种理想的地方，不管它是高山矮山，大水小水，其实都是一回事。他认为陶弘景的以白云自怡是一种托词，真正的无所待于外，一切以精神满足为特征的人生，是决不会被外物（山水等景观）所迷惑或束缚的。他举例说：

昔者孔子之门有以浴乎沂风乎舞雩言其志者矣。非

有自得行乎其中，则夫所待以寓其乐者，曾何异于山中之白云乎？❶

由于旅游有自怡这一目的，因而各人眼中所见心中所领又各不相同，你欣赏对象的这一方面而觉得美，我欣赏对象的另一方面而觉得美。"濠上之游鱼，庄子不必知也，庄子之不知鱼之乐，惠子不必知也。"这是从主观感受的差异性着眼的。

宋代大文豪苏轼，对于这种"自适"的旅游哲学，有一段至为透彻的分析。他说：

> 凡物皆有可观，苟有可观，皆有可乐。非必怪奇伟丽者。哺糟啜漓，皆可以醉。果蔬草木，皆可以饱。推此类也，吾安往而不乐。

这和壶丘子的"物物皆游，物物皆观"说是一脉相承的。这种理论的心理根据是：

> 人之所欲无穷，而物之可以足吾欲者有尽。美恶之辩战乎中，而去取之择交乎前，则可乐者常少而可悲者常多。

他认为人们旅游，目的是"求福而辞祸"，而如果"美恶之辩战乎中，而去取之择交乎前"，实际上变成了"求祸而辞福"。他认为这种片面追求对象形态的属性美的做法，违背了人之常情。这种人只知"游于物之内"，而不知"游于物之外"。因为"物非有大小也。自其内而观之,未有不高且大者也"❷。如果自物外观之，或者说，从更广阔的范围来看，事物的长短、大小原本是相对的。你说泰山高大么？如果背负青天朝下看，不也是小丘一座么？你说龟山矮小么？如果人像蚂蚁一样小，在他们眼中，此山已经是峻极于天了。

苏轼的弟弟苏辙则更强调旅游主体的移情作用。他说：

---

❶（元）黄潜《自怡斋记》，《文献集》卷七上，四库全书本。
❷《超然台记》，《东坡全集》卷三十六，四库全书本。

第四章 "雅厌城阙，酷嗜江海"

> 士生于世，使其中不自得，将何往而非病？使其中坦然，不以物伤性，将何适而非快？❶

"自得"即"无待于外物"，而"以物伤性"则是有待于外物。只有无待于外物，心理保持平衡者才可能不管到哪儿都快乐，而有待于物，被外物所牵制者，则往往所适皆病。

在我国历史上，近游之所以特别发达，园林和城镇游观之所以空前繁荣，除开政治和经济原因外，追求"自适"的旅游哲学的影响亦不容忽视。

白居易《自题小园》：

> 不斗门馆华，不斗林园大。但斗为主人，一坐十余载。回看甲乙第，列在都城内。素垣夹朱门，霭霭遥相对。主人安在哉，富贵去不回。池乃为鱼凿，林乃为禽栽。何如小园主，拄杖闲即来。亲宾有时会，琴酒连夜开。以此聊自足，不羡大池台。

这是说心不要大，自足就行。他还有《适意二首》。其一曰：

> 十年为旅客，常有饥寒愁。三年作谏官，复多尸素羞。有酒不暇饮，有山不得游。岂无平生志，拘牵不自由。一朝归渭上，泛如不系舟。置心世事外，无喜亦无忧。终日一蔬食，终年一布裘。寒来弥懒放，数日一梳头。朝睡足始起，夜酌醉即休。人心不过适，适外复何求！

白居易笔下的作者以适意为人生最高境界："人心不过适，适外复何求。"可以说，10个字写尽了这一派聪明人的哲学。

古代中国特别是唐宋以来，地方官在任期内，为了缓解紧张的工作压力，为了警醒自己，往往会自己营造一处休憩之所。如明代衡山县令彭簪的井田园观物亭即是一个例子。康熙《衡州府志》卷二十收有衡山县县令彭簪的一篇《观物亭记》。该文记载说，彭县令看到县衙东偏有一片空地。他便"取方而围之，画井字为径

---

❶ 《黄州快哉亭记》，见《栾城集》卷二十四，四库全书本。

以分九区。中区为台,崇尺许,作草亭其上。亭前之区小凿为盆池,植以莲。四岸植以菊。环亭而区者皆植以蔬。他卉杂植焉。而扁其亭曰观物。每以公暇,燕坐于斯。亭荫午寂,畦陇平平,命圃人芟锄灌溉其中,以成趣也。"这个小园子的设置当然有休闲小坐的用意。但作者却有另外的解释。这就是当官不能忘记民。就像农民不能不保护庄稼,见有杂草影响,就安排人除掉杂草。从这个意义上看,这个小园子就是他施政理想的一个提醒版。

四、富不如贫,贵不如贱

汉朝王莽当权那段时间,有个叫向长的河南商丘籍旅行家,其价值观对中华民族的旅游文化影响极大。

向长字子平,河内朝歌人也(今河南商丘)。隐居不仕,性尚中和,好通《老》《易》。贫无资食,好事者更馈焉,受之取足而反其余。王莽大司空王邑辟之,连年乃至,欲荐之于莽,固辞乃止。潜隐于家。读《易》至损、益卦,喟然叹曰:"吾已知富不如贫,贵不如贱,但未知死何如生耳。"建武中,男女娶嫁既毕,敕断家事勿相关,当如我死也。于是遂肆意,与同好北海禽庆俱游五岳名山,竟不知所终。

另外,西晋皇甫谧的《高士传》则文字略有不同:

> 向长字子平,读易至损益卦,喟然叹曰:"吾已知富不如贫,贵不如贱,但不知死何如生耳!"为子嫁娶毕,敕家事断之,云:"当如我已死"。与同好禽子夏俱游五岳名山,不知所终。❶

向长是我国旅游史上第一个见诸记载的平民旅行家。

说他是平民旅行家,因为他是有明确记载家境贫寒靠别人接济度日的人。同时他又是有很深厚学术修养的旅行家。他的富不

---

❶ 《后汉书·逸民列传》

如贫、贵不如贱以及生不如死的观点影响中国旅游文化十分深远。说"富不如贫",是因为富了就不能再贫,再贫就难受,心理就无法接受。说"贵不如贱",是因为人没有社会地位时,可以理直气壮地活着。有了社会地位,就时刻害怕丢失了这个地位,战战兢兢,如履薄冰。生怕得罪了上峰,失去了饭碗。所以还不如没有地位时活得潇洒。"生不如死"的意思是人活着就得做些不情不愿的事情,而不能任性所为。比如有了家小,就有一份社会责任。当个小官,就应恪尽职守。即使你是普通的农夫、渔夫,活着,就要劳作,就不能随性顺情。而旅游完全可以避开这些,一门心思地做自己想做的事情,寻找自我,相对而言,人在旅游时自我可以得到更好的张扬,外界的压迫感会少许多。这就是生不如死的内涵。这是一种比喻的说法,说明假定人能抛弃生事不顾,在熟悉的人群中就像死了一样无声无息,没有人事牵挂负累,那时的你才是真正的自由自在了。

东汉以来,中国历史上诞生了众多的旅行家,在他们所留下的旅游诗文著作中,在在可以看到向子平价值观的影响。初步统计,有大约300种个人著作中涉及对向子平的旅游价值观的向往,这些人中包括唐代大诗人李白、白居易、宋代刘贡父、明代董纪,明代童翼等。

向长,字子平,也有写作尚平,尚子平、尚长的。传写之误,所指均是指同一人。向长的好友禽庆,字子夏,也是一个儒生,因不肯侍候王莽而丢官,事见《汉书·王贡两龚鲍传》。

第五章 "山以贤称，境缘人胜"

——中国旅游文化的重人传统

中国古人欣赏山水，虽然也有"山不厌高，海不厌深"，穷探造化奥秘，重视审美客体的优良传统。但"山以贤称，境缘人胜"❶这种特别看重审美主体的民族心理习惯，对中国古代的旅游文化所产生的深广影响较"山不厌高，海不厌深"式的民族心理更为突出。中国人对于客观世界，特别是对自然界，多取欣赏的态度，而西人则多取实用的态度。因为立足点在欣赏，故常将主观体验作为主体；因为立足点在实用，故西人每能将自然界当作独立于主体之外的对象来研究。因其将审美主体放在首位，故形成了中国旅游文化的重人传统。因其将审美客体放在首位，故形成了西方旅游文化的重物传统。西人对于自然美，比如说某一座山，或某一个海滨，绝大多数人之所以喜欢它们，是因为它具有高大雄奇或幽谧深邃或水质清澈、风美沙细等美点之故。它们的美是可以用数据表现的，有客观尺度可以量化的。而中国古人则不同。中国古人心目中的风景名胜一个重要标准是，看这块土地与历史上的帝王将相、文人墨客是否发生过关系。如果发生了关系，即使是一般所在，也会令后人徘徊观望，产生思古的幽情，从而对这块土地的感情也在无形中加深。元人王恽举例说明：

---

❶（元）王恽《游东山记》，见《秋涧集》卷四十，四库全书本。

第五章 "山以贤称，境缘人胜"

> 赤壁，断岸也。苏子（苏轼）再赋而秀发江山；岘首，瘴岭也，羊公（羊祜）一登而名垂宇宙。❶

从王恽的话中，我们不难看出，历史上许多名垂史册的山岳，都是因为有贤哲之士与之发生关系，因而得到永久的称颂。而无数胜境也多半由于文人墨客的称赏而彪炳志乘。中国古人的注意力多集中于名人，对于山水本身的特色则很少考虑（对山水自然美的发现又当别论）。不过一旦发现山水美的人成了名人，人们对山水本身的美便不如对历史名人那样重视了。或者因人及景，也就是说先崇拜名人然后去看山水的美，以己之眼光印证前贤之看法。如柳宗元发现湖南零陵山水的美，写了八篇游记。五代两宋以来，根据"永州八记"前往寻幽探胜者史不绝书，有些人写文章批评柳宗元笔下的永州山水美和真实的山水差距较大，然而永州山水的魅力并不因这些批评者的言论而减价。推原其故，重人故也。只要杰出人物曾经徜徉其间，本来不甚出色的山水，也会因名人而增色。明人王思任在《游丰乐醉翁亭记》一文中概括说：

> 山川之须眉，人朗之也。其姓字人贵之。运命人通之也。滁阳诸山❷，视吾家岩壑不啻数坡坨耳。有欧、苏二老人足目其间，遂与海内争千古，岂非人哉。

这种重人的思想，从哲学角度言之，仍然是植根于元气化生万物、人乃万物之一的唯物主义基础之上的。因为中国古人确信，名山大川是宇宙间的灵气所钟，而人更是高质量的灵气凝结而成。因此重人也即重自然，重主体也即重客体。中国文化中人与自然的区别、主体同客体的区别远不如西方清晰。

---

❶ （元）王恽《游东山记》，见《秋涧集》卷四十，四库全书本。
❷ "滁阳诸山"：指安徽省滁县和江苏阳羡。北宋庆历四年（1044年）欧阳修上《朋党论》后，被执政者认为是范仲淹、韩琦等人的同党，次年被贬为滁州太守。滁州山水本来名不见经传，因了他的一篇《醉翁亭记》遂知名天下。阳羡：今江苏宜兴市。苏轼贬谪海南前，曾游过阳羡山水，有买田造屋，来此安度晚年的计划，后因从海南回京途中病死常州而未能如愿。

一、重人传统的哲学基础

"天地有正气，杂然赋流形。下则为河岳，上则为日星。于人曰浩然，沛乎塞苍冥。……是气所磅礴，凛烈万古存。"这几句诗是南宋末年爱国英雄文天祥《正气歌》中的句子。它不仅展示了文天祥的忠肝义胆和浩然正气，同时也形象地概括了我国旅游文化的唯物主义哲学基础。从诗义来看，他认为我们脚下的大地山川，头上的日月星辰，以及我们古古今今，绵亘数万年的人类，都是出于同一个源头——"气"，都是所谓"正气"凝聚而成的各种"流形"。他的这种见解是对先秦"元气"说的继承。从先秦时代始，人们在思考世界的本原时就发明了"元气"一词，认为这种"气"充斥于宇宙之间，万物的"形"都是由"气"变化而成❶。

正是基于这样的唯物主义认识，中国人对构成旅游资源的自然景观，如名山大川、幽溪绝壑，以及变化万千的气象，从很早的时候起便能作出唯物的解释。先民们在游览名山大川，欣赏海市蜃楼等自然风光时，虽多审美的观照，却无恐惧神秘的意味。杜甫赞美泰山"造化钟灵秀，阴阳割昏晓"❷，把泰山的美完全归功于大自然的鬼斧神工。范成大登峨眉金顶观赏佛光，压根儿没有想到需要感谢上帝。他写道：

> 俄氛雾四起，混然一白，僧云："银色世界也。"有顷，大雨倾注，氛雾辟易。僧云："洗岩雨也，佛将大现"。兜罗绵云复布岩下，纷郁而上，将至岩数丈辄止，云平如玉地。时雨点有余飞。俯视岩腹，有大圆光偃卧平云之上，外晕三重，每重有青黄红绿之色。光之正中，虚明

---

❶ 《庄子·至乐》："气变而有形，形变而有生"。《百子全书》本。
❷ 《望岳》《杜诗详注》卷一，四库全书本。

第五章 "山以贤称,境缘人胜"

凝湛,观者各自见其形现于虚明之处,毫厘无隐,一如对镜。举手动足,影皆随形,而不见傍人。僧云:"摄身光也"。此光既没,前山风起云驰。风云之间,复出大圆相光,横亘数山,尽诸异色,合集成采,峰峦草林,皆鲜妍绚茜,不可正视。❶

南宋末年的林景熙在避居浙江海滨期间,有幸目睹了一次海市:

第见沧溟浩渺中,蠢如奇峰,联如叠巘,列如崒岫,隐见不常。移时,城郭台榭,骤变歘起,如众大之区,数十万家,鱼鳞相比,中有浮图老子之宫,三门嵯峨,钟鼓楼翼其左右,檐牙历历,极公输巧不能过。又移时,或立如人,或散如兽,或列若旌旗之饰,瓮盎之器,诡异万千。日近晡(音bú,下午三至五点钟),冉冉漫灭。向之有者安在,而海自若也。❷

他们的描写虽然不可能对这两种大气现象作出完全科学的解释,可是两人都能从自然气象变化的角度着眼,对"佛光"和"海市"的出现和消失过程作了客观的描写。

古人根据自然景观变化速度的快慢,又进而将自然景观划分为"形生者"和"气化者"两类。所谓"形生者",也即是先秦哲学家所说的阴阳二气在虚空中运动,落在下面结为地块的重浊之气,也就是山川景物;而所谓"气化者",指的是阴阳二气运动中上升到天空中的轻清之气,也就是气象景观。我们观赏自然风光,无外乎这两大方面,明人王季重指出:"形生者久,气化者幻。"❸意思是说属于地理、地质方面的景观,其变化比较缓慢,而属于气象方面的景观,则往往稍纵即逝。因此他总结出"真幻随境,妄言之而姑听之,何伤(同上)"的游诀。所谓"真幻随境",就是说遇着对象变化节奏缓慢者,可以求真的眼光观之,若遇对象变

---

❶ 《吴船录》,四库全书本。
❷ 《霁山集·蜃说》,四库全书本。
❸ 《游五台山记》,见《王士性地理书三种》,上海古籍出版社1993年版。

化节奏迅速者,则不妨从万物皆幻的角度去欣赏。总之,游览者得依观赏对象为转移。

按照中国古人的看法,人为万物之灵,是元气的精华所钟。陆游说过:"造化之初,昆仑磅礴。一气既分,天积气于上,地聚块于下。明为日月,幽为鬼神,聚为山岳河渎,散为万物。万物之最灵者为人。人之最灵者为圣哲,为仙真。"❶

中国旅游文化有一个古老的传统,即在旅游景点的价值判断中十分重视人的作用和影响。另一方面,中国古人礼赞奇杰之士时,从来不肯撇开生养名人的土地来孤立地谈名人,3000年来,先民们总是反复强调山川河渎对风云人物的滋养和感发。刘勰在《文心雕龙·物色》篇中讴歌屈原的词赋是"得江山之助"的结果。唐代的韩愈在谈到柳宗元的永、柳之贬时,十分动情地指出:假使"子厚斥不久,穷不极,虽有出于人,其文学辞章,必不能自力以致必传于后如今无疑。"❷永州山水的幽奇和不被世人理解成了他的游记中一以贯之的主题,于此亦可见山水对创作的影响。

总之,中国古人一方面认识到客观世界是不依我们意志为转移的物质存在,另一方面又清醒地注意到客观世界对人的主观世界的制约作用,而人本身也是物质世界的一部分。一句话,因为它们都是元气变化的产物。

与中国旅游文化的哲学背景相比较,西方以基督教上帝创造世界为特征的哲学背景,却孕育出了和中国迥然有别的重物传统。这需要从两个层次上加以说明。

(一)西方旅游文化受《圣经》影响极大。在基督教(包括天主教)世界里,人们都是按《圣经·旧约全书》开宗明义的那一段文字来解释万事万物和人类的产生。《创世记》第一章写道:

起初上帝创造天地,地是空虚混沌,渊面黑暗,上

---

❶ 《洞霄宫碑》,见《渭南文集》卷十六。四库全书本。
❷ 《柳子厚墓志铭》,见《五百家注昌黎文集》卷三十二,四库全书本。

帝的灵运行在水面上。上帝说："要有光"。就有了光。上帝看光是好的，就把光、暗分开了，上帝称光为昼，称暗为夜。有晚上，有早晨。这是头一日。

上帝说："诸水之间，要有空气。将水分为上下。"上帝就造出空气，将空气以下的水、空气以上的水分开了。事就这样成了，上帝称空气为天，有晚上，有早晨。这是第二日。

上帝说："天下的水要聚在一处，使旱地露出来。"事就这样成了。上帝称旱地为地，称水的聚处为海。上帝看着是好的，上帝说："地要发生青草，和结种子的菜蔬，并结果子的树木，各从其类。果子都包着核。"事就这样成了。……上帝看着是好的，有晚上，有早晨。这是第三日。

上帝说："天上要有光体，可分昼夜，作记号定节令、日子、年岁。并要发光在天空，普照在地上。"事就这样成了，于是上帝造了两个大光，大的管昼，小的管夜。又造众星，就把这些光摆列在天空，普照在地上，管理昼夜，分别明暗。上帝看是好的，有晚上，有早晨，这是第四日。

根据《创世记》的记载，第五日，上帝创造了水生动物和陆生动物。第六日，上帝说："我们要照着我们的形像，按着我们的样式造人。使他们管理海里的鱼，空中的鸟，地上的牲畜和全地并地上所爬的一切昆虫。"上帝就照着自己的形像造人，乃是照着他的形像造男造女。

从引文不难发现，按照基督教的讲法，上帝是在前五日创造天地万物，或曰大自然，第六日才创造出人类的。这种讲法乍看起来人和自然都是上帝创造的，其地位似应平起平坐。但我们不要忘了，当亚当和夏娃违背上帝的指示，偷吃了伊甸园中的禁果后，他俩便遭到了上帝的惩罚，被逐出这块极乐土地。这种世界本原论对旅游文化最突出的影响，表现在人与大自然是分离的，人对大自然是敬畏恐惧的。在他们那儿，人们的心理正如一首古老的英国诗歌所歌唱的：

> 大地啊！生灵之母，向您欢呼！
> 在上帝的怀抱里，您硕果累累，
> 请将果实赐给饥饿的人类❶。

由此可见，大自然是高高在上，对人类毫无同情心，人类只有向他祈祷，才可得到安宁。在东方中国，先秦的老、庄等思想界巨子却明确主张人与自然同源于元气，人应当顺应自然。"法天而行。"因此庄子对于一切人为的违背自然规律的做法都异常反感。他强调"依乎天理，因其固然"❷。庄子本身亦酷爱大自然，他经常徜徉于山水之间，追求那种与自然融合无间，所谓"入鸟不乱群，入兽不乱行"的境界。在西方旅游文化中，虽然从文艺复兴时代开始神的统治地位急剧下降，人和自然的关系也出现过一段相当融洽的时期。但很快，随着17、18世纪西欧古典主义文学的盛行，人和大自然的关系又逐渐疏远了，当然这种疏远却使西方产生了大批自然科学家，因为他们经历了对自然的敬畏阶段、思想解放阶段，后面自然便是从各个角度去理智地认识大自然的阶段。数学、物理、化学、生物等科学研究突飞猛进的进步，自然影响到人们的审美标准。关于此点，我在《途穷不忧，行误不悔，以性灵游，以躯命游》章中也有论述，可以参看。当西方航海探险旅游风起云涌之际，当麦哲伦、哥伦布等人在探险旅行中把贪婪的目光盯在黄金、香料等物质财富上时，我们的先民却仍沉浸在"我见青山多妩媚，料青山见我应如是"（辛弃疾语），山川景物因人而重，因文章而传的梦幻之中。个人认为，西方旅游文化早期因受上帝创造世界说影响甚深，因之对大自然持敬畏恐惧态度。这自然不能和我国的元气化生万物，名山大川和奇杰之士亦为灵气所钟的

---

❶ 转引自茅于美《中西诗歌比较研究》，中国人民大学出版社2012年版。
❷ 《庄子·养生主》，百子全书本。

看法相提并论。

（二）文艺复兴以后，随着对"神"迷信的减弱，西人进而把自然界作为独立于人之外的客体来研究，并以认识自然服务人类为宗旨，在这个基础上出现的探险旅游、注重大自然的客观价值为特征的重物传统，却把社会向前大大推进了一步。从这后一层意义讲，中国几千年来相沿不改的以元气钟山川河岳、奇杰之士为特征的重人传统，却显得缺少变化和生气。因为中国类似欧洲的文艺复兴，早在西周初年就已经出现了。虽然背景不完全一样，但将人从神的束缚和迷信中解放出来，则是相同的。这是一种文化的早熟。可惜的是，我们的文艺复兴，虽然比欧洲文艺复兴早了2800多年。但令人遗憾的是刚刚把人从神的威胁下解放出来，又将人置身于权力本位的高压之下。虽然孔子思想历代都被尊崇，但统治者并没有真正把孔子思想中仁民爱物的核心价值突出出来，落到实处。

在对外开放的今天，在中国旅游业已成为世界旅游业的一个部分的今天，认真总结一下在自然经济基础上滋生的中国旅游文化传统，不管它是进步的抑或落后的，对于加深人们这方面的认识，也许是多少有些益处的。

二、重人传统面面观

下面，我们来对前述重人传统作一简略的分析。据笔者理解，中国旅游文化的这一传统，似应包括下述几个层次的内容：

（一）有的山水本身并不美，只因历史上某一名人登览过，或者某一名人是在这块土地上诞生的，因而被后世称颂，成为旅游热点。如牛山这个风景名胜就是因为齐景公曾为之流涕而知名后世的。在《晏子春秋》中有这么一段有趣的记载："景公游于牛山（牛山在今淄博市临淄区），北临其国城而流涕曰：'若何滂滂去此而死乎？艾孔、梁丘据皆从而泣'。晏子独笑于旁。公刷涕而顾晏子曰：

'寡人今日之游悲，孔与据皆从寡人而涕泣，子之独笑何也？'晏子对曰：'使贤者常守之，则太公桓公将常守之矣。使勇者常守之，则灵公庄公将常守之矣。数君者将守之,则吾君将安得此位而立焉。以其迭处之，迭去之，至于君也。而独为之流涕，是不仁也，不仁之君见一，谄谀之臣见二，此臣之所以独窃笑也。"齐景公见山河之美，害怕死亡。因之泫然流涕，而善于逢迎的艾孔、梁丘据亦随景公哭泣。晏子独从新陈代谢不可避免的角度对于糊涂君王、谄谀臣子进行嘲讽。因为有了这么一段逸事，牛山声价得以提高。湖北襄阳的岘山，本身也不过一个丘陵而已，只因晋朝襄阳太守羊祜曾经游览其地而成名胜。羊祜当政时，曾率僚属登山感慨人生短促，声名易于磨灭。据《晋书》本传记载，他也同齐景公一样泫然流涕过。后人因之在山上立堕泪碑纪念这位地方行政长官。当然，也有人认为堕泪碑不是取义于羊祜堕泪，而是他死后当地百姓为他抹过眼泪，因此此碑得以是名。❶ 不管是哪一种说法，反正都说明岘山是因羊公登览而彪炳史册的。至于后者，历代名人故居所在地之受人景仰皆其例。

中国山川得名于名人者甚多。天姥山、敬亭山、庐山瀑布、安陆的桃花山、山东的济宁（唐时称任城）因李白而名于世。黄鹤楼因道士子安和诗人崔颢而名于世。桃花源、九江因陶渊明而名于世。峄山（古亦称东山）因孔子曾经登临过和亚圣孟子诞生于山下而为历代游客所景仰。黄州赤壁如不遇苏轼，尚不知要沉埋至何年何月。西湖孤山若无林和靖经营，也许不会那样声名卓著。兴山假如不产绝世美人王昭君，秭归若不孕育伟大诗人屈原，诸暨如果不生西子，山水必不如此有声有色。

（二）有的山水并不神奇，但因历史上某种大事件在这里发生，因而大大提高了该处山水的知名度。譬如湖北当阳的长坂坡，本身不过是鄂西山地向江汉平原过渡的坡形地段中的一个局部，只

---

❶《湖北金石志》，清张仲炘撰，清光绪刻本。

因《三国演义》中赵子龙单骑救主那次恶战发生在这儿，因而赢来了无数游人寻幽探胜。虽然那儿如今已经是"坡前商店挤民房"了，但仍不能破坏旅游者"信步当年古战场"的兴致。又如大冶铜绿山古矿冶遗址，就因为是春秋时期的铜矿开采场所而驰名世界。这类情况，北魏旅行家郦道元在《水经注》一书中早已注意到并广为采集，为我们保存了一大批古战场遗址和古墓葬遗址。各州、县地方志中，乃至全国性的志书如《舆地纪胜》（宋王象之撰）中亦有大量古战场、名人墓地或活动过的地点的考证文字。它们是我们印证"山以贤称，境缘人胜"这一重人传统的绝好材料。湖北黄州赤壁有君子泉，近赤壁。宋通判孟震亨，人称孟君子。庭中有泉，苏轼因以名之。黄庭坚诗云："云梦泽南君子泉，水无名字托人贤。"❶

（三）有的山水并无突出特色，只因生在人群集中的地区，因而较早被人们所发现和赏爱。山川的知名度总是与人类聚居地的距离密切相关的。一般说来，离都市或一般聚居地较近的山水，其开发时间自然要比远离都市或一般聚居地的山水早。其山水的知名度也遵循着这么一个规律：离通都大邑越远者，其知名度越低。柳宗元在《钴鉧潭西小丘记》一文中，悲叹"唐氏之弃地"、"价四百"、"连年而不售"的不幸遭遇时，就曾发过下面的感慨：

噫！以兹丘之胜，致之沣、镐、鄠、杜，则贵游之士争买者，日增千金而愈不可得。

另一方面，宋以来全国各地州、县乃至乡镇，都有八景之目。这些形形色色的八景，尽管具体内容千差万别，但有一点是共同的，这就是都在人们聚居地附近不远的地方。这些事实都从不同的侧面说明山川景致的发现和得名，丝毫离不开人的实践活动。

（四）许多风景名胜最初默默无闻，只因有了文人墨客的题咏，便因此饮誉天下，名垂后世。元代刘将孙在《题阁皂山凌云集》中

---

❶ 《湖广通志》卷八，四库全书本。

写道:"天下名山洞府,必有一时名卿大夫骚人墨客感赏题咏以弹压云烟发舒泉石,使四方千载诵其辞如至其处。然往往从偶然得之,非必作意也。东坡于庐山乃先自誓不作诗。倘非数篇凑偶于不得已,岂不有恨哉?若山中之人能自模写则又间见而绝无者。况成集耶?是又系于其时将山川之灵与有传焉,未可以寻常遇也。"❶这段话的意思是:山水的美需要名人包括名文来发掘彰显。但这种名人和名文对山水美的发掘又是自发的,偶然的,不经意的。比如像现在有些地方千方百计促销,拉些名人来做广告,就属于刻意为之。

湖南的岳阳楼在孟浩然、杜甫之前,名气并不太大,它不过是地方长官张说公事之余宴饮文士的一个所在。自从孟浩然的"气蒸云梦泽,波撼岳阳城"和杜甫的"吴楚东南坼,乾坤日夜浮"名句一出,加上宋代名臣范仲淹的《岳阳楼记》,遂使岳阳楼大名于世。庐山瀑布在中国瀑布中并不算很有特色的瀑布,但因了李白的"日照香炉生紫烟,遥看瀑布挂前川。飞流直下三千尺,疑是银河落九天"这首诗而成为庐山一景。宜昌的三游洞,自从形成洞穴景观以来,至少也有一万年。可在白居易、白行简和元稹三人游洞题壁之前却从不见于志乘,更没有人将其当作名胜去游览。

(五)几乎所有的风景名胜,都有一个动人的传说,一个同山水联为一体的人的故事。长江巫峡的神女峰,因其石形似女性亭亭玉立,于是人们便编造了关于瑶姬为三峡人民谋福利的故事。又如君山,是洞庭湖的一大景观,仅这一个地方就有关于君山来历的传说,湘妃竹的传说,七十二峰的传说。唐代诗人程贺《君山》诗云:"昔游方外见麻姑,说到君山此本无。云是昆仑山上石,海风吹落洞庭湖"。就是指麻姑用神力从昆仑山移来巨石,从而形成君山的传说。七十二峰的传说亦与人有关。传说远古时代,洞庭湖一片汪洋,白浪滔天,来往船只无处停靠,人舟常没,苦不堪言。

---

❶《养吾斋集》卷二十五

后来湖中 72 个成仙的螺丝女为了解除人民的痛苦，乃忍痛脱壳，结成小岛，即君山。在中国，几乎没有一处山水没有传说，并且传说都是与人息息相关。近几年全国各地雨后春笋般问世的题为《××山的传说》之类的山川风物传说书籍，从一个侧面佐证中国旅游文化重人传统有着深厚的群众基础。

（六）著名古建筑因人而存。风景名胜区的名建筑，并不一定因为建筑本身如何古老，或者建筑本身如何有特色，而是因为跟该建筑有重大关系的某位历史人物的影响。清人孙奇逢曾言："予尝闻古人名其堂者多矣。王侯卿相裔孙克守其旧者有几？大凡名堂之人与守堂之人，流传于千百年之后者，非其堂至今在也，而当日居堂之人流风余味，必其穷经而好古，澡身而洗心，近不厌，远有望，其不为堂辱也。斯为能荣其堂者乎？孔门弟子箪瓢陋巷饔牖绳枢，堂何有也？千百世后光彩焕然，令人仰而思，思而神魂眷念，欲一偃卧其中而不可得。而暴酷奸贪之人，台榭林园已沦于荒烟野草，而志士仁人犹为愤焉追恨。终古不能浣其辱。堂即坚完壮丽，果何恃以永厥居哉？❶"正是因为建堂者、名堂者的重大社会影响，后世当地人自然会引为自豪。即使垮塌，也会百计修复之。外地旅游者发思古之幽情，也会登临观光，感受体验。有些历史人物，即使原来的老房子被毁掉了，后来者也会重新仿造。这也是因人而重的表现。

明人顾璘还讨论了名山经典故事的因人而重的规律。他说："夫岳五名山也，历人甚众。相传为故事者特鲜，独难其称耳。泰山以孔子小天下传，峄山亦孟子寓言，固非其实。嵩山传汉武三呼万岁事，颇涉虚诞。亦著为典。盖孔子大圣，汉武天子也。其尊大实重于岳。苟有寄托，则交赖以为胜。故传不朽，何必事有无哉！若衡山所传乃韩昌黎开云朱、张霁雪二事。其实亦偶然语耳。今书林艺圃夸诩欣艳，张为七十二峰之藻色，言必举之，不亦系

---

❶ 《兼山堂记》，《清文汇》（上）卷二，北京出版社 1995 年版。

乎其人哉？璘今日之游，较三公之迹若犹有奇焉者，然过则泯矣。实以璘莫为之地也。然则，人士微渺欲驰声千载事岂在大，要亦先修其大者为之本乎？"❶这个"大者"是什么呢？大者不是指官大，也不是指钱多，而是指要在修身学道方面精进，从而达到很高的人生境界。

清人乔莱论园林景因人传景因文传也颇为深刻："念古之以第宅园林传者：谢之东山，裴之绿野，韩之昼锦。其最著者王摩诘之辋川，柳子厚之愚溪，元次山之庑亭，传以名胜也；杜少陵之浣花草堂，司马君实之独乐园，邵尧夫之安乐窝，苏子瞻之雪堂，不过一溪一壑，而亦传者，岂不以其人哉！王根之宅，樊重之第，以富贵传也。而子云之居，渊明之庐亦传。石季伦之金谷，李文饶之平泉，以壮丽传也。而仲蔚之蓬蒿满径，玉川之破屋数间亦传。许伯之宅无可传也，以盖宽饶之言传'陈升之之宅无可传也，以三不得之谣亦传。是传之故至不一矣，而皆有其所以传者。若纵棹园则古人之所以传者皆无之也。然则纵棹园者其遂不可传耶？曰：传之以文而已。古人以文传者，庾信之小园，沈约之郊居，刘骏山栖之志也。而仆之文不数子若也，则又何以传耶？虽然，李愿盘谷以昌黎序传，何将军山林以少陵诗传，真州南园以永叔记传。固不必其自为之也。仆所以汲汲于竹垞先生之文也，惟先生留意焉。"❷

该文对园林与园记的关系论述精彩。乔莱这篇文章的主旨是向朱彝尊求园记，其中提到了古代中国的许多著名园林典故。谢之东山，指东晋谢安的东山别墅，故址在今南京江宁区。裴之绿野，是指唐朝宰相裴度的别墅绿野堂，故址在今洛阳市南。韩之昼锦，指韩琦的昼锦堂。昼锦堂，是宋朝宰相韩琦晚年所建堂舍名，故址在河南安阳古城内东南营街。王摩诘的辋川，指唐代诗人画家

---

❶ （明）顾璘《游衡岳记》，见康熙《衡州府志》卷二十。
❷ （清）乔来《与朱竹垞检讨索园记书》，见清人孟毓兰等纂辑、道光二十年刊本《重修宝应县志》卷二十三《艺文志》，成文出版社影印本。

王维的辋川别业。故址在今西安市蓝田县辋川镇。柳子厚之愚溪，指的是柳宗元永州期间所写的《愚溪对》，文中所提及的"元次山之庑亭"，实际上是乔莱误记，应该是浯溪亭，是唐代元结的住宅，因地临浯溪，故成名胜。杜少陵之草堂，指成都杜甫草堂。司马君实，即司马光。独乐园乃司马光在洛阳的故居。安乐窝是北宋理学家邵雍的住处之名称。雪堂乃苏轼被贬黄州期间自己建造的住宅之名称。王根，西汉时期权臣，太后王政君的亲族，大司马王凤的弟弟。樊重，西汉末年王莽主政期间全国有数的大庄园主。这两句都是说富贵之人的私宅。子云，是扬雄。唐人诗有"寂寂寥寥扬子居，年年岁岁一床书"。渊明之庐，即陶渊明的住宅。石季伦即石崇，金谷即金谷园。李文饶，即李德裕，平泉，即平泉山庄。仲蔚不详何人，想当属隐居者流。玉川，当指唐代诗人卢仝，玉川子是他的字号。盖宽饶，字次公，魏郡（今属河北）人，西汉宣帝时太中大夫，奉使称意，擢为司隶校尉。许伯其人不详。陈升之（1011-1079），北宋大臣，建州建阳（今福建省建阳市）人。字旸叔，初名旭。进士出身。历知封州、汉阳军，入为监察御史。吕诲等劾其阴结宦官，遂出知定州（河北省定县）、太原（今山西省太原市）。英宗治平二年（1065）复拜枢密副使。神宗熙宁元年（1068），任枢密院事。二年，拜同中书门下平章事、集贤殿大学士。时王安石行变法，设制置三司条例司，他在该机构名称问题上与王安石相忤，乃称疾不朝。母丧去位后，召为枢密使。未几因病以镇江军节度使、同平章事判扬州（今扬州市）。"三不得之谣"，是民间歌颂陈升之的民谣。纵棹园是乔莱自己的园子。庾信有《小园赋》，沈约有《郊居赋》。韩愈有《送李愿归盘谷序》，杜甫有《何将军林亭》组诗。欧阳修有《海陵许氏南园记》。乔莱转弯抹角说了半天最后归结到自己的纵棹园只要能求得文坛泰斗朱彝尊一记也可以流传后世。

（七）中国古代山水欣赏中的"比德"传统，亦是重人传统的一种表现。两千多年前的一天，孔子和他的弟子们在周游列国的旅途中，曾经讨论了人和自然这个既是哲学又是美学的问题，孔子因此发表了他的被后世称为"比德"说的山水欣赏见解：

> 知者乐水，仁者乐山。知者动，仁者静。知者乐，仁者寿。❶

这里"知"同"智"，是聪明的意思。译成现代汉语，即"聪明人爱水，道德君子爱山。聪明人活跃好动，道德君子性喜安静。聪明人生活快乐，道德君子健康长寿"。

为什么"知者乐水"呢？西汉学者韩婴解释说：

> 夫水者缘理而行，不遗小间，似有知者；动之而下，似有礼者；蹈深不疑，似有勇者；障防而清，似知命者；历险致远，卒成不毁，似有德者。天地以成，群物以生，国家以平，品物以正。此知者所以乐于水也。❷

从韩婴的这段解释文字可以看出，"知者"之所以爱水，主要是根源于下述两因：一、水本身所具有的自然属性美。像按照规律流行（"缘理而行"）；像穿山越壑，穷高履深，（"蹈深不疑"）；像历险致远，能量虽转化而未消逝（"卒成不毁"）以及"水"的滋润众生的功能（"群物以生"）。二、人在水的属性美中直观到自身的美。或曰人从水的品德美中发现了和人类似的品德美。如因自然之势，成造化之功，这同时也是"知者"的"知"之所以为"知"的体现。"有礼""有勇""知命""有德"这些为知者所拥有的品德美，在观赏山水的"知者"看来，与水的"缘理而行""动之而下""蹈深不疑""障防而清""卒成不毁""群物以生"的品德（属性）美可谓不谋而合。

仁者为什么会对山感兴趣呢？弟子子张曾就这一问题请教过孔子。孔子解释说：

> 夫山者，岿然高……草木生焉，鸟兽蕃焉，财用殖焉。

---

❶《论语·雍也》，四库全书本。
❷《韩诗外传》卷三，四库全书本。

生财用而无私为，四方皆伐焉；每无私予焉；出云雨以通于天地之间，阴阳私合，雨露之泽，万物以成，百姓以飨，此仁者之所以乐于山也。❶

刘宝楠概括说："言仁者比德于山，故乐山也。"❷

仁者之所以爱山，是因为山的"生万物而无私为（即化生万物而不自以为功），四方皆伐焉，每无私予焉"，"出云雨以通于天地之间"，万物因其雨露滋润而生。山的品质和"仁者"类似，人能够从对象中直观自身。

"仁"和"知"是孔子标举的极高的人生两境界。"仁"的要义在尊重别人。它主要想以此境界的实现来处理个人与群体的关系。而要实现"仁"，换句话说，要协调好个体和群体的关系。最佳选择是以利他的态度来对待他人，所谓"己所不欲，勿施与人"，"己欲达则达人，己欲立则立人"是也。"知"字的本义是目明，"知"字❸从矢从口从于。"矢"为声符，同时也是意符。因为在狩猎时代，矢之中的与否，关系目力极大，所以古人造字，为了表示目明，便以"矢"示意。"知"的要义在认识客观世界包括人类社会和自然界。《墨经》上说：

> 知也者，以其知过物而能貌之若见。

又说：

> 知也者，以其知论物，而其知之也著，若明。

这里包括了直观观察和分析推理，总结规律几个认识环节。很显然，"知"要处理的是人与客观世界的关系。它的范围绝不局限于伦理一途。"仁"、"知"既是儒家极高的理想人格境界，而孔子这个儒家祖宗又将观赏山水与仁知境界的实现结合为一。这样做便对后世的中国旅游文化产生了两方面的深远影响：一是为旅游这一文化娱乐活动在人生中的崇高地位的形成奠定了哲学、伦理

---

❶ 《尚书·大传》，四库全书本。
❷ 《论语正义》，四库全书本。
❸ 《殷墟书契前编》，罗振玉编，民国2年珂罗版本，517。

和美学的基础。两千多年来，中国人几乎无不受孔子这两句话影响，旅游在中国文化中之所以源远流长，根深叶茂，热爱山水之所以会形成历久不衰的传统，孔子见解的影响是不能低估的。另一方面，由孔子所总结的周时期的山水欣赏的"比德"传统，也是灯灯相续，流传至今，从而构成中国旅游文化的一大特色。

山水欣赏中的"比德"传统，在中国旅游文化中随处可见。概括起来，有以下两种表现形态：

（一）托物言志型。中国是一个抒情诗十分发达的国家，古往今来，诗人们写下了千千万万篇言志抒情的诗篇。但仔细揣摩，所有的言志诗篇的言志途径不外两条：一是直抒胸臆型。这种诗只求痛快淋漓地把郁积在心中的悲欢情愫发泄出来。另一类则是托物言志型。这类诗一般都是从自然界中寻找能够与自己要写的"志"有着"内在的同形同构从而可以互相感应交流的关系"，[1] 通过自然界中事物的类似于人的特质的描写，间接表白或赞美某一种品质和节操。屈原的《橘颂》堪称托物言志型的典型。在该诗中，作者以橘树的扎根南国，"独立不迁""深固难徙"和"闭心自慎，终不失过""纷蕴宜修，姱而不丑"等一系列独特的属性来比况、暗示自己忠君爱国、专一执着，重视品德节操的锻炼、敢于承担时代重任、"苏世独立""横而不流"的崇高品质。

这种托物言志的传统，在历代咏物诗、词中最为常见。陶渊明之爱菊，周敦颐之爱莲，王子猷、苏轼之爱竹，林和靖、陆放翁之爱梅，郑板桥之爱兰。他们在作品中赋予菊、竹、梅、兰等自然物以理想性格，实际上就是上述植物的自然属性美与上述诸君的志趣同形同构的结果。

（二）气质谐和型。按照现代心理学的看法，由于血型不同，人的气质呈现种种不同。其中像孔子说的"动"、"静"、"乐"、"寿"都是不同气质的人所表现出来的性格特征。

---

[1] 李泽厚、刘纲纪《中国美学史》（一），中国社会科学出版社1987年版。

第五章 "山以贤称，境缘人胜"

　　由于山水各有自己的总体特征。山的特征是静穆、深邃、博大、无私，其最突出的特征是静，而水的特征是"突然而趋，忽然而折，矫而为龙，喷而为雾，吸而为风，怒而为霆，疾徐舒蹙，奔跃万状。"❶一言以蔽之，其突出特征为动，好静的人喜欢游山，爱动的人热衷玩水，孔子归纳的虽非绝对真理，但也不失为一种比较普遍的规律。道家强调虚静观物，炼气栖神，道教信徒们所生活的空间绝大多数都在名山奥区。这一点即使单从道藏经典中所保留下来的称谓也可看出。他们修炼的场所称为"名山""洞天""福地"，后蜀杜光庭还专门写过一本书，系统介绍道教名胜10大名山，36洞天，72福地的方位、特征及主持神名姓。于此可见，道教徒对水景关注无多，这似乎跟老子以水喻道有些差距。佛教是外来宗教，不过，在乐山还是乐水的问题上，佛教徒似乎和道士没有多少差别。从宗教方面言之，倒是方士等神仙家及其信徒，对水有较深的感情，盖因海平面上常有奇异的大气现象，如海市蜃楼，可以引起一心幻想长生的人们的无限遐想。

　　以个人而论，像无产阶级革命家李大钊先生，就曾在《游碣石山杂记》中明确说过：

　　　　予性乐山，遇崇丘峻岭，每流连弗忍去。

　　明代的旅行家袁小修生性好动，一生酷爱舟游。他曾说过：

　　　　予性嗜水，不能两日不游江。❷

　　唐代诗僧皎然爱山成癖，他说：

　　　　万虑皆可遗，爱山情不易。❸

　　又说：

　　　　少时不见山，便觉无奇趣。❹

　　李白这位伟大的浪漫主义诗人也在作品中大声歌唱自己爱山

---

❶ （明）袁宏道《冯琢巷坐主》。
❷ 《远帆楼记》，《珂雪斋集》。
❸ 《苕溪草堂》，见《杼山集》卷二，四库全书本。
❹ 《出游》，见《杼山集》卷三，四库全书本。

的癖好:

　　　　五岳寻仙不辞远,一生好入名山游。❶

中唐苦吟诗人孟郊说:

　　　　向事每计较,与山实绸缪。❷

所有这些,都可说明这么一个社会现象:人们旅游时是选择山抑或选择水作为自己的观赏对象,这在很大程度上取决于他的气质。

这一为孔子所总结的山水欣赏经验,通过历史的沉淀,已显示出其鲜明的民族特色。和西方的山水审美观相比,它的个性更加突出。学过西方美学史的读者知道,以古希腊毕达哥拉斯派为代表的西方美学家认为,自然美美在和谐,而这种和谐是审美对象本身所具有的各种物理、数学属性的和谐。中国古人也认为美在和谐,但我们中国人的所谓和谐,主要是人和天(自然界)的"天人合一"式的和谐。和西人孤立地观察对象的结构、比例,从而总结美的规律不同,中国古人在谈到自然美时,总是习惯将人和观赏对象联系起来,更多地从主体感受上去把握对象的美。它着眼于人与自然(审美对象)的联系,而不像西方古代美学家那样脱离人的社会性来谈美。

历史上的各种人物与名山大川的因缘际会,既有其必然性,也有其偶然性。说有必然性,是因为真正能跟名山大川相辉映的人物,必然是人品高洁、贡献卓著者。有的人自身品格不怎么样,贡献也谈不上重要,却求名之心甚切。或者利用金钱,或者依仗官位,人为地在名山大川想留下一点痕迹,但转眼之间,这些"遗迹"就被历史遗忘,或者因为人品太差,或者因为诗文太次,或者因为风气改变,总之,十分希望借助名山大川以求不朽的人,往往达不到目的。相反,倒是那些根本没有那么多私心杂念的人,或

---

❶ 《庐山谣》,见《李太白文集》卷十一。
❷ 《送卢郎中汀》,见《孟东野诗集》卷八。

因为德行的伟大，或因为所值时日事件的重要，不经意便成了千古不朽的名人，和山川同在。如五壮士之于狼牙山，罗斯福的女儿在北洋政府时期被土匪绑票抱犊崮等。概括起来说，偶然性表现为"远而得之，近而失之。无心而得之，有心而失之"[1]。

这种现象值得深思，特别是那些人品不端，水平很臭却费尽心机利用官位、金钱等条件，在名山大川制造垃圾者，当三思之。因为名山大川有自己的淘汰机制，不是权力和金钱就能左右的。

---

[1] 《山东文献集成》志卷七《别墅志·小序》

第六章 "途穷不忧，行误不悔"，
"以性灵游，以躯命游"
——中国旅游文化的探险传统

一、"移孝作忠"

有人说中国传统文化缺乏探险精神，安土重迁几乎成了中国人的一大心理特征。若问为什么缺少这种精神，则必曰儒家"不远游"思想影响所致。这种看法有它正确的一面，但并不全面。儒家强调孝道，《礼记注疏》卷四十八上说：

> 父母全而生之，子全而归之，可谓孝矣；不亏其体，不辱其身，可谓全矣。故君子……一举足而不敢忘父母……道而不径，身而不游，不敢以先父母之遗体行殆。❶

孔子也曾要求做儿子的"父母在，不远游，游必有方"。❷《荀子·荣辱篇》用类比的方法，表达了和孔子相近的不远游思想。他说：

> 乳彘不触虎，乳狗不远游。不忘其亲也，人也。忘忘其身，内忘其亲，上忘其君，则是人也而曾狗彘之不

---

❶ 这段话的意思是：父母既然完整无缺地生下儿子躯体，儿子也应将自己的躯体完整无缺地还给父母，做儿子的能做到这样就称得"孝"了。不使自己的身体残毁，不使自己的身体遭受他人的污辱，能做到这境界的儿子，也称得上"全"了。因此有道德修养的人一举手投足不敢忘记自己的父母。走路时不冒险行捷径，虽坐船却决不游观于风波之中。总之，不敢拿父母给我们的身体去冒生命的危险。

❷《论语·里仁》。

若也。❶

但同样是儒家经典的《礼记》却认为"志在四方"是男子汉应有的抱负和基本形象特征。《礼记》上说,小男孩一生下来,大人就应用桑枝做成的弓,蓬草做成的箭射四方❷,象征一种美好的祝愿,希望孩子长大志在四方,为君为国建功立业。儒家主张近游,也看重近游,因为这种短途旅游既可达到健康身心和陶冶性灵的目的,又可和家人父子同享天伦之乐,然而儒家并不是无条件地反对远游。按孔子的表述分析推理,父母去世后,儿子远游自不受限制。因为儒家学说以重人伦为核心。父母在世之日,儿子久游不归,一则令父母担忧,二则儿子也不能对父母尽关心赡养之义务。孔子只是要求出门之前必须制订好游览计划,把游览路线、时间、何时归来这些情况告诉父母,以免挂怀。当然,生活中自然也不乏误解孔子的近游观点或信之过深的人物。不过同这种贪生怕死的观念和行为针锋相对斗争者亦不乏其人。《汉书》有一篇《王尊传》,里面记录了一条两种旅游观斗争的史料:

> 王阳为益州刺史,行部至邛崃九折坂❸,叹曰:"奉先人遗体,奈何数乘此险!"以病去官。后王尊为刺史,至其坂,问吏曰:"非王阳所畏之道邪?"吏曰:"是。"叱其驭曰:"驱之!王阳为孝子,王尊为忠臣!"

这个故事后来又被刘义庆写进了《世说新语·言语》篇中。值得注意的是,这里恋躯惜命的王阳和敢于履险的王尊二人的指导思想同源于儒家。儒家用意很清楚,他们给所有的人规划了两种自我实现的途径:当孝子或当忠臣,为家庭或为国家。前者的奋斗目标在于使家庭幸福,后者的奋斗目标却是为了国家太平。在

---

❶ 这段话的意思是:小猪不敢碰触老虎,小狗不离窝远行,它们之所以如此,是因为恋着父母的缘故。作为人,如果对己而言忘记了爱惜自己的身体,对家庭内部而言忘记了自己的双亲,对朝廷而言,忘记了自己的君王,那么这样的人便连猪狗都不如了。
❷ 原文为:"桑弧蓬矢,志在四方。"
❸ 邛崃九折坂:邛崃,山名,与邛𡽀同。山在四川省西部岷江和大渡河之间,为四川盆地和川西高原分界。

孔子学说中，为父母牺牲和为君国作牺牲，都属仁人志士。汉人张骞凿空西域，北魏郦道元的考察天下水道，晋释法显、唐僧玄奘的不远万里舍身求法。徐霞客的尽毕生精力于山水岩洞的考察，无一不是在为国家增殖精神财富。明乎此，我们就会明白，为什么儒家一方面十分珍惜物质生命，另一方面却又提倡舍生取义，杀身成仁。明乎此，我们就容易理解在中国旅游史上为什么近游理论和远游理论同样发达，探险旅游同怡情旅游一样受我国人民的重视。这里还有一个儒家关于忠孝的辩证理解的问题。很多人认为儒家强调孝道和提倡忠道是矛盾的，就像上面引用的王尊的观点那样，实际上，儒家的孝和忠是一体两面。

  曾子曰：身也者，父母之遗体也。行父母之遗体，敢不敬乎？居处不庄，非孝也。事君不忠，非孝也。莅官不敬，非孝也。朋友不信，非孝也。战阵无勇，非孝也。五者不遂，灾及于亲，敢不敬乎？❶

根据曾子对孔子孝道观点的阐释，我们不难发现，孝和忠是一体两面，密不可分的关系。一个真正的孝子，在侍奉君长时就应该是忠臣。为什么呢？因为孝的三个层次即能"尊亲"，能"不辱亲"和能"养亲"。三者之中，排在前面的两种境界都与维护父母亲的人格尊严相关。借用今天心理学的术语，就是要满足父母受尊重的需要。至于能养，那是最低层次的需要，即不饿死父母，让其得到生存下去的最基本的物质需要。而作为人子，要想使父母受到朝廷的尊重，不忠于君上怎么行？当官不敬业，也是不孝。因为儿子做官不忠于职事，百姓、同僚、上司都会不满，那如何能使父母受到尊重？对朋友不讲信用，朋友如何会尊重你的父母？打起仗来往后跑，那怎么能让长官和战友尊重你的父母？这就是移孝作忠的道理。

  移孝作忠在封建社会还有一些特殊的内涵。比如，某人的父

---

❶ 《礼记注疏》卷四十八。

母去世，儿子即使刚刚升官，也得回家守孝。但还有些特事特办的情况，比如朝廷觉得急需某人，即使你在家守孝，也应响应朝廷诏书，奔走上任，如带兵打仗、出国外交、平定叛乱等。这种现象古代中国称之为"夺情"。

移孝做忠，跟古代中国家国一体，修身齐家治国平天下的认知路线是相一致的，不矛盾的，也是对孔子"其为人也孝悌，而好犯上作乱者鲜矣"的伦理判断的一种注解。

二、"世之奇伟瑰怪非常之观，常在于险远"

宋人王安石（1021-1086）曾言："古之人观于天地山川草木虫鱼鸟兽，往往有得，以其求思之深而无不在也。夫夷以近，则游者众；险以远，则至者少。而世之奇伟瑰怪非常之观，常在于险远，而人之所罕至焉，故非有志者不能至也。"[1] 人之是否敢于远游探险，跟个人的目标感和意志力有绝大关系。其实何止游山探险。做任何事都一样。没有明确的目标感，没有不入虎穴，不得虎子的冒险精神，总是很难达到目的的。行百里者半九十，都是源于缺少坚持不懈的意志力，缺少不计成败的执着心。

朱熹（1130-1200）19岁作《远游篇》曰："朝登南极道，暮宿临太行。睥睨即万里，超忽凌八荒。无为蹩足者，终日守空堂！"朱夫子年轻时照样不安于过"终日守空堂"的枯燥乏味的生活，而希望自己能够"睥睨即万里，超忽凌八荒"。

明吴国伦（1524-1593）《远游篇》曰："一隅非我宅，九土安足州！迫厄从世人，四顾婴百忧。经营瓮盎间，区区欲何求？金石良易敝，曜灵忽已遒。白云启阊阖，飘然思远遊。"表达了多数有探险猎奇天性的人的观点。我们常人总是局限于自己的坛坛罐罐，鼻子底下那么一小块天地。但放达的人则不同，他们知道

---

[1]《游褒禅山记》，见《王文公文集》卷三十五。

人的身体不是金石。即便是金石,也有磨灭的时候。而日月如梭,循环不已,片刻也不会驻足。

在我国旅游历史上,从黄帝、大禹到周穆王,从张骞到郑和,从法显到玄奘,从徐霞客到袁宏道,乃至近代的潘德明,当代的尧茂书和他的后继者们,探险旅游的传统一直继承,未曾断绝。

三、历代远游人物例略

(一)黄帝

关于黄帝(前2717-前2599)的旅游活动,以前的各家记载不一。司马迁(前145-前90)当年撰写《史记·五帝本纪》时曾为此大伤脑筋。他说:"《尚书》独载尧以来,而百家言黄帝其文不雅驯,荐绅先生难言之。"意思是说《尚书》记事从尧开始,而诸子百家的书籍所谈及黄帝的故事,又大多文字荒诞而不甚合理,以致许多学问家也很难弄清那些往古的传说究竟是真实还是附会。黄帝本是部落酋长一类的领袖,在他年轻时,当权的神农氏统治力量日趋薄弱,各部落间互相侵伐,神农氏无力平定,黄帝便演习武艺,讨伐那些不服从神农氏统治的部落。他一生中打了两次著名的仗:一是和炎帝在阪泉之野(今河北涿鹿县东)的战争。因为炎帝侵扰其他部落,各部落都来黄帝处避难。这次平叛战争打了三个战役才打赢。另一次大仗是和蚩尤在涿鹿之野(今河北涿鹿县南)所打的一次恶战。蚩尤本是部落首领,因闹独立不服从黄帝的统领,黄帝才调集各部落武装力量平定了他。随后黄帝便被大家拥上了天子的宝座,取代了神农氏的地位。

黄帝不仅是我国上古时代的一位杰出帝王,而且是一个著名的旅行家。他一生开山凿岭,以通道路,从未过一天安静日子。在今天山东琅琊的朱虚县,在东岳泰山,在甘肃平凉山以西的崆峒山,鸡头山上都留有我们这位老祖宗的足迹。在湖南益阳县的熊耳山和岳阳县西南的湘山密林深处,还记录着这位传奇人物的身影。他曾率部驱逐骚扰北部边境的荤粥（xūn yòu）族，在北部边境留下了气吞山河的军威。在河北怀来县境内的釜山上，他曾在这里召开盛大规模的部落领袖会议。❶由于当时还是游牧社会，因此他没有固定的宫室，过着一种"迁徙无常处，以师兵为宫卫"的生活。

可惜的是，诸子百家并未详细记载黄帝到各地游览的艰险情景，而过多地把注意力放在黄帝如何向各名山中的道行高深的隐者求教治国养身之道上，如《河图握拒》《大戴礼》《符子》《抱朴子》《史记·封禅书》《帝王世纪》皆是。❷

（二）夏禹

夏禹名文命，系黄帝的玄孙。他之走上探险旅行、根治洪水的道路，完全是时势造成的。在尧舜的时代，洪水泛滥成灾。尧让禹的父亲鲧治水，九年而毫无成效，于是舜将鲧杀死在今天山东的蓬莱县。舜杀了鲧后又将禹提拔上来继续其父的治水事业。禹受命之后便和益、后稷一起，前往各地指挥部落首领动员人力，填土治水。凡是他们走过的山路，便竖根木桩为标记，又给境内的高山大河规定名称和确定方位。

禹对他父亲因治水无成而被杀一事很伤心，下决心用实际行动把广大人民从洪水的包围中拯救出来。他尽心竭力地扑在治水工作上，离家13年，好几次从家门前经过，也没有进去。怕因自己贪图一时安逸而影响了治水的进度。书上说由于长年战斗在险恶的环境中和亲自参加劳动的缘故，他的手和脚都磨起厚厚的老茧，小腿上的汗毛也给磨得一根不剩。

---

❶《史记·五帝本纪》

❷《河图握拒》：原书已佚，《太平御览》关于黄帝的条目中有若干引文。《大戴礼》见《周礼》注释。《符子》亦佚，佚文见《太平御览》。《抱朴子》书名，晋葛洪撰，凡八卷，分内外篇。内篇论神仙吐纳符箓之术，纯为道家之言。外篇则论时政得失。亦以黄老思想为宗。《封禅书》为《史记》中的一篇，记述从三皇五帝到汉武帝止的历代帝王上泰山封禅的事迹。是我们了解汉武以前帝王封禅的主要史料。《帝王世纪》，书名。一卷，晋皇甫谧撰。

当时大禹和他的随员们所使用的交通工具,据《史记》等书记载,平地行走乘车,在水里行走乘船,在泥泞中行走乘橇(一种用木板制成、形似畚箕的交通工具),在山区行走则乘梮(jú,一种在底子上加钉圆锥形钉子的防滑鞋)。夏禹左手握着准绳(相当后世的卷尺),右手拿着规矩,车上则载着观察和测量天象的仪器。

经过他和部下艰苦卓绝的努力,终于开凿了冀、兖、青、徐、豫、荆、扬、雍、梁九州的隘口,疏通了黄河孟津以北的九条支流,找到了彭蠡、震泽、云梦、菏泽等九大泄水湖,丈量了壶口、砥柱、太行、岐山、熊耳等九座大山的高度。

大禹的平治水土过程同时也可以说是上古时代的探险旅游活动。试想在洪水滔滔、怀山襄陵的泽国之中,要寻出排泄洪水的孔道,在生产力相当低下的上古社会,没有超人的冒险精神,没有为民献身的心理准备,要完成这样大的工程几乎是不可思议的。四千多年过去了,在黄河、长江流域,还有不少大禹治水的遗迹留存着,还有许多民间传说在流播着,这难道不是人民对历史上的探险英雄的最好纪念吗?

(三)周穆王

关于周穆王(前1073-前968)❶的旅行活动,我们在本书有关章节中从不同侧面作了介绍。这里我们从探险这个角度谈谈。可以肯定,在中国,周穆王是第一个向西域方向远游的帝王旅行家。在前往西王母国家进行友好访问的旅途中,他和他的部下所经历的艰险可想而知。他们一路上或为恶劣的气候条件所困,或为险恶的地理条件所苦,或被飓风刮得不辨东西,或为酷寒冻得四肢麻木。甚至在路过沙漠途中,堂堂周天子,这支30000多人的远游大军的统帅,却连水都喝不上。《穆天子传》卷三有条记载说:

> 己亥,至于瓜䱷之山。三周若城,阏氏胡氏之所保。

---

❶ 本书著者依据《元明事类钞》卷十九鹫峰寺旃檀佛像碑记推算而得。

天子乃遂东征，南绝沙衍，求饮未至，七萃之士曰：高奔戎刺其左骖之颈，取其清血以饮天子。

可见在3000多年前经过流动的沙漠地带，的确是件很不容易的事情。穆王此行往返行程17000余公里，经过雪山、沙漠等许多极难通过的地区。在世界旅游史上，算得上是第一次规模巨大的旅游探险活动。3000多年过去了，穆王的"欲肆其心，周行于天下，将皆使有车辙马迹焉"的探险远游的理想，一直在激励着千千万万炎黄子孙！

（四）张骞

张骞（约前164－前114），陕西汉中人。他本是汉武帝手下的一个地位低贱的宫廷侍从，然而他却具有极强烈的探险欲望。当汉武帝决定派遣使节联合大月氏夹击匈奴，在朝廷中物色人选时，张骞勇敢地走上了历史舞台。建元二年（前139），张骞率领着一百多名随从，由奴隶出身的匈奴人甘父充当向导，从甘肃临洮出发，进入河西走廊，很快他们便全部被匈奴的骑兵活捉过去。匈奴骑兵把他们押送到匈奴王庭（在今内蒙古呼和浩特附近），张骞等被关押了十个春秋。直到元光六年（前129）张骞一行才瞅了个空子逃出魔掌。他们从车师（今吐鲁番）进入焉耆，再从焉耆沿塔里木向西进发，经过龟兹（今新疆库车东）、疏勒（今喀什）等地，越过葱岭，来到美丽富饶的大宛国。一路上，由于是仓皇出逃，没有准备粮食和饮用水，挨饿受渴，苦不堪言。然而为国家争光的心理支撑着他们，在大宛，国王专门派遣向导和舌人（翻译）护送张骞等人到大月氏国。大月氏由于征服了大夏，国家安定富庶，加之离匈奴甚远，无意和中国联合夹击匈奴。张骞在那里停留了一年多时间，乃决定回国复命。这次他们一行改走昆仑山北麓东进，经过莎车、于阗、鄯善（均为新疆地名，于阗今名和田，鄯善今名若羌）等地，在羌人居住地再次被匈奴骑兵抓获，一年后，匈奴内部争权，张骞乘机逃回。

这次探险历时13年，使团人数由原来的100多人，到回国时仅剩张骞和向导甘父两人。张骞此行虽未完成联合大月氏的政治使命，但在他提供给汉武帝的汇报材料中，却记载着他亲自访问过的大宛、康居、大月氏、大夏等国的山川、地理、物产、风俗、军事、政治、经济信息，其中还有关于伊朗人的商业繁盛现状的记载，成为中西文化交流史上的重要活动。另外，张骞这次出使，对西域的情况了解尤其详细。他的回国，他的报告引起了汉朝人地理观念的革命。为了表彰张骞的功勋，汉武帝给了他一个太中大夫（皇帝外事方面的顾问性质的官）的官职，在以后的岁月里，张骞又几次出使，给汉武帝提供了大量关于匈奴和邻国的情况，使汉武帝驱逐匈奴、收复故地的战略计划得以实现。在中国历史上，探险旅游活动为政治、军事服务，并且取得辉煌成绩的，这是值得纪念的一次。如果历代帝王都像汉武帝那样对了解外部世界充满兴趣，并懂得将探险旅游与军事、政治目的结合起来，中国历史也许压根儿就不是后来这个样子。

张骞通西域，还给中原大地带来了葡萄、石榴、胡桃、芝麻等西域水果和油料作物的种子。

（五）班超

班超（32-102），字仲升，汉族，扶风郡平陵县（今陕西咸阳东北）人。东汉时期著名军事家、外交家和探险家。他出生在一个举家从文的家庭里。父亲班彪是史学家。长兄班固和妹妹班昭也是著名史学家。班超在家庭生活中，是一个"为人有志，不修细节。然内孝谨，居家常执勤苦，不耻劳辱。有口辩而涉猎书传"的人。史书上记载班超年轻时经常阅读公羊春秋。由于出身在一个从文的家庭里，年轻时他做过一段校书郎，也就是抄抄写写的文字工作。"久劳苦，尝辍业投笔叹曰：大丈夫无他志略。犹当效傅介子、张骞立功异域，以取封侯。安能久事笔砚间乎？"傅介子，北地人。汉元帝时使西域，刺杀楼兰王，封义阳侯。张骞，汉中人。汉武帝时凿空开西域,封博望侯。因为他想效法的这两个西汉时期的历史人物,都是赫赫有名的大人物,"左右皆笑之。超曰:'小子安知壮士志哉!'""其后行诣相者,曰祭酒布衣诸生耳,而当封侯万里之外。超问其状。相者指曰:'生燕颔虎颈,飞而食肉,此万里侯相也。'"❶后来赶上匈奴叛逆、国家计划平定的历史机遇,班超便投笔从戎,随窦固出击北匈奴,又奉命出使西域,在31年的西北军旅生涯中,他正确地执行了汉王朝"断匈奴右臂"的政策,自始至终立足于争取多数,分化、瓦解和驱逐匈奴势力,因而战必胜,攻必取,不仅维护了东汉的安全,而且加强了与西域各族的联系,先后平定了叛离汉王朝的50多个西域国家,为西域回归、促进民族融合,作出了巨大贡献。永元十二年(100),因年迈请求回国。永元十四年八月,抵达洛阳,被拜为射声校尉。同年九月,班超因病去世,享年71岁。死后葬于洛阳邙山之上。今洛阳孟津朝阳镇张阳村西北有"汉定远侯班超之墓"。班超一生的业绩给后人留下了八个大字的评价"满腹皆兵,浑身是胆"❷。

下面,让我们稍微详尽一点地介绍一下班超的业绩。

汉明帝永平十六年(73),朝廷派窦固攻打匈奴,班超随从北征,在军中任假司马(代理司马)之职,曾率兵进击伊吾(今哈密西),斩俘很多敌人。窦固很赏识他的才干,派他率领36名部下出使西域。

班超先到鄯善(今新疆罗布泊西南),匈奴使者也率100多人来了。夜间,班超率领将士突袭匈奴使者驻地,以火攻等手段大破之,杀其使者。班超请来了鄯善王,把匈奴使者的首级给他看,鄯善王大惊失色,举国震恐。班超好言抚慰,晓之以理,鄯善王表示愿意归附汉朝。成语"不入虎穴,不得虎子"就是班超在这次奇袭行动前所说。

班超完成使命,窦固上表奏明班超出使经过和所取得的成就,

---

❶ 《后汉书》卷七十七《班超传》
❷ (明)冯梦龙语。见其所编《智囊》中《胆智》篇《班超》条。

皇帝正式委派班超为使节。窦固认为班超手下的人太少，想给他再增加一些，班超却以为36人就够了。

班超到了于阗（今新疆和田），于阗的神巫作怪，班超果断杀死神巫，对于阗王晓以利害，于阗王即下令杀死匈奴使者，归附汉王朝。

此前，匈奴人扶立的龟兹（音 qiū cí，天山南麓）是当时西域地区实力较强的国家，人口多，且能冶铸，倚仗匈奴的势力派兵攻破疏勒（今新疆喀什市）国，杀死国王，另立一龟兹人为疏勒王。汉明帝永平十七年（74），班超派人劫持了这个国王，再把疏勒文武官员全部集中起来，宣布另立原来被杀掉的疏勒国君的侄儿为国王，平定了疏勒之乱。

汉明帝永平十八年（75），焉耆（天山南麓政权，也是西域国力较强国家）杀死了东汉派去的西域都护陈睦。班超孤立无援，且多国屡屡发兵进攻疏勒。班超联合疏勒拒守，虽然势单力孤，但仍拒守了一年多。

汉章帝建初元年（76），朝廷担心班超难以支持，命班超回国。得到这个消息，疏勒举国忧恐。都尉黎弇认为班超一走，疏勒必亡于匈奴，拔刀自刎而死。班超到于阗，于阗国王侯百姓苦苦挽留。班超见状，自知不能东回，便重返疏勒。疏勒有两座城在班超走后，已经重新归降了龟兹。班超捕捉反叛首领，又使疏勒转危为安。

汉章帝建初三年（78），班超率疏勒等国士兵10000多人，进攻姑墨，并将其攻破，斩首700级，孤立了龟兹政权。

同年，朝廷任命徐干为代理司马，带领1000人去增援。此后，班超又平息了多起叛乱。

汉章帝元和元年（84），汉王朝又派和恭率兵800人增援。到此班超所率兵力达最高，但仍不足两千。

汉和帝永元元年（89），班超调发于阗等国士兵20000多人，攻打投靠匈奴的莎车。龟兹等国发兵50000救援莎车。敌强我弱，班超以调虎离山之计大破敌军，追斩5000余级，大获其马畜财物。

莎车投降，威震西域。

此前汉章帝章和元年（87），大月氏提出要娶汉朝公主为妻。班超拒绝，大月氏王由是怨恨。汉和帝永元二年（90）夏，大月氏70000兵马，越过帕米尔高原攻打班超。班超兵少，坚壁清野，切断其和龟兹国间通道。大月氏进退无据，只好遣使向班超请罪，班超放他们回国，大月氏国内大震，与汉朝和好如初。

汉和帝永元三年（91），龟兹、姑墨、温宿等国皆降。班超废原龟兹王，另立新王。朝廷任命班超为都护，驻扎在龟兹它乾城。

汉和帝永元六年（94）秋，班超调发各国七万部队，平服了焉耆等三国。班超另立焉耆新王。至此，西域五十多个国家都归附了汉王朝。当时西域人誉班超是西域的"万王之王"。

汉和帝永元七年（95），朝廷下诏封班超为定远侯，食邑千户。这就是班超又被称为班定远的来由。

汉和帝永元十四年（102）八月，71岁的班超获准回国，九月病死，结束了其光辉的传奇人生。班超在西域的31年，极富传奇色彩。最后因为其妹班昭上书皇帝，这才得以叶落归根。在汉代，西汉时期的张骞和东汉时期的班超，都是陕西人，一个是汉中人，一个是咸阳人。他们的人生，都属于敢于冒大险而获大成功的千古伟人。由于时代背景的差异，仍使两人的西域探险各具特色。这里略加比较：

张骞出使西域发生在西汉武帝时，汉朝经历了"文景之治"的休养生息后，到汉武帝时，国家财力达到鼎盛，汉武帝一方面派卫青、霍去病等武将打击匈奴，另一方面派张骞出使西域，想联合大月氏夹击匈奴，让西域归附汉朝，以摆脱匈奴的控制，削弱匈奴的力量。

班超出使西域的时间在东汉明帝朝，此时匈奴已分裂成南、北两股。南匈奴归顺了东汉，北匈奴则经常率领骑兵南下掠夺，并且一度控制了西域各国，向各国勒索繁重的赋税，切断了西域和东汉的交往。汉王朝的战略是"断匈奴右臂"。班超的31年西域人生就是不折不扣地实践汉王朝的这一战略。

张骞第一次出使西域是在汉武帝建元二年（前139），目的是想联合大月氏夹击匈奴，虽历尽艰辛，辗转到大月氏，但他们已西迁，不愿再同匈奴打仗，这次出使目的没有达到。张骞第二次出使西域是在汉武帝元狩四年（前119），是劝说乌孙与汉朝共同对抗匈奴，以"断匈奴右臂"，虽预期的目的没达到，但张骞出色地完成了一大任务，那就是增进了汉王朝同西域各国的经济文化交流和友好往来，为后来西汉政府设置西域都护打下了基础。

班超出使西域发生在汉明帝永平十六年（73），为攻击北匈奴，重建西域都护府，恢复对西域的行政管辖，班超曾立豪言壮志："不入虎穴，不得虎子"。最终用少数人马战胜了占人数优势的匈奴人，恢复了对西域的管辖。

张骞两次出使西域，沟通了亚洲内陆交通要道，开启了中原与西域各国的联系，促进了东西方经济文化的广泛交流，打通了著名的"丝绸之路"，并为后来西汉政府设置西域都护府打下了基础。班超经营西域31年，使东汉和西域的经济文化交流得以继续和发展，捍卫了"丝绸之路"，巩固了我国西部边疆，进一步促进了中国与西亚各国的经济文化交流。班超在出使西域期间，还派部下甘英出使大秦，虽然没有成功，但为以后打通欧亚交通作出了重大贡献。

（六）法显和玄奘

关于法显西行求法的简历，本书《中国旅游文化崇尚真实的传统》章已有介绍。这里只想介绍一下他旅行的艰难。在中国文化史上，人们每谈起佛教徒的探险旅游，总喜欢将法显和唐代的玄奘相提并论，然则若从两人旅行的各方面情况对比，法显似乎更应赢得人们的尊重：

1. 玄奘是27岁踏上西行求法征途的，而法显则是60岁时才从长安出发去天竺取经。一个是青年僧人,一个已垂垂老矣❶。

2. 法显是"创辟荒途",玄奘则是"中开王路"。一个是前无古人的开拓者,一个是前有古人的继承者。

3. 法显陆去海还,既历雪山沙漠之苦,又受惊涛骇浪之吓。玄奘则是陆去陆还,未历大海波涛颠簸之苦。

4. 两人旅行的物质条件不同。虽然法显也得到过张掖王段业、敦煌太守李岳的馈赠,但数目一定不大,否则法显从敦煌旅行到今新疆焉耆县境时决不至于又派同行智严、慧简、慧嵬返回高昌讨路费。玄奘比法显运气好❷:他虽然从长安出发时也不过是个普通的行脚僧,但当高昌王曲文泰与他结为兄弟后,情况便大不一样。高昌王专门给了4个小和尚在路上侍候玄奘,又为玄奘准备了20年的行资,光驮东西的马就有30匹,随身护卫25人,又修书24封关照沿途各国方便玄奘西行,信中要求各国派夫马护送玄奘出境。而法显始终是以普通的行脚僧身份活动,其艰难可以想见。

5. 玄奘归国后和太宗拉上关系,受到国家重视,在译经活动中得到大量人力物力的支援,而法显则否。我们比较中国旅游史上的这两位探险旅行家,绝无扬此抑彼的意思,玄奘凭借有利条件,在所经历的一百多个国家旅行期间,仍能以超乎常人的毅力学习佛典,受到世界人民的好评,为当时的中国人在世界上塑造了一个优美的形象。同时虽然条件好些,那些恶劣的地理、气候条件他也都亲自经历过来,这也不是一件易事。

最后我们还是把《法显传》中描述旅行艰险的文字抄几段在下面供读者欣赏:

> 沙河❸中多有恶鬼、热风,遇则皆死,无一全者。上无飞鸟,下无走兽,遍望极目,欲求度处,则莫知所拟,唯以死人枯骨为标识耳。

---

❶ 采用章巽《法显传校注·前言》的说法。
❷ 唐僧义净《大唐西域求法高僧传》
❸ 沙河,今敦煌西至若羌一带的沙漠地区。

当他和同伴在隆冬度小雪山（在印度贾拉巴德城以南的塞费德科山脉）时，他写道：

> 雪山冬夏积雪。山北阴中遇寒风暴起，人皆噤战。慧景一人不堪复进，口出白沫，语法显云："我亦不复活，便可时去，勿得俱死。"于是遂终。法显抚之悲号："本图不果，命也奈何！"复自力前，得过岭。

60多岁的老人，经历如此的苦境，若无使戒律流通汉地的坚定信念，这种情景简直不可想象。由此我联想到唐代的鉴真和尚，为了向日本传授佛法、介绍中国文化，历尽坎坷，愿心不改，不达目的，誓不罢休。这种为了理想和信念敢置个人生死于度外的品质，不正是鲁迅先生所赞赏的中国脊梁的品质吗？

（七）周达观

周达观（约 1266-1346），字草庭，号草庭逸民，元朝浙江温州永嘉人。《元史》没有为他立传。我们今天了解周达观这位元代的海上旅行家，主要靠的是他自己撰写的《真腊风土记》。❶

元灭南宋后，曾伐占城和安南，并入侵真腊，即今之柬埔寨，但因受地理及气候影响，并未成功。因此，元廷改变战略。元成宗元贞元年（1295）周达观奉命随朝廷使节赴真腊，次年（1296）至该国，居住一年许始返。此次遣使正史失载，仅依周达观本人所述才得知始末。达观生年未详，元顺宗至正六年（1346），周达观曾为林坤《诚斋杂记》写序，上距随使真腊已五十一年。该次出使的使命是说服真腊及邻近小国自动归附，周达观是该使节团团员。依据《真腊风土记》，我们知道元朝使节团于成宗元贞元年离开明州（今宁波），同月于温州港放洋，并于三月十五日抵占城。其后因逆风及值内河水道浅水期，故延至七月才抵真腊国都安哥。为等待翌年西南季风起及大湖水涨便于回航，所以他们于安哥逗

---

❶ 《真腊风土记》，(元)周达观著，夏鼐校注。中华书局2000年4月第一版，2006年4月重印。

留约一年之久。元贞二年六月才启程回国,并于该年八月十二日抵达明州,此次旅程历时一年半。周达观回国后即撰写了《真腊风土记》,该书记载当地都城王室与风土人情、行程及所取途径,具有重要的交通史和地理学之史料价值。而此书最迟于元武宗至大四年才完成。该书所记载出使内容《元史·外国传》漏载,因此可补《元史》之阙。柬埔寨之上古史只限于传说,依赖中国史书的记载而得以流传。自东汉以来,中国国势渐向南伸展,对中南半岛渐有认识。如三国吴时朱应、康泰往扶南、林邑宣国威,及后著《扶南异物志》《扶南记》等,是有关真腊之最早记载,但早已散失。周达观此书详细记录当地风俗、山川形势、人民生活。因此,极具史料价值。

(八)周致中

周致中,湖北江陵人。其奉命出使外国的时间大致在元顺帝在位期间(1333—1368)。此人生前最后官阶为从一品,在元朝末年顺帝朝为枢密院六知院之一。现在知道的是他有一本记载自己数次出使海外的见闻之著作——《异域志》。这本《异域志》最初名曰《裸虫录》。明朝初年胡惟庸出镇江陵,前元退休赋闲的官员周致中"持是录献于军门"。四库全书馆臣看到浙江范懋柱家天一阁藏本《异域志》,感觉"其书中杂论诸国风俗物产土地,语甚简略,颇与金铣所刻《异域图志》相似",认为"无足采录"❶。因此,这部重要的探险考察性质的著作原文,因四库馆臣的偏见未能进入四库全书。

明方以智所撰《通雅》卷四十六提到周致中的《异域录》中的"三身国"。

明顾起元撰的《说略》卷五提到元周致中的《异域录》所载"长人国人长三四丈",卷三十提到瀛宾国的青羊等,可见周致中的这

---

❶ 《钦定四库全书总目》卷七十八

本书在明朝就曾流传开来并为学人所引用。四库馆臣对待周致中这部书态度有失草率。

湖北沙市地方志办公室朱翰昆先生，是业师张国光教授大学时期史地系的同学。生前曾致我《荆楚研究杂记》一书❶，其中有一篇题为《元末江陵大旅行家周致中与＜裸虫录＞》，对周致中的《异域录》作过专题研究。该文指出，《异域录》系周致中六番奉召出使外邦，熟知四夷人物风俗的记录。但仔细研究，发现作者当年所记载的范围东起朝鲜日本，西抵西亚非洲，南至南亚、东南亚诸国，北至西伯利亚寒带森林。记录中有不少条目采自《山海经》《酉阳杂俎》《岭外代答》《事林广记》等书，也有少数条目采自《汉书》《后汉书》《梁书》《新唐书》和胡乔的《陷虏记》等书。据朱翰昆先生统计，《异域录》中有87国和部族未见前人记载，很可能为作者亲自见闻，或采自已经失传之书写成。另有30国和部族有目无文，这87国和部族中如黑契丹、土麻、灭吉利、吾凉受达、努尔干、可只国、撒母耳干等条，都是记录当时的事，虽然简略，仍对蒙元史地研究有参考价值，不可忽略。

周致中的书中还记录了宣抚西南各地少数民族地区和边境国家的所见所闻，其民情风俗记载十分生动传神。这些少数民族包括土家族、侗族、布依族、苗族、黎族、彝族、傣族、哈尼族等民族和老挝、缅甸两个国家。如记录当时的洞蛮以食蛇鼠为上等佳肴。当地的土著喜欢将刚出生眼睛还没睁开的小老鼠蘸糖吃，名曰"蜜唧唧"。说老挝人"凡水浆之物不从口入，以管于鼻中吸之。大概与象类同"。书中也记录了他出使川滇边境、川西、甘青边境和西藏以及境外藏族地区的情况，他奉诏宣抚的民族地区有阿丹、铁东、昏吾散僧、采牙金彪、玉瑞国、七番、退波、龙目郎、不剌、麻阿塔等十二部族。东北地区，包括小兴安岭和外兴安岭以南，他记录了女真、小野人、大野人、弩儿干、阿黑娇、狗国、胡鬼国、

---

❶ 《荆楚研究杂记》，朱翰昆撰，湖北省荆州行署地方志办公室出版发行，1994年印行。

后眼国八个部族。这些部族都是在兴安岭森林中栖息,以渔猎为生计。如对女真人的描述:"好歌舞,与野人为婚,即黥其面。""小野人以黥面为号,以杀死为吉祥,以病终为不利。父子相杀以为常。"北方蒙古诸部,元朝初年在东起兴安岭、西迄额尔齐斯河、南至青海湖、北到西伯利亚寒带森林的广袤区域里所建制的察合台、窝阔台两大汗国,到元朝后期已经分裂为鞑靼、吾凉埃达、阿泗、灭吉利、大罗等 15 个部族。周致中奉诏宣抚,无非是宣示元王朝政权的存在。新疆中亚地区,当时有婆利国、黑契丹、乌衣国等 13 个文明程度比较高的农耕部族,还有"衣茅草,以射猎为生"的女慕乐部族和"垒木植为屋宇,有巢居穴处之风"的厄鲁部族等文明程度比较落后的部族。这些形形色色的部族,都进入了周致中的笔下。周致中的《异域录》还记载了他奉使宣抚的南亚次大陆八国和西南亚、东北非六国的见闻。他出使东洋、南洋的记录里,还记录了大琉球国、小琉球国、暹罗国(今泰国)、婆罗国(今马来西亚)、苏门答腊、南罗国等国的见闻。

从周致中的记载范围,不难看出元朝的版图范围。元朝幅员广阔,外国来华旅游者,出国旅游者,商业方面的,外交方面的,宗教方面的往来都很频繁。

(九)郑和

郑和(1371-1433),原名马三保,回族人,中国明代航海家、外交家。郑和于1405年7月11日开始,作为深受明成祖宠幸的太监,带着寻找建文帝下落的秘密使命,率领近30000人的船队从今江苏太仓出发,出使西太平洋、印度洋沿岸国家,史称郑和下西洋。郑和一生七次下西洋,于1433年返航途中病逝于印度西海岸城市古里,归葬金陵牛首山。他的一生,大部分时间投身于七下西洋的海上旅行,是有史以来最伟大的航海旅行家。郑和的一生,贡献虽然伟大,但经历却并不复杂。考其生平,主要经历如次:

洪武四年 辛亥(1371)马三保出生于云南昆阳州(今晋宁县

宝山乡和代村。

洪武十五年 壬戌（1382）11岁明军征云南。马和父亲马哈只去世。马三保被掳入明营，成为宫廷太监。

洪武二十三年 庚午（1390）19岁的马三保，因其精明干练被燕王朱棣看中，选入燕王府服役。

永乐二年 甲申（1404）33岁的马三保因战功显赫，明成祖赐姓"郑"，从此改称郑和，并被擢拔为内官监太监。后世习称"三宝太监"。

永乐三年六月十五 乙酉（1405年7月11日）34岁的郑和奉成祖命，从南京龙江港起航，经太仓出海，偕王景弘率27800人第一次下西洋，永乐五年九月初二（1407年10月2日）回国。

永乐五年九月十三 丁亥（1407年10月13日）36岁回国后，立即与王景弘、侯显等率船队第二次下西洋，到达文莱、泰国、柬埔寨、印度等地。

永乐七年 己丑（1409）38岁的郑和九月又偕王景弘、费信等第三次下西洋。

永乐十一年 癸巳（1413）42岁的郑和偕马欢等人率船队第四次下西洋。

永乐十五年 丁酉（1417）46岁的郑和率船队第五次下西洋。

永乐十九年 辛丑（1421）50岁的郑和偕王景弘、马欢等人率船队第六次下西洋。

宣德六年 辛亥（1431）60岁的郑和偕王景弘、马欢、费信、巩珍等率船队27550人第七次下西洋。

宣德八年 癸丑（1433）62岁的郑和于归国途中，积劳成疾，在古里（今印度卡利卡特）病逝。七月船队回国，宣宗赐葬南京牛首山南麓。❶

---

❶ 关于郑和及其随员下西洋，随行属员有多本著作传世。后世的研究著作和论文亦多，2005年，国家组织了郑和下西洋600周年纪念活动，郑鹤声、郑一钧编辑的《郑和下西洋资料汇编》上中下三巨册，体例完善，信息丰富，可资参考。

在中华民族五千年的文明史中，以举国之力，率众数万，行程数万里，旷日持久的旅行，在大陆，只有西周第五个天子周穆王的西北之旅，可以和郑和所率领的人数数万，历时前后累计20多年的西洋之旅媲美。这两次远游，不仅是中国旅游史上的大块文章，也是世界旅游史上的深刻记忆。

（十）胡濙

胡濙（1375–1463），字源洁，号洁庵，武进（今江苏常州）人，明代重臣、旅行家。生而发白，弥月乃黑。建文二年（1400）进士，授兵科给事中。永乐元年（1403）迁户科都给事中。受明成祖朱棣信任，曾奉命前往全国各地暗访建文帝朱允炆下落。胡濙健康长寿，历仕六朝，前后近60年。他为人节俭宽厚，喜怒不形于色，是明宣宗的"托孤五大臣"之一。担任礼部尚书32年，官职累加至太子太师，天顺七年（1463）卒，享年89岁，赠太保，谥号忠安。

胡濙和郑和，都属于为明成祖朱棣所信任的心腹大臣。"靖难一役"，建文帝活不见人死不见尸，朱棣虽然夺得帝位，但心里还是很不踏实。因为在十分重视君臣名分的当年,这种行径属于篡逆，需要承受极大的心理压力和政治风险。如果建文帝不死，大臣中仍不乏支持其卷土重来者。于是，他便安排心腹郑和和胡濙，一个从陆地，一个到海上，暗访建文帝的下落。史书记载，胡濙外出暗访多年，甚至自己的母亲病故，要求循例回家守制，明成祖也不予同意。明史记载胡濙事迹于暗访这件大事却非常简略，但仍然透漏出明成祖极其关注胡濙暗访这件事。一次深夜，胡濙要求见明成祖。当时明成祖已经就寝，太监不敢禀报。但胡濙说皇上有约，只要胡濙求见，随时接见。就这样，半夜三更接见胡濙，君臣二人一直谈到次日天快亮才结束。他俩所密谈之内容不见记录。但不难想象，自然跟寻找建文帝有关。❶

---

❶《明史》卷一百六十九，列传第五十七。

因为这一暗访活动不便公开，故无从了解其全貌。但胡濙跑遍当时明王朝所能直接控制的地方，则是绝无疑问的。因为全国各省地方志多有关于胡濙游览各地寺庙宫观洞穴留下题诗的事迹。因此，说胡濙是个带着特殊使命漫游全国的大旅行家，当属事实。

（十一）费信

费信，字公晓，号玉峰松岩生，明朝吴郡昆山人，洪武十七年（1384）生。年少好学，因家贫常借书阅读，又自学通阿拉伯文。永乐、宣德年间曾任翻译官，随三宝太监郑和四次下西洋，在明军太仓卫服役。费信在郑和第三次下西洋时被选送入郑和船队，先后四次参加下西洋活动：第一次 永乐七年（1409）；第二次 永乐十年（1412）；第三次 永乐十三年（1415）；第四次 宣德五年（1430）。费信是郑和下西洋船队中的文职官员，担任郑和使团中通事（翻译官）和教谕（对外教育）之职。在郑和使团中，通事、教谕，一身兼两职，既为外事翻译，又负责传播中华文化。费信还负责记录沿途所见所闻，留下了旅游著作《星槎胜览》。《吴中先贤志》有费信画像。

（十二）马欢

跟费信一同随郑和下西洋的航海旅行家还有回族旅行家马欢。

马欢，回族，字宗道，号会稽山樵，浙江会稽（今绍兴）人，信奉回教；明代通事（翻译官），曾随郑和在1413年、1421年、1431年三次下西洋：亲身访问占城、爪哇、旧港、暹罗、古里、忽鲁谟斯、满剌加、亚鲁国、苏门答剌、锡兰、小葛兰、柯枝、古里、祖法儿等国；并到麦加朝圣。马欢精通波斯语、阿拉伯语，在郑和使团中，通事、教谕一身兼之，既为外事翻译，又负责传播中华文化，由于他"善通番语"被选入郑和船队，曾参加过第四次、第六次、第七次下西洋。

永乐十一年（1413）（第三次）到访占城、爪哇、旧港、暹罗、古里、忽鲁谟斯等国。

永乐十九年（1421）（第四次）到访满剌加、亚鲁国、苏门答剌、锡兰、小葛兰、柯枝、古里、祖法儿、忽鲁谟斯等国家。

宣德六年（1431）（第七次）太监洪保派遣马欢等七位使者到天方朝圣。天方就是麦加。

马欢将下西洋时亲身经历的20国的国王、政治、风土、地理、人文、经济状况记录下来，在景泰二年成书，名为《瀛涯胜览》。

（十三）徐霞客

和上述诸人不同，明代的徐霞客（1586～1641）既未受国家派遣，亦非为宣传宗教。他的探险旅游纯粹是认识祖国河山的科学探索欲促成。在中国旅游史上，以科学研究为目的，以认识大自然为动力的探险旅游，当以他为第一人。

徐霞客性喜旅游，但作为一个以探索石灰岩地貌为自己的活动中心的探险旅行家，还是在他母亲去世之后的事。霞客和母亲感情甚深，22岁那年，霞客守满父丧，想出游以实现自己早就梦寐以求的游览天下名山大川的夙愿，但顾念母亲，踌躇不决。聪明的母亲亲自为儿子缝了一顶"远游冠"，勉励他出游，她说："志在四方，男子事也。即《语》称游必有方，不过稽远近，计岁月，往返如期，岂令儿似藩中雉、辕下驹坐困为！"❶ 她对孔子的"父母在，不远游"说，按自己理解作了全新的解释："凡圣人所为戒远游者，其子母之识力，不相信也。吾无汝虑，盍往乎！"❷ 她对霞客旅游的价值定位十分肯定，每当霞客远游归来对母亲畅谈种种历险情景时，她赞许地说："得所未闻如此，其可无憾而须眉矣！"（同前）他虽在外游历，却时刻记挂着老母，游湖北武当山时，就曾千方百计地"贿赂"小道士，弄到了七八颗榔梅果子带回家给

---

❶ 陈函辉《徐霞客墓志铭》。
❷ 张大复《秋圃晨机图记》

母亲做寿,而榔梅在明代武当山属于禁果。一般游客想得到一枚尚且不能,于此一节可见霞客对其母的孝心。在老母去世前,霞客的远游基本上都是"有方"之游。

在母亲去世以前,霞客在旅游中就已表现出好奇怪、喜历险的游览个性,或者称之为探险意识。如别人越是说危险的地方,他越要去。游湖南茶陵的麻叶洞就是一例。当地人都说洞中有神龙蛰居,惹烦了它不得了。但他毅然入洞,甚至不管出什么价钱,没有一个人肯当向导,在这种情况下,他一个人进洞考察。霞客还喜欢独游。从游记中我们看到,他的仆人通常只管跟随他"旅",而一到需要深入险境时,往往就是他一个人"游"了。为了亲眼见见无人敢问津的地方,他常常表现出万难不屈的决心和置个人生死于度外的气魄,如《游雁荡山日记后》中记载他游天聪洞的情景,真令人咋舌不已:

> 洞中东望圆洞二,北望长洞一,皆透漏通明,第峭石直下,隔不可履。余乃复下至寺中,负梯破莽,率僮逾别坞,直抵圆洞之下,梯而登;不及,则斫木横嵌夹石间,践木以升,复不及,则以绳引梯悬石隙之树,梯穷济以木,木穷济以梯,梯木俱穷,则引绳揉树,遂入圆洞中,❶该洞即使今天建有登洞蹬道,自上望下,仍然令人股栗。

母亲去世后,霞客更无顾虑,几乎把全部身心都投入到考察祖国西南地区的石灰岩溶蚀地貌中去。他"穷九州内外,探奇测幽,至废寝食,穷上下。高而为鸟,险而为猿,下而为鱼,不惮以身命殉。"❷他"途穷不忧,行误不悔。瞑则寝树石之间,饥则啖草木之实。不避风雨,不惮虎狼,不计程期,不求伴侣。以性灵游,以躯命游。"❸这种摈弃一切功名利禄,不顾一切艰难险阻,孤身一人,毕其一生的大半岁月,献身于祖国名山大川的游览和对

---

❶ (明)徐霞客《徐霞客游记》卷一下,上海古籍出版社,1980年版。
❷ (明)吴国华《徐霞客圹志铭》,上海古籍出版社,1980年版。
❸ (清)潘耒《徐霞客游记·序》,上海古籍出版社,1980版。

岩溶地貌的考察，不仅在中国旅游史上，即便在世界探险旅游史上，也应占有一席重要的位置。

（十四）袁宏道

袁宏道（1568-1610）一生好游，但他和一般文人的游法不同。他敢于冒险，和一般文人的胆小怕事不同，他曾明确表示与其死于床笫（zǐ）不如死在山水之间。有一次，在他们由开先寺至黄岩寺观瀑的路上，"游者昏昏愁堕，一客眩，思返"，中郎批评那位同游者说：

> 恋躯惜命，何用游山！且尔与其死于床笫，孰若死于一片冷石也。❶

他自述生平旅游中最感快乐的事情：

> 野性癖石。每登山，则首问巉岩几处，骨几倍，肤色何状。行庄途数十步，则倦而休，遇崎嵚转快。至遇悬石飞壁，下麑无地，毛发皆跃，或至刺肤踬足，而神愈王（旺）。观者以为与性命衡。殊无谓，而余顾乐之。退而追惟万仞一发之危，辄酸骨，至咋指以为戒，而当局复跳梁不可制。❷

（十五）刘大观

清代有个叫刘大观（1753-1834）的县令，不仅在任期内动员老百姓上山种树，营造景点方便官民旅游，而且还是一个天性喜欢冒险的人。他也认为冒险求奇胜平庸而安。刘大观在《千尺㠉》中写道：

> 鬼斧劈山胁，胁中开一路。
> 欲造苍龙岭，身从此间度。

---

❶（明）袁宏道《由开先至黄岩观瀑记》，钱伯成《袁宏道集笺校》卷三十七。
❷（明）袁宏道《由舍身岩至文殊狮子岩记》，钱伯成《袁宏道集笺校》卷三十七。

不度耻空回，度触山灵怒。
进退两无据，穷理不深故。
死生自有命，懦夫多恐怖。
游山亦需胆，一勇敌千怖。
兴来驱我足，谁复窘吾步？
万级接斗牛，浑身冒烟雾。
不得契虚觌，或幸田鸢遇。
此身堕扰攘，空作衣食具。
征逐损性灵，蜉蝣同旦暮。
愿作山中草，不作人间树。
即教堕崖死，筑个刘宽墓❶。

诗语幽默，说即使摔死在华山也无所谓，到时候让人为自己建造一个墓地，也是很风雅的事情。

四、中西探险旅游之比较

在欧洲，从中世纪以来，特别是资本主义出现以后，出了很多探险旅行家，如马可·波罗、哥伦布、麦哲伦等人，可谓灿若群星。但他们的探险动机总是与占有物质财富相联系。

纵览十六七世纪欧洲探险家，无一不唯利是图。其下焉者形同海盗，其上焉者亦无不思攘夺人之所有以为己有，而以土地人民之宗主权归诸其国君，是即今日之所谓帝国主义也。❷竺先生其实还说得不够确切，早在15世纪的哥伦布，在航海探险的日记中就曾赤裸裸地宣称："我很细心，不辞烦劳，注意其间有无黄金"。诚如法里士在《地理创造家》一书中所指出的："如果哥伦布对于黄金与其他贵重物品以及其他附带的价值没有坚强的想象和欲望，

---

❶ 见刘大观研究会影印本《玉磬山房诗集》卷一。
❷ 竺可桢《地理学家徐霞客》商务印书馆1948年版。

那么他决不会远渡重洋去探求印度群岛的新海道。"

西人的探险动机和我们中国人的探险动机存在着本质的差别。简言之，西人重利，而我们重义。在我国旅游史上，由官方组织的旅游探险活动，如穆王的东巡，是为了访问西王母，对沿途部落，周穆王更是多所赏赐。这些情况，《穆天子传》上记载得清清楚楚。张骞的西域探险，其最初动机也只是寻找匈奴的仇人大月氏，想说服大月氏和汉朝联合作战、夹击匈奴，以实现当时人们普遍渴望的和平愿望，或者说是为了将大汉王朝的威德遍于四海。明代的郑和七下西洋，实质也只是为了寻找建文帝的下落，同时和西洋各国取得联系，使臣所到之处，照例是先读永乐皇帝的诏书，给所在国国君赠送礼物，随后便是采购珍奇物资，从无掠夺所经过国家财富的事。虽然郑和在七下西洋途中，也曾以大明王朝天使的特殊身份，干涉过几个小国的内政，平息了几场叛乱。但那只是一种大国义务，并无趁人之危敲诈勒索的行为，因为当时那些小国都是附属国。作为宗主国，明王朝是有此义务的。

一般地方官、士大夫的探险旅游也不肯在利字上做文章，前述的法显、玄奘、鉴真、徐霞客，现代骑自行车环游世界的潘德明，当代独自徒步考察黄河的杨联康，只身漂流长江的尧茂书，骑自行车只身周游全国的傅庆胜，这些人冒着牺牲的危险，自筹资金进行探险，丝毫不是物质利益引诱的结果，他们或者妻山侣石，以生活在大自然怀抱里和探索其奥秘为人生乐境；或者为了宗教事业的需要，而履险求法；或者为了替炎黄子孙争光；或者为实现人的自我价值。总之，虽然具体动机各不相同，而重义轻利则是其共同的价值取向。

当然，这种文化心理的形成，与中国传统文化重义轻利的影响有着相当密切的联系。

第七章 山有山经,地有地志
——中国旅游文化注意保存史料的传统

"癖于游者,世多有之。而名胜之山水,每历久而不发现,曷故哉?亦视其记载之有无而已。盖山水之变迁无定,今日林木葱茏,碧流如带,游客接踵,极一时之盛者,一旦时异势易,景物全非。唯有夕阳衰草,樵吟竖唱,几家渔火,数椽茅舍,为山水增其感慨而已。即欲考其迹而不得,舍田夫野老外,有莫能举其名者矣。若夫载诸志乘之胜地,虽历千百年而其名依旧,且踵事增华,愈久愈著。五湖泛棹,思少伯之幽情;岘山摩碑,为羊公而坠泪。山水之灵,宁不感戴乎昔贤之遗踪、骚人之笔墨耶?且盘山虽擅胜景,而名不闻,得拙公之志,居然与五岳抗颜行矣。曹娥区区浙东一江耳,而竟与西湖、莫愁诸湖并美者,亦志使之然也。嗟乎!沧海桑田,顷刻千变,愿山川之无志乘者,并为之纪述。庶几后世探奇之士,犹可想见当时之胜。"范文澜先生青年时代刊于上海《浦东中学校杂志》上的这篇《山水名胜宜有志乘说》,提出了一个中心论点,即山水名胜的知名度"亦视其记载有无而已"。作者列举了因有记载而"与五岳抗颜行","与西湖、莫愁诸湖并美"的盘山和曹娥江论证其论点,并对不重视山水志书修撰工作的后果提出了警告。作者在文末表达了一种愿山水皆有志乘的良好的愿望。应该说,作为当时一个涉猎山经地志极为有限的中学生,能看得这样深刻已属不易。但如果将中国现存的历代地方志和名胜志浏览一遍,我们将会发现,范氏的意见并无什么新鲜内容。因为重视修撰志书,借以保存地方史料供后来者参考借鉴,实在是中国

第七章 山有山经，地有地志

文化的一个十分古老的传统。

早在周朝，有一种官职，叫职方氏。该官职的设立，就是专门掌管天下之图籍，并进而按图籍掌管天下之土地、人民。这种官负责了解本国山川、人口、赋税以及周围国家的政治、经济、历史、地理等情况。当时规定他们的任务是随时调查，随时记录。这些材料被一种叫外史氏的官职加以整理，分成地区和国别，就成了四方志书。一种叫司徒的官职根据这些记载将其山川道里、物产分布描成图形，就成了土地之图。❶这样健全的参谋咨询，使天子一人"深居高拱于九重，而察四方万里之远，如指诸掌"。❷

从旅游的角度观察，如果把历代地方志书中有关山水名胜的记载和专门的山经地志，分地区、按时代进行整理排比，再将历代文人墨客的诗文绘画作品中有关山水名胜的描写和记载融入其中，辅之以典故逸闻，则全国各地山水名胜的形成和发展，其开发的历史，各自的特色就会一目了然。事实上，中国人世世代代都在严肃地记载着他们开发旅游、建设名胜的足迹。只不过由于从前无人进行系统的研究，这种本来极有规律的足迹，在大多数人心目中显得比较零乱罢了。

一、地方志对旅游史料的记载

中国的地方志书究竟有多少，迄今仍无定论。由于统计者所持标准的差异，故有的专家统计结果为7600余种❸，有的工具书又称有8200余种，还不包括山、水名胜志在内❹。这方面的学术争鸣也许还会长期存在。换言之，这方面的统计数字暂时也不必强求统一。但有一点却可以定论，即自汉唐以迄于今的浩如烟海的地

---

❶ 《周礼·地官》
❷ （宋）徐兢《宣和奉使高丽图经·序》
❸ 朱士嘉在《宋元地方志人名传记索引序》中持此说。
❹ 中国科学院天文台主编的《中国地方志总目序》持此说。

方志书都或多或少地记录了历代旅游的史料。

中国古代的地方志,就时代而言,流传下来的最早肇始于魏晋南北朝时期。

魏晋南北朝时期的地志,主要指史书中的地理志、州郡志、地形志等。这是继承《汉书·地理志》的传统,但在某些方面却有所倒退。例如,《晋书·地理志》,它的自然地理和经济地理内容比《汉书·地理志》少,只有户数,无人口数。除地名较丰富外,其他地理内容都很贫乏。《宋书·州郡志》虽然有户数和人口数,但记载简略,地理内容贫乏。新的内容是增加了侨州郡县的记载。《南齐书·州郡志》比《宋书·州郡志》更简单,仅有地名沿革,其余一概不录。《魏书·地形志》比上述三种书有进步,除了有户数、人口数外,还记载了地貌类型、墓、冢、陵、碑的资料,所记地名数目也超过了《汉书·地理志》。总的来看,这个时期对《汉书·地理志》的传统继承得不好,把应该继承的东西丢掉了或是淡化了,因此,这个时期的地志,其价值都不如《汉书·地理志》。

魏晋南北朝时期的地志虽然都不如《汉书·地理志》,但地记却得到了长足的发展,各个重要地区都有"风俗记"或"风土记",边远地区则有"异物志"。此外,记山水还有"水道记""山水记"。如王范的《交广二州记》、顾启期的《娄地志》、韦昭的《三吴郡国志》、顾夷的《吴郡记》、郭璞的《临安志》、朱育的《会稽土地记》、周处的《风土记》等。这个时期由于地记的数量很多,且卷数少,不便于保存和流传,因此,南齐陆澄(425~494)搜集了160家地记著作,按地区编成《地理书》149卷,目录1卷。梁人任昉(460~508)又在陆澄《地理书》的基础上,增加84家著作,编成《地记》252卷。可惜这些著作都失传了。直到清代,才有人做辑佚工作,如王谟的《汉唐地理书钞》,陈运溶的《麓山精舍丛书》,使久佚的地记著作略见端倪。

中国古代的地方志,就包括范围而言,包含:(1)全国性的一统志,(2)省志,(3)郡志,(4)邑志。邑志一般指县志,但有

第七章 山有山经，地有地志

时也可指更低一级的比如镇志、村志。这四个层次的志书，共同点都是纪事。但其范畴规模大小不同，详略殊异，则是它们之间的区别所在。因为规模有大小的差异，因此一统志和省志贵在"会其全"而郡志（相当现在的市志）贵在"撮其要"，至于县志等基层政权的志书则贵在"取其详"。这些各种规模的方志除了为地方官治理地方提供方便外，由于其记载信息的全息性，客观上也为后世保存了大量的旅游文化史料。这里我们介绍几部有重大影响的全国性通志。

第一种，《元和郡县志》，唐李吉甫纂集。该志以山川为主要载体，以郡县两级行政组织为纲，安排有山川、人口、亭障、古迹、物产等目。

第二种，《太平寰宇记》，宋乐史纂集。乐史的著作，除继承前人的体例优点外，还增设了风俗、姓氏、人物、土产、四夷等目。今之所谓人文地理的信息，《太平寰宇记》已然具备。

第三种，《舆地纪胜》。南宋王象之纂集。该志在乐史《太平寰宇记》基础上，更是增列风俗名胜、景物、古迹、官吏、人物、碑记、仙释等和州县沿革并列为纲目。书中明显增大了风俗人情名胜古迹的信息量。显示出当时国人游山玩水的需要在增加，该书的问世，一定程度上满足了国人观赏风景名胜的需求。

虽然此类通志不可能详细记载，但该时代某地区最突出的事物总会被收入书中的，比如宋代《舆地纪胜》卷一百二十一郁林州记载广西郁林州的椰子："树似槟榔而高大，叶长一丈。无阴阳，结实一房生余子，如瓜，其壳中有肉如熊白，味似胡桃，内有浆水一斤，甜如蜜，清似水。饮之愈渴，堪为酒器，皮堪缚船。土人种之，今广西诸郡皆有之，唯此州为最。"又如，宋朝重视道教，尤其是真宗皇帝和徽宗皇帝，把道教定为国教。因此缘故，宋代志书中对道教洞天福地等场所记载尤其详细。

及至到后来的《大明一统志》《大清一统志》，虽然篇幅愈来愈大，但体例却越来越精，其所记载的旅游文化信息也愈来愈详细全面。如果我们将大清一通志和清代各行省的通志如《山西通志》、《湖广通志》等省志，再下而到省辖的县志，并进而结合相关名山志、宫观志、佛寺志、名湖志、胜迹志阅读，则我们就可得到至为详尽的旅游文化史料。

南宋时期，还出现过一部十分接近现代文化地理学的图书，即祝穆和他的儿子祝洙合撰的旅游名著《方舆胜览》。该书祝穆主著，其子祝洙增补重订。该书一改唐代地志之偏重自然地理，而特详人文地理的内容。唐代地志主要是记述沿革、地理位置，山水分布、户口构成、土宜贡赋等实用型的信息。祝氏父子针对宋代旅游的发展，在书中加大了这方面的比重。比如说，宋代士大夫地方官员总喜欢在山巅水涯建造亭台楼阁，供游人登临揽胜。这是当时的社会风气。每个州县都会有这样的临观之美数处。当然这种风气，也不是从宋朝才开始的。其实，中唐时期的颜真卿、柳宗元、李渤、白居易等都有此癖好。因此，研究中国古代的旅游史，不研究文人和地方官的旅游开发，就不足以言旅游史研究。如《舆地纪胜》卷十九隆庆府楼阁部对南昌滕王阁的记载就十分详细，甚至将王勃的滕王阁序和后来韩愈、杜牧、王安石的诗文都录入其中，可见其鉴别能力和对旅游文化的理解之深刻。它如卷二十八《鄂州·楼亭》部对黄鹤楼的记载，都是典型的名胜志的体例。祝穆本身就酷爱旅游，走的地方多，见多识广，有比较就有鉴别，故知道记录掌故孰该繁孰该简。经他浓墨重彩记述的亭台楼阁，直到今天，仍是千古不朽的名胜，可见其眼力之高。他的《方舆胜览》不仅有详细的名胜记载，还有很多极有特色的考证。如对王羲之等人永和九年雅集的兰亭遗址的考证，对东晋开国名臣谢安隐居地东山的考证，对周瑜、苏东坡赤壁的考证，都是十分珍贵的文字。

祝穆父子对旅游文献利用途径和撰写《方舆胜览》的不朽价值已经有一种自觉的意识。他的朋友吕午在给《方舆胜览》所作的序言中写道："（祝穆父子）尝往来闽浙、江淮、湖广间，所至必

第七章 山有山经，地有地志

穷登临。与予有连，每相见，必孜孜访风土事，经史子集，稗官野史，金石刻，列郡志，有可采摭，必昼夜抄录无倦色。"

以光绪十一年重修的《湖南通志》为例。这部全省性质的地方志包括下列内容：

1. 诏谕志（皇帝所发或专为该省所发的圣旨）
2. 地理志（郡县地图、沿革、疆域、水道）
3. 建置志（城池、陡堰、桥梁）
4. 赋役志（户口、田税等）
5. 食货志（物产和酒、矿、盐税）
6. 学校志（学校、书院、考试场所）
7. 典礼志（各种礼节仪范）
8. 武备志（军事防预设施）
9. 封建志（历代帝王后裔封建湖南的记载）
10. 名宦志（历代出任湖南地方官中之佼佼者）
11. 职官志（比名宦志详细的官吏名录）
12 选举志（历代考试制度和历科录取人名录）
13. 人物志（本地出生的各类人物、包括烈女）
14. 方外（道、释两教的建筑、名人事迹）
15. 艺文（包括经、史、子、集和金石等类）其中除学校、武备、职官、选举诸志中较为少见旅游信息外，艺文、方外、人物、典礼、赋役、建置、地理、诏谕诸志中都或多或少保存有湖南一地历代的旅游史料。现试举数例：

清雍正元年，雍正皇帝曾给礼部下了一通指示，其圣旨就此前湖南读书人必须到湖北参加乡试诸多不便，而决定在湖南增设考场而发：

> 湖南士子乡试必须经由洞庭湖，湖水浩瀚无涯，波涛不测，六七月间风浪尤险，间有覆溺之患，朕心深为恻然。或致士子畏避险远，裹足不前，又非朕广育人材之意。今欲于湖南地方建立试院，每科另简考官，俾士

子就近入场,永无阻隔之虞,共遂观光之愿。

这段诏谕对于我们认识清代湖南士子由于缺乏安全可靠的旅行工具,因而畏难远游的心态,无疑是一条有力的佐证。

志书上的地理沿革,是按编撰者所处时代的行政区划,将历代史书地理志中的行政区划资料一一归属。历史上各朝各代哪些是相沿未改的,哪些是时出时入的,翻检一过,一目了然。作为导游,地理历史沿革知识必须具备,事实上现在各旅游点出售的导游手册,在涉及沿革时都是抄录古代地方志书而成的。

以疆域形势论,历史上著名的战争都是在一定的时空坐标上发生的。后世旅游者发思古之幽情,不能无的放矢。比如某旅游团想在中国开辟一条以历代著名战争遗址为游览对象的旅游线,导游人员自然应该作准备,旅游者要想游得实在,事先也得有所准备,而欲求有的放矢,要想找准坐标点,地方志书中有关疆域形势的部分自然不可不读。

以山川而论,《湖南通志》于每山每川先述其方位,命名来历及更名历史。次述其主要景观特征,末以小字征引有关该地的旅游诗文。如阳山:"阳山,在县(武陵)北三十里,澹水出汉寿县西杨山。梁山旧名阳山,唐天宝六载改名。汉梁松庙食于此,故名。阳山之女云梦之神尝以夏首秋分献鱼山上,望湖如镜,望江如环。山前有池,其下有灵泉寺,旁有飞泉瀑布,观者忘暑,山有风雷雨三洞,高耸雄峙,为常德巨镇。四时常有云气,山顶有庙以祀阳山之神。"

下面征引了明人杨慎昌《游梁山记》,文长不具引。但其中有一段话是他看山艺术经验的总结:"观山之要有四:远观欲得强其气,近观欲得弱其质,外观之欲其无遮,内观之欲其善饰。是故骨欲老而肤欲少也,主欲幽而客欲明也,观止矣。余行河北河东,遥望大山青苍,小山紫翠,殆若可餐。逼而视之,童(颓)块耳,顽礓耳,此能远而不能近者也。次行秦蜀之间,山尖万点,诡状奇形,致可游目。顾在重岩叠嶂之中,不睹旷然域外,此能主而不能客者也。若夫吴山悠悠，轻冶而乏气，楚山苍苍，裸袒而乏饰，是其土风宜然，观者不能无恨。"这段话对于当代普通旅游者山水审美水平的提高，是颇有参考价值的。

在"方外"一门中保存的旅游史料尤多。如在长沙府善化县"岳麓寺"条下，编志者几乎搜集了唐刘长卿、罗隐、戴叔伦、杜荀鹤、曹松、释齐已，宋曾几，明李东阳，清王仕云等文化名人旅游岳麓寺的诗文全部。在该县"昭阳观"条，编者引用了清朝陈鹏年的《昭阳观》诗：

> 此地名昭港，胶舟事渺茫。
> 如何先八骏，早自涉三湘。

诗意是说昭阳观本是周昭王南巡楚国，楚人胶舟沉王处。昭王是周穆王的父亲，周穆王之能成为世界上最早的也是最大的旅行家，在很大程度是他父亲影响的结果。湖南旅游界人士若能就此题目做做文章，不是一个很有吸引力的景点吗？

艺文志则大量辑录本地地方官、文人，历代旅游者游湖南的诗文。其体例大多以景点为纲，按时代先后排列。治旅游史、旅游诗文发展史，乃至研究整个中国古代旅游文化者，能够无视方志的存在吗？能够不感谢先哲的辛劳吗？

府志、州志、县志、厅志、乡镇志，尽管在体例上有所不同，重心也各有倾斜，范围也有大小之别，其重视旅游史料的保存是共同的特点。如乾隆《苏州府志》在传统项目外增添了"第宅园林"，这是因为苏州的私家园林已成为江南园林的象征，是苏州城市的典型特色，也是中国文化的重要部分。形式总是为内容服务的。在《苏州府志》"风俗"门附录中所载汤斌的《奏毁淫祠疏》，其中提到明清以来苏州妇女的冶游习惯："妇女好为冶游之习，靓妆艳服，连袂僧院，或群聚寺观，裸身燃臂，号'肉身灯'"。

"古迹"门有一句话：

> 响屟廊以椒、梓藉地而虚其下，令西施与宫人行则有声，因名。

我们据此知道了响屧廊的建造原理。

中国地方志最早开创旅途志专志者为明代刘文征所撰《滇志》一书。该书专设《旅途志》，为此前地方志体例之所无。《滇志》卷之四旅途志第二，其小序历述自庄蹻开滇直到明朝朱元璋之定云南，在明王朝之前，历代道路古史于沿途基本没有记载。到了明朝，云南成了国家的一个组成部分。正式纳入国家的郡县体系。国家开发建设的云南道路有以下几种：

到京师南京的道路为入觐之路，"置传设驿马"，为东路。"间道走蜀者曰西路。"但"顷岁安氏衡决，乌酋吠声，东、西道断。因北走金沙、大渡，曰建越路。""建越多夷患，复不能以时开通。又南问道粤西。自广南达南宁，其分歧而合于广南者，通曰广南路。""广南在滇之南，折而东北，始达南宁。其道迂。又有由东直走罗平、安笼以达田州者，曰罗平路。——撮其亭徼焉，核其远近险夷，考其人情焉。东路由黔以达沅州，始为楚郡。故止于沅州。志普定兴隆路并志黔，志黔亦以志滇也——黔之腹心，滇之咽喉也。志清浪晃州路并志楚，志楚亦以志滇也——楚之边徼，滇之唇齿也。西路由黔西以达纳溪，建越路由会川以达荣经，始为蜀邑，故止于纳溪、荣经。志乌撒建越路并志蜀，志蜀亦以志滇也——蜀之藩篱，滇之门户也。广南、罗平至于南宁，始为粤郡，故止于南宁。志归顺田州路并志粤，志粤亦以志滇也——粤之穷荒，滇之厄塞也。诸路皆由陆，唯金沙有水道而未通，故以金沙江附焉。山川书其历，不书其望。艰难险阻，迂怪谣俗咸书，以补他志之所不及云。"❶

二、山水名胜志对旅游史料的记载

在我国，凡山水寺庙之成为胜迹者，都有专志记载其历史沿

---

❶ （明）刘文征撰、古永继点校本《滇志》，云南教育出版社1991年版，第162-163页。

第七章 山有山经，地有地志

革、景区开发经过、名人题咏以及其他掌故传说。像宋代张淏的《艮岳记》之记述汴京（开封）的帝王园林艮岳的兴废历史，清代高士奇的《金鳌退食笔记》之记述北京三海风景区的开放范围以及帝王将相宴游情形等是其例。中国园林驰名世界，而特色独具，因此记录园林兴废的专志也就特别多。如唐代李德裕的《平泉山居草木记》，白居易的《庐山草堂记》，宋李格非的《洛阳名园记》，周密的《吴兴园林记》，以及清代黄凯钧《圆明园记》之备述圆明园基本格局。据《北京地方风物志总目》的统计，到目前为止，关于圆明园的专志已多达八九十种！

山水名胜志的结构，一般带共性的规律是："先图谱以象形也，次山水以存名也。又次古迹以征往也。而释、道两教之域，废兴于山；贤达诸公之藏，显晦于山。故次寺观，次丘墓。山与海之生物不少也，古与今之遗事非乏也，故又次土产，次碑碣。至于烽寨以备寇，石塘以捍海，而怪异以纪变。属乎山者皆不得略也。虽然，山之所重者莫如人，而人之能重山者莫如文。人之属乎山者，少则不嫌其略，而人之能以文重山者，多则不厌其详。故又以人物题咏终焉。"❶

佛教传入中国后，"世上好语佛说尽，天下名山僧占多"❷的格局便逐渐形成。而随着佛教在中国的发展，佛教建筑、佛教哲学以及其他佛教文化也就自然成了重要的旅游资源。因此，以名山古刹为对象的专志也就跟着问世。像后魏杨衒之的《洛阳伽蓝记》，唐人段成式的《寺塔记》，明人吴之鲸的《武林梵志》❸等。

---

❶（清）李确《九山志自序》，《清文汇》（上），第67页。
❷ 宋人灌园耐得翁《就日录》。《说郛》卷十四引。
❸《洛阳伽蓝记》：书名。共五卷。后魏杨衒之撰。魏太和间，洛阳佛刹甲天下，永熙乱后，衒之行役故都，感怀兴废，因采录旧闻，追怀古迹，撰成这部洛阳寺庙旅行记。全书以城内及城外分别叙述，城内一卷，城外东西南北四方各一卷。《寺塔记》唐段成式撰，一卷。唐武宗灭佛前夕，长安寺庙中人人自危，段成式大概出于近似杨之动机，把当时有关唐武宗灭佛运动前后长安僧寺存毁情况作了记载。《全唐文》《说郛》等书曾收入或节选了这卷书。《武林梵志》，书名。共十二卷。明吴之鲸撰。所述杭州古刹以城内城外南山北山以及诸属为纲，以诸寺院分别系于其下。体例一如《洛阳伽蓝记》。

道教作为中国本土的宗教，从唐代开始特受尊崇。帝王眷属出家当道士者不乏其人，文武大臣功成名就而退隐于道观者亦大有人在，亡国遗民寄迹于此中亦比比皆是。因而关于道观专志亦大量出现。如宋人邓牧的《洞霄图志》，宋扈蒙的《宋东太乙宫碑铭》，宋宋绶的《宋西太乙宫碑铭》，宋吕惠卿《宋中太乙宫碑铭》，前蜀杜光庭的《天坛王屋山圣迹记》，宋杨智远的《梅仙观记》，宋倪守约的《金华赤松山志》，元刘道明的《武当福地总真集》，元罗霆震《武当纪胜集》，明葛寅亮的《金陵玄观志》等。

　　古代帝王名流的陵墓，在后人眼中，也是很有价值的旅游点。历代旅游者在其旅游诗文中或褒或贬，总乐于凭吊追怀一番。大概因为这种怀古心理人皆有之的缘故，因此也就有了元人杨奂的《山陵杂记》，明人王在晋的《历代山陵考》。古代苏州名妓真娘的墓地，成为文人墨客趋访的目标，便有好事者将历代游客凭吊真娘墓的诗歌汇成一编，名曰《贞娘墓诗》。

　　从现存山水专志的数量比例看，中国古人似乎对山的兴趣更浓一些。以山为例，前蜀道士杜光庭撰有《名山洞天福地记》，将全国范围内的道教名山按级别排列。另有金代王处一撰《西岳华山志》，明无名氏撰《王屋山志》，清蒋湘南的《华岳图经》，明查志隆之《岱史》，宋释惠凯之《金山志》，清吴云辑《焦山志》，宋无名氏《黄山图经》，周必大《九华山录》等。而水志则相对少见。余于明代仅见潘之恒《太湖泉志》《宛陵二水评》、田汝成《西湖游览志》，于清代见焦循《北湖小志》等。

　　以游记而论，有以旅游者游风景区记游文字都为一编者，像明代都穆的《游名山记》，明陈沂的《游名山录》。明王世懋《关洛纪游稿》，陈第的《五岳游草》、《两粤游草》，王士性的《五岳游记》，袁宏道的《华嵩游草》，清高士魁《蜀游手记》。有集毕生旅游见闻都为一编者，如《徐霞客游记》。有非亲身游历实汇辑诸家游记以资卧游者，如元人陶宗仪《游志续编》，明人俞思冲《五岳卧游》，清吴秋士辑《天下名山记》。至于一般单篇游记，用汗

第七章 山有山经，地有地志

牛充栋这个词也许最为恰当。据笔者多年来浏览各省古今地方志、山水名胜志和文人墨客的诗文集所获之初步印象，估计不下十万篇。自然，这个数目还在与时俱增。

还有另外几种形式的旅游史料，这就是"风土记""风土词"和"风土诗"。此类作品大要记载不求面面俱到，而务求突出此时此地所独有者，用我们今天的话讲，这类作品中所透露的旅游信息最丰富。晋人周处最先撰写了一本《风土记》，尔后唐人莫休符撰《桂林风土记》，宋人范致明的《岳州风土记》，柳拱辰的《永州风土记》，元人周达观的《真腊风土记》，清人陆耀撰《保德风土记》，阮葵生撰《蒙古吉林风土记》，清七十一撰《回疆风土记》，等等。清代出国旅游者还有撰外国风土记者，如清张祖翼《伦敦风土记》。"竹枝词"本是巴渝间流行的民歌，唐诗人刘禹锡官四川期间，发现并爱上这种接近绝句体的民歌，并给予改造，创作出了像"山桃红花满上头，蜀江春水拍山流，花红易衰似郎意，水流无限似侬愁"这样格致清新的竹枝词。继起仿效者比比皆是。几乎在所有出过远门的诗人集子中都可以看到这类描写地方风情民俗的诗歌，清代许多文化人出洋考察，异域的一切强烈刺激了他们的大脑，于是像福庆的《异域竹枝词》，局中门外汉的《伦敦竹枝词》，尤侗的《外国竹枝词》就应运而生了。尚有一种大型组诗，也值得一提。以杭州西湖为例，在宋代便有董嗣杲的《西湖百咏》，清代又有柴杰写了《西湖百咏》。这类大型组诗从不同的角度、不同的层次对某一风景区的美进行发掘，对于我们欣赏山水风景的美是会有所启发的。当然，动辄百首，也免不了炫耀而内容不尽充实。《四库全书总目提要》在谈及《嘉禾百咏》这组大型组诗时写道："宋世文人学士歌咏其土风之胜者，往往以夸多斗靡为工。如阮阅《郴江百咏》，许尚《华亭百咏》，曾极《金陵百咏》，皆以百首为率，故尧同（《嘉禾百咏》作者名）所咏嘉兴山川古迹亦以百篇概之。"

山水名胜志向来受读书人重视。这是因为地理志是地方志的一个组成部分。地理志限于体例讲不全面的,则有专门的山水名胜志来补充。两者正好一简一繁,相得益彰。山水名胜志之所以受后人重视,还因为州县之设有时变更,山川之形终古不易。不要说更早的古代,即使我们这100年来,许多市县的行政区划改来改去,不是亲身经历过的很难弄清楚,何况后世!但因为大的山形水势基本格局不变,有利于后人辨识。我国最早的山水名胜志是东晋高僧慧远所撰《庐山纪略》。唐代道士李冲昭的《南岳小录》次之。两书的问世,反映了古代中国人辑录山水专志的文化自觉。

现以宋人邓牧《洞霄图志》、明人曹学佺《蜀中名胜记》、前蜀杜光庭《名山洞天福地记》等书为例,看看前人如何注重旅游史料的保存。邓牧是南宋遗民,和谢翱是好友。亡国后他遁迹山林,誓不仕元。《洞霄图志》这部道教名洞专志就是他在亡国后写成的。我们读他的《洞霄图志》,在"异人"门中通过阅读那些道教徒(异人)的传记,我们明白了从唐至宋的帝王和道士始终保持着千丝万缕的联系。帝王们或亲临洞霄向道士请教长生之术,或将道士请到宫中传授不死之方。如:龚大明,字若晦,仁和人,曾主洞霄山事。"先是山中留题至多,久皆湮灭,至君始裒(音 pōu,搜集)为集并刻《洞天真境录》。(宋)宁宗闻其名,召至禁中。……上曰:卿居洞天,与此间(指宋朝皇帝宫殿)孰胜?对曰:陛下居天上洞天,臣不过人间洞天尔。安可相方(比)?然人身自有洞天神明居之,贵贱一理,存乎于中不为外邪客气所据,则道同仙圣,足以无愧于洞天之心居。"宁宗听后大加叹赏。由此也就不难知道道教在唐宋时期高度繁荣的原因。邓牧在《冲天观记》中谈到该观的开拓者周清溪时指出,冲天观所在之地原本"荆棘隐翳,过者莫觊。至元壬午(1282),前知洞霄宫事周公曰清溪翁得兹地,爱甚。……度空翠入房闼,清流入庖厨,四山环匝,百木荟蔚,行道上者闻钟磬音而不见观所在,住山中者闻车马声而不见路"。由此我们知道名山道观的出现,宗教文化的积累,道士们有着不可磨灭的开拓之功。

中国是一个近游传统悠久的国家。在南方,早在晋代便有王

第七章 山有山经，地有地志

羲之等人的兰亭雅集、曲水流觞。僻在西方的四川是不是也有这种曲水流觞之类的近游风气呢？请看《蜀中名胜记》的记载，其"广安府"下写道：广安府渠江有

> 宋石刻，故事以三月三日至河曲，过渠江流杯。大观、乾道、淳熙、绍兴、嘉定间，知军宇文能、承务郎张廷坚、德州参谋李桃、陶彦远、何温叔、游伯畏、何宋卿、杨次皋、安康民，各同时髦游赏。其中有连游二三日者，如崇庆杜鹏举，奉亲挈家来游。

> 渠江有三十六滩，水之灌输其间者，涡停渠别，莫知其几。中两渠相距二尺，广深半之，可受流觞，天然巧致，非人力疏凿。江中沱碛，有若鹧鹉，若龟蛇，若系涤，若张伞，有若明月之团圆，有如神仙之游戏，皆以形似得名。名贤韵士，每过其处。为之流连题咏。

这两则记载，为我们了解宋代四川广安县的旅游活动和渠江的旅游资源，无疑提供了十分珍贵的史料。

古代山经水志的序跋，其中每每埋藏着各个时代人们对旅游的真知灼见。清人宋荦在给汪洪度的《黄山领要录》所写序言中指出"朝岚夕烟，千态万状。山不一境，境不一时。虽千万人游，亦第各领所见，而未尝同焉"。从旅游文学的创作如何避免雷同的角度，正确地指出同一对象，即使千万人去写，只要各人就自己的感受去写，就会个性鲜明，不致雷同。宋氏在同一篇序文中又对山经水志可用作卧游媒介的特色大加赞赏：

> 今夫宇内名山川至多，不可数。人非大章、竖亥（传说中特善行走的两位上古人物），恶能步八极而周万里。乃向子平欲婚嫁毕遍游五岳，严君平州有九游其八以为恨，彼殆未领要者耶？苟领其要，虽如宗少文图山于壁，鼓琴动操，欲令众山皆响。卧游一室之内，而已足也。

这种宁卧游而懒远游的旅游心理，对于我们认识封建社会晚期的中国士大夫旅游心理，不也是很有价值的旅游史料吗？

中国人等级观念特强，对全国名山大川也多喜排定座次。有意思的是，道教徒们心目中的座次与历代帝王心目中的座次不太一致。以泰山为例，从秦始皇前许多代君主便崇拜泰山，尔后一直到宋真宗的封禅泰山，"五岳独尊"四个字已排定了它在泰山、嵩山、衡山、恒山、华山中的名居第一的地位。前蜀杜光庭的《名山洞天福地记》篇首作者根据道教《龟山白玉上经》的记载，将天下名山洞天福地的级别一一公布于世。在这里，王屋洞（在河南济源）被列为第一洞天，委羽洞（山东兖州）被列为第二洞天，青城山被列为第三洞天。而将东岳泰山、南岳衡山、西岳华山、北岳恒山、中岳嵩山列入36小洞天的前六名。在道书中，洞天福地的等级最高者为十大洞天，其次36小洞天，再次72福地。我们读罢《名山洞天福地记》，不是可以明白帝王和道士对名山大川看法的分歧吗？

杂记性质的"残丛小语"，其中也往往保存有重要的旅游资料。清人吴省兰的《楚南小记》中就提供了下述两条旅游信息，"甘泉寺在武陵县东六十里。宋寇准过此题三十字云：'庚申秋九月平仲南行至甘泉，院僧以诗板示之，征途不暇吟咏，但记岁月。'"

由此我们推测宋代旅游点大都设有"诗板"，以供游人题诗。另外我们也因此知道如旅客来不及写诗，写上"到此一游"之类的题名也可。其"湘阴竹枝词"条记载了康熙时诸生王之铁的两首竹枝词：

其一

五月五日天气清，游人多上玉笥行。
儿童个个佩香草，道是灵均墓下生。

其二

沅湘南下水如汤，五两轻风送野樯。
磊石山前沐浪过，舣舟且祭洞庭王。

从这两首风土诗中，我们仿佛看到了清初湘南玉笥山端午节的郊游场面和磊石山前游船停泊祭水神的情景。

三、正史和别集：旅游史料的另一宝库

欲研究中国旅游文化史，地方志书以及旅游性质比较纯粹的山经地志，名胜志固然不可不读。然而我们也不可画地为牢，把自己的视角局限在这几方面。我们看重山经地志，主要是看重它所记载的历代旅游信息。那么，除开山经地志，还有没有其他途径搜罗历代的旅游信息呢？曰：有。曰：在何处？在经、史、子、集四类古籍之中。以经为例，像"父母在，不远游，游必有方"的旅游理论，像"观水有术，必观其澜"的山水欣赏经验，像"人之游也，观其所见；我之游也，观其所变"的旅游哲学，都分别出自《论语》《孟子》《列子》诸经书和子书之中。历代帝王旅行家如夏禹、周昭王、周穆王、秦始皇、汉武帝、隋炀帝、清圣祖、清高宗，他们的事迹正史上都有详细的记载，加上野史上的一些材料，这些旅行家的形象是不难勾勒出来的。比如说秦始皇和汉武帝的旅游活动，司马迁《史记》中有十分生动的记述，康熙和乾隆的旅游经历除了《清史稿》有编年式记录外，还另外专门组织人员编辑整理有《幸鲁盛典》（康熙旅游记录之一种）和《南巡盛典》（康熙、乾隆旅游记录之总汇）。它如历史上许多著名的旅行家同时又是达官显贵或社会名流，正史人物列传中亦会或详或略地予以记载。孔子周游列国，司马迁《史记》中也尽可能详细地反映在他的传记之中。如明代大旅行家王思任，《明史》中就有他的传记资料。

至于集部中保存旅游史料的例子更是在在皆是。试观晋宋以降以讫近代，有几位作家的文集中没有几十篇旅游诗文？由于旅游诗文政治色彩较淡，又是古代士大夫抒写怀抱、陶冶性灵的工具，因此之故，在历代文人的全集中占有相当的比重。且因此类创作避忌较少，故作者得以真实描述，因而其中不少作品具有极高的史料价值，有待我们去发掘。它的价值是一般山经地志甚至专门的旅游志所无法替代的。盖因历代修志者虽多饱学之士，而信息

闭塞，人手有限，不可能巨细无遗地兼收并蓄，何况修志者的见识还有高低之别。这里试以《袁中郎全集》为例。

例一：

> 荷花荡在葑门外，每年六月二十四，游人最盛。画舫云集，渔刀小艇，雇觅一空。远方游客至有持数万钱，无所得舟，蚁旋岸上者。舟中丽人，皆时妆艳服，摩肩簇舄，汗透重纱如雨。其男女之杂，灿烂之景，不可名状，大约露帏则千花竞笑，举袂则乱云出峡，挥扇则星流月映，闻歌则雷辊涛趋。苏人冶游之盛，至是极矣。❶

这是对明代苏州旅游景点荷花荡每年旅游旺季的生动记载。这类重要的史料可能是由于志书体例局限的缘故，在山经地志中很难见到。

例二：袁中郎在《岁时纪异》一文中批评宋代范成大的《吴郡志》和明代王鏊的《姑苏志》二书"所志皆岁时常态，而于吴俗六月二十四日荷花荡、中秋日虎丘而皆不书"的做法感到很不满意。他说虎丘诸山之游，王志虽略载之，但明代"尺雪层冰，疾风苦雨，游者不绝"的新现象，则没有在志书中反映出来。❷这些看法在实质上与重视修撰志书的精神是一致的，只是他的要求更全面，更深刻。

四、对重视保存史料传统的原因之分析

我们国家向以极其重视文化传统的承续著称于世。每当大的战乱结束，社会一旦趋于安定，整个社会便开始着手抢救文化遗产。这种特点具体表现有多种多样，但盛世修复名胜古迹和修撰志书，却是一种重要的表现。因为此点，尽管历代旅游文化在不停地遭

---

❶ 《荷花荡》
❷ 《岁时记异》

受来自各方的破坏，由于社会重视，所以历代旅游文化的精华还是被保存下来了。即使某人一时疏于寻访，遗漏了某些第一手资料（如碑刻、摩崖），过若干年后，总会有热衷整理金石资料的学者从榛莽、废墟中发现这些史料并公之于世。不断地发现，不断地修改，不断地丰富，这就是中国旅游文化发展过程中所表现出来的特性。

为什么中国旅游文化会形成这种独特的传统？我认为这与中国是一个以自然经济为基础的农业古国关系密不可分。农业社会重视经验的积累，因此"法祖"（效法祖宗和前贤）意识极其根深蒂固。中国人的历史感如此强烈，其土壤恰在这里。在印度的那加兰邦，有一个古老的传说，说是老天爷在创造大地的时候，也创造了许多民族。老天爷考虑到将来各个民族都会做出一些对他们自身有影响的事情，所以赐给每个民族一张鹿皮，让他们在上面书写自己的民族历史。那加人也得到一张鹿皮，可是不幸的是，他们在遇到特大灾荒时只好将老天爷赐给他们的鹿皮吃掉。因此，那加兰邦没有书面记载的历史书。在印度这个充满神话传说的国家，他们从来不注意系统地记录自己的历史。他们习惯于以神话故事形式述说古代所发生的重大历史事件和英雄人物事迹。

如果将中国人对历史的重视和印度人对历史的漠视作一对照，其区别便至为明显。中国人历史感极强，孔子的兴灭绝继思想终于造就了一部25史和汗牛充栋的其他历史文献。印度虽有大《往世书》18部、小《往世书》18部，但那仍是用神话形式述说的历史。和我国根据历朝档案记录写成的历史不能同日而语。中国人历史感强的特点在旅游文化中俯拾可见。东晋大书法家王羲之在《兰亭集序》中就曾表述他作序的动机，是担心随着时间的流逝，修禊雅集的活动被人们遗忘。后来历代文人雅集的诗序中都紧步羲之后尘，千余年来并无丝毫改变。宋代高似孙在《剡录》序中也表述了类似的思想，他说：

夫州县之名虽数变更，然山川之灵盖自若也。使剡古而有志，则历代因革废兴之典百世知也。余惧夫后之视今，亦犹今之视昔，故为《刬录》十卷。

明人王思任亦主张"游史中亦有董狐"。所谓"董狐"，指的是我国春秋时期晋国一位著名的秉笔直书的史官。意思是旅游文学应实事求是。他的笔下，庐山和尚"逼人布施（施舍），持簿（记录册）不寸离"，和尚们"观望扰聒"，使游人"游兴扫尽"。❶此类记载为我们了解当年宗教与旅游，不啻提供了图画般清晰的信息。令人遗憾的是，当代中国很少作家和诗人肯用自己的笔为当代旅游业作真实的写照。往往是说好的多，说坏的少。大概批评人家旅游点建设得不好，指责人家接待水平低，总有点得罪人的顾忌吧。

---

❶ 《游庐山记》

第八章 "读万卷书,行万里路"
——中国古代治学与旅游相结合的传统

在我国文化中,向来有读死书与读活书并重的传统。所谓"死书",就是古圣先贤的遗书;所谓"活书",指的是亲自调研获得的学问。包括调查古圣先贤生活的场所,访问先贤的家乡,考证遗书的正误等实践活动。旅游即是读活书的一种切实可行的途径。

历考古今成大事业、大学问者,无不重视读活书。盖因古人著述都是在一定的时空条件下写成。他们生存的时间一去不复返了,后人欲重新体验逝去的时光,实在没有可能。但"人事有代谢,山川无古今"。古人虽然不在,他生活过的空间却不会像时间消逝得那样快。尽管以科学的眼光看,山川实际上每日每时都在变化,但这种变化在不借助科学手段的古人眼中,是相当缓慢甚至是不易觉察的。

这样,就给那些怀抱"究天人之际,通古今之变,成一家之言"抱负的人们,提出了这么一个问题:人能否"不出户而知天下?"在我国,由于文献图书异常丰富,确有人主张"不出户而知天下,何必历远以劬劳"[1]。但无数事实都证明过分相信古人的著述是靠不住的。战国时代的大思想家孟轲早就提出"尽信书则不如无书"的见解,南宋爱国词人辛弃疾也在一首词中写道:"近来始觉古人书,信着全无是处"。还有人明确指出:"纸上得来终觉浅,绝知此事要躬行。"这绝不是无根据的疑古,而是看出了古书中的漏洞。

---

[1] (汉)张衡《思玄赋》中语,《文选》,中华书局本。

正因为前人的著作可能因见闻所限而存在种种错误，后世以求实唯是的探索精神著称的志士便不惜跋山涉水调查研究。也正因为古人的记述往往阙略不详，因此欲以超轶前人的著述名世者，也不得不"行万里路"，以补足"读万卷书"所不可能获得的信息。除开纠正古人著述中的错误，补足前人著述中所没有的内容需要通过旅游来作实地考察外，若要开创一门新的学科，探索客观世界某一方面的奥秘，而此前又无旧章可循。这种情况下，更离不开"读万卷书，行万里路"的活动❶。

　　单纯从开阔视野，启迪灵感来看，行万里路也是创作文学作品的必须。宋代诗人陆游在评价朋友的诗歌时就曾指出："君诗妙处我能说，尽在山程水驿中。"正是因为有了长时间的旅行，经过了太多的山程水驿，有了丰富的真实体悟，才能写出自己满意、他人喜欢的作品。正如明代王绅在《揽秀堂记》中所言："予宦游于蜀，见峨岷之山绵亘而耸拔，挹其扶舆旁薄之气，常若有所资于心也。又经巫峡之水冲激而鼓荡。睹其回汇奔趋之势，常若有所会于心也。当其资会于中之时，金石不足以喻其乐，声色不足以夺其志。抑郁为之舒散，精神为之畅越。或发于文亦沈雄而壮丽，以是知夫山川之秀其助于人者为不少也。"❷

　　旅游还可以激活我们的灵感，加速我们认识客观规律的进程："善乎游者譬若观水。夫水出于山石间而为川，自川而距于江淮河汉然后放乎海。非海之大不足以容江淮河汉之流；非山石间泉而为川则又不足以成海之大。故善观水者自川至海皆有所合于心也。是以邹孟氏因原泉混混而明有本之旨；宣尼在川上而发道体之本；庄生托河伯海若而著愈远愈大之辞。"❸

---

❶ "读万卷书，行万里路。"作为旅游文化名言，有两种来源。一个是明代画家董其昌的《画禅室随笔》，另一个是明朝黄贞父（汝亨）的《题马士珍诗后》。董其昌（1555–1636），黄汝亨（1558–1626）。

❷ （明）王绅《继志斋集》卷七，四库全书本。

❸ （明）赵㧑谦《赵考古文集》卷一，四库全书本。

孟子看见泉水的源头混混而流,一本万殊,千溪万壑,最后汇入大海,因悟世间万物皆有本有源。孔子在桥梁上观水,发现水流不暂停,与"时乎时乎不再来"的古人感慨有着惊人的相似性。庄子假借河伯、海若的口,互相吹嘘,揭示了人类知见的局限性。人总是以为自己鼻子底下的那片天最大。实际上随着空间的拓展,世界愈远愈大。

为了求知,为了克服人的耳目局限,只有读书和远游两条道路。读书,可以利用前人积累的间接经验来丰富自己的头脑,远游则可以借助亲身经历拓展自己的视野,从而克服人类与生俱来的局限性。

宋代教育家胡瑗在教学中除重视书本教育外,同时还组织学生到野外、到各地游历名山大川,并把此项活动列入教程之中,做到让教育理论与教育实践相统一。他认为:"学者只守一乡,则滞于一曲,隘吝卑陋。必游四方,尽见人情物态,南北风俗,山川气象,以广其闻见,则有益于学者矣。"故他曾亲率诸弟子自湖州游关中,上至陕西潼关关门,回顾黄河抱潼关,委蛇汹涌,而太华、中条环拥其前,一览数千里,形势雄张。他慨然曰:"此可以言山川矣。学者其可不见之哉!"由此证明胡瑗反对闭户读书,主张接触实践,了解社会,浏览名山大川,以开拓胸襟视野,让书本知识与客观实际相结合,有利于实现他的教育目的,培养出"明体达用"的致治之才。同时也一语道破了知识来源于直接经验和间接经验的真谛。❶

明代的吴莱也是一个重视读万卷书、行万里路的奇人。吴莱字立夫,金华浦阳人,明初宋濂的老师。宋濂为老师所作的传中写道:"初,立夫好游。尝东出齐鲁,北抵燕赵。每遇中原奇绝处及昔人歌舞战斗之地,辄慷慨高歌,呼酒自慰。颇谓有司马子长遗风。及还江南,复游海东洲,历蛟门峡,过小白华山,登盘陀

---

❶ 《默记》卷下,四库全书本。

石见晓日初出,海波尽红,瞪然长视,思欲起安期羡门而与之游。由是襟怀益疎朗,文章益雄宕有奇气。尝谓人曰:胸中无三万卷书,眼中无天下奇山川,未必能文;纵能,亦儿女语耳。"❶

一、司马迁

司马迁❷是我国历史上最伟大的史学家,他以毕生精力完成的《史记》,在我国古代史学上树起一座无与伦比的丰碑。司马迁出生于史官世家,20岁前跟随其父司马谈研习历史,从董仲舒、孔安国等儒学大师学《公羊春秋》和《古文尚书》。从其父那里接受道家学说,并粗识诸子百家思想。20岁时,司马迁为了协助其父撰写《春秋》以来的数百年历史,为了"网罗天下放失旧闻",也为了对他从汉朝藏书库里面所接触的古、近代名人有更亲切真实的感性体验,在其父的支持下,开始了漫游天下的旅游考察活动。这次漫游活动在《史记》中的《河渠书》《齐太公世家》《魏世家》《孔子世家》《伯夷列传》《魏公子列传》《屈原贾生列传》《淮阴侯列传》

---

❶ (明)宋濂《浦阳人物记》卷下,四库全书本。
❷ 司马迁,西汉夏阳(今陕西韩城南)人。太史公司马谈之子。生于龙门。武帝时仕为郎中,曾奉使巴蜀。后继承父职为太史令。天汉间,李陵投降匈奴,司马迁因极言其忠而下狱遭宫刑。太始初,出狱为中书令。卒。司马迁爱好旅游,其生平游踪,按诸《史记》全书依时间先后顺序,可理其线索如次:到长沙看屈原自沉处(《屈原贾生列传》)。浮于沅、湘(《自序》)。窥九疑(同上)。南登庐山,观禹疏九江,遂至会稽大湟(《河渠书》),上会稽,探禹穴(《自序》)。上姑苏,望五湖(《河渠书》)。适楚,观春申君故城宫室(《春申君列传》)。适淮阴(《淮阴侯列传》)。行淮、泗、济、漯(《河渠书》)。北涉汶、泗,讲业齐鲁之都,观孔子之遗风,乡射邹峄(《自序》)。适鲁,观仲尼庙堂、车服、礼器,诸生以时习礼其家(《孔子世家》)。困鄱、薛、彭城(《自序》)。过薛(《孟尝君列传》)。适丰、沛(《樊郦滕灌列传》)。过梁、楚以归(《自序》)。过大梁之墟(《魏世家》及《信陵君列传》)。此特荦荦大者。司马迁之游踪实不止于此。如《五帝本纪》上说:"余尝西至崆峒,北过涿鹿,东渐于海,南浮江淮矣。"《封禅书》上说:余从祭天地、诸神、名山川而封禅焉,是他到过泰山等五岳的明证。《齐太公世家》上说:"吾适齐,自泰山属之琅琊。北被于海,膏壤二千里。"《伯夷列传》曰:"余登箕山,其上盖有许由冢云"。《蒙恬列传》曰:"吾适北边,自直道归,行观蒙恬所为筑长城亭障,堑山湮谷,通直道,固已轻百姓力矣。"《淮阴侯列传》曰:吾如淮阴,淮阴人为言韩信,虽为布衣时,其志与众异;其母死,贫无以葬,然乃行营高敞地,令其旁可置万家,视其母冢,良然。《樊郦滕灌列传》曰:"吾适丰、沛,问其遗老,观故萧、曹、樊哙、滕公之家。"《自序》曰:"奉使西征巴蜀以南,南略邛笮、昆明。"可见司马迁没有去过的地方,只有两广和新疆、西藏了。

《樊郦滕灌列传》等篇章中均有表述。《史记·太史公自序》对这次漫游路线交代得比较清楚：

> 二十而南游江淮，上会稽，探禹穴，窥九疑，浮于沅、湘，北涉汶、泗，讲业齐鲁之邦，观孔子之遗风，乡射邹、峄，厄困鄱、薛、彭城，过梁、楚以归。

《史记》在中国之所以被称为"无韵之离骚"，成为脍炙人口的千古名著，与这次漫游实在结下了不解之缘。兹略举几例。

世传孟尝君"好客自喜"，司马迁为了弄清楚传闻的真实与否，乃亲赴孟尝君的封地薛进行调查。调查中司马迁发现："其俗间里率多暴桀子弟，与邹鲁殊。问其故，曰：'孟尝君招致天下任侠、奸人入薛中盖六万余家矣。'"

他到鲁地后，对他早已心仪的孔子身世学术等方面进行了实地调查。他说："余读孔氏书，想见其为人。适鲁，观仲尼庙堂车服礼器，诸生以时习礼其家，余低徊留之，不能去云。"[1]其他如《魏公子列传》中对所谓"夷门"的考证，《淮阴侯列传》中对韩信故乡的访问，《高祖本纪》中对高祖早年好酒色耍无赖行径的描绘，项羽看见秦始皇巡狩的车马时"彼可取而代之"的英雄言语，韩信的受恩漂母和受胯下之辱以及择高地葬母的细节，陈胜佣耕休息时发出的"王侯将相宁有种乎？"的豪语这些绘声绘色的描绘，这些千载之下仍令人读之不厌的名篇佳作，无一不得力于他的"行万里路"的旅游考察。

由于实地考察，司马迁不仅获得了大量从档案材料上无法看到的生动史料，而且对秦国并吞六国，秦、楚之间，楚、汉之间错综复杂的军事形势也了如指掌。清代大学问家顾炎武实地考察了历代军事形势遗踪后，十分感慨地写道："秦楚之际，兵所出入之途，曲折变化，唯太史公序之如指掌。以山川郡国不易明，故曰东曰西曰南曰北，一言之下，而形势了然。……盖自古史书兵

---

[1] 《史记·孔子世家》。

事地形之详,未有过此者,太史公胸中固有一天下大势,非后代书生所能及也。"❶ 司马迁成功的经验是永远值得后人学习的。

二、郦道元

北魏时代的郦道元❷也是将"读万卷书"与"行万里路"相结合并且获得辉煌成就的一个典型。郦道元好学深思,喜读奇书。永平年间(508—512)郦氏任鲁阳太守期间,就曾上书朝廷,主张对天下山川形势作实地考察。宣武延昌四年(515),郦氏在东荆州刺史任上因故罢官,从此以10年的岁月,为汉代桑钦的《水经》作注,据《水经注·自序》,知郦氏替《水经》作注,是因为考虑到此前"大禹记山海,周而不备;《地理志》其所录简而不周,《尚书》《本纪》与《职方》《逸周书》俱略,都赋所述裁不宣意,《水经》虽粗缀津绪,又缺旁通,罕能备其宣导"。因为《山海经》《禹贡》《史记·河渠书》《汉书·地理志》《水经》等著作记水,或"周而不备",或"简而不周",总之,不尽如人意。为了撰写一部全面、系统、准确的水道著作,郦氏博览了当时所能见到的几乎全部的山经地志,引用书籍多达四百余种。为了纠正《水经》的谬误,作者或"默室求深",钻研典籍,或"闭舟问远",实地考察。"脉其支流之吐纳,诊其沿路之所缠,访渎搜渠,缉而缀之,经有谬误者,考以附正。"

他艰苦卓绝的努力,使《水经注》成为千古不朽的名著。在世界范围内产生了深远的影响。

《水经注》所记水道较之《水经》多出近十倍。该书的行文规律是:(一)首先明确水道。水道的介绍构成了全书的基本骨架。(二)

---

❶ (清)顾炎武《日知录》卷二十六《史记通鉴兵事》。
❷ 郦道元(466年或472?—527),字善长。范阳涿县(今属河北)人。北魏杰出地理学家。自幼好奇书,早年随父赴齐鲁,游历了许多风景名胜。长成以后,又先后在山西、河南、河北等地为官,游踪遍布江苏、安徽、陕西等地。所到之处,考察水道变迁,采录各处风土民情,撰成巨著《水经注》。其人为官清正,后被雍州刺史萧宝寅假手他人害死。

介绍与水道有关联的州郡城郭的沿革。(三)旁征博引与之有联系的野史杂书。(四)考证桑钦《水经》原文的正误。(五)记载各地土特产和奇禽异兽。(六)描写水道流经地区的风景名胜。他对风景名胜的描绘往往夹杂在叙述中进行。此种写作路数亦为后世"名胜记"之类的旅游书籍所效法。可以说,后世的旅游指南类书籍的体例,在《水经注》中已初具规模。像司马迁为通史所开创的格局百世不易一样,郦氏《水经注》体例的创造衣被后人,亦影响深远。

三、顾炎武

明末遗民、杰出的爱国主义学问家顾炎武❶也是将读书和旅游结合进行,并获得巨大成就的显例。顾氏好游,特别是明亡以后,他痛切地感觉到明季学问空疏浮华、无补实用之弊,顾氏治学重经世致用。据《汉学师承记》上记载,顾炎武平时旅行,以二匹马和二匹骡子载书自随,所至厄塞,即呼老兵退卒,询问曲折。或与平日所闻见不合,则即坊肆中发书而勘之。或经行平原大野,无足留意,则于鞍上默诵诸经注疏,偶有遗忘,则即坊肆中发书而熟复之。为了寄托对明朝政权的哀念之情,顾炎武对明代诸帝后陵寝进行了三番五次的调查核实,这在《昌平山水记》中反映得很突出。前人所谓"巨细咸存,尺寸不爽,凡亲历对证三易其稿矣,而亭林犹以为未惬"❷的评价可谓恰如其分。

---

❶ 顾炎武(1613-1682),明末清初思想家、经学家、音韵学家。江苏昆山人。初名绛,字宁人,号亭林。曾自署蒋山佣。明诸生,曾官兵部职方郎中。年轻时参加过复社的反宦官斗争。明亡后不仕,曾参加过昆山、嘉定一带的抗清复明起义。事败后,十谒明陵,遍游华北等地,考察山川形势,风俗民情,联络同道,企图复明,晚年卜居华阴,卒于曲沃。他对国家典章制度、郡县掌故、天文仪象、河漕兵农及经史百家和音韵训诂都有研究,著述甚丰。

❷ 这段评价顾炎武《昌平山水记》的文字,其意思是:该记对昌平山水既有宏观的介绍,又有微观的记录,其各山、水、陵墓的规模大小、道里远近都调查得很仔细,按记寻景,丝毫不错。这本《昌平山水记》,顾炎武写完后曾三次重游实地复核(在动笔写记前他已七谒昌平山水了)。三次都有程度不同的改动。即便如此认真,但顾炎武对这本书还不太满意。

顾氏一生著述甚丰，其《日知录》《石经考》《求古录》《天下郡国利病书》《历代宅京记》《十九陵图志》《肇域志》等著作，几乎都是经过实地考察后写出的。

四、赵绍祖

    在我国，从宋代欧阳修的《集古录》开始，金石便成为专门之学。而要做好这门学问，仅靠在书斋里摆弄故纸堆是不行的，它要求广泛调查，访寻断碑残碣，著录文字，获得拓片，整理编目，考证正误等一系列过程。我国从原始社会的陶器铭文（象形文字）到商周时期的青铜器铭文，从秦始皇的泰山、峄山、琅琊刻石到历代各州各县的形形色色的碑碣石刻，今天都可从新文丰出版公司印行的《石刻史料新编》中找到，我们应该感谢台湾国学人士对中国文化整理所付出的巨量劳动，我们更应感谢欧阳修、赵明诚、赵绍祖等一大批金石学家，是他们跋山涉水的寻访，节衣缩食的收藏，为我们留下了无比丰富的金石原始资料。

    试以清人赵绍祖❶《安徽金石略》为例。赵氏在本书中对安徽境内每块碑刻甚至摩崖石刻都做了认真的鉴定工作。在碑刻名称和内容简介后，加上自己的按语，这些按语都是他实地考察，将有关历史记载（如州、府、县志）和石刻原件对照研究后的真知灼见。像卷一的"宋小孤山神庙记"一条下，作者加按语说："陆放翁《入蜀记》云：小孤庙在小孤山之西麓，额曰惠济，神曰安济夫人。绍兴初，张魏公自湖湘还，尝加营葺，有碑载其事。是魏公有此碑矣。今宿松志不载，而载放翁《小孤山记》，然此是《入蜀记》中一段，非游小孤山记也"。

    《宿松县志》的编辑不肯深入实际考察，移花接木酿成笑话。设若赵氏不亲临其地调查研究，《宿松县志》的错误也许就以讹传

---

❶ 赵绍祖：清代金石学家，安徽人。有《安徽金石略》传世。

讹,以至无穷了。又如同书卷九"唐项亭赋碑"条。此赋为唐李德裕撰,李德裕的文集《会昌一品集》中也收录了此赋,但文字小有讹误,赵氏把碑文抄下来与李德裕文集中的《项亭赋》一对照,发现了问题所在。碑文云:"望父老而苍然,叹乌江之不渡,思项氏之入阙,按秦图而割据。恃八千之剽疾,弃百二之险固。咸阳不留,王业已去,虽未至于阴陵,谁不知其失路。耻沐猴之丑诋,乃烹韩而泄怒。谓天命之我欺,何霸王之不悟"。而《会昌一品集》中的《项亭赋》"望父老"作"望牛渚","我欺"作"可欺"。他论断曰:"似当以碑目所载为是。"

清人钱泳曾就秦皇汉武的海上求仙发表看法。他说,他的朋友王仲瞿常言:"始皇使徐福入海求神仙,终无有验。而汉武亦蹈前辙,真不可解。此二君者,皆聪明绝世之人,胡乃为此捕风捉影疑鬼疑神之事耶?后游山东莱州,见海市,始恍然曰:'秦皇、汉武俱为所惑者,乃此耳。'"其言甚确。其实,不仅仅在海上能看到海市,在湖边还可以看到湖市。没有见过的也会觉得不可思议。实际上就是大气的反映。江苏高邮州西门外尝有湖市,见者甚多。"按高邮湖本宋承州城陷而为湖者,即如泗州旧城亦为洪泽湖矣,近湖人亦见有城郭楼台人马往来之状。因悟蓬莱之海市,又安知非上古之楼台城郭乎?则所现者,盖其精气云。"❶

五、结束语

旅游之有益于治学已如上述。从司马迁、郦道元、顾炎武、赵绍祖四位先贤身上,我们不难明白"纸上得来终觉浅,绝知此事要躬行"这一格言诗的启示意义。元人刘敏中在《安南志略·序》中说过:"士为学当笼络宇宙。天之所覆,地之所载,宜皆知之。而或窒于遐,泄于迩,里闬见闻有弗深考,穿壤之外,浑沦之墟,

---

❶ (清)钱泳《履园丛话》卷三

尚可知乎。"他提出的这一用知识充实自己的自我完善治学法，也是值得借鉴的。另一位元代诗人陈栎写道："古圣贤立德立功立言，学者虽于简编中得之，闭户而可见四海，隐几而可知百代。然未若远游宇内，亲历古人遗迹而追见其当年，以应简编所云胜夫想像高唐之为得也。是故因丰水睹河洛而见禹之功绩，讲业齐鲁而观夫子之遗风，可尚久矣。"❶ 陈氏从价值观的角度出发，认为"行万里路"的价值远远超过"读万卷书"。毛泽东在他早年的笔记《讲堂录》中写道："闭门求学，其学无用。欲从天下万事万物而学之，则汗漫九垓遍游四方而已。游者岂徒观山水而已，当识得名人君子贤士大夫，所谓友天下之善士"。亦是对读活书，向实际学习价值的充分肯定。

治学如此，创作何独不然？刘勰在《文心雕龙·物色》篇总结屈原创作成就的成因时曾正确地指出过山川对其作品的重要影响。当然，"山林皋壤，实文思之奥府"的说法并不局限在自然山水方向，对一个搞创作的人来说，自然山水、社会生活，都是创作的源泉。似乎都可以以"行万里路"包括之。历史上多产作家几乎没有一个肯闭门造车的，唐代的李白、白居易，宋代的苏轼、杨万里、陆游，明代的王思任和公安三袁，清代的袁枚都是游踪极广的旅行家和大文豪。前人的创作体会，不是也很值得我们体味一番吗？

---

❶ （元）陈栎《定宇集·送赵子用游京师序》

第九章 "勿断大木，勿斩大山"
——中国古代旅游文化重视资源保护的传统

旅游资源是大自然和人类历史对我们的丰厚馈赠，一般情况下，我们称前者为自然景观，而后者则往往被称之为人文景观。在人类历史上，自从旅游成为一种社会活动，旅游资源就面临着既要开发又要保护的双重问题。如何处理好开发和保护的关系，或者说，如何把握好建设和保护之间的"度"，这个问题曾经也仍在困扰着我们的头脑。

我们的祖国疆域辽阔，历史悠久，文化灿烂，各种各样的自然景观和人文景观星罗棋布，美不胜收。然而由于旧中国频繁的战乱，由于"极左"路线的破坏，同时也由于贫困，我国那些曾使世界各地旅游者惊叹不已的旅游资源，正在自觉或不自觉地遭到令人痛心的破坏。其破坏的速度之快，范围之广，性质之严重，恐怕在当今世界独一无二，理应引起国人的警觉。

我们把目光转向世界各旅游大国，他们在发展旅游业过程中也曾有过资源被破坏的历史，不过他们几乎异口同声地奉劝我们不要重蹈覆辙。但是，在十亿多人口的泱泱大国里，真正懂得保护造物主（自然）和列祖列宗留给我们的旅游资源的，仅仅寥若晨星，而无知、贫穷却像两张贪婪的巨嘴，不停地吞噬和毁坏着资源。同胞们，也许你正为能在古长城的砖石上刻上自己的大名而得意，也许你正在为自己刚从溶洞中敲下精美的钟乳石而兴奋不已，也许你正在从古墓葬里挑选金玉宝石。然而你应当明白，一块钟乳石需要多少亿年才能长成，而古墓葬一旦破坏,便声价全无。那举世无双的财富就这样被你毁掉了,而这是无法弥补的。

我们不得已又把目光转向古人,希望能从他们那里寻觅遏止资源破坏的精神食粮。中国古人自然不可能给我们留下一劳永逸的药方。但在漫长的历史长河里,优秀的中国先民却发表了许多关于资源保护的意见。清理一下古人有关这一问题的论述,或许对于我们今天处理此类问题会有所启发。

一、秦汉以前的资源保护思想

战国时代,孟子在回答梁惠王的问题时,曾经阐述过关于资源保护的思想:

> 不违农时,谷不可胜食也。数罟不入洿池,鱼鳖不可胜食也。斧斤以时入山林,材木不可胜用也。谷与鱼鳖不可胜食,材木不可胜用,是使民养生丧死无憾也,养生丧死无憾,王道之始也。❶

这一思想虽然不是针对旅游资源而发,但应该说这一基本思想对于后世旅游资源保护论者是产生了影响的。孟子从建设王道政治出发,提出"不违农时"以保证农作物自然生长,不用密网捕捞不足一尺长的小鱼,不到山林中滥砍滥伐,以免破坏生态平衡。从当时的情况看,提出这个问题的客观原因是黄河流域资源紧张和生态平衡遭到破坏。孟子的基本指导思想是保护自然,以免生态被破坏,从而危及人类的生存。齐国的名相管仲,也曾从强国富民的角度提出对资源有限开发的主张。《管子·轻重》有几

---

❶ 这段话意思是:不违背农作物的生长规律,则粟米丰收,吃也吃不完。不用密网捕捞池塘中的小鱼,则池塘中的鱼就会常捞常有。待到伐木季节,然后进入树林里砍伐木材,这样山上生长的木材就会永不枯竭。地里粟米和池塘中的鱼鳖总有剩余,山上的木材也用不完。能做到这样,老百姓养生送死就没有什么短缺的了。养生送死资源充足,这就是天下大治的起点了。

第九章 "勿断大木，勿斩大山"

句话："勿断大木，勿斩大山。勿戮大衍，灭三大而国有害矣。"❶

难能可贵的是两千多年前的古人，就已注意到了作为地方风景象征的"大木"、"大山"和"大衍"应予保护。《管子·侈靡》篇亦云："山不童（同秃）而用赡。"此言不使山变秃则木材不可胜用。

战国时著名思想家庄周也阐述过资源保护思想。不过，他不同于孟子的强调实用，而更关心的是审美。庄子在资源保护方面主张"天而不人"❷。他以天然为美。在他看来，越是天然，越少人为的成分，就越美。大自然在他看来最少人为的成分，因而是大美、全美。人如以天地大美为审美对象，则可以逍遥于天地之间而心意自得。庄子也知道一切听任自然，完全不用人为，实际上是办不到的。因此他提出了衡量人为之美的标准：

既雕既琢，复归于朴。❸

这就是说人工雕凿的美必须像自然本来面目那样朴实自然。

庄子的这一见解虽非专就资源保护而言，但却对后世旅游资源的保护理论产生了极为深刻的影响。我们今天搞风景区规划，强调不能破坏自然美，强调人工建筑必须与山水协调。我们搞风景区建筑、雕塑，强调返璞归真。我们修复文物古迹，强调整旧如旧。诸如此类，无不可以看出庄子美学思想的影响，详见本书《虽由人作，宛自天开》章。

在谈论秦汉以前诸子百家的资源保护思想时，不应忘却孔子。孔子一生十分重视传统文化的总结和保存。他认为理想的文化总是既有继承又有拓展的。周代的礼乐制度因为是借鉴了夏朝和商朝的制度而建立起来的，因此他十分赞成周朝的制度❹。

---

❶《管子》中的这几句话译成现代语体文，意思是：不要锯大树，不要凿大山，不要改水道。如果一个国家搞得大树砍光，青山凿得体无完肤，自然河道被人为地改道，那样的话，将会给国家带来极大的危害。
❷《庄子注》卷十《列御寇》，四库全书本。
❸《庄子注》卷七《山木》，四库全书本。
❹ 原文为："周鉴于两代（指夏、商），郁郁乎文哉：吾从周"（《论语·八佾》）。晚年他甚至因为有一段时间没有梦见周公姬旦而惶惶不安。原文为；"子曰：甚矣，吾衰也！久矣，吾不复梦见周公"。（《论语·述而》）

他一生以"述而不作,信而好古"自命,他的这个自我评价还是相当客观的。我们自然可以从今人的立场出发,批评他缺少创新意识,但他的重视知识学习,重视民族文化遗产的整理和保存,重视优秀文化继承的思想和实践,对于中国旅游文化尚古重文特色的形成,无疑起过重要的作用。许多人用数十年的辛劳,遍游名山大川,搜集历代金石史料,集腋成裘,撰就皇皇大著。当我们坐在图书馆翻阅集古今金石志之大成的多卷本《石刻史料新编》时,当我们只需一举手之劳就可翻检到某风景区历代碑文和诗刻文字时,我们首先应感谢孔子。若无他的精神薰染,我国的旅游文化史料绝不会如此完整地被保存下来。

汉高祖刘邦虽然也曾有过对儒生不敬的表现。但他在和项羽争天下期间,就已经显示出其重视历史遗产保护的自觉意识。

他反对烧秦宫室,掘秦皇帝墓。刘邦在《数项羽十罪》中,第四条大罪就是"怀王约入秦无暴掠,羽烧秦宫室,掘始皇帝冢,收私其财"[1]。

汉高祖还重视被灭掉的国家之文化继承工作,即重视落实孔子的兴灭国思想。刘邦在当上汉代开国皇帝后第五年,就下诏以亡诸为闽粤王。他在诏书中说:"故粤王亡诸,世奉粤祀,秦侵夺其地,使其社稷不得血食。诸侯伐秦,亡诸身率闽中兵以佐灭秦,项羽废而弗立。"他和项羽的做法相反,充分尊重亡诸,封他为闽粤王,王闽中地。[2]

保护前代历史人物的墓葬。刘邦当皇帝第 12 年,下了一道《置秦皇楚王陈胜等守冢诏》。诏中明确地开出了一个保护名单:"秦皇帝、楚隐王、魏安厘王、齐愍王、赵悼襄王皆绝亡后,其与秦始皇守冢二十家,楚、魏、齐各十家,赵及魏公子无忌各五家,令视其冢。复,无与它事。"[3]

---

[1] 《史记·高祖本纪》
[2] 《汉书·高帝纪下》
[3] 《汉书·高帝纪下》

第九章 "勿断大木，勿斩大山"

汉武帝已经开始重视保护名山。元封元年正月。"加增太室祠，禁无伐其草木。"❶

汉章帝重视保护古代典籍。汉章帝八年十二月，曾颁布《令选高才生受古学诏》。该诏曰："五经剖判，去圣弥远，章句遗辞，乖疑难正，恐先师微言将遂废绝，非所以重稽古求道真也。其令群儒选高才生，受学《左氏》《谷梁春秋》《古文尚书》《毛诗》，以扶微学，广异义焉。"❷ 这个"扶微学""广异义"的传统，正是孔子兴灭国继绝世举逸民的遗产保护思想的继续。它对于民族文化传统的保存，凝聚力的培植，有着重要的历史意义。汉章帝还曾在《议定礼乐诏》中动员国民说："汉遭秦余，礼坏乐崩，且因循故事，未可观省。有知其说者，各尽所能。"❸ 汉安帝也曾有《校定东观书诏》，就是一篇指定"谒者刘珍及五经博士，校定东观五经、诸子、传记、百家艺术，整齐脱误，是正文字"的文件❹。

保护对社会作出重大贡献的精英。《祭法》所约定的四种有资格被国家祭祀的人，本身就是对民族精英遗产的保护。原文曰："功施于民则祀之，以死勤事则祀之，以劳定国则祀之，能御大灾则祀之。"汉文帝和汉章帝都曾有过"增修群祀宜享祀者，以祈丰年"的举措。虽然动机不专门在保护上，但客观上无论是祭祀日月星辰，还是祭祀名山大川，或者祭祀历代先贤，都有保护文化遗产的功效。"汉武帝元鼎四年，东巡河洛，思周德，乃封姬嘉三千户，地方三十里，为周子南君，以奉周祀。"❺

保护功臣后裔。汉和帝永元三年十一月曾颁发《求曹相国后诏》。诏文表达了对高祖功臣萧何曹参后裔的关注。一方面，他派员祠祭，另一方面又着人"求近亲宜未嗣者"。汉安帝六年曾颁发《绍

---

❶ 《增太祠诏》，见《汉书·武帝纪》。
❷ 见《全后汉文》卷四
❸ 《后汉书·曹褒传》
❹ 《后汉书·安帝本纪》
❺ 《帝王世纪》第五

封二十八将子孙诏》，明确下令对当年光武帝中兴汉室过程中的云台二十八将的子孙要特殊照顾，要对他们"章显旧德，显兹遗功焉"❶。

保护古代都城。王莽篡汉后，也曾行文《封古圣人后》，明确点名要寻找黄帝、少昊、颛顼以及尧、舜、禹、皋陶、伊尹等古代圣人的后裔，继承其祭祀。他也明确表示汉朝刘氏祖宗"其园寝在京师者，勿罢，祠荐如故"❷。他篡汉五年时，假借谶纬之书，准备3年后以洛阳为都城。但他还专门下了一道旨意，叫做《禁彻长安室宅》，就是说不能撤毁原来的长安都城。

保护古圣先贤的祠庙建筑。后汉元康元年，济阴太守孟郁曾奉诏前往成阳尧庙祭祀帝尧，主持成阳境内尧庙的整修工程。"陈上古之礼，舞先王之乐。"❸

建宁元年四月，鲁相史晨携众僚属"拜谒孔子"。仪式后，"部史仇誧、县吏刘耽等，补完里中道之周左。墙垣决坏，作屋涂色，修通大沟，西留里外，南注城池。"就是这个史晨，还曾上书皇帝，力主恢复对孔子的常规祭祀❹。

保护名胜古迹。光和二年十月，中都令樊毅修整西岳华山的古代建筑。其修复的思路是："以渐补治，设中外馆，图珍琦画，怪兽岳渎之精，所出祯秀，役不干时，而功已著。暂劳久逸，神永凭依。"❺

汉朝以后，历代朝代更迭，但这种资源保护或曰遗产保护的做法却始终不变。唐宋以来，保护理论和实践更形丰富。详参《三元草堂文钞·遗产保护研究》，兹不赘述。

我们认为，中国人是有思想、有远见的。早在2000多年前，

---

❶ 《后汉书·冯异传》
❷ 《前汉书》卷九十九中《王莽传》
❸ 见《济阴太守孟郁修尧庙碑》，《全后汉文》卷一百。
❹ 《史晨享孔庙碑》，《鲁相史晨奏祀孔子碑》见《全后汉文》卷一百一。
❺ 《樊毅修华岳碑》，见《全后汉文》卷一百三。

先哲们便已从人文景观到自然景观都给予了应有的注意。虽然当时还没有这样的词汇，但他们似乎已经感觉到了作为人类生存重要条件的大自然必须予以保护，不能杀鸡取蛋、竭泽而渔。他们也意识到了人类在生存发展中所创造的文化必须加以保护和传承。我们祖国的历史没有出现印度历史那种混乱不清的遗憾，应该说孔子的作用是不容低估的。1988年余客曲阜曾就此事和孔子研究所骆承烈先生交换过意见，骆先生亦深然此说。

二、明清以来关于旅游资源保护的呼声

在我国，资源保护的思想虽然早在两千年前就已出现，但旅游资源保护的呼声大量见于记载，还是明代以后的事情，造成这种现象，其原因主要是明代以前旅游队伍规模不大，而我国风景名胜又特别繁富。游人既少，资源破坏的程度还没有达到触目惊心的程度。一般只是朝廷下诏，地方官执行。明代以前的旅游资源保护主要局限在帝王经常游览的名山大川以及与之配套的宗教建筑。保护形式则主要是行政命令。如某帝王看中某座名山，给该山加封，或派专使代赠封号，代行祭礼。前者如武则天之加封嵩山。历代君主到泰山封禅，武则天则到嵩山封禅。加封之后照例有一道圣旨，规定守山人员的权限，禁止樵采的范围。如中唐时期湖南的桃花源，皇帝就曾"诏隶二十户免傜（即傜役），以奉洒扫"[1]。又如古代帝王多于湖南九嶷山箫韶峰下立庙祭舜。至宋代则"置陵户，禁樵采"[2]。这种出自中央王朝的资源保护措施，在整个中国封建社会似乎一直相沿未改。

明代以来，旅游者日渐增多，许多新的景区相继被发现。这无疑是中国旅游兴旺发达的标志。但另一方面也带来了许多问

---

[1] （唐）刘禹锡《游桃源一百韵》自注，见《御定全唐诗》卷三百五十五。
[2] （明）王士性《广志绎》，见《王士性地理书三种》，上海古籍出版社，1993。

题。其中最为普遍、最为严重的是对旅游资源的破坏。旅游资源的破坏可分两方面言之：一是自然风景的破坏，二是人文古迹的破坏。自然风景的破坏，主要表现在乱砍乱伐风景区的树木和因采矿等活动而造成的工业污染。关于前者，明人王思任在《游庐山记》中特意表彰了黄龙潭的和尚为了保护山木所进行的斗争。《游庐山记》中说黄龙潭的和尚经常为附近豪强砍伐山木或游人攀折山木而打官司。官司往往一直打到树成枝长而后已❶。袁小修于明天启二年在南京作官时，就曾得到邻村人盗伐他故乡堆蓝山树木的报告。小修书生气十足地专门写了一份护山告示："夫山之树木，乃人之须眉衣佩，伐去之，已不成妍。"❷清代山水鉴赏家汪洪度在《黄山松说》一文中写道："黄山之閟蓄灵异几千万年，至明中叶释普门开山而径始通。松于是始与世人相见……松之名不胫而走四方矣。"

黄山松的名声日大，破坏也就随之而来："今则幽崖邃谷，刊石劚株者相寻而至，吾恻其终不能保也。甚至蠢尔樵子，伐为薪，火为炭，觅微利于村市。松之不幸至此，则无宁山未开时韬其光于混沌未凿之初，犹得自全其天倪也"。

这种破坏是毁灭性的，因为松奇石怪是黄山的特色。敲石伐松，就是破坏景观特色，景观特色一旦消失，旅游价值又从何体现呢？化学污染也是旅游资源的大敌。明代中期矿祸祸民。内容是皇帝感觉钱不够用，太监中便有人建议开矿取利。在皇帝的支持下，太监们派出的采矿使们一个个颐指气使，到处祸害百姓。黄汝亨笔下就记载了开采使们在著名风景区天目山大力开采石料和硫矿，弄得赤地数里，毒雾四塞，"千年之树摧枝折干，僧众闻而毒死者甚众"的情形。请看黄氏的描述："少顷，则山容惨白，烟瘴杂起如毒雾，草木黄落，不待秋至。余讶问行人，皆攒眉答云：'是开

---

❶ 原文为："黄龙潭，僧律甚严，山木不得折枝，折之必讼，至枝长而后已。以故丛林茂密。"
❷ （明）袁中道《书玄澈卷》，见《珂雪斋集》卷二十一。

采使穴矿处也'。无何,至西天目山脚,号双清庄,亦取昭明浣清两眼之意,僧房烟凑,凡四十有六,而毒雾四塞,逼人眼角。亦为煮矿之场。僧皆泣下,云:'此名区胜地,不意遭此劫灰,无论千年之树,摧枝折干,即僧人闻而毒死者若干众,圣主何从知之。'予亦悲酸低首不能答。"[1]

如果说化学污染这种破坏尚属无知的话,那么,更有一种破坏,则大多是由读书人干的。这就是文字污染。重视文化,喜欢在自然山水身上赋予人文的内容,这本是中国旅游文化的一大传统。在游客稀少的古代,一些高层次的文化人在名山大川游览,往往情与景会,不觉手舞足蹈,在自然山石上或旅游建筑、树、竹上题名题诗。这些文化载体大多能对某一景区的景观起着概括作用。加之书法艺术的衬托,这类人文古迹和自然山水相互辉映,融为一体,丰富了旅游者的游观内容,随着时间的推移,它们还会使自然山水的价值增值。但是随着旅游队伍的扩大,随着旅游者文化层次的大众化,刻石题诗的水平日趋下降,不仅不能美化风景区,甚而大煞风景,败人游兴。

有趣的是,关于"某某到此一游"之类的题名风气,或者叫做文字污染,到处可见。即使是神话小说《西游记》,吴承恩也没有忘记让它的主人公孙悟空出一次这样的风头。《西游记》第七回"八卦炉中逃大圣,五行山下定心猿"写那齐天大圣孙悟空大闹天宫,天兵天将无可奈何,玉皇大帝只好请来如来佛祖,如来跟齐天大圣打赌,声言若能一筋斗跳出其掌心,情愿说服玉皇大帝让天宫与他,悟空一筋头打了十万八千里,"忽见有五根肉红柱子,撑着一股青气,他道:'此间乃尽头路了,这番回去,如来作证,灵霄宫应我坐也。'又思量说:'且住!等我留下些记号,方好与如来说话。'拔下一根毫毛,吹口仙气,叫'变'!变作一管浓墨双毫笔,在那中间柱子上写一行大字云:'齐天大圣,到此一游'。写

---

[1] 《天目游记》

毕,收了毫毛,又不庄尊,却在第一根柱子根前撒了一泡猴尿。"悟空的举动可以说很形象地反映了作者吴承恩所处的明朝社会大多数旅游者的心理。这种心理可分两层言之:一则反映出中国人欲借摩崖题刻等手段以求永垂不朽的欲望很强烈,二则反映出中国人评价景观缺乏科学性。那齐天大圣一筋头下来便以为是天尽头了。无独有偶,在我国历代旅游者的风景品评中,××第一山、××第一泉之类的题品触目皆是。此是后话,暂且不论。那孙猴子不仅题名,而且就在尽头的擎天柱上撒尿,这也是很有代表性的。这种不讲卫生随地便溺的习惯直到今天仍是风景区的重要污染源。

王思任在《游泰山记》中对明代泰山被污染的情形作了多处记载,并表现出很深沉的反感。这里的污染也有上述两种情况,一是不讲卫生,随地便溺。如"岳宫圮坏,反有遗溲者。""遗溲"就是小便的意思。一种情况是乱题乱刻。他游灵岩寺时,发现"碑碣卧立,乱如漏泽之标,见未曾有。"("漏泽"是古代的慈善机构为无主尸骨和因贫无地可葬者建造的丛葬地)僧人文化素质差,不解珍惜文物,而往来游客似乎于此间不书一通,终少一段某人来此也。又如有人在仙人桥边将一部《孝经》"巨书于石"。更有一种令人厌恶的游客,他们不是找空处刻画,而公然毁坏前贤旧迹,在原刻上面另刻新文。如桃花泉题"雨余云海",傍即苏斑《东封颂》,而好出风头的林某以"忠孝廉节"勉盖之。他气愤地说:"家堂中物(指教训子孙的家训),强以韶(美)泰山,此岂可令乃祖林放见耶?❶遇每一岩,字面赘字,何处不可恶,而共欲黥泰山为!"他在游览过程中,曾用实际行动保护过旅游资源。除了不刻刻画画外,他游山东邹县峄山枯桐寺时,见孤桐"已仆地,寺僧将曳入斧爨之。余急令扶植原所,垒大石为坛,上为一亭覆之。名'栖

---

❶ 林放:《论语·八佾》两次提到此人。一次,林放向孔子请教礼的根本是什么,孔子称赞他问题问得有水平。就礼节仪式来说,与其奢侈讲排场,不如节省俭朴,就办丧事而言,与其仪式上办得很周到,不如内心真正悲痛。另一次是季氏要去祭泰山,孔子对冉有说:"你不能制止吗?"冉有回答说:"不能"。孔子说:"天哪,难道泰山神还不如林放知礼吗?"因林煌也姓林,故戏以"乃祖"称之。

桐榭'以存禹迹"。他感慨道:"稍迟时刻则毁矣。"❶

　　清朝末年,江南四大名楼之一的岳阳楼四壁常被游人的题名和诗文弄得面目全非。当时本地有个叫吴云台的诗人,气愤地在壁上写了一首打油诗,嘲讽那些有题壁癖的游人:

　　　　岳阳楼上一楼诗,尽是胡题与乱题。
　　　　我也上前题几句,他年泥壁一齐泥。

　　据说吴云台的诗一上墙,尔后题壁者便收敛多了。前言王思任在游泰山灵岩的游记中也曾既愤激又不无幽默地说,他已打好腹稿,准备给当朝皇帝上一奏章。奏章的内容就写:"愿陛下下一专敕,使臣乘传走白天下,得便宜行事。仍赐臣墨煤万斛,加以如月之斧,凡遇名胜之地,有所题说者,闻存其可,余悉听臣劈抹,用冷泉浇之三日,一雪山川冤辱。"愿望固然良好,但若不从提高整个国民文化素养着手,并辅之以强硬的法律手段,纵一年三百六十日奔走不停,也难洗净游客的文字污染。"公安三袁"的领袖人物袁宏道对当时名胜之地触目皆是文字污染亦深恶痛绝。他在游记《齐云》中写道:"齐云天门奇胜,岩下碑碣填塞,可厌耳。徽人好题,亦是一癖。仕其土者,熏习成风,朱题白榜,卷石皆遍,令人气短!余谓律中盗山伐矿,皆有常刑,俗士毁污山灵,而律不禁,何也?佛说种种恶业,俱得恶报。此业当与杀盗同科,而佛不及,亦是缺典。青山白石,有何罪过,无故黥其面,裂其肤。"

　　在明清人的游记中,发出类似呼声的在在皆是。清代赵崎在《游城南记》中愤愤然写道:"慈恩寺塔(即今之大雁塔)下以石为枨,枨上唐画佛像精绝,为游子刻名侵蚀,可恨。""北固山孙刘走马涧,山北下石室中。贵人生祠,游人诗刻,往往刺目。""郭璞墓⋯⋯馋诗遍壁。"他将好题者这种污染山水的行为和杀人盗劫等同视之,并希望国家制订有关法律来保护风景名胜。这种见解在400多年前由一个封建文人提出,实在不能不佩服他见解的深刻。

---

❶ 《广志绎》

有的破坏行为纯属出于无知,好心办坏事。如元人吾丘衍《闲居录》记载了这样一个例子:"唐僧思静凿湖滨石为大佛头,其前留两石壁,正拥其肩,意在不觉与地相接。至元间富民舍钱修寺,且去其左壁,以右壁凿为五指,古迹坏矣。"

从某种意义上讲,富民的做法也不失为一个创造,但旅游资源中人文景观有自身的特殊性。唐代的雕刻到了元代无疑已成古迹。对于古迹只能原封不动地保护,若改头换面,则古趣尽失。人们旅游,是希望看不同年代的文化,如果不同朝代的文化界限模糊,观赏价值便已损失过半❶,也不利于游客认识真实的历史。

在一些重要的名人纪念地和著名的宗教活动场所,商贩云集,士女杂处,吆五喝六,大声喧哗,从某种意义上讲,也是一种破坏。因为这样的名胜之地比不得杭州的西湖,它需要清静。制造噪声,就是旅游污染,它的危害性不亚于乱扔杂物。在明清两代,我们发现像孔子、关羽的纪念地,九华山、普陀山等著名的佛教圣地,滕王阁、黄鹤楼、岳阳楼这样的山水名胜,地方政府往往都要树立告示碑,以防止不法之徒聚众斗殴,妨害社会秩序。现将余游九华山所抄存的《察院明文禁约》碑文部分内容照录于下:

> 本山佛殿原系清净之处,近来诸民搭蓬,宰猪卖酒,铺摊贸易。竟将佛殿前淤塞秽污,甚是不堪。业经详允禁革,尽行拆毁搬移,勿许仍前违抗。如有不遵,听众僧赴院陈告,以凭重处。 本山勿许容留四路面生可疑之人在山背包卖货,诚恐乘机混抢香客衣囊。如有此等,尽行驱逐,不许僧家容留在山,及将空房空地启人开张,造酒养牲。如有此等,以犯清规论罪。

---

❶ 明杨慎《升庵集》卷七十七也提到一个类似的例子:"会稽天依寺有半月泉,泉隐岩下,虽月圆满望,池中只见其半,最为佳处。有僧凿开岩名'满月'。殊可惜也。"他因此作《杀风景》一绝云:"磨墨浓填蝉翅帖,开半月岩为满月。富翁漆却断纹琴,老僧削圆方竹竿。"可见经营旅游事业,在资源的建设与破坏之间,关系极为微妙,所谓差之毫厘,失之千里也。关键要提高从业人员的文化素养。

碑文是明万历四十七年（1619）十月北京兵科都给事中吴文梓、北京河南道御史刘光复、文林郎罗尚忠合撰并书写的。碑文藏化城寺十王殿中。从禁约原文不难看出国家对这类佛教名山的保护是很重视的，并且借助法律手段来加以保证。清光绪六年（1880）十二月十二日，岳阳楼门口新立了一块禁止游人寻衅闹事的告示碑，碑文内容如下：

> 为出示严禁事：照得岳阳楼为郡城名胜之处，士民登览，本所不禁。唯以仙迹遗存，理宜肃静。乃有不安本分之徒，登楼游览，竟敢任意喧哗，且有互相斗者，殊属不成事体。合行出示严禁为此示，仰士民人等知悉，嗣后登楼游览，务各恪遵礼法，不得酗酒滋闹。遇有宜绅因公聚集，游人各宜回避，不得擅进滋扰。自示之后，尚再违抗不遵，定即拿案惩治不贷。特示。

这种告示颇似今日各旅游景点上所竖的《旅游须知》牌。其目的一在保护旅游资源，二在维护社会秩序。

在古代中国，"国之大事，唯祀与戎"。也就是说，打仗和祭祀是治理国家者的两件大事。古代中国自商朝以降就一直有祀典制度存在。所谓祀典也就是祭祀制度和祭祀内容的档案。周朝建国不久，武王病死。周公辅佐侄儿成王，其中一件很重要的工作就是指导成王传承商朝的祀典制度。祀典制度的原则是凡属能给民众，给族群，给国家带来利益的历史人物，都被列入祀典，世世代代受到后人的祭奠。祀典是分等级的，有国家级祭祀，有郡县级祀典。祭祀对象的规格不同，祭祀人的规格也不同。历史上由于孔子思想为统治者所利用的关系，孔子及其后裔，以及他们的后继者们的陵墓、故居等处亦受到法律保护，不允许以任何形式破坏。清乾隆十三年山东嘉祥县令吴为循曾为保护曾参出生所在地南武山而下了一通告示，此告示亦被刻碑。其原文曰："窃照南武山为宗圣（曾参的封号）发祥之地，林庙在焉。其周围四山左右前后环护拱峙，实关林（曾林）庙（曾庙）风水。历前任禁止樵采开凿以保风脉，迄今数千百年四山木石赖以无恙"。

因此，他再一次下告示，要求附近居民"凡宗圣林庙后之坐山，贴近林庙左之七山，右南武山及崩山之钓鱼台以南等处不得樵凿，如违查究"❶。

尽管历史上不乏有见识的地方长官制止各种形式的名胜古迹破坏活动。但破坏活动依然代复一代地存在着。清人毛会建总结说："地有游观之胜，而不欲其湮没者，人情也；事有前贤之遗而必为之爱护者，亦人情也。然其情不敌衣食之急。"❷

中国古代尚有"杀风景"之说，也是讲旅游者的行为与风景不协调的情形。这种不协调的行为很容易败坏文明游客的游兴。所谓"杀风景"，最初见于唐代诗人李商隐的《杂纂》。其中列举了六种"杀风景"的实例：（1）清泉濯足。（2）花上晒裤。（3）背山起楼（指建筑设计者不明借景的道理，不知利用门窗欣赏山色）。（4）焚琴煮鹤（今人在风景区猎鸟兽，用秦砖汉瓦砌猪圈差近之）。（5）对花啜茶（古人认为赏花须饮酒，饮茶则味道不足）。（6）松下喝道（在清幽的景区中旅行不应吆五喝六，前呼后拥，显示威风排场）。明代后期西湖的苏堤和白堤每当春游时节，总有市民像砍柴一样地以折断路旁的杨柳枝条和花朵为乐，似乎跟杨柳枝条以及美丽的花朵有仇一样，甚至有人折断花枝随即丢在花下或树下。这是400多年前大旅行家王思任留下的杭州西湖杀风景场景的剪影。此类情形在今天的中国似乎已经很难见到，但我们还是存在其他类型的杀风景现象。

三、当代旅游资源的破坏与保护：难题

解放战争期间，我们党为了保护历史名城和文物古迹，做了

---

❶《济宁金石志》
❷《重建高阳池馆记》，清同治《襄阳县志》卷一"地理古迹"。

第九章 "勿断大木，勿斩大山"

许多实实在在、永垂史册的好事。新中国成立后，党和国家制订了有关文物保管法，一批批国家级、省市级乃至县级文物保护单位公布于世并树碑纪念。国家在经济条件困难之年月仍不忘修复一批批名胜古迹。即使在"十年浩劫"期间，党和国家的领导人在得知文物古迹被打被砸消息时，在其位者亦能尽力挽救。许多领导干部和风景区职工甚至为此付出了血的代价。

在 1949～1979 年那段时间，有些旅游资源的破坏是因为国家基本建设的需要。如为了南水北调的需要，建设丹江口水库，将后来列入世界遗产保护名录的道教名山武当山的 500 多处明代道教宫观淹没在库底就是一例。

然而回顾走过的近 40 年岁月，由于我们国家大，底子薄，人口多，领导人较多考虑的是让全国人民吃饱穿暖的问题，于旅游一事未予重视，因此连带而来的便是旅游资源的虽遭破坏而不自觉，这尤以 1979 年以前为突出。在党的十一届三中全会决定对外开放、发展旅游业以前，应该说那一段时间的破坏资源是不自觉的。因为当时旅游被"极左"路线视为资产阶级生活方式。即使识者知道这是在毁坏资源，也只能缄默不言。综合言之，那一段时间的旅游资源惨遭破坏十分严重。特别是 1958 年大办钢铁和"文革"十年浩劫，对古代文化典籍，传统村落的祠堂族谱，以及传统的五伦教育，都是毁灭性的破坏。现在有些传统村落得到国家支持，鼓励其发展旅游，但是当年的祠堂被拆毁，当年的牌匾等文物被砸烂，当年的族谱古书被烧毁。要找一点用于展陈，证明古村落历史的物证，都无法找到。这是一个十分沉痛的教训，值得中华民族永远记取。

20 世纪后半叶，特别是在 20 世纪 50～60 年代，大办钢铁，滥伐林木，致使中国森林资源遭受浩劫。史无前例的"文化大革命"期间，红卫兵破四旧的斧头真不知砍掉了多少名山古木。在湘西猛洞河畔的永顺县观音岩，老尼姑曾指着幸存的古柏对我说，那是当年寺里的一个老和尚抱着树拼死保下来的。观音岩知名度不高，尚且如此。其他名山古刹也就可想而知。至于炮炸"大山"的事情那就更是家常便饭。湖北石首绣林镇的笔架山，长江三峡，山东的水泊梁山，都被炸得伤痕累累，游人到此，无不扼腕。我游梁山时曾写打油诗一首，批评炮炸梁山的做法："水泊消亡寨址存，游人闲话说纷纷。纵然绿化到山顶，难罩开山炸石痕！""文革"期间，还有劳民伤财的学大寨和三治工程。学大寨，本来是应该学习大寨人的精神，但后来大多数变成了形式主义。为了显得在真抓实干，很多地方把好端端的坡地改造成梯田，把生土翻起来，把熟土压在下面。搞得什么庄稼也不生长。河道方面，那年月不知发什么神经，十分流行改造自然。把自然弯曲的河流裁弯取直，变成像竹竿一样的直河。结果一发大水，前功尽弃。大自然是不能随便改造的。为此，我们也付出了惨重的代价。

（一）由于发展工业的需要，很多风景秀丽的旅游城市被不合理地挤进了大批的工厂，致使名胜古迹遭到无法避免的工业污染。以旅游城市苏州为例，1958～1978年间，在只有119平方公里面积的行政区内，先后建厂617家，"其中排放污物的有300多个工厂，污染严重的有82家。形成三家大造纸厂位居上游，21家化工厂四面包围，24家纺织印染厂中心开花，42个电镀点遍地流毒的局面。这个地区每天排放14万吨工业废水和5万吨生活污水，有害物质和浓度超标几倍至几十倍。还有1100台锅炉、工业炉窑和烘房，21503辆机动车。化工、冶金、塑料等工业排放大量有害气体、烟尘，使大气受二氧化硫、氮氧化物、铅等的严重污染，市区上空飘尘量超标1.2倍，降尘量超标2.1倍，二氧化硫最大浓度超标0.3倍"❶。在全国各大城市，几乎没有几个能避免这种工业污染。桂林的漓江，浙江省的富春江，也都遭到严重污染。其污染原因是不因地制宜盲目发展工业所致。以富春江为例，就是因为沿岸建起了大批小

---

❶ 此处数据采用孙普峻《苏州市的经济建设与园林风景的保护》（见《城市问题》1985年第9期）中的统计数字，引文亦同。

化肥厂和小农药厂的缘故。这些厂将工业污水、废渣肆意倾汇到原本碧波荡漾、清澈见底的江水中，据有关人士统计，仅富春江南岸工业废渣便多达3000立方米！遗憾的是如此严重的污染，除了见于内部材料和报刊消息外，在当今的诗人和作家笔下却绝少反映。我的朋友闻楚卿先生在游览苏杭运河后，痛心地写下了下面两首七言绝句：

运河河水黑如墨，污染何时可得清？
水上人家船上住，风吹臭气实难闻。

运河河上卷棚多，道道长虹跨黑波。
如此湖山如此景，难堪水臭莫如何。

工业污染尚有其他表现。如济南市向以泉城著称。《老残游记》称济南"家家泉水""户户垂杨"，宋元明清以来，济南72名泉曾使许多游客心醉神迷。然而过量的工业用水使活跃的地下水水源枯竭，趵突泉、金线泉这些名泉已很难见其昔年风采了。

（二）由于片面理解"以粮为纲、全面发展"的方针，错误地将无价之宝的旅游资源改造为农业基地。这在"文化大革命"中表现得十分突出。比较著名的例子有二：一是江苏省常熟市的尚湖。此湖相传是商周时期姜太公吕尚垂钓处。湖名即因此而得。湖区面积达12000亩，西邻东湖，倒映虞山，湖光山色相映成趣，向来为虞山胜景之一。"文化大革命"期间，地方政府为贯彻"以粮为纲"的发展方针，盲目地将有着2000多年历史的名湖围湖造田，致使景物面目全非。二是敦煌的鸣沙山畔半月泉，是观赏价值极高的旅游点。在沙漠里有这一泓清泉，实在难得。然而"十年浩劫"中，为了"以粮为纲"，半月泉水被引去灌溉农田，泉旁苇草枯死。在960万平方公里的国土（未计海域国土面积）上，在那荒唐的岁月里，类似的蠢事还不知有多少哩。

（三）政出多门，互不配合，也是造成旅游资源严重破坏的一个重要原因。以在自然资源保护区发展旅游为例，按常情，既然是在自然保护区发展旅游，主管部门就应该是林业部和保护区党政机关。这样做有很多好处。主管部门可以组织有关森林问题专家，如生态、野生动植物、地质学等方面的专家和旅游区域规划设计专家共同制订发展规划。这样也许在开放的过程中森林资源会少遭到一些破坏。而实际上只要自然保护区一对外开放，接待旅游者，它就归属于地方政府管理。而地方政府为了多赚钱，多吸引游客，必然地要大建旅游饭店、宾馆等大体量的建筑和登山索道等旅游服务设施。这样一来，旅游发展了，"自然保护区"就名存实亡了。于是旅游污染势必蜂拥而至。说实在的，中国旅游资源，现在破坏较少的只有自然保护区，如果这最后一块阵地也不能固守，三五年后欲于神州大地觅一未被污染的世外桃源，则恐怕不亚于登天之难。峨眉山、九寨沟、张家界的发展道路不是已向我们敲起了警钟么？在前些年，一处国家级风景名胜往往同时分属几个部门领导，如省里管旅游，市里管建设，赚钱的总是赚，赔钱的老是赔。可想而知，旅游资源保护的积极性从何而来？

（四）由于政治运动的影响，造成旅游资源的严重破坏。如"文化大革命"横扫四旧期间，不少风景名胜区中的红卫兵或外单位红卫兵，对历史名胜毫无顾忌地破坏。如西安唐高宗的墓地神道上的石人头皆被削去，曲阜孔子祖孙三代的墓地被挖了个底朝天，鲁国故城城墙也险些拆毁，邹县孟庙碑刻十有八九被拦腰砸断，许多著名佛教圣地被扫荡一空，僧尼被强行还俗。许多风景胜地的古代摩崖石刻被铲除，而换上鲜红耀眼的毛主席诗词或流行的政治口号，如湘西永顺县的不二门，过去摩崖石刻十分丰富，1983年余旅游经此，但见"红军不怕远征难，万水千山只等闲""好好学习，天天向上"等仿毛体已取代旧迹。"文革"中，庐山道边杨柳一度都遭砍伐，一律换为"劲松"。主其事者亦煞费苦心，然而也够可笑可悲的。

（五）由于经济落后，文化教育不普及造成的愚昧无知和贫困，也是旅游资源惨遭破坏的一种原因。云南路南石林驰名中外，在

第九章 "勿断大木，勿斩大山"

改革开放的 20 世纪 80 年代，竟然有许多当地农民开采石林以出卖赚钱、屡禁不止的事情发生。湖北利川市的腾龙洞以其高、大、深、奇和景观丰富吸引着中外游客，然而偷捉透明鱼、敲打石钟乳者亦大有人在。"文革"期间绍兴兰亭变成了关牛的牛栏。有人为建砖瓦厂用推土机把古长城推倒一公里。宜昌灯影峡石灰岩溶洞开发权出让给福建老板后，洞里的钟乳石象形景观被锯断卖掉，而代之以水泥糊成的 12 生肖等象形景观，令人气短。

我不想再列举下去了，相信任何一个有旅游经历的读者都会认同我所介绍的事实。我们国家在近 200 年来落后于西方世界，从发展旅游业角度看，我们唯一的优势是资源丰富，但是如果像这样破坏下去，还能维持几年呢？如果说历代战乱、天灾曾经一次又一次地毁坏人文古迹，如寺庙之类。而每逢社会安定、经济发展的年头又可重修的话，那么我想问两个问题：一、这样毁了又修修了又毁，受害的究竟是谁呢？二、寺庙等古建筑就算你可以整旧如旧，地下溶洞的石钟乳、路南的石林，三峡的石壁被敲掉和炸毁后还可以"整旧如旧"吗？许多家族的谱牒"文革"中被烧毁后，就断了线，再也不知道自己的祖宗是谁。由于"极左"思潮的长期影响，许多 1950 年后、1960 年后出生的炎黄子孙对记载自己的祖先事迹和世系传承的族谱竟然茫然无知。有的人还说城市化了，全球化了，还要那些干什么。城市化了，你能够不要祖宗吗？那么，请问你从哪里来？难道人和没有文化的低等动物可以同日而语吗？亲爱的读者，凡我炎黄子孙，都有热爱生养我们的土地、保护我们的资源的义务，你说是吗？我们总不能在城市化全球化的过程中数典忘祖吧？

除以上情况以外，尚有另一种形式的资源破坏，尤需引起国人的重视。这就是因缺乏基本的环境意识、资源意识和美学、历史眼光而导致的建设性破坏。如前所述，旅游资源的开发，总会不同程度地带来人为的破坏。问题是必须把握好"度"，具体情况具体分析。比如名山之麓不宜建高楼大厦，因为这样的建筑破坏了山体的自然美,但可以搞小体量的不会喧宾夺主的建筑。又如湖南武陵源黄龙洞在开发过程中,为求旅游者行走方便,把钟乳石砸掉,把通道凿开,以致溶洞中出现通衢大道,一如防空洞中的隧道。此类现象在近年开辟的洞穴旅游点中并非仅见。有的溶洞还能开小火车,如湖北省通城县附近的隐水洞。主事者懂得因洞制宜,重自然而少人为,既保护资源,又体现特色的,皖南的蓬莱仙洞差强人意。又如诸葛亮的隆中旧居,保持了一千六七百年的曲曲折折石级小径,一夜之间变成由山脚直达山顶的直挺挺的柏油马路。达官贵人驱车而上,固然便当,而景观已不复为景观了。这都是20世纪90年代前发生的事情。

到了20世纪最后的20年,随着改革开放的深入,经济发展的重要性受到前所未有的重视。干部考核以GDP贡献值论英雄。于是又导致了新一波的旅游资源破坏。这中间不能说没有因为无知导致的失误。如前述20世纪前半叶的叙述,但政策导向的错误更严重,更难挽回。

写到这里,我想援引陈树青先生关于这个问题的一段论述。他说:"要开发自然,必须顺应自然。要做到这一点,必须保护自然。若要保护自然,首先要热爱自然。次序是:热爱自然,保护自然,顺应自然,研究自然,开发自然。最怕的是借开发之名破坏自然,搞破坏性建设。"❶ 陈先生是一位阅历甚广,既有国际旅游又有国内旅游经历,同时又十分关心中国旅游事业发展的仁人志士,他的思路对于当前和今后一个相当长时间内的旅游资源开发,无疑是极富启发和指导意义的。由于"雁过留声、人过留名"等自私观念的影响,凡有游人处便有"到此一游"的题名,我们在前面已详细举例说明了明清两代这种恶劣风气对旅游资源的严重破坏。四个世纪过去了,今日中华大地上的旅游大军已远非当年可比。队伍愈来愈庞大,山川名胜所承受的压力越来越大。风景区的空

---

❶ 陈树青先生在法国巴黎读博期间致作者函。

间有限，而游客留名的欲壑无穷。姑不论文化水准之低下，书法质量之低劣。即便人皆为李杜苏范，把风景区的石上、墙上、树上、竹上刻它个密密麻麻，又有何美之可言？何况许多游客出于膨胀的私心，为了将自己的大名或歪诗留在名胜之地，不惜毁坏历代有价值的石刻。古人已逝，真迹若被剿削覆盖，则为难以挽回的损失，游山水者，能不警惕么？

第十章 "游亦有道","游道如海"
——中国旅游文化重视游览艺术的传统

中国古人不仅酷爱旅游,而且很讲究游览艺术。在中国古典文献中,特别是旅游文献中,谈论游览艺术的意见很多。认真爬梳一下古代旅游者们这方面的论述,对于提高本国人民的旅游水平,帮助外国游客认识古老灿烂的中国旅游文化,无疑是一件很有意义的事情。

一、分类

从很早的时候开始,中国先民便将各种旅游种类予以分别。在先秦时期,就有"巡狩"(天子的旅游活动)、"述职"(诸侯的旅游活动)等名目。甚至同为帝王的旅游,春游叫"游",秋游则叫"豫"。等而下之,士阶层的旅游叫"游"或"游说"(shuì)。后来又把以谋取官职为目的的读书人的旅游叫做"宦游",把僧侣、道士的宗教旅游活动称为"游方"或"云游"。士大夫的学术旅游则被称作"游学"。

以旅游者所乘坐的交通工具划分,又有车游、舟游、马游、步游之别。

以距离的远近划分,又可分为远游、近游和卧游。

明代旅行家王思任在《游唤》一书中更进而将旅游分为23类,并指明各种类型旅游的局限性:

予尝谓官游不韵。士游不服。富游不都。穷游不泽。

老游不前。稚游不解。哄游不思。孤游不语。托游不荣。
便游不敬。忙游不慊。套游不情。挂游不乐。势游不甘。
买游不远。赊游不偿。燥游不别。趁游不我。帮游不目。
苦游不继。肤游不赏。限游不逍。浪游不律。❶

正如王思任所言，"游何容易也，而亦何容易告语人也"。旅游不是件易事，尤其不易从理论上加以说明。因此，我们对中国历代旅行家们所总结的游览经验，包括审美经验，应特别珍视。

二、"能至"、"能言"、"能文"——旅游三境界

中国古人的旅游，不仅注重游，而且强调能品评，能诉诸文字。明人周忱在《游小西天记》中写道：

天下山川之胜，好之者未必能至，能至者未必能言，能言者未必能文。

这里提出的"能至"、"能言"、"能文"代表着三种不同的旅游境界。只有能跋山涉水，不畏艰辛的人才有可能饱览大自然和文物古迹的奇观秀色。但如果老远跑去，游罢说不出个所以然，也难免为识者所笑。即使能说得头头是道，但不能动笔为文者也不是最高境界。

---

❶ 这段话的意思是我曾经认为：达官贵人的旅游一呼百应，缺乏韵味。普通读书人的旅游又苦于没人服侍。富人的旅游充满铜臭。而贫人的旅游又无钱可使。老年人的旅游常常走不动。年纪太小又不懂观赏风景。群游时难得用自己的头脑去思考。独游时又苦于没人交换看法。侍奉别人虽也在旅游却不光荣。路过名山大川趁便一游，对山川实在有大不敬的嫌疑。太忙的人偷闲一游而心难满足。被人骗游虽也是旅游却不近人情。被同游者或风景点上的其他人纠缠的旅游，难得快乐。被迫追随权要人物旅游心实不甘。买山水而游的缺陷是不能远（古时候土地私有，有钱人可以用钱买风景，但一般都在自己常住地附近，不可能离家太远）。太奢侈的旅游用起钱来像流水，哪有那么多钱花呢。性情烦燥时的旅游，无法平心静气地鉴赏山水特色。因利趁便的旅游往往要失去自我。替别人作帮闲的旅游，由于要关照主人的兴趣，故不得纵目四顾，放情观览。物质条件太艰苦的旅游无法长期坚持。走马看花式的旅游不可能仔细欣赏风景美。限定时、地的旅游不自由。不要任何约束的旅游又显得太没章法。

三、"胜事"、"胜情"、"胜境"、"胜具"——四者缺一不可

　　古人旅游，很重视旅游主体和旅游客体的统一。要求既要有可供游览的对象，又要有很浓的游兴，还要有健康的体魄和辅助游览的交通工具。早在魏晋时代，当时人们就曾称赞雅爱山水的旅行家许掾不但有"胜情"（游览兴致），还有"胜具"（即健康的身体，古时候多称为"济胜之具"。形象地把身体当成接近山水名胜的工具）这种既强调旅行工具，又重视旅行者身体情绪等因素的看法，是相当全面的。❶清人罗天尺在《五山志林》中说旅行"要有胜事，有胜情，有胜境"。这就比晋代前进了一大步。作者已经把旅游客体（山水风光和人文古迹）摆在一个重要的位置上。明人钟惺在序《蜀中名胜记》❷时指出："山水者，有待而名胜者也。曰事曰诗曰文。之三者，山水之眼也。"❸这就进一步把旅游客体中的人文古迹，特别是诗文类的内容强调到更为重要的位置了。

　　中国古人的旅游理论并不因此而忽视自然山水。只不过比较强调人文古迹与自然山水的协调罢了。前引罗天尺《五山志林》序中说过"山川重人，人重山川，互争胜哉"，显见他对人文古迹和自然山水是同等看待的。明人钟惺说他创作旅游文学作品，总是遵循这样一个原则："要以吾与古人之精神俱化为山水之精神。使山水、文字不作两事，好之者不作两人。"这就明确强调了人文

---

❶ "许掾好游山水，而体便登陟。时人云'许非徒有胜情，实有济胜之具。'"（《世说新语》卷下之上）。

❷ 《蜀中名胜记》，明曹学佺撰。30 卷。此书实为他的另一部著作《蜀中广记》中的"名胜"一门。系林茂之摘刊而成。其体例为：先简溯各州、县沿革，再分述各地名胜，然后征引历代诗文。此书实为研究四川旅游史的重要参考书。

❸ 这段话的意思是：自然山水，必需有所期待才能成为名胜。期待什么呢？期待"事"、"诗"、"文"。自然山水如果有了这三件，就像一个人有眼睛一样。

与自然的和谐一致。

四、各领所见，互不雷同

　　清人宋荦在《黄山领要录》序言中写道："山既高特，群峰互峙，朝岚夕烟，千态万状。山不一境，境不一时，虽千万人游，亦但各领所见，而未尝同焉。"这是说作为欣赏主体的人是千差万别互不雷同的。他们在欣赏山水的时刻，主、客体互相交融，便自然因个性、气质、学养等主观因素的差异，而带来欣赏口味、角度、层次的不同。宋氏针对某些旅游者担心写名山大川的诗文多了，山水的真精神便会被描写殆尽的心理，写道："迨取次登临而后知记之于游，各有当于山，则百不尽也。不独前人不尽，展转至后人亦不尽也。不独予今日不尽，展转至他日亦不尽也。"今人俞平伯先生在《燕知草·楼头一瞬》中亦作过类似的阐述："故论西湖之美，单说湖山，不如说湖光山色，更不如说寒暄阴晴中的湖光山色，尤不如说你我他在寒暄阴晴中所感的湖光山色。湖的深广，山的远近，堤的宽窄，屋的多少，快则百十年，迟则千万年而一变，变迁之后，尚有记载可以稽考，有图画可以追寻。这是西湖在人人心目中的所谓'大同'；或早或晚，或阴或晴，或春夏，或秋冬，或见欢愉，或映酸辛。因是光的明晦，色的浓淡，情感的紧驰，形成亿万重叠的差别相，竟没有同时同地同感这么一回事。这是西湖在人人心目中的'小异'。同究竟是不是大，异究竟是不是小，我也一概不知。我只知道同中求异是描摹一切形相者的本等。真实如果指的是不重现而言，那么，作者一旦逼近了片段真实的时候，（即使程度极其些微）自能够使他的作品光景常新。自能够使光景常新的作品确成为他的而非你我所能劫夺。"上述二人的见解，对于我国当前旅游文学创作的陈陈相因的毛病，无异如一剂良药。对于那些持有"眼前有景道不得，名人题记在前头"之类的怯懦、懒汉心理的人们，不啻是一声棒喝。

五、"看山如观画，游山如读史"

　　看山和游山是两个既有联系又有区别的概念。一般而言，看山往往指对山水作审美的观照。它的目的是欣赏山水的美学意蕴，或者说它的主要任务是对山水作美学评价。而游山则不同。游山则通常指游客在攀登过程中对人文古迹的欣赏和评价。在这后一方面，崇尚真实是其最突出的特色。在本书《景一未详，裹粮宿春；事一未详，发箧细括——中国旅游文化崇高真实的传统》章中另有分析，兹不赘述。我们还是来分析一下"看山如观画"这句话。

　　看山和看画，古人往往多能同等看待。也就是说，山和画在被当作审美对象观赏时，它们有许多相近似的特点。虽然在实和虚、大与小等方面存在事实的差别。郭熙在《林泉高致》一书中指出：

　　　　学画山水者，……身即山川而取之，则山水之意度见矣。

　　为什么要"身即山川而取之"呢？因为：

　　　　真山水之云气，四时不同：春融怡，夏蓊郁，秋疏薄，冬暗淡。尽见其大象，而不为斩刻之形，则云气之态度活矣。

　　推而广之，岂惟"四时不同"，朝暮、阴晴，山水亦各有其面目。总之，要外师造化，见其大象（景观的主要特征），才能画得出山水真精神。画画如此，评画亦然。唐代张彦远在《论画》一文中指出：

　　　　土风人物年代各异，南北有殊。观画之宜，在乎详审。……芒鞋非塞北所宜，牛车非岭南所有。详辨古今之物，商较土风之宜。指事绘形，可验时代。

　　他批评吴道子让仲由佩木剑，阎立本给昭君戴帏帽等常识错误。因为木剑创于晋代，帏帽兴于唐朝。因此画家必须随时牢记历史真实这个原则，违背了它就会闹笑话。所以高明的山水画家

第十章 "游亦有道","游道如海"

决不画自己没有见过的山水。

> 景不嫌奇,必求境实。董、巨峰峦多属金陵一带,倪、黄树石得之吴越诸方。米家墨法出润州城南,郭氏图形在太行山右。摩诘之辋川,荆、关之桃源,华原冒雪,营丘寒林,江寺图于希古,鹊华貌于吴兴。从来笔墨之探奇,必系山川之写照。❶

虽说画理,游山水的道理亦不外是,特别是游览人造山水——园林时更是如此。因园林中的山水,皆从真山真水中概括提炼而成,若对南方山水了无所知,如何欣赏颐和园中谐趣园的江南趣味?若不解太湖石之自然特征——皱、瘦、透,怎么欣赏北方园林中的湖石景观?

次言对山水作审美评价。山水景观之所以能激发游客的游兴,引来由衷的赞美。往往是山水景观本身的美感动了游人。如下面这首诗:"五岳之长,举世所尊。巍巍日观,荡荡天门。青徐俯跨,星斗仰吞。左襟沧海,右带昆仑。群峰罗列,视若儿孙。苍然万古,与国并存。"就是写泰山五岳独尊这一特色的。作者张振声从上下纵横几个方面展开描写,以夸张的手法,展示出泰山美的一个极其重要方面——高大雄奇。明代的袁中郎在《与吴敦之书》中总结他的旅游观感时写道:

> 东南山水,秀媚不可言。如少女时花婉弱可爱。楚中非无名山大川,然终是大汉将军盐商妇耳。

这是作者对江浙一带山水和楚中山水的总体风格的美学评价。认为江浙山水秀媚柔美,楚中山水雄奇壮美。这种看法颇能抓住景观的个性,是对两大地区无数景观本质特征的归纳。关于山水景观的美学评价,此类意见在中国历代旅游文学作品中比比皆是,这里就不多谈了。

---

❶ (清)笪重光《画筌》

六、山水欣赏法举隅

要领略山水的真趣，不能巨细无遗地兼观并览。要有所取，必须以有所舍为前提。因为"纵观费目，分观费心，参差观则心神俱费。费必将有所遭"[1]。要领略山水的特色，五官和四肢应交替使用，不断地调整观察角度，不应长时间单方面观赏某一局部。谭元春举了一个例子："心在水声者常失足，视在水声者常失听心。视听俱在水声者常失山。"意思是心无二用，审美亦然。顾此失彼，是为常态。"善游岳者先望，善望岳者，逐步所移而望之。""善辞岳者亦逐步回首而望之。"

中国古人还对旅游客体的大小、险易对游客心理的影响进行过分析。檗庵禅师在旅游了许多名山大川后发现："夷（平）易而险惊，小掬而大畅，渐疲而顿快。"[2] 这15个字把旅游主体和客体的相互作用概括得十分精到，治中国旅游思想史者，不可不知这种旅游心理。

中国古人还懂得赏景需分远近和先后。所谓远近，是就空间而言；所谓先后，是就时间而言。景物既有时空层次，赏景亦需相应地注意对象不同层次的美。宋代画论家郭熙曾言：

> 山水，大物也，人之看者，须远而观之，方见得一障山川之形势气象。

他谈的是观赏中国山水画的体验。真山真水的欣赏道理也相通："真山水之川谷，远望之以取其势，近看之以取其质。真山水之风雨，远望可得。而近者玩习不能究错综起止之势。真山水之阴晴，远望可尽，而近者拘狭不能得明晦隐现之迹。"

由于美的个性各异，因此观赏距离有远近之分。从时间看，"真山水之烟岚，四时不同。春山艳冶而如笑，夏山苍翠而如滴，秋

---

[1] （明）谭元春《游玄岳记》
[2] （清）汪洪度《黄山领要录》

山明静而如妆,冬山惨淡而如睡。"❶不仅四季不同,即便一天、四时之景也各不相同。因此古人旅游,强调在风景点住上一段时间,以便晨昏观察,体验其不同的美。现在许多旅游区按八小时作息,日出而作,日入而息。许多好景,游人无从问津,这是不明游道所致。

七、崇尚变化的旅游哲学

在《列子·仲尼》篇中,保存下来了一段壶丘子与列子关于旅游哲学的辩论。壶丘子了解到列子喜欢旅游,便问他说:

> 御寇好游,游何所好?

列子回答说:

> 游之乐,所玩无故。人之游也,观其所见;我之游也,观其所变。❷

按晋人张湛的注解,"无故"二字,意为"所适常新"。用我们今天的话说,叫作旅游所到之处都给人以新鲜的感觉。列子说,他的旅游从形式上看和一般人的旅游并没有什么不同,但若就观赏内容看,则区别甚大。一般人旅游,只看到那些对象静止不变的一面,而列子却是用发展变化的眼光来看观赏对象的。可是壶丘子比列子更彻底。列子只指出了旅游客体无时无刻不在运动变化。壶丘子则进而指出,连旅游主体也在变化:

"玩彼物之无故,不知我亦无故。"他批评列子的旅游哲学是:

> 务外游而不知务内观,外游者求备于物,内观者取足于身,取足于身,游之至也;求备于物,游之不至也。

张湛阐释这几句话时说过:

> 人虽七尺之形,而天地之理备矣,故首圆足方,取象二仪,鼻隆口䫜,比象山谷。肌肉连于土壤,血脉属

---

❶ 以上引文并见宋人郭熙《林泉高致》。
❷ 御寇:列子名。先秦古书凡提到列子者,多称其姓名为列御寇。

于川渎,温蒸同乎炎火,气息不异风云。内观诸色,靡
有一物不备。何须仰观俯察,履涉朝野,然后备所见。

这些看法,实在是孟子"万物皆备于我"说的诠释,壶丘子因此认为:"至游者不知所适,至观者不知所眡(视)。"因为整个世界都在生生不息的运动变化,所以"物物皆游,物物皆观",近也好,远也好;大也好,小也好;长也好,短也好。只要作为旅游主体的人明白世间一切事物,无时不在运动变化,这样,旅游主体就会"所适常通而无所凝滞"。这种思想可以看作道家的旅游哲学。它的特点是一个"变"字。旅游客体(观赏对象)无时无刻不在运动变化,旅游主体(旅游者)也不能一成不变,而必须与时俯仰,应物变化,不可凝滞于物。清人陈酿和曾经指出:

> 游山之趣十有二,天地各得其六。在地者曰高下奇正隐显,在天者曰昼夜晴雨春秋。山,静物也,得水则灵,得云则活。一言以尽其妙,曰变。……若必穷力以求之,按图以索之,情滞则凿,兴贪易衰,山灵有知,亦不许为知己。❶

陈氏前几句话是说作为旅游客体的景物构成本身就极其富于变化。后几句话是说旅游主体要明白景观本身是天时、地利、人和等多种因素的综合,而构成景观的要素也不是永恒不变的。如果旅游者不看具体情况,硬是按图索骥,则往往会自扫游兴。如秋天或冬天游张家界,往往没有云雾,"雾海金龟"一景便不成其为景,看不到这个景观便骂旅游指南骗人,就是不知用变化的眼光看问题。

就景观而言,地之高低奇正隐显,天之昼夜晴雨春秋,它们本身就呈现出一种变化的美。观赏者把握这种异中之同并不困难,困难的是从同中看出差异来。如同为雪景,并且都在杭州西湖,断桥和孤山就很不相同。断桥雪景的美在春水初生、画桥倒映,

---

❶ 清陈酿和语,见黄钧宰《西山游记》。

带以积雪，则滉朗生姿，故以残雪取胜。而孤山兀立水中，后带葛岭，高低层叠，朔雪平铺，日光初照，与全湖波光相激映，璀璨夺目，故以霁雪取胜。

尚变的旅游哲学还应包括改变观赏角度，保持观赏距离以及调整观赏心理等层次。

请先言改变观赏角度。宋代大诗人苏轼（1037-1101）元丰七年游庐山西林寺时，写过一首有名的谈游山艺术的哲理诗。诗曰：

> 横看成岭侧成峰，远近高低各不同。
> 不识庐山真面目，只缘身在此山中。

这首诗告诉我们，要想欣赏庐山众多山峰的个性和面目，只从一个角度观赏是无法奏效的。因为山是静物，它的变化不可能像流水、浮云那样仪态万方。但旅游主体只要不断地调整自己的视角，山的相对静止、呆板的缺憾就可得到弥补。同一座山，远看是一番景象，近看又是一番景象。横看、侧看、仰观、俯视，都可发现山的不同层面的美。雁荡山著名的灵峰夜游项目就是一例。只要游人在灵峰山谷变换角度，就会发现周围山体的天际线会呈现出奇奇怪怪的象形剪影来。

欣赏庐山山中群峰的美，需要变换视角。同样道理，要欣赏庐山这座名山的整体美，也必须变换角度，只有走出庐山，站在另一空间上，将庐山与它山作一番比较，庐山的真面目才会暴露出来。苏轼诗的后两句真切地道出了置身庐山之中，却无法看出庐山整体美的感受。毛泽东60年代写的《登庐山》，其首联云：

> 一山飞峙大江边，跃上葱茏四百旋。

以磅礴的气势，高瞻远瞩的眼光，勾勒出庐山的整体特征。清代旅行家李云麟把庐山同嵩山、泰山、崂山等名山作横向比较，条分缕析各山美点的异同，亦是尚变哲学的好例。本书作者2002年雨中游庐山，曾有诗云："欲识庐山真面目，须从绝顶俯群峦"。也是讲角度变换能带来审美感受的不同。

明顾璘论登山当贵知其情不在势。他说：

夫登山者贵知其情，不在势也。衡岳之游，不至祝融不足以知其高，不至方广不足以知其邃。

作者随即举例说明："予初至岳下，道士指天柱、石廪、紫盖、芙蓉四峰导余望。予望之。仰面极目示，排汉碍耳。若云可望而不可登。危乎高哉！既历香炉道间，则四峰之椒，皆与身等。诧步履在空外。及坐半山亭，乃下指诸顶，疑前旧见非是也。至登祝融之巅，俯视四极。苍然一色，山川杂陈。琐碎莫辨。风自远来，其力甚劲，候与地下殊绝也。"❶

旅游并非纯粹游玩，而应有所凭借。明代有个叫高明水的嘉兴人，和李日华同里，友善。属于工部匠官。其人多才艺，喜游，能诗文，能绘画，喜收藏。他曾奉命到楚之衡阳去营造桂王的王府工程，李日华有《送高明水工部之衡州营桂邸国邑序》之赠。其文曰：

每思作一无管无系人，随在览天地山川奇变。顾游道不能无所假。假邮传则涉历广，假篮兜緪索济胜之具，则所穷益邃且峻。假廪饩以接饥疲，则游气益充。假嗜奇挨藻辩说之士为游从，则游神益壮，趣益洽。顾此数者类非蹑蹻担簦卑栖旅进之辈所可几也。张博望不持汉节何以尽三十六国之奇？陆大夫不适使尉佗，王子渊不祀碧鸡金马，何以悉岭表之胜？陆放翁范石湖不乘王事，何以得标所过逸迹？是故有假即不能无营系。而于稍有营系中得大肆旷朗以吸山川灵秀而因以昌其瑰玮之文。则虽谓之无营无系可也。

李日华总结出一种旅游经验，即"游道不能无所假"。意思是旅游最好还是有条件可以凭借，什么可利用的官方条件都没有，那种自由自在的旅游是很不方便的，也很难游得畅快满足。他在上文中所列举的张骞、陆贾((约前240–前170)、王褒（前90年–

---

❶ 《游衡岳后记》，康熙《衡州府志》卷二十。

前51年))、陆游（1125-1210）、范成大（1126-1193）诸人的旅游见闻，都得益于有所假借，也就是为了完成国家的使命，顺带达到了增广见闻、开拓心胸的目的。原因是没有一定的身份，得不到地方熟悉情况的人的接待介绍。因此在信息闭塞的古代，有可能人虽到了，却因不了解情况而与名胜失之交臂。

第十一章
"西湖称庆忌之塔,长安载四皓之坟"
——中国旅游文化的附会传统

牵强附会,张冠李戴,说这也是中国旅游文化的特色,也许很多读者不乐意接受,但这却是千真万确的事实,只要我们走进图书馆,我们就会从形形色色的地方志书中,从诗人墨客的文集中,从用作谈资的轶闻琐记中,观察到这种现象的普遍存在。如果我们深入天下名山大川去作旅游考察,从各景点的传说中,从游人的闲话中,从一些似是而非、真真假假难以分辨的古迹中,更可印证上面的结论。这种旅游文化传统在真正高层次的文化人中并没有很大市场,但它却在覆盖人口绝大多数的通俗文化层中拥有广大的信徒。因此这是一种值得重视的文化现象。正如明末张岱所言:"凡天下名山古迹,影响者什三,附会者什七。后之品题者亦只宜以淡远取之。"❶张岱估计的比例关系,即真实有据的大约十分之三,而附会形成的则占十分之七。这种旅游文化传统,常常表现为下述各种情况。

一、因形似而附会

我们的祖先,在创造文化之初,就是以"仰观于天,俯察于地,

---

❶ (明)张岱《西施山书舍记》,见《琅嬛文集》岳麓书社 1985 年版第 93 页。

远取诸物,近取诸身"的师法自然态度著称的。所谓文化,实在是古人在人和自然之间另外开辟的第二自然。在改造自然和自身的过程中,我们的祖先创造了文化。在早期文化中,人对大自然的认识还相当矇眬,故有崇拜山水神祇的宗教祭祀活动。古人在改造大自然的活动中,对于大自然神奇力量往往百思不得其解,于是幻想一种超自然的力量,寄希望于借助这种力量来征服自然。我国神话中的共工头触不周山,女娲造五色石以补苍天,断鳌足以立四极,愚公移山,夸父追日即其例。同时,初民们在改造生存环境的过程中,对于自然界中的一切现象往往都会以人类来作参照比较,如古代许多关于天地形成的神话,一个共同的模式是:把天地想象成一个巨人,日月是其眼睛,崇山峻岭是其躯体,江河湖泊是其血脉,天下雨是巨人在哭泣,等等。这是从宏观的角度看的。从微观的方面看,初民们在狩猎、捕鱼、农耕生活中发现许多自然物酷似人形或他们熟悉的动物的形态,于是赋予这些类似人形的自然物和动物形态以人类想象的色彩,将多情的人生色彩涂抹在那无情的象形物身上,从而创造出许多动人的传说。

在河南嵩山,有一处名胜叫启母石。《淮南子》记载说:"禹治洪水,经轘辕岭,化为熊。谓涂山氏曰:'饷,闻鼓声乃来。'禹跳石,误中其鼓,涂山氏来,见禹方作熊,惭之而去,至嵩山下化为石。禹曰:'归我子',石破而生启。"因为汉以前就有了这么个传说,因而后世有不少不孕或思子心切的游客,有摸启母石腹部或以铜钱塞其腹的游戏,他们认为这样做生子的可能性就会大些。这可说是附会之中又加附会了。

广西融水县境内的灵岩真仙洞,内有石人像,乃钟乳石溶结而成,酷肖老子像,所以从唐时开始,便附会上了老子故事。

近年来溶洞旅游日趋发达,各处溶洞中多用八仙过海、观音下凡之类的说法,作导游解说,亦系因形似而附会。

又如,唐人丘光庭在《兼明书》中提到一种现象,当时"天下有山独立者,而州县因皆云其山自蜀飞来",因此各处名山号"飞来峰"者比比皆是。丘氏指出，按《尔雅·释山》："独者，蜀也"，"然则凡山孤绝四面不与余山连者，皆名为蜀，而云自蜀飞来，一何诬缪！"

二、因音近而附会

中国文字中一音多字的现象，对旅游文化的附会传统之形成有一定影响。

桂林伏波岩，是当今旅游热点，在世界上知名度很高，然而这名字本身就是因音近附会而成。查宋人范成大《桂海虞衡志》，"伏波岩"写作"洑波岩"。明张鸣凤《桂胜》云："宋元丰间（1078-1085）游者题作'洑波'，取麓谒澜回，故云。"《广西通志》卷九十四引《一统志》："'伏波'应作'洑波'，水回流曰洑。是山屹立水滨，漓水至此回旋乃去，故名。世俗附会马文渊，不知文渊征交趾，未尝至桂也。"

贵州关索岭，本来意思是，因在贵州最高峻的山上设重关挂铁索以引行人，故简称关索。而民间却把"关索"附会为关公的儿子，把此处的来历改为因神人关索曾驻此而得名。❶

宋无名氏《谈选》一书中记载了这样一桩趣闻：

> 浙西吴凤村有吴子胥庙，村俗讹舛相传为"五卒须"，因塑其像，即须分五处。傍又有杜拾遗祠，岁久像貌漫毁，讹传为杜十姨。一日，秋成，乡老相与谋，以杜十姨嫁五卒须。❷

欧阳修在《归田录》中亦指出江南大、小孤山被附会为大、小姑山的情形："世俗传讹唯祠庙之名为甚，……江南有大、小孤山在江水中岿然独立，而世俗转孤为姑。江侧有一石矶，谓之澎

---

❶ （明）王士性《黔志》
❷ 《说郛》卷五

浪矶，遂转为彭郎矶。云彭郎即小姑婿也。予尝至小姑山，庙像乃一妇，而敕额为圣母庙，岂止俚俗之谬哉。"❶

宋邢凯《坦斋通编》"改易地名"条谓："诗人好改易地名以就句法，如大孤山旁有女儿港，小孤山对岸有澎浪矶，韩子苍诗：'小姑已嫁彭郎去，大姑常随女儿住'。四者之中所不改者女儿港耳。"纳兰容若因此评论说："澎浪为彭郎，小孤为小姑，诗人借景作情，不宜坚索故实。"❷

三、因神似而附会

神似本是古代美学的一个专门术语，我在这里想借用一下，它的含义是：某一客观对象本来不具有某种特点，但被附著在这一客观对象之上的形象，在实际上或在传说中具有某种力量，因而后人将这种特点亦附会上去，无以名之，故曰因神似而附会。

在我国各道教胜地，往往有一些历史上某朝某代修炼成功的道士飞升上天的遗迹，这些所谓的遗迹也多半是捕风捉影附会而成。从中国传统的气功理论和实践看，有轻功的人，飞檐走壁，或作短距离的飞行是做得到的，但遨游天宇，驾雾腾云则否。从中国传统的养生理论和实践看，善养生者，活至百余岁甚至更长久一些仍神智清醒，面有少容者有之，但与天地同寿、长生不死则否。那么，在道教名山为什么会出现这类飞升上天、长生不死的传闻呢？这是因为"大概名山之著者必古，有耽情丘壑之士，造胜结庐于此，而有终焉之志，后世遂因而神其说耳。若严光于富春（山），卢鸿于（嵩山）太室，司马承祯于天台（山），李泌于衡（山），陈抟于华（山），天下望之如神仙中人。"❸正因为高人逸士绝尘去俗，逍遥乎山水之间，轻松自在，世人虽艳羡而又迷

---

❶《说郛》二十三
❷《渌水杂识》
❸（清）马世骏《茅山记》

于世间声色，虽慕之又不能身体力行，故益神之，而自由、无拘无束、长寿正好在其精神上与人们想象中的神仙特征合辙，故尔一人倡之，百人和之，辗转讹传，遂失本来面目。也有明白人挑破罩在名胜古迹上的这层虚幻的面纱者：唐范摅《云溪友议》"麻姑山"条云：麻姑山因邓仙客成仙而名噪，但后来有一个无名氏少年留题一首，中有"既言白日升仙去，何事人间有殡宫？"游人之兴味为之顿减。由此观之，从发展旅游事业看，这类附会让其存在比揭穿要好，因为追求新奇是人类的天性，而审美则允许模糊。

宋刘廷世《孙公谈圃》上说："巫山神女庙，其像坐帐中，秘不可观，冯沆学士之幼子美秀如玉，年十五随沆知夔州……后改蜀郡，过巫山庙。其子辄搴帷见神女目动，归时头痛疾，三日而卒。"且不论冯沆的幼子因为偷看了神女像而死是否荒唐无稽，单从这则传闻的成因分析，亦有合理之处，第一，神女毕竟是女人，对美少年自不能无动于衷，"目动"也者，"美秀如玉"也者，可作注脚。第二，神女毕竟是神，因此她自然有神的法力，她可以把美少年弄到她的身边，三日暴死是其注脚。这一条传闻说穿了，就是因为神女既神似"神"，又神似"女人"附会而成，或者换句话说，创作者是以一般女性的共性特征和神有法力的特征赋予巫山神女而成的。若从科学的角度分析，人们敬畏神女，多少年来无人动其帘帷。这位美少年不知轻重，擅拉帘帷，有毒灰尘进入呼吸道，导致染病死亡也是很有可能的。

在中国古代旅游文学作品或杂记中常见有人与鬼神交接，如思神托梦，神明惩罚不知敬神之人，诸如此类，不一而足。推其缘故，不外以下几种情况。

（一）当事人为了炫耀自己游览景点的神奇，以自高身价，故意编造离奇的经历。如唐人《云溪友议》中谈到的卢肇游华岳梦遇神母事："卢著作肇为华州纥干公泉防御判官，游仙掌诸峰，歇马于巨灵府，忽梦寐在数间空舍中见一老妪，于天釜中燃火。卢君询其所由，曰：'老人是华岳神姥也。'又问：'釜中所煮者何物？'

母曰：'橡子也。''用此何为？'母愀然曰：'食之也。'卢曰：'且儿为五常神主，厌于祷祠。母食树子，岂无奉养之志乎？'母曰：'以鬼神之道，虽有君臣父子，祸福本不为及矣。祈祭之所，不呼名字者不得享焉。'卢梦觉，召庙祝，令别置神母位，常馔出生一分，公宴则缺。在家忽遗忘之，哕咽而体中不快也。云子曰：亲闻范阳所述，故书之。"因能梦见灵山之神，其人之价值不言自明。

（二）风景名胜地之有心人，为了保护资源不被破坏，故神其说，以神道设教这种方式来恐吓一般游客。如前书所言湖北当阳玉泉寺关公显圣惩罚其敢于对之不敬者：当时"寺中外户不闭，财帛纵横，莫敢盗者。厨中或先尝食者，顷刻大掌痕出其面，历旬愈明。侮慢者，则长蛇毒兽随其后，所以惧神之灵，如履冰谷"。试问若有聪明的庙祝，化装成关公模样，藏于暗处，有欲偷财帛祭品者，则突出批其面，其人安能不魂飞天外？此法发明者亦不失为高明防盗专家。至于毒蛇猛兽随其后，在人烟稀少的古代，名胜古迹多处荒郊野外，虎豹蛇虺之类出没其间，本不足奇，设若一人进香时用心不诚，归途偶遇，心自惶恐不安，对张三言，张三传语李四，如此再传，谣言即成事实。

明王思任在《游唤》一书中说："凡名胜之地，僧各奇一说以灵其主，人将勿同耳。"说的就是这种故意神秘其所祭祀的对象，以便游客敬畏的做法。王氏说你不要相信就得了。

（三）有为提高自己所在地的知名度而人为制造神话者，这种附会的动机是与谋利相联系的。江邻几《杂志》记载说：宋时江东村落间丛祠中，有"巫祝附托以兴妖，里民信之，相与营葺焉，土木寖盛。有恶少年，不信。一日被酒入庙，肆言诋辱，巫骇愕不知所出。聚曰：'吾侪为此祠，劳费不赀，一旦为此子所败，远近相传，则吾事去矣。'迨夜，共诣少年以情告曰：'吾之情状若固知之，倘因成吾事，当以钱十万谢若。'少年喜，问其故，因教之曰：'汝质明复入庙詈辱如前，凡庙中所有酒肴，举饮啖之，斯须则伪受械祈哀之状，庶印吾事，今先赂汝以其半。'少年许诺，受金。翌日又果复来庙廷，袒裼嗷呼，极口丑诋不可闻。庙旁民大惊，观者踵至。少年视神像前方祭赛罗列，即举所祀酒饮之，以至肴馔无孑遗，旋俯身如受挚者，叩头谢过，忽黑血自口涌出，七窍皆流，即仆地死。里人益神之，即日喧传，旁郡祈禳者云集，庙貌绘缋极严，巫所得不可胜计。越数月，其党以分财不平，诣郡反告，乃巫置毒酒中杀其人。捕治，引伏坐死。余分隶诸郡，灵响讫息。"

清梁章钜《浪迹丛谈》"尼庵"条讲了一个江苏某尼庵冷落多年后忽然红火的故事。此庵初不振，一日遇都天庙会，甚热闹，庵前赶会之船不少，有美妇趁船到此登岸，一足误陷淤泥，急行入庵，众目皆睹，而舟子忽哗，言妇给船钱一百，乃是冥资，急入庵理论。则庵中并无此妇。方与庵尼理论，舟子忽见座上大士像一足遍染淤泥，乃大惊悟，伏地叩首，即将冥资焚于炉中。于是填塞入庵，聚观者无不骇异，远近传闻，自此施舍沓至，香火遂煊赫。实则妇与舟子皆庵尼所伙串，妇一入庵即卸妆改容，而以淤泥移入大士足下耳。

在形形色色的附会中，还有根据某名人的习性及身世而编造趣闻者，如安徽采石矶边的捉月亭就是根据太白醉酒入水捉月的传说而建造的，而太白醉酒捉月又是根据李白一生好酒爱月豪放不羁的浪漫气质杜撰的，其附会抓住了太白的精神风貌。为什么说是杜撰的呢？因为范传正和李阳冰是李白病逝的目击者，墓碑中言之甚明。回想20世纪80年代初某唐诗专家著书论证李白真死于采石捉月，可发一笑。又如传说说诗圣杜甫晚年死于牛肉白酒云云，亦是根据杜甫暮年漂泊湖湘、三餐不继的坎坷身世特征杜撰的，不真实中也有真实存在。

四、因误解空间而附会

人事有代谢，山川无古今，生身千载之下，游心千载之上，

第十一章 "西湖称庆忌之塔，长安载四皓之坟"

登箕山而怀洗耳之风，吊首阳而悲饿死之节，这本是千万世同一理，千万人同一心的人之常情。山川城郭虽然依旧，可是州县之设却屡次变更，同一地名，在历史上所辖范围时大时小，同一人物，生于此而卒于彼，后世若非博通古今之士，自难免于不犯空间错误。像这样阴错阳差而成的名胜不知有多少。

因王粲登楼赋著称于世的仲宣楼遗址，在湖北境内便有三处。据《江陵县志》记载，一在江陵城东南隅，一在襄阳，一在当阳。因诸葛亮而知名的八阵图在四川一地亦有三处：据明人何宇度《益部谈资》记载，一在新都牟弥镇，其石有128堆，据说这是诸葛亮的"一头阵法"，一在夔州，其石有64堆，据说这是诸葛亮的"方阵法"，一在棋盘市，其石有256堆，据说这是诸葛亮的"下营法"。《孟子》书中的沧浪孺子之歌是流传万口的名篇，但关于沧浪之水的遗迹却多达5处。清人钟岳在《沧浪记》中写道："沧浪之水见于地方志者有五处，一见于武昌之兴国州，一见于常德之龙阳县，一见于安陆之沔阳州，一见于鲁之峄县，一见于襄阳之均州。"康熙年间湖北均州知州王民薛所修《太和山志》上认为：孺子所歌之沧浪在邹鲁之峄山，渔父所歌在湖南龙阳，而在均州东北汉江之滨崖壁上所镌刻的"孺子歌处"显系附会而成。

因时代久远，加之前人记载简略，对其方位的限定没有后世的经纬法这样科学的限定法，故此张冠李戴。

清代学者徐乾学在《大清一统志·凡例》中总结说："若踵习传疑，恒多虚妄，有一事而附会丛生，亦有数事而错杂失实，丹朦之疑冉有，孰审定陶之封？燕王之误子丹，岂识王建之旧？以至西湖称庆忌之塔，长安载四皓之坟，讹以传讹，所在都有，务实核实，勿涉子虚。"庆忌，晚周时期吴国勇士，后为要离所杀。四皓，即商山四皓，系秦末汉初的四位隐士，他们分别是东园公唐秉，夏黄公崔广，甪里先生周术和绮里季吴实，皆秦博士。因逃避焚书坑儒来到商山隐居。西汉初，此四人年皆80余岁，故人称商山四皓，高祖礼聘不至，吕后用张良策，令太子卑词安车招四皓同游,刘邦因此认为太子羽翼已成,才打消了立戚夫人子赵王如意的计划。四皓坟在陕西商山。关于"庆忌塔",清人陆次云在《湖壖杂记》"庆忌塔"条考明西湖庆忌塔本为元代西僧所建之塔,明代称"壶瓶塔"。这类附会其实也事出有因。长安之所以出现四皓坟是因为四皓曾来长安活动过,庆忌之被附会在西湖,这是因为庆忌是吴人,距离杭州西湖不远。

徐乾学是顾炎武的外甥,曾担任康熙皇帝的"机要秘书",以一个史学工作者的责任心,对牵强附会张冠李戴表示不能容忍自是可以理解的事情。

五、望文生义、误读古书而附会

古人已逝,留给后人的只是文字信息,而时移世易,同样一个词的含义往往发生很大的变化,读古书者,稍一不慎,便会误解前人的意思,甚至有错得风马牛不相及的情形出现。

宋人张淏《云谷杂记》"五大夫"条提供了这方面的实例:"秦始皇下泰山风雨暴至,休于树下,因封其树为五大夫,初不言其为何树也。后汉应劭作《汉宫仪》,始言为松,盖树在泰山之小天门,至劭时犹存,故知其为松也。五大夫盖秦爵之第九级,如曹参赐爵七大夫,迁为五大夫是也。后人不解,遂谓松之封大夫者五,故唐人松诗有'不羡五株封'之句,皆循袭不考之过也。"20世纪80年代泰山导游还指着山坡上的五棵松树,说那就是五大夫松。

绍兴上虞县有村市曰五夫。故老云:有焦氏墓于此,后五子皆位至大夫,因而得名。近世好事者或异其说曰:"此秦封松为五大夫之地也。"绍兴间王十朋为郡幕官,搜访所闻作会稽风俗赋,得此遂以为然,故赋中有"枫挺千丈,松树五夫"之句。疏于下云:"上虞有地名五夫,始皇封松为五大夫之处。"盖越人但知始皇尝上会稽刻石颂德,初不知封松乃在泰山时,非在会稽时也。而十朋复失于致审,遂以为实。予尝过其处,见道旁有古石塔,有刻字尚可读,乃会昌三年余球所记云'草市曰五夫,因焦氏立茔于此,孝感上圣,而为名焉'。乃知五夫之名,实由焦氏,惜乎十朋之不见也。❶

唐人只是因为误会了五大夫这个名词,不知道它指的是一种官爵级别,因而以为秦始皇封了五株松树,封号是大夫,闹了笑话。后一则所讲宋代绍兴上虞村民的附会,则是因为不明历史地理学(当然也不敢说就没有一点借此提高家乡地位的用心在内)造成的错误,把秦封五大夫的历史事件扯到自己家乡,自然增色不少。但身为状元的王十朋因为一时不严谨,便留下了一个不大不小的笑话。

另外,我们还想举唐代大诗人杜牧误读《吴越春秋·逸篇》所闹的笑话为例。

杜牧有咏西施诗,其中有句云:"西子下姑苏,一舸逐鸱夷。"后人因此都认为西施在灭吴后,跟着聪明绝顶的范蠡划着小船,浪游太湖,去享人间清福去了。实际上这种讲法便是附会杜牧诗句而成。关于西施的结局,《墨子》书中就有"吴起之裂,其功也;西施之沉,其美也"的记载。《吴越春秋·逸篇》亦云:"吴亡后,越浮西施于江,令随鸱夷以终。"两书记载相吻合。杜牧逞才任气,一时误解"鸱夷"二字,以越相范蠡号鸱夷子。而实际情况是,伍子胥被谮害,死后就是用鸱夷(皮袋子)盛尸丢在钱塘江上的,西施在中间起了重要作用。当吴王明白西施的女间谍身份后,自不能不惩罚她以祭奠吴国真正的忠臣伍子胥,杀死西施,亦用鸱夷盛尸投水,以报子胥之仇,以塞妄杀之疚,则于情于理均十分自然。试想一弱女子充当间谍,身陷刀枪剑戟丛中,吴王岂有不识破之理,识破之后,岂有不加害而留待范蠡潇洒之理。杜牧只是将盛子胥尸体的"鸱夷"理解成范蠡的号,故而误会。

---

❶《说郛》卷三十

其他如宋代以后南京人因周邦彦《金陵怀古》的词中名句"莫愁艇子曾系"附会出一个莫愁湖来,而真正莫愁女的故乡,却在湖北钟祥。宋人曾三异《因话录》"莫愁"条以亲身经历说明了这一点。他说:"予尝守郢郡,治(县署)西偏临汉江上石崖壁可长数十丈,两端以城续之,流传此为石头城,莫愁名见古乐府。……汉江之南岸至今有莫愁村,故谓艇子往来是也。莫愁像有石本,衣冠甚古……倡女常择一人名以莫愁,示存古意。"曾氏在本文中凡两用"流传",一则于"续之"后云"流传此为石头城",二则于"甚古"后云"不知何时流传郢中",窃以为这样说,正反映出他是以南京传说为先入之见,故言"流传"云云。实际上,这里的石城莫愁名见古乐府,从时代上看早于南京,这里有莫愁村,表明莫愁女不是外来户,这里有莫愁石像,且衣冠甚古,说明莫愁女不是附会的产品,这里的民俗中仍保留有莫愁遗风,即倡女常择一最漂亮者装扮莫愁,以高身价,示存古意。湖北作家,钟祥县文化局副局长、文联主席冯道信在1989年告诉我,他写了好几篇文章,翻了莫愁湖这个案,把莫愁女的籍贯恢复到石城钟祥。

六、因热爱家乡而附会

热爱家乡堪称中国文化的一大传统,这种热爱表现在外敌入侵时自觉地组织抵抗,如广州三元里人民的抗英斗争,宋代中国北方人民村自为战组织义勇军开展抗金斗争,明末许多村寨组织对清军的抵抗等。世世代代生于斯长于斯遵循同一种风俗习惯的人们,除了当本地居民安全受威胁时会表现出家乡观念外,在和外地人谈话时彼此亦喜各自夸耀自己家乡风物人情之美,诸如有什么名胜、古迹、特产,出过何种在历史上有影响的人物等,这一点,我们在《世说新语》以及众多的地方志书中屡见不鲜,如果所言属实,自然沾不上附会的边,但如果夸耀失实,那就是附会了。

这种类型的附会最常见的情况是：

利用古名人以抬高自己家乡身价。在众多的州县志书中，我们常可看到某山的得名因某名人曾到此之类的记载，而实际上如果你花点时间研究一下那个被拉来装门面的古代名人，就会明白，那不过是因恐家乡无名胜而引不起别人重视的一种补救措施。这方面的例子太多，它既反映在文字上，也表现在口头中，在各地的口头传说中这类附会更多。不过，从积极的意义上讲，这也是向往进步和文明，重视文化的一种表征。

从政治教化的角度看，这种附会自然无可厚非，一个历史人物如果同时被几个地区的人民争夺，你说属于你县，他说属于他县，这件事实恰好说明该历史人物之深得人民群众爱戴，其政绩德行深入人心，说明这个地方官很好地完成了朝廷交给的任务。相反，如果某地方官贪腐不堪，残暴待民，则决不会被几个地区争夺，甚至连自己家乡都羞于承认。

七、因崇拜迷信而附会

封建社会的中国是官本位的国家。几千年的专制集权政治训练出来的老百姓，习惯于崇拜权势和金钱，所谓"富与贵，是人之所欲也"。钱多官大始终是人们崇拜的对象，根深蒂固，可耻复可悲。

汉朝开国君主汉高祖，虽然司马迁的《史记》写到了其父母。但其父只称"刘太公"而已，其母则干脆连姓都没有，只有一个"媪"字。《史记》《汉书》均无异辞。说明在司马迁和班固的时代，就已经不知道刘邦的父母叫什么名字了。但到了王符（85-163）、皇甫谧（215-282）手里，问题却搞清楚了。刘太公名叫刘执嘉，刘媪原名王含。到了唐代，弘文馆学士司马贞在给《史记》做索隐时又说刘邦的母亲姓温。他的依据是"打得班固泗水亭长古石碑文"，意思是说他从泗水亭拓得班固所写的古碑刻，那碑文上说汉高祖的母亲姓温。并说他"与贾膺复、徐彦伯、魏奉古等执对反复，深叹古人未闻，聊记异见"。但早在宋代，洪迈就对此质疑道："予切谓固果有此明证，何不载之于《汉纪》？疑亦后世好事者如皇甫之徒所增加耳。"❶班固自己就是历史学家，《汉书》的作者。他自己写了泗水亭长碑文，怎么自己写《汉书》时却不采用？其附会之荒唐不言自明。

此类附会即使在科学昌明的今天，仍随处可见。比如，民间盛传，中共的干部升迁后，会主动到井冈山朝圣，据说到了那里的官员就会升迁。中共的干部都忌讳到山东荣成成山头的天尽头，据说到了那里的中央高层干部，很快就会下野。关于开国领袖毛泽东，也有许多附会。如说1976年9月9日毛泽东逝世，井冈山天降冰冻，一夜之间，漫山遍野的翠竹都面向北京垂头致哀。又说，毛泽东的铜像回韶山，路经井冈山脚下，车子无缘无故地抛锚。第二天早饭后，却又很容易就启动了。大家说井冈山是主席战斗过的地方，他这是要回去看看故地故人。还说，毛泽东铜像在韶山安装时，吊车吊起数吨重的主席铜像，突然铜像在空中自转三百六十度，等等。

八、关于附会的评价

综上所述，附会有这几种表现形式，一个共同的特点是捕风捉影，以虚作实。如何看待这种弄虚作假的文化现象？作为一种民族文化，从整体上看，弄虚作假是危险的。它往往与自欺欺人相联系，这是首先必须明白的，但旅游文化本身具有自己的特殊性，矛盾的特殊性应以特殊的态度和方法来处理之。

对待景点的真伪，中国古人向有两种态度，一种是明知是假，但不去说破；另一种是以考据家的眼光刻意求真。后者以清人为突出，前者以唐、明两代为突出。平心而论，从旅游文化的特殊性考虑，

---

❶《史记·高祖本纪第八》，四库全书本。

自以前者为通达之论。西湖净慈寺的济公井，传说当年建寺需巨木，济颠和尚运用法术从四川运来大批巨木，最后一根还没浮出水面，因工匠报说材料够用，济公喝止，从此这根巨木就卡在此井中。如果游客有兴趣，以绳索缒下用电筒还可照见。这个故事无疑是杜撰的。但它却有着无穷的魅力，因为它与济公"哪里有不平哪有我"的高尚人格相联系。另外，从审美效果来看，如果不追求真伪，这个传奇的故事就可给旅游者留下广阔的想象空间。而如果要揭穿老底，那眼前的古井就毫无旅游观赏价值了。事实上，世界上许多名山大川的古迹大都可作如是观。"假作真时真亦假，无为有处有还无"，曹雪芹的这副名联，实际上蕴含着深刻的哲理。有人在赤壁大战陈列馆的设计上，坚持按历史真实来再现，这样做当然有道理。因为中国旅游文化素以崇尚真实著称于世，但如果真的这样做，将会牺牲占人口绝大多数的通俗文化层欣赏者的利益。旅游事业应该面向全社会、全人类，万全之策是二者兼顾，即真实和附会有机结合，如三国赤壁陈列馆可以各以《三国志》和《三国演义》为内容，分厅展览，从而处理好这个矛盾❶。

　　附会传统的另一表现就是规划设计某一城市或景区，或主题建筑时，要么"象天"，如秦始皇之规划咸阳就是模仿天上的北斗紫薇等星座以神化自己的居所；要么"法地"，如清代康熙、乾隆营造的承德避暑山庄，选择地块时就是有意寻找略似清王朝版图的地块规划设计的。有的人把自己的墓地建造成人体形状，如唐高宗、武则天的陵墓从地形上看，就酷似一个裸女平躺在大地上。他们的陵墓就安放在这女体里，寄希望于大唐江山像女人一样生生不息。清朝的慈禧太后当年规划颐和园，颐和园的平面图也很像一个人体。她最喜欢待的地方福寿宫其实就是在人体的肚脐眼位置。这当然是一种仿真模拟。

---

❶ 关于附会的评价，可参看笔者《中国旅游文化的附会传统研究》一文，见《晋阳学刊》1991 年 5 月号。

在具体的建筑单体设计上,此种附会更多。清朝重修南岳大庙,"正殿九间,高七丈二尺,象七十二峰"。纪念雕像方面也是这样,如陕西韩城司马迁祠墓前广场上新塑的太史公雕像高 12 米,寓意《史记》有 12 本纪,铜像重 26 吨,即 52 万斤,寓意《史记》有 52 万字的篇幅。韶山的毛泽东铜像设计也是类似思路。铜像基座 4.1 米,寓意毛泽东在位 41 年,铜像高 10.1 米,寓意中华人民共和国 10 月 1 日成立,等等,实在都是中国旅游文化附会传统的表现。

九、如何看待假古董

改革开放 30 年来,旅游业在我国取得了长足的发展。这是毋庸置疑的事实。但与此同时,旅游开发影响遗产保护的说法也广为人知。其中假古董现象最受人诟病。

(一)"假古董"概说

要研究假古董,当先明白何谓真古董。因为假古董是和真古董相互联系、互相依存的一对概念。离开了真古董,假古董也就不复存在。

何谓假古董?玩过古玩收藏的人都知道,假古董就是赝品,即相对于真文物的复制品,模仿物。你随便走进一处古玩市场,触目皆是的古董都是假古董,而真正的古董却十分罕见,不具专业知识的人根本无从判断。之所以出现这种情况,主要是因为古董可以赚取巨大的经济利益刺激了仿制和造假。2005 年,著者主持武夷山旅游景区规划项目期间,在桃园度假村看到一把鲁班尺,拿在手里沉甸甸的,很像那么回事。砍价到百元,决定买前,咨询课题组的同人、周易专家李仕澂教授,他也认为是真物。但两年后的某日,放在书斋的鲁班尺不小心滑落在地上,我拾取后发现有假。原来这一摔把铜皮和里面的木板给震出了缝隙,露出了马脚。我给李教授电话,两人大笑。明朝某人的语录中有段名言,他戏说，这个世界上只有三种人，骗人的，骗自己的，被骗的。

（二）"假古董"是旅游产品的一种存在形式

旅游产品的特殊性决定了假古董也可以成为游客欢迎的吸引物。旅游产品有很多类型。对于遗产类的旅游产品，毫无疑问应该强调其原真性，不能做假古董欺骗游客。如北京昌平明代帝王十三陵，南京的明孝陵，井冈山红军遗迹，湖南韶山毛泽东故居，那是不能搞假古董的。任何违背原真性的修复都须慎之又慎，更别说去造个仿真的明十三陵或毛泽东韶山故居。凡属重大历史事件或历史人物发生或生活过的地方，自然应该原状保存。人文遗产如此，自然遗产也是如此，如冰川地貌，火山景观，地震遗迹，原始森林，等等。当然应该保护遗迹所在地，而不是将其模拟仿造到其他地方。

但旅游产品的开发既依赖资源，也可以无中生有地创造，可以笼天地于形内，造万物于景区。这就是模拟景观。模拟景观，作为一种旅游产品，具有存在的必然性。因为旅游产品要求旅游者少跑路，多看景，从而追求效益最大化。在一些资源缺乏但区位很好、经济实力不错的地方，采用模拟景观开发模式也是无可厚非的事情，如深圳的锦绣中华、上海的大观园、横店的圆明新园。关于模拟景观，著者在《三元草堂文钞》中有多篇文章讨论，读者可以参阅。

（三）"假古董"是古已有之的传统

翻开中国的旅游资源开发历史，从旅游还只是作为一种文化活动的古代，到作为经济产业的今天，我们都不难发现，作为吸引旅游者的旅游景点的开发，并不是沿着绝对的原真性这条道走的。换句话说，许多景点的建设就是假古董模式。这是无法否认的事实。秦始皇造六国城，汉代胡宽造新丰，唐朝武宗皇帝造春申君宫殿，宋朝孝宗皇帝让工匠在德寿宫中造小西湖，清朝的康熙、乾隆之营造避暑山庄和圆明园，他们的目的当然不是出于营利。1990年深圳锦绣中华开发成功以来，北京郊区的天下第一城，丰台的世界公园，无锡的吴文化公园，横店的秦王宫，河南开封的清明上河园，河北涿州的黄帝城，江苏无锡的三国城，水浒城，等等，这些景点的开发目的营利的色彩很浓，文化快餐的特色明显。

（四）真与假的辩证法在旅游开发中的体现

按照我国古代哲学经典《周易》的思维模式，世间万物的存在都是以对立统一的方式出现的。有阴就有阳，有高就有下，有大就有小，有短就有长，有生就有死。有新就有旧，有真就有假。

旅游景点中"假古董"现象之价值判断

1. 假古董现象古已有之。并非是现代旅游业的罪过。
2. 假古董本身就是文化创造的产物，何代无之？
3. 真与假是对立的，但也是统一的。对立是相对的，统一是必然的。具体体现在：今天的假古董，若干年后就成了真家伙。因为岁月可以改变一切。后之视今，亦犹今之视昔。历时既久，即为名胜。清朝曾经有人编过一个笑话，可以作为讽刺过分强调原真性的一个例子。说的是某人天性好古，喜欢玩古董，但鉴赏力又不太高明。有人向他兜售一领破席，说是周文王睡过的；向他兜售一把弊帚，说是颜回用过的；又有人向他兜售一把断剑，说是吴国贤人季札用过的。结果把他的家产都骗光了，他便披着某古人的外套，夹着周文王在羑里坐牢时用过的席子，腰上佩着延陵季札的断剑，手里拿着颜回用过的弊帚，洋洋自得地到处招摇。谁看了都会觉得那个玩古董的呆子可笑。实际上，我们的文化难道都是真正的古董么？清代学者型官员阮元一生嗜好古董，所到之处修复古迹，组织门客编书，对中华遗产保护贡献很大，但他也曾被古董商骗过。某人恶作剧地将一个烧饼的图案制成拓片，很慎重其事地送给阮元。因为那张拓片很像古代的铜镜，阮大人以为得到了一件稀世珍品。

中国古人的见解是很通达的。如果原建筑物还基本完整可用，古人绝不会随便拆除，大多数人都会主张仍旧观。但如果原建筑物已经破坏殆尽，而这个建筑又很有价值，中国古人就会走重建的路线。重要的是保存有价值的历史记忆，而不必拘泥于是否和原物一模一样。

但近30年来一直存在着拆除真古董、建造假古董的现象，这却是必须防止的。新农村建设过程中，许多地方把本来从前有规划的格局很有讲究的传统村落扒掉，重新建造横平竖直的工厂宿舍式样的新农村。这是一种杀风景的行为，但不属于本章话题。江西弋阳本有一条明清古街，最晚的商铺建筑是民国期间的。但1998年前后，地方政府某主要领导为了迎合投资商的口味，自作主张将一条商业古街拆除，重新建造仿古商业街。这是新时期新形式的杀风景。近年来，为了记住乡愁，美丽乡村建设过程中大量出现建造假古董大牌坊等现象。城市改造中千城一面，没来由地将原居民迁走，再花巨资建一条仿古商业街，结果是门庭冷落，游客无几。

第十二章
"与其倚门而富,无宁补屋而贫"
——中国古代的性旅游文化传统

一、性旅游溯源

探讨中国古代旅游文化传统,不可不涉足性旅游这个题目。先说说性旅游这个名词。所谓"性旅游",是个现代名词。它是西方旅游大国在发展旅游业过程中出现的。它指的是旅游者由甲地到乙地观光期间的一项活动内容。这种以享受和异地异性短期寻欢作乐为特征的活动,不同于欣赏自然山水、名胜古迹。通常情况是,接待国有专门供异国游客寻欢作乐的场所,这也就是通常被人们称作红灯区的地方。这种事业总是以营利为目的的,其商品即活生生的人——性工作者,其服务方式是:通过缴纳一定数量的金钱,游客即可得到性工作者的肉体服务。

这个名词虽然是近年才有的,而这种人类性文化现象却有着几千年的历史。

在人类历史上,卖淫现象最初出现在宗教领域。沙尔·费勒克《家庭进化论》指出:

在巴比伦,女子一生中总有一次不得不到维纳斯圣堂去淫行的。希罗多特(Herodote)在公元前440年已讲到这一件事。他说:在某地方一切女子,在她有生之年总有一次不得不到维纳斯圣堂里去给外人淫乱的……

> 在古代埃及的推背士（Thebes）把贵族阶层最美丽的女子，奉献给亚孟神（Amon），就是当时的习俗。女子在神庙内淫乱之后，经过一个时期并且得到金钱与名誉之后，要找一个富足的结婚也是很容易的。

日本妇女学专家八摒利彦在《妇女问题本质》一书中总结说：

> 在那个时候，欲行自由性交的男子须献贡品于神，到后来变为出香火钱，与神殿巫女自由性交，以后再变为卖淫，成为娼妓了。

这些语言，对于宗教气氛浓厚的文明古国埃及、巴比伦、印度娼妓制度之流变，说得相当中肯。公元9世纪中叶，阿拉伯商人苏莱曼在漫游印度、中国的旅行记《东游记》中写道：

> 在印度，有一种卖淫的女子，人家叫她们作"菩萨的娼"。她们的来源如下：当一个妇人许了愿，生下一个美丽的女孩后，她就把她带到菩萨面前，将她献给他，然后那女人就在市上为她的女儿找一座房子，在门口挂上一张彩幔，让她的女儿坐在那儿的一张太师椅上……任何人只要出一笔定价，他就可以做这女子的客人。每次这个娼妓将这钱积到一个整数时，她就把这钱交给她被献寺院的看守人，去做寺中的用费。

这，或许可以作为人类性旅游的滥觞吧。❶

二、中国古代性旅游概说

中国文化，从整体上看，不像其他几个文明古国宗教气氛那么浓烈，因而宗教卖淫现象几乎没有出现。虽然在南方楚文化中有许多宗教色彩甚浓的人神恋爱故事。如楚辞中的《湘君》《湘夫人》《山鬼》等，这些充满浪漫气息的文学作品，也没有一处

---

❶ 《苏莱曼东游记》，书名，又有译本作《中国印度闻见录》。是9世纪阿拉伯商人苏莱曼旅行中国、印度的记录，其中关于我国广州的叙述尤其详细，是迄今所知的阿拉伯人著作中有关中国的最早的一部，新中国成立前商务印书馆有刘半农、刘小蕙父女合译本。

明白透漏宗教卖淫的信息。这主要是因为中国文化有自己的特色，这个特色就是祖先崇拜。要说有宗教，祖先崇拜就是中国最大的宗教。

在先秦古籍中，我们看到了《诗经》中的《郑风·溱洧》，那诗意说的是郑国有一种习俗，每年三月上巳，在溱、洧两水上举行禊礼。禊礼的本意是祓除不祥，而副产品则是男女相谑，采兰赠芍。我们也从太史公的《史记》中读到了齐国的州闾之会。在这种集会上，"男女杂坐"，"相引为曹"。"握手无罚，目眙不禁。前有坠珥，后有遗簪。日暮酒阑，合尊促坐，男女同席，履舄交错"，甚而"杯盘狼藉，堂上烛灭，罗襦襟解，微闻芗泽。"然而这些记载只不过类似于今天苗族同胞于孟春合男女于野的"跳月"活动，是一种自由恋爱的形式。它是以追求两性间的自由选择为内容的，是为了人的自我满足而不是为神作牺牲。

中国的娼妓文化，从一开始便打上了官办的烙印。创办者的动机不是为了娱神，而是为了娱人。不是为了减少淫乱行为，而是为了增加国库收入。在我国，首创官办妓院者为管仲。管仲是齐桓公时的相，是中国历史上有名的政治家。在与群雄角逐过程中，为了富国强兵，管仲将战争中俘获的女俘虏"变废为宝"。在国内办起了"女市"和"女闾"。"女市"比"女闾"的层次高些，系宫廷中供国君享乐的。而"女闾"则对一般臣民开放。在齐桓公时代，首都临淄的"女市"发展到7所，而全国范围内的"女闾"竟发展到700所之多！管子创"女市""女闾"，一方面用以满足齐国君臣的性欲，另一方面也有借此温柔乡来吸引各国人才，增加国库收入的用意。这件事，《战国策·东周策》《管子·权修篇》《齐记》等战国古籍中，皆有"管子治齐，置女闾七百，征其夜合之资，以充国用"的记载。以政治家的治国谋略论，管子的做法是无可厚非的。然而蔑视女性的人身自由，视女人为男人的玩物，为国家赚钱的工具，2000多年前开创此种风气，其流毒数千年，戕害数以千万计的女子之身心健康，功耶罪耶，自不待我等评说。

有人以管子比雅典大政治家梭伦创办国家妓院早半个世纪而引以自豪,据我看来,这并不足以证明管子的伟大。

回顾我国性旅游的历史,虽然向来有官营和私营的区别,而"征其夜合之资",用娼妓的肉体来换取金钱则是一致的。在我国,性旅游在唐宋以前主要是官营,明清以后则以私营为主。到1949年新中国成立,娼妓制度这一中国性文化的毒瘤才算从根本上被割除了。我们可以埋怨妇女的解放还存在这样那样的问题,但谁也无法否认,从制度上消灭公开的卖淫这种病态文化现象,则是中国甚至可以说是世界妇女解放史上的一个划时代的进步。

写到这里,有必要简单介绍一下中国历代娼妓的来源。概括说来,中国历代娼妓,不外以下来源:(1)战争中的女俘虏。(2)触犯国家刑律的罪犯之妻女。(3)贫困得无法存活的贫家女子。(4)被坏人拐骗的良家女子。(5)不愿受贞操生活约束的品性放荡的女性。在历代娼妓中,以前两类居多。管仲为了称霸诸侯,将女奴隶充当娼妓。越王勾践将有罪的寡妇迁到山上,"使士之忧思者游之,以娱其意"。"勾践将伐吴,徙寡妇置山上,以为死士,未得专一也。……勾践所以游军士也。"[1]这都是用女奴隶来笼络士卒的实例。汉代沿袭齐、吴旧法,创营妓制度,即在军队设立军市。一军设一市,有专人管理。如东汉时蔡遵就当过军市令。[2]汉代军市中的娼妓习称营妓,用现在的话讲,就是随军妓女。这些妓女来源如何呢?"汉制:罪人妻子没为奴婢。"[3]"妇女坐其父兄,没入为奴。""群盗妻子徙边者随军为卒妻。"[4]这不是说得十分明白吗?魏晋南北朝的娼妓制度以家妓为特色。尽管与我们这里所谈的性旅游关系不大,然而同样大半来源于奴隶和俘虏。在刘义庆的《世说新语》中,我们看到的所谓名士杀起家妓来就像宰鸡子一样不

---

[1] 《吴越春秋》《越绝书》。

[2] 《后汉书·蔡遵传》。

[3] 《汉律》,见《三国志·魏志·毛研传》引。

[4] 《吕览》注引《汉律》。

动声色。这实在是因为当时法律允许这种野蛮现象存在的缘故。到了唐宋,性旅游事业蓬勃发展,但主要形式仍是官营。娼妓来源,除少数系被奸人拐骗、误堕风尘的良家女子外,❶大量的仍是籍没罪人妻女为娼。这种风气宋元明各代依然。至清乾、嘉时始革其弊。至于卖身为娼者,在宋代记载中已开始出现。《武林旧事》:"沈遘,嘉祐中以礼尚(礼部尚书的简称)知杭州,令行禁止……良家女卖入娼肆者,悉以钱归其父母。"可见当时已存在这种娼妓来源了。在南宋,已有专门经营买卖良家女子为娼的社会组织——"娼侩"了❷。

在汗牛充栋、令人眼花缭乱的历代性旅游文化资料中,触目皆是对娼妓色相的欣赏,露骨的色欲描写,乃至于历代文学作品中几乎都有这种性文学。而像上述娼妓来源的资料中,娼妓饮恨终身的情形,在性旅游文化中所占比重却少得惊人。

我之所以在这里花如许笔墨来介绍中国古代性旅游的历史,只是为了唤取读者对历史上千千万万娼妓的同情。当然,在中国古代性旅游文化史料中,向往自由幸福的夫妻生活,厌恶倚门卖笑、毅然从良者亦大有人在。同情娼的悲惨命运,对这种不人道的社会现象进行制止和在力所能及的范围内帮助部分妓女跳出火坑者亦不乏其人,而这种境界恰好是我中华民族的民族精神在性旅游文化中的体现。认识了中国古代娼妓的来源,我们就会明白,为什么在历代娼妓史料中,竟然出现了那么多千方百计谋求从良的女流。认识了中国古代娼妓的来源,我们就明白为什么寻花问柳始终是以贬义词的形式出现在我们的辞典里和人们的口头中,而笃于爱情、生死一心的嫖客和妓女为什么总是容易赢得人们的好感和同情。认识了中国古代娼妓的来源,我们也就会明白,为什么宋以后的明君贤臣总是严令禁止官吏宿娼。我们也因而容易理

---

❶ 《北里志》
❷ 滕洙《尊德性斋集》

解，为什么许多地方官和仁人志士总是尽其所能地为娼妓从良而努力。我们也因而容易理解，为什么绝大多数娼妓从良后都十分珍惜自己做人的尊严。

三、中国古代娼妓的从良传统

在中国古籍中，见于记载的娼妓明确表达其从良愿望且见诸行动者自唐代始。当然这绝不是说此前的娼妓死不觉悟，甘心处于受侮辱被玩弄的地位，而是因为书缺有间，无从谈起。

在唐代，虽然我们还没有找到相应的史料，但在中唐时期，著名文学家白居易之弟白行简在他的传奇《李娃传》中为我们提供了一条这方面的信息。常州刺史郑公的儿子郑生，进京应试时结识了平康里妓女李娃，郑生为其颜色所动，于是两情相悦，岁余客囊花空，娃姥（假母）设计逐客，郑生落魄长安市中，为凶肆之吹鼓手。后乞讨时偶然冻僵在李娃新居门前。李娃乃悟姥前逐客之计，乃毅然缴纳了从良费用，另赁他舍悉心护理郑生。后又用自己的积蓄，督促郑生参加进士考试，并得以高中榜首，授成都府参军。待郑生功成名就之日，李娃便选择退隐。最终，李娃终于以其高风亮节感化了门第思想顽固的老公公。李娃正式过门后，"岁时伏腊，妇道甚修，治家严整，极为亲所眷"。以至于使白行简亦深受感动，发出"嗟乎，倡荡之妇，节行如是，虽古先烈女，不能逾也"的感慨。

宋代文献中，关于娼妓渴望从良的记载远远超过唐时，例如：

> 东坡自钱塘被召，过京口。林子中作守，郡宴会，坐中有营妓出牒："郑容求落籍，高荣求从良。"子中命呈东坡。东坡索笔为《减字木兰花》词，判其牒尾。❶
>
> 成都尹怜温仪本良家女，失身妓籍。蔡相帅成都，

---

❶ 《东坡志林》

尹告蔡，请除乐籍。❶

到了明清两代，要求"落籍"的呼声更高。我们从明人拟话本"三言二拍"中亦可获悉有关信息。如《警世通言》中的名篇《杜十娘怒沉百宝箱》，就是描写北京名妓杜十娘久有从良之志，幸遇多情厚道的嫖客李甲，因相爱而缴款脱籍后又被李甲转卖他人的故事。在十娘脱籍，双双踏上还乡途中，李甲为盐商孙富所挑拨，决定将十娘卖给孙富，十娘悲愤之余，一气将积攒的价值万金的金银珠宝投于江中，自己亦投水自尽。这可以看作是文学作品中妓女从良失败的一个典型。然而即便失败，十娘的侠肝柔肠，在当时就曾使孙富这样的衣冠禽兽胆战心惊，使负义忘情的李甲愧悔终生，使聚观众人"无不流涕"，"都唾骂李公子负心薄幸"。事后，人们评论此事，"以为孙富谋夺美色，轻掷千金，固非良士；李甲不识十娘一片苦心，碌碌蠢材，无足道者；独谓十娘千古女侠"，"乃错认李公子，明珠美玉，投于盲人，万种恩情，化为流水，深可惜也"。清人捧花生在《画舫余谭》中谈到一个叫顿子真的秦淮妓女，"素心自照，不愿以色事人，惟寤寐才士"。后遇邹生，谋脱籍不果，乃投水殉情的故事时，曾发了如下一通感慨：

> 呜呼噫嘻，此快事也。屈原死忠，曹娥死孝，子真死痴。夫人得其情则生，不得其情则死。至于情死，情而性，痴而真，死忠死孝同念也。

从作者的赞叹声中，难道我们不能领悟中国古代性旅游文化深层结构中所蕴含的民族精神么？在中国古代，像李娃、杜十娘、顿子真这样的女子不知还有多少。他们一旦看准了某人的品行可靠，爱上了这个人，便以生死以之的精神来对待。为了维护丈夫的名声，甚至有丈夫死后削发为尼以坚其志者：

> 汪怜怜，湖州名妓也。涅古伯经历尝属意焉。……乃遗媒妁，备财礼娶之，经三载死。汪髡发尼寺。时公卿士

---

❶ 《花草类编》

第十二章 "与其倚门而富,无宁补屋而贫"

大夫有往访之者,汪故毁其身形以绝狂念,卒老于尼。❶
有妓女从良后,旧日相好来访,乃正言断其邪念者:

> 成化间妓林奴儿,风流姿色冠于一时。落籍后有旧知欲求见。因画柳枝于扇,诗以谢之曰:"昔日章台舞细腰,任君攀折嫩枝条。从今写入丹青里,不许东风再动摇。"❷

诗句义正词严,提醒来访者今非昔比,用人性的尊严捍卫自己。中国古代娼妓从良后,固然也确有像唐《北里志》中所记述的楚儿那样死不觉悟的性渴望者:"楚儿后为万年(县名,在陕西省)捕贼官郭锻所纳,置于他所。郭公务繁忙,又有正室,因此光顾楚儿较稀,楚儿则旧习难改,或以巾笺送遣。郭每知必极笞辱,楚儿虽甚痛愤,已而殊不少革。"但更多的则是怀着"使问天果属有情,得知已死可不恨"和"与其倚门而富,无宁补屋而贫,与其为伧父妻,无宁为才人妾"之类志趣高雅的女子。❸如清代著名文人冒辟疆之妾董小宛。

在谈到中国古代性旅游文化中所体现的民族精神时,对于宋明以来,特别是清代诸帝的禁娼活动,是不应忘记的。

在中国历代帝王中,对性旅游大感兴趣、乐此不疲者,实比比皆是。如楚襄王之游云梦淫巫山之女❹,鲁庄公之前往齐国玩女人即"观社",齐桓公之将国事分属鲍叔牙和管仲,自己则被(披)发而御(玩弄)妇人,日游于市("女市")。鲁国的季桓子微服(化装成普通人)往观齐国所送之女乐(以上分别见于《韩非子·外储说》和《论语》)。隋炀帝之游幸江南,造迷楼以藏天下美女供其享乐。❺南唐李后主微行娼馆。❻蜀主孟昶上元节观灯,召妓入宫。❼宋徽宗

---

❶ (元)陶宗仪《辍耕录》
❷ 《无声诗史》
❸ (清)梁绍壬《韵兰序》中语。
❹ 宋玉《神女赋》
❺ 《大业拾遗记》
❻ 《清异录》
❼ 《蜀梼杌》

微服宿于名妓李师师之家，甚至与大词人周邦彦争风吃醋。❶考诸历史，大凡亡国之君十有八九溺于女色，后宫三千犹不惬意，而为寻求新鲜刺激乃冒险深入娼楼妓馆，言官为此进谏者史不绝书。

历史上另外一些有作为的帝王，则不仅以身作则，而且制订刑律，禁止官吏宿娼。从宋代开始，国家刑法上便规定不许官吏宿娼。在宋代文献中，我们发现了大量关于官吏因冶游而遭惩罚的记载，如《江湖纪闻》上说：

> 刘过，字改之。辛稼轩客之。稼轩帅淮时，改之以母疾辞归。是夕，改之与稼轩微服登娼楼，适一都吏令乐饮酒，不知为稼轩也，令左右逐之。二公大笑而归。即以为有机密文书，唤某都吏，其夜不至。稼轩欲籍其产而流之，言者数十，皆不能解。遂以五千缗为改之母寿。言于稼轩，令倍之。稼轩为改之买舟于岸，举万缗于身中。

这个都吏有眼不识泰山，碰在上司手里，自然甘心受罚。《山房随笔》上有一则材料，说的是：

> 岳阳教授陈诜，与妓柳江狎。岳守孟之经闻之，一日公宴，柳江不侍，呼杖之。又文其眉须间以'陈诜'二字，押隶辰州。

这种处分对于陈诜、柳江都是很重的了。著名诗人石曼卿亦曾因微行娼馆被城隍巡逻官狠揍了一顿，可见当时禁律之严。

明初著名文人解缙曾给朱元璋上万言书，其中特别提到娼妓问题，他说：

> 官妓非人道之所为，禁绝娼优，易置寺阉……妇女非帏薄不修，勿令逮系。今之为善者，妻子未必蒙荣；有过者，里胥必陷其罪。况律以人伦为重，而有给配妇女之条，取之于不义，则又何取夫节义哉。❷

---

❶ 《李师师外传》
❷ 《明史·解缙传》

解缙的奏章,无异是为千百万蒙冤负屈的官妓请命。洪武采纳了解缙的意见。故有明一代虽然娼妓事业繁荣,但主要是私营性质的娼楼妓馆。清代顺治、康熙、雍正、乾隆诸帝,也都曾明令禁止官娼。到乾隆一朝,这一危害中国近2000年的官妓制度总算结束了。

四、中国古代性旅游面面观

"性旅游"作为封建社会的一种制度,虽然已经从中国的大地上消失了。但作为一种世界性的特殊文化现象,它的生命力也许还远未结束。在当今世界上,不少国家不是仍在靠此道赚取外汇掏旅游者的腰包吗?在美国,女权运动的宣言上不是振振有词地强调,一般劳动者可以出卖体力来赚钱以谋生,女性为什么不能用出卖肉体这种并不特别辛苦的工作方式来赚钱糊口?未来的世界女性们将如何看待"性旅游"这件事的功过是非,我无法预测。但我想,介绍一下中国古代的性旅游的一些情况,让中、外读者了解一下历史上的"性旅游"这种性文化现象,也许对于丰富读者的中国文化知识,认识当代蔓延世界的旅游病——性旅游,不是全无裨益的事情。

在中国古代,有一本古书叫《列子》。这本书据清代学者考证,认为是东晋张湛假托古人而作。这本书中有一章,名叫《杨朱》,其中所反映出的晋人享乐哲学,从某种意义上讲,可以说是中国古代性旅游文化的哲学基础。那书上有一段著名的论述:

> 万物所异者生也,所同者死也。生则贤愚贵贱,是所异也,死则臭腐消灭,是所同也。十年亦死,百年亦死。仁圣亦死,凶愚亦死。生则尧舜。死则腐骨;生则桀纣,死则腐骨。腐骨一也,孰知其异?且趣当生,奚遑死后?

他因此盛赞所谓"太古之人"的生活哲学:

> 太古之人,知生之暂来,知死之暂往。故从心而动,

不违自然所好。当身之娱非所去也，故不为名所劝，从心而游，不逆万物所好。死后之名，非所取也，故不为刑所及。名誉先后，年命多少，非所量也。

正是这种及时行乐的享乐哲学，使那温柔乡的常客们醉生梦死，生死以之。他们明知这种放荡行为，对于身体健康有着极大的危害性，许多人因此而染上终生不愈的性病，仍然执迷不悟。这当然还应部分归罪于古代教育的不科学。在中国，性是一个避讳的词儿，似乎谈论性便是庸俗下流的象征，与这种根深蒂固的民族心理相联系，性教育也不是取开放的方式，而是取封闭的方式。我曾在一篇古代小说中读到这么一个故事，一个入学不久的女学童手捧《周易》，问他的家庭教师："天地氤氲，万物化生，男女构精，而人生焉"是什么意思？那位教师像《牡丹亭》中杜丽娘的老师回答杜丽娘的疑问一样，以女孩子问这干什么一类话搪塞过去。封建时代的教育者们只知以功名利禄、忠孝仁义相灌输，只知用"礼"来节制"欲"，而极少人懂得从纵欲生活对人的生理、心理造成的危害这方面进行教育。"男女之际，人之大欲存焉。"教育者故作神秘，或避开最本质的问题，则被教育者自然会表面上遵礼守法，背地里放纵情欲。中国3000年来的历史中，虽然圣经贤传并未倡导性旅游，并且更多的是遏止、否定，但这种教育并不奏效。古往今来那么多人满嘴里仁义道德，满肚子男盗女娼，不能不说是教育不得法的结果。窃观美国社会，前些年以性生活十分开放著称于世，近几年一闹艾滋病，人人自危。想享受这种生活的当事人往往千方百计弄清对方有无这方面的病史，和从前相比，变得谨慎多了，曾一度风雨飘摇的一夫一妻制家庭重新获得巩固。没有别的，就因为美国人开始讲科学，即使是性和性病，卫生部门想方设法地解说，把科学研究的结论普及到千家万户中去。

中国古代的妓院，是经官方批准的营业组织。唐以前的妓院机构由于文献不足，不甚了了。在唐代，女性若欲做妓女，需向

第十二章 "与其倚门而富，无宁补屋而贫"

地方治安部门提出申请，中世纪阿拉伯商人苏莱曼在其《东游记》中对此作了如下记载：

> 在中国，有许多女人不愿意做贞操的女人，而愿意做娼妓。按照习惯，他们应当先去见警察长官，向他声明她们对于贞操的生活，不合脾胃，情愿置身于娼妓之列。并声明情愿遵守专为此种妇女而设的条例。

专为娼妓而设的条例如下：

> 把她的家世、住址——写下，交给娼妓局登记。在她颈上挂一条绳，绳上悬有铜印一个，印上加盖王印，发给她一张文凭（按：刘译不妥，应为身份证），文凭上声明该女人已作娼妓，每年应向王库完纳钱币若干，如有任何男人娶她为妻，应处死罪。自此以后，该女人每年按照一定的数目完捐，她就可以做娼妓，全无危险了。这样的女人每天晚上穿上各种颜色的衣服出门去，露着面寻找新到本国的外国人——那些荒唐的下流的——和本国人，跟着他们到家里过夜。

苏莱曼的记载大体可信，盖因唐代对外贸易极为发达，西安、广州、泉州等地外商云集，性旅游在这些地方特别发达也可以理解，至于管理妓女的机构，唐代文献中记载为教坊司。《北里志》和《教坊记》这两部由唐人写成的专记妓院情形的书中，对当时妓院的组织形式有较详细的记载。像苏莱曼所说的一旦当了妓女，谁若娶她，便是死罪。这从上述两书中还找不到类似记载。不过，可以肯定的是，当时的妓院已有官营和私营的分野。苏莱曼所说的想必是那官营一类吧。《北里志》的作者说：当时的"娼妓之母，多假母也"，一个假母往往有三四个甚至更多的养女。其实，无非是设为母女，暗中营业，以避官府之检查。有一个叫福娘的妓女希望嫁给嫖客孙棨。她对孙说："某幸未列教坊籍，君子倘有意，一二百之费尔。"此类妓女多是因种种原因被假母买进来作赚钱的工具。一旦为假母赚足了钱，而又凑巧碰上了有心娶她的男人，则只需交纳一定数量的银钱便可获得自由。比之已经正式办理登记手续的官营妓女相对来讲要容易一些。古代小说中许多妓女从良，都免不了要受假母的敲榨，都是指的私营妓院。

至于官营妓院，不论"营妓"，还是"官妓"，妓女欲脱籍，必得主管部门许可。《玉泉子》中有一条记载说：

> 韦保衡初登第，独孤云除四川，辟在幕中，乐籍间有佐酒者，副使李甲属意，以他适，私期回将纳焉。保衡既至，不知所之，诉于独孤，且将解其籍。李至，意殊不平。保衡不能容，即携其妓以去。李益怒，累言于云，云不得已，命飞牒追之而回。

只因四川节度副使的请求，节度使一纸公文，便可追回被幕僚勾引走的妓女。可见当日营妓的管理权主要握在镇帅手里。在唐代，官妓管理亦很严格。《北里志》上说：

> 京中饮妓，籍属教坊，凡朝士宴集，须假诸曹署行牒，然后能置于他处。

就是说，即便是朝官，如果要宴客，需动用教坊司下的"官妓"，先要向教坊司请示，获准后才能前往游览场所陪客。在唐代，进士从事性旅游的最多，其风流逸事也最多。《开元遗事》上说：

> 长安右平康坊，妓女所居之地，京都侠少萃集于此。兼每年新进士以红笺名纸游谒其中，时人谓此坊为风流薮泽。

唐人重进士。故一中金榜，身价百倍。苦吟诗人孟郊46岁上考中进士，赋《登科》诗云：

> 昔日龌龊不足夸，今朝放荡恩无涯。
> 春风得意马蹄疾，一日看尽长安花。

这"看花"，"放荡"，无不告诉我们新科进士心花怒放之余，自然忘不了向风流薮泽一游的。更有一种放荡不羁的挟妓饮宴：

> 长安进士郑宪、刘参、郭保衡、王冲、张道隐等十数辈，不拘礼节，旁若无人。每春时选妖姬三五人，乘小犊车

揭名园曲沼，藉草偎形，去其帽，叫笑喧呼，自谓颠饮。❶

唐人还有很奇怪的风尚，旅游者多喜狎年长于己的妓女。《北里志》上记载说：当时"诸妓皆冒假母姓呼以女兄，为之行第，率不在二旬之内"。并举了少年进士刘覃才16岁竟狎年长于他将近20岁的妓女绛真，进士赵光远亦与年长于他一大截的妓女莱儿恩爱如夫妻。唐代旅游者狎妓，不以妓女容貌美否为去取之标准，他们更看重妓女的文化素养和谈吐。《北里志》举绛真为例，此妓"其姿亦常常，但蕴藉不恶，时贤大雅尚之"。"莱儿貌不甚扬，但利口巧言，诙谐臻妙。"唐代地方官对于性旅游乐此不疲者不少，其熟为人知者武官有韦皋，文官有元稹、白居易。在他们的诗歌中，关于饮酒狎妓的描述甚多，像元稹的《会真诗》本身就是性旅游题材的代表作。其最富人情味的当首推薛宜僚。《诗话总龟》引《唐贤抒情集》云：

> 薛宜僚，会昌中为左庶子，充新罗册赠使。从青州泛舟，频遭恶风雨，泊邮传一年。节使乌汉真尤加礼遇。乐籍有段东美者，薛颇属情，连帅置于驿中。是春，薛发日祖筵，呜咽流涕，东美亦然。薛至外国，未行册礼，旋染疾，语判官苗甲曰："东美何故频见梦中乎？"数日而卒。……薛榇回青州，东美至驿，素服哀号，抚棺一恸而卒。

这样的性旅游竟还存有几分浪漫的意味呢。唐朝以诗取士，举国重视，故虽妓流，多善吟咏。《本事诗》载欧阳詹游太原，爱上了一名妓女，两人相约待詹中进士后便将女方迎至京都。别后该妓女思念情切，一病不起，乃剪发作诗寄詹，诗成而逝。其诗曰：

> 自从别后减容光，半是思郎半恨郎。
>
> 欲识旧来云髻样，为奴开取缕金箱。

也有妓女从良后仍积习难改，而遭丈夫毒打，女方以此入诗者。

---

❶ 《开元遗事》

如《北里志》所载楚儿《赠郑昌图》诗：

> 应是前生有宿冤，不期今古恶姻缘。
> 蛾眉欲碎巨灵掌，鸡肋难胜子路拳。
> 只拟吓人传铁券，未应教我踏青莲。
> 曲江昨日君相遇，当下遭他数十鞭。

如果说热衷性旅游者，为的是弥补旅途寂寞的话，那也许只适用于一般地方官、士子和商贾。因为仍有那么一些帝王，也往往要不顾臣下的非议，微服寻花问柳，以求刺激。《清异录》上说：

> 李煜在国，微行娼家，遇一僧张席。煜遂为不速之客，乘醉大书右壁。僧、妓不知其为谁也。

宋代性旅游，其繁荣不让唐代。记载性旅游活动的书籍有孟元老的《东京梦华录》、周密的《武林旧事》、灌园耐得翁所著的《都城纪胜》三书。孟元老的书记北宋性旅游情况甚详悉。其"酒楼"一节云：

> 凡京师酒店门首皆缚彩楼欢门，唯任店入其门，一直主廊约百余步，南北天井两庑皆小阁子，向晚灯烛荧煌，上下相照浓妆妓女数百，聚于主廊楼面上，以待酒客呼唤，望之宛若神仙。
>
> 更有下等妓女，不呼自来，筵前歌唱，临时以些小钱物赠之而去，谓之荆客。

周密《武林旧事》则叙述南宋性旅游情状最详，其"歌馆"一节云：

> 平康诸坊，如上下抱剑营、漆器墙、子皮坊、清河坊，……皆群花所聚之地。此外诸处茶肆，清乐茶坊，八仙茶坊，珠子茶坊……各有等差，莫不靓妆迎门，争妍卖笑，朝歌暮弦，摇荡心目。

周密比唐人心细，他的书甚至对嫖客进店的诸项开支名目亦有记述：

> 凡初登门则有提瓶献茗者，每杯茶亦钱数千，谓之

"点花茶"。登楼甫饮一杯，则先与数贯，谓之"支酒"。然后呼唤他妓，随意置宴。赶趁氏应扑卖者，亦皆纷至。浮费颇多，或支额招呼他妓，虽对街亦乘轿而至，谓之"过街轿"。

《都城纪胜》一书中还提到南宋临安的一种"庵酒店"，这种酒店命名的潜在意思是说里面有娼妓，可以就欢。这种酒店"于酒阁内暗藏卧床"，"门首红桅子灯上，不以晴雨，必用箬盖盖之，以为记认。其他大酒店只伴坐而已，要买欢则多往其居。"

宋代性旅游十分发达，游客方面多舍得花大钱。许多富商大贾为了得到色艺双全的名妓好感，有不惜日掷千金者。《癸辛杂识》中讲到吴兴巨富沈承务为了吴妓徐兰，半年之间挥金数百万。荒唐的宋徽宗在艮岳玩够后，更微行作狭斜游，因爱上汴京镇安坊名妓李师师，前后赏赐金银钱帛不下 10 万，足见宋人较唐人奢侈。

宋代妓女亦多能词者。这情形正如唐妓之多能诗，元妓之多能曲一样。盖因时代风气所重，而文人又多喜徜徉于青楼妓馆，耳濡目染，自是必然之势。

辽金元明清以降，性旅游总体上还是沿袭唐宋，只是在一些局部规定上有所修改，而随着国家的禁止官吏狎娼，与之相适应，私营妓院代替了官办妓院。晚清鸦片战争以后，列强侵入我沿海城市和长江口岸，上海、武汉等地外国资本家云集，不仅中国女性从事卖笑生涯者日多，而且也有不少外国女性有组织地来中国出卖色相，因此堪称性旅游的一个新时代。这种情况直到 1949 年新中国成立才告结束。

第十三章
"昼短苦夜长,何不秉烛游"
——中国旅游文化的忧患传统

一、概说

我们中国人,对于"忧患"二字,真是再熟悉不过了。儒家先哲告诫说:"人无远虑,必有近忧。"❶《周易》系辞的作者在精研《周易》后,感慨道:"作易者其有忧患乎"? 司马迁在身遭宫刑、隐忍苟活而写成《史记》一书后,曾对他的挚友任安发表了忧愤著书的见解:"古者富贵而名磨灭者不可胜记,唯倜傥非常之人称焉。盖文王拘而演《周易》;仲尼厄而作《春秋》;屈原放逐,乃赋离骚;左丘失明,厥有《国语》;孙子膑脚,兵法修列;不韦迁蜀,世传《吕览》;韩非囚秦,《说难》《孤愤》;《诗》三百篇,大抵圣贤发愤之所为作也。此人皆意有所郁结,不得通其道,故述往事,思来者。"❷儒家人生哲学认为,人生是艰难的。要使自己的思想符合客观实际,就必须像尧、舜、禹等先贤那样,始终保持忧患意识,用坚韧不拔的毅力,锲而不舍地去积极进取。宋人欧阳修在《新五代史·伶官传序》中总结后唐庄宗得天下与失天下的原因时,曾说过"忧劳可以兴国,逸豫可以亡身"的警句。道家创始人老子

---

❶ 《论语·卫灵公》
❷ 《报任安书》

说："吾有大患，患吾有身。"他认为人生太不自由。因为有了这血肉之躯，连本来可以自由驰骋的思想也连带受到束缚。庄子虽然写下了《逍遥游》，他的葱茏的想象力固然有精骛八极、神游万仞的魔力，然而"不能无所待"的困惑却可从字里行间读出。在《庄子》全书中，仍暗藏着无法排遣的忧患感和愤世感。道家哲学认为，只有否定了现代文明，让人类回到毫无机心的太古洪荒时代，达到入鸟不乱行、人兽不乱群的境界，人类才有可能摆脱忧患感的压迫。除开土生土长的儒、道哲学具有深刻的忧患意识外，佛教哲学也认为人生就是无常，因而断定只有放下贪嗔痴爱为代表的我执，以利益众生为追求，才能得到精神上的解脱。

在西方，由于有上帝信仰，人们视死亡为到天国报到，灵魂可以栖息在天国的土地上，而中国人的宗教是祖先崇拜。中国人早在春秋时代便已认识到死亡是肉体的消灭，如《列子》等书中持是说。因此中国文化中对于死亡的清醒，在世界文化中都是极为突出的。这种对生命终结不安的忧患，在儒家那里，解决的途径是实践孝道，借助各种等级、各种类别的祭祀活动，将子子孙孙跟列祖列宗联系在一起，让人从这种传承存在中找到安全感。家谱就是一个连接过去现在和未来的精神纽带，也是记载家族发展变迁的重要载体。为了激励人们死而不亡的成就感，儒家发明了"太上立德，其次立功，其次立言"的三不朽哲学。即把有限的人生投入到无限的事业中去，让生命以肉体的形式结束后，仍能以精神的形式继续存在，也就是用争取身后名来弥补人生有涯的缺憾。道家哲学则以"纵浪大化中，不喜亦不惧"的顺应自然，超旷自处的态度对待之。而杨朱派的人生哲学则极力鼓吹纵情享受，他们对当前享受的看重远远超过对身后名声的企望。就中国情况看，比较普遍的战胜忧患压迫的选择还是以前两类为多。

在这种忧患意识熏染下的中国旅游文化，是个什么样子呢？这正是下面要回答的问题。

二、从《周易·旅卦》说起

尽管古代的旅游跟今天的旅游有很多不同,但最基本的要素还是很接近的。因此,在讨论中国旅游文化传统时,我们不能不涉及《周易》的旅卦。

可以这么说,《周易》六十四卦,是古代圣贤根据无数历史经验总结出的人生不同境遇下的六十四种积极应对范式。如乾、坤二卦是讲君子应该师法自然,像天一样自强不息,像地一样厚德载物。谦卦是关于处理人际关系的范式。屯卦是关于创业阶段所应学习的范式。旅卦实际就是一个关于人在旅途的行事范式。

旅卦由艮卦和离卦组成。其卦象为☶。

下卦为艮卦,上卦为离卦。艮代表山,离代表火。卦象是山上烧火。山上烧火跟旅行有何关系?读者朋友一定会很困惑。其实,古人发明文字,卦象,都是走的就近取譬的路子。或者文字,或者意象,都是来自日常生活中的观察。象形文字也就是这样发明出来的。山上发火,火助风势,风助火威,总以一种势不可挡的趋势前进。只要留心观察过山火场面的人都不难理解为什么古人将山火拿来做旅卦的卦象。因为没有任何人逼迫它前进,但火势就是这样不停地朝前跑。旅行的人跟山火很是类似。没有人逼迫他们,是他们自觉自愿地朝前走,自觉自愿地"失其本居而寄他方"。这个卦象生动地概括了旅行的本质。旅行是当事人自觉自愿的外出,内驱力就是好奇心,一点也不复杂。旅卦卦象最早的文化背景,当与上古祭祀制度有关。我们读《尚书》,发现书中讲到古代的祭祀制度即五载一巡守,帝王每隔5年要前往各诸侯辖区去检查工作,叫巡守。诸侯到天子那里汇报工作,叫述职。那么这种制度跟旅有什么关系?答曰:有。因为古代帝王祭祀天地,都要在选定的高山上筑坛架柴烧火,就跟今天烧香祭神一样。那时管这种现象叫"柴望"。因为只有燃起大火,火光冲天,烟气冲天,天地神祇才能感受得到。这是数千年前古人的想法,也是那时节的文化。因为每

5年天子就要外出巡守，时间久了，人们就把到山上烧柴祭祀天地叫旅，因为那时节很多人跟随天子，阵容不会小，路程不会近。于是，大家才有"客居""羁旅"的经验，才有"失其本居而寄他方"的理性认识。明白了上古时代的祭祀文化，才能够理解为什么周易旅卦的卦象是山上有火这样的物象。每次祭祀都要高烧大火，每次祭祀都要到山上去，每次祭祀都要离开常住地进行一番远游。这就是旅卦卦象以山火取譬的社会学原因。

下面让我们来学习旅卦的卦辞和爻辞。

卦辞：旅，小亨，旅贞吉。

初六：旅琐琐，斯其所取灾。

六二：旅即次，怀其资，得童仆贞。

九三：旅焚其次，丧其童仆贞。厉。

九四：旅于处，得其资斧，我心不快。

六五：射雉，一矢亡，终以誉命。

上九：鸟焚其巢，旅人先笑后号啕。丧牛于易，凶。

卦辞，是周易中每一卦的主题概括，或者说就是该卦的内容摘要。一般都放在六爻爻辞前面，就像一篇文章的总纲一样。旅卦这个卦的要点是：旅行在外的人，由于离开了熟悉的环境，得不到家人和邻人的帮助，就算很能干，也只能得些小亨通。另一层意思是：出门在外，旅行者必须正道直行，谨慎处事，才能所到之处平平安安。这是贞的含义。贞，就是正的意思。

周易六十四卦，每卦包含六个部分。也可以说是六个方面，或者说是六个阶段。这六个方面，古人用"爻"来称谓它们。顺序是从卦画的最下面往上数。两横并列的称为阴爻，一横独列的称为阳爻。阴爻统称六，阳爻统称九，根据顺序序位加以称谓。如旅卦的最下面的一个爻是阴爻，是第一个六，所以习惯称初六。第二个爻称为六二；第三个爻是阳爻，我们称其为九三；第四个爻也是阳爻，我们称它为九四。第五个爻为阴爻，我们称之为六五。最上一爻是阳爻，习惯称其为上九。

下面让我们来看看古人如何通过一些具体的场景来描摹旅行者的生活情景，构建应对范式，给旅行者提供警示和借鉴的：

初六爻："旅琐琐，斯其所取灾。"旅行，是移动生活。特别在古代供给不足的情况下，旅行者必须随身携带钱币、生活用品，交通工具如车马，随行跟班如童仆。每到一地，既要解决人的吃住问题，又要解决修车喂马、通关过卡的问题。所谓在家千日好，出门一时难，就是对这种事事要操心的麻烦生活的写照。"琐琐"，是说旅行乃一个人独立地在外地生活，麻烦事特多，事无巨细，都要靠自己考虑和解决。"斯其所取灾"。意思是这是旅行者自讨的。为什么说是灾呢？因为出门在外，随时随地都可能遭遇灾祸。比如住在逆旅（即今之旅馆酒店），有可能遭遇强盗或小偷，因为你身上有钱财。行走在旷野，有时会遭遇虎豹豺狼。有时还会出现童仆卷款而逃、驴马突然生病、前方正遇战事等灾患。这一切都不是别人逼迫你干的，而是你——旅行者自己自讨的。如果不出门，就不会碰到这许多的麻烦。

这一段就是对旅游的本质作个定论：旅游的麻烦都是自找的。都是好奇心惹的祸。也就是我们今天旅游心理学中所讲的旅游动机作用的结果。

"六二爻：旅即次，怀其资，得童仆贞。"这句爻辞讲的是刚刚出门住在旅店里的旅行者感觉很满足，因为走累了，就有旅馆居住。次，是住所的意思，古人写诗，说自己旅游到了某地下榻某地，常常用旅次这个词。如孟郊就有一首《旅次湘水有怀灵均》，就是写他旅行经过湘江想起古代浪漫主义诗人屈原。资，是资斧的简称，即资金，盘缠。这个旅行者现在有地方住宿了，身上又带了不菲的盘缠，还买了个人品不错、看着很顺眼、做事很称心的童仆随身侍候自己。这是旅游的顺境。但出门在外，不可能天天顺遂。有时会出现意想不到的突发事件，让你猝不及防。

"九三：旅焚其次，丧其童仆贞。厉。"突然发火，把下榻的旅馆给烧光了。那个称心乖觉的小童仆也给烧死了，也可以理解为趁着火灾的机会,仆人逃走了。现在童仆的帮助没了,一切又得自己来。推原其故,这是因为旅行者为人太强悍了,做事太霸道了,结果得罪了人。别人趁他不提防,放火烧了他的住处,也烧死了他的跟班,或者唆使他的仆人消失。现在他又成了孤家寡人。这叫咎由自取。这个爻等于提醒旅行者出门在外,应该低调行事,过于张扬,往往自取其辱。

以上两爻,分别说了旅游会遭遇的两种境况:顺境和逆境。

"九四爻:旅于处,得其资斧,我心不快。"处,即处所,也就是逆旅一类居住的场所。按照常理,一个旅人,在住处被烧毁,仆人被烧死,很沮丧的时候,又找到了新的住处,并且又补充了盘缠,心情应该快活才是。但那个旅人却"我心不快"。这是为什么呢?正确的解释只能是那个旅人不知足。旅者,乃人群中的过客。一个过客却既要利益如资斧,又想要地位名声。此乃旅行者之大忌。因为旅行者最重要的是不妄动。因为你处在客位,处于弱势。若与当地人争名夺利,那是很危险的。九四以阳刚之质居阴柔之位,本来不易惹人嫉恨。但他内心不快,弄得不好很容易做出招人嫉恨的行动来。

"六五:射雉,一矢亡,终以誉命。"这个旅行者虽然能力很强。对于自己没能得到应有的地位心里很是不平,但他很明智,知道自己在客位,强龙斗不过地头蛇。所以隐忍下来。这情形就像射杀野鸡一样。旅行者虽然很想射下那只五彩斑斓的野鸡,但他只有一支箭。射出的那一箭,偏偏又差那么一点点。单那刚刚露出的一手,仍然让他享有美誉。

"上九:鸟焚其巢,旅人先笑后号啕。丧牛于易,凶。"这位旅行者是聪明的。他没有不顾一切地去和本地人一争高低,因而没有什么麻烦。但这位旅行者后来还是耐不住寂寞,在一起的旅客中占据了高位,自己志得意满,大概得罪了同为旅客的某人,因此最后还是落得个嚎啕大哭,一无所有的下场。先笑,是说这个旅行者占据高位时的喜悦心情。后嚎啕,是说那位旅行者被人算计,所住旅馆再次被烧毁,再次变得一无所有时的痛苦心情。

唐人沈济《枕中记》中那个落第秀才卢生因为借得吕洞宾的枕头睡觉,一顿饭的工夫便体验了人生的由贫穷困厄到富贵荣华的40多年的全过程,因而明白了人生如梦、富贵如烟的道理。从这个意义上讲,人生本来就是一次大旅游,是一次生命的体验之旅。贫贱也好,富贵也好。世态炎凉,人情冷暖,都属于体验的内容,也可以说是旅的内容。若然,则旅卦的用处就大啦。狭义地讲,旅卦只是人在旅途所应注意的指导意见。广义地看,旅卦是所有人生命旅途中的行动指南。从这个意义上看旅卦,就会觉得它实际上就是人生哲学。

三、"生死守一丘",能无忧乎?

积极的人生总是想有所超越的。超越时间,超越空间,超越自我。旅游之所以成为历万古而不衰的生活方式,之所以具有如此大的魅力,其根本原因就在于此。上至帝王将相,下至普通百姓,若非困于政务、资财、时间和身体条件的局限,谁乐意"生死守一丘",谁不希望出去走走,直接体验一下自己的同类在不同空间中的生活情景呢?同时只有在游的过程中,人才可能暂时抛开繁琐的事务,去观察、欣赏闻所未闻、见所未见的东西。因此,在中国古人理想的社会里,人是没有机心的,大家都"含哺而嬉,鼓腹而游"❶。有人因为厌恶人世间的互相倾轧,企求一种全无精神负担的与大自然融合无间的亲近境界。《梁书·忠烈传》世子方云:"使吾得与鱼鸟同游,则去人间如脱屣耳。"在中国汉代,有一个叫向子平的人,平生有五岳之志,一待儿女婚嫁事了,便浪游五岳,后竟不知所终,有人附会说他成了仙。其实神仙也者,不过是能看得清,想得开,能真正做到按自己意愿生活,不受外物左右,

---

❶ (宋)罗泌《路史》

心境自由，较少拘束的人罢了。两千年来，向子平的事迹流播人口，传诵不绝，也可以说恰好反映了人们对于改变环境，自由身心的渴望。刘宋时代的山水画家宗炳"好山水，爱远游，西涉荆巫，南登衡岳，因结宇衡山，怀尚平（向子平又作尚子平，也写作向平、尚平）之志"，后因病回到江陵，感慨地说："老疾俱至，恐难遍睹名山"，于是他发明了"卧游"，即凡是他游览过的山水，皆绘成图画，挂在卧室墙上，以供朝夕观赏。❶ 由此可见人类不愿局限于熟悉的环境，渴求猎奇览胜之心理是何等的强烈！

四、"人事有代谢，山川无古今"，能无忧乎

> 人事有代谢，山川无古今。
> 往来成胜迹，我辈复登临。
> 水落鱼梁浅，天寒梦泽深。
> 羊公碑尚在，读罢泪沾襟。

孟浩然的这首《与诸子登岘山》极能代表中国古人对天地无穷、人生有限的悲感。他在诗中所写的那个"羊公"，就是晋代襄阳太守羊祜。据《襄阳耆旧传》记载：

羊祜（221-278）尝与从事邹湛共登岘山，垂泣曰：自有宇宙，便有此山，由来贤达胜士登此远望如我与卿者多矣，皆湮灭无闻，念此使人悲伤。我百年后魂魄犹当登此山也。湛对曰：公德冠四海，道符前哲，令闻令望，当与此山俱传。若湛辈，乃当如公语耳。

羊祜的忧患在古代中国很有代表性。西方人有上帝作精神支柱。人既是上帝创造的，死后且能回到上帝那儿去，又何忧之有呢？中国人则不同。中国人的上帝就是自己。中国人知道，人生如果不能"立德""立功""立言"，身后将会与草木同腐。因而孔子说："君子疾

---
❶《南史》卷七十五

没世而名不称焉。"❶ 这种唯物主义的生死观正是中国人忧患意识产生的哲学根源。晋代的大将军杜预（222-285）深谙"古者富贵而名磨灭者不可胜纪"的道理，为了追求身后名，他将自己生平功勋一式两份，刻在两块石碑上，"一沉万山之下，一立岘山之上。曰：焉知此后不为陵谷乎"❷。意思是哪怕"高岸为谷，深谷为陵"，我的两块碑必存其一。这一件由绝顶聪明人做的蠢事，1700多年来一直为人们所艳称，又说明了什么呢？他这样做的目的，显然是想与无情的时间抗衡，将自己的名声通过石头文字这样不易磨灭的信息载体而留传后世，以期达到人朽而功名永在的效果。

这种深刻的忧患意识在文人墨客雅集活动中也表现得十分突出。中国古代的文人常常利用春秋佳日，集会结社，选胜登临。通常的情况是大家分头做诗，然后推举一才学出众者写一篇序，算是对这次活动作一总结。而在此类序和诗中，诸如"后之视今亦犹今之视昔"，"俯仰之间便成陈迹"❸，"胜地不常，盛筵难再"❹之类的忧伤的基调占压倒优势。即便像李白那样才气横溢、雄视百代的诗人，也未能摆脱这种忧患感的影响。在他年轻时所写的《春夜宴桃李园·序》一文中，一开头便写道："夫天地者，万物之逆旅；光阴者，百代之过客。而浮生若梦，为欢几何。古人秉烛夜游，良有以也。"忧患意识影响我中华民族可谓根深蒂固。

因了这种无处不在的忧患意识，使中国古人对待自然的态度带上明显的东方色彩。这种东方色彩具体表现为不欲制御自然、征服自然，而欲与自然融合，与自然游乐。它和西方世界对待自然的态度形成鲜明的对比。西人所期望的精神自由，是通过控制自然而获取。中国人所期望的精神自由，是通过顺应自然，使自己的精神服从自然而得到满足。故此中国先民对于自然不加解剖，

---

❶ 《论语·卫灵公》
❷ 《晋书》本传
❸ 《兰亭集·序》
❹ 《滕王阁序》

不加分析，但即其本然之体加以观察。一部中国哲学史，除了荀子、墨子对制御自然曾予强调外，从老子、孔子到庄子，几乎都主张顺应自然。

五、"岂惟玩景物，亦欲摅心愫"

中国古代的知识分子，除了走"学而优则仕"即读书做官的道路外，几乎是别无选择。然而想做官的人太多，而官位相对又太少。永远也满足不了所有想做官的士大夫的要求。于是一小部分与世无争的人便退让下来，他们不愿意加入竞争队伍之中，这大概就是那些比较道地的隐逸者流。另一部分在官场角逐中遭受挫折，被迫流放或自放到山巅水涯，这就是那些迁客骚人。而纵观中国古代读书人的心路历程，像前者那样自甘淡泊，视名利如粪土的真隐士实在微乎其微，因政治角逐失败而流放或自放于山巅水涯的迁客骚人却为数众多，中国古代的旅游文化，可以说绝大多数都是他们创造的。这里我们想讨论的是，这些迁客骚人是不是也受到忧患意识的左右？

在迁客骚人抒发其览物之情的旅行记、游记、旅游诗等文学作品中，我们常常感受到一种愤愤不平的郁勃之气。唐人白居易（772－846）在《读谢灵运诗》诗中写到：

> 吾闻达士道，穷通顺冥数。
> 通乃朝廷来，穷即江湖去。
> 谢公才廓落，与世不相遇。
> 壮士郁不用，须有所泄处。
> 泄为山水诗，逸韵谐奇趣。
> 大必笼天海，细不遗草树。
> 岂惟玩景物，亦欲摅心愫。
> 往往即事中，未能忘兴谕。
> 因知康乐作，不独在章句。

在这方面，谢灵运（385—433）的确很典型。这个出身公侯之家的诗人，"少好学，博览群书。文章之美，江左莫逮"。在他成年后，照例袭封康乐公，但当高祖上台后，不知什么原因，却把他的地位由公爵降到侯。朝廷仅仅把他看作一个文章之士，不给他政治上的实权。他"自谓才能宜参权要，既不见知，常怀愤愤"，后来少帝即位，大臣擅权，谢灵运可能对当权派造成一些威胁，司徒徐羡之怕他坏事，便找个借口，将谢灵运安排到浙江永嘉当太守。《宋书》本传说他："出守既不得志，遂肆意游遨。……所至辄为诗咏，以致其意焉。"此前的著名田园诗人陶渊明，也同样在自己作品中流露出深沉的忧患感。陶渊明固然有"采菊东篱下，悠然见南山""此中有真意，欲辩已忘言"这种超然洒脱的一面，然而同一个陶渊明，也曾对历史上刺杀秦王失败而死的荆轲表示深切的同情："惜哉剑术疏，奇功遂不成，其人虽已没，千载有余情。"❶他是少怀大志，希望有一番作为的人，可是生当政局黑暗的晋、宋易代之际，在这种情势下，他在彭泽县令任上，借口"不肯为五斗米折腰"，选择了"苟全性命于乱世，不求闻达于诸侯"的道路。然而即便到了无所作为的境地，他的忧愤心情仍像暗流一样潜藏着，如《读山海经》之二："精卫衔微木，将以填沧海。刑天舞干戚，猛志固常在……徒设在昔心，良晨讵可待！"诗末两句感叹自己空有少时壮志，而实现抱负的机会再也不可能等到了。他在《杂诗》中写道："日月掷人去，有志不获骋。念此怀悲凄，终晓不能静。""前涂当几许，未知止泊处。古人惜寸阴，念此使人惧。"❷君子疾没世而名不称焉，志士心情，岂同草木，真所谓"忧从中来，不可断绝"！

苏东坡（1037—1101）因"乌台诗案"贬官黄州，在羁留期间两游赤壁，写下了脍炙人口的前、后二赋和《念奴娇·赤壁怀古》词，

---

❶ 《咏荆轲》
❷ 《笺注陶渊明集》

词赋中对周瑜少年得志的羡慕，对自己老大而功不成名不就的揶揄，虽以嬉笑怒骂的笔墨出之，其忧愤心情一望便知。即使是以"不以物喜，不以己悲"著称的范仲淹（989-1052），在《岳阳楼记》中不是也提出君子当"先天下之忧而忧，后天下之乐而乐"的"进亦忧，退亦忧"的思想吗？

欧阳修（1007-1072）历览历代文学大师的诗作，总结出了这样一条规律："凡士之蕴其所有而不得施于世者，多喜自放于山颠水涯，外见虫鱼草木风云鸟兽之状类，往往探其奇怪。内有忧思感愤之郁积，其兴于怨刺，以道羁臣寡妇之所叹。而写人情之难言，盖愈穷则愈工。然非诗之能穷人，殆穷者后工也。"❶忧患感积于内，山川感发于外，两相结合，便可产生天地间妙文。可见，中国文人之于忧患意识，还是十分看重的。中国旅游文学之不能离开忧患意识，更是不言自明。

六、"忧劳可以兴国，逸豫可以亡身"

在中国旅游史上，有一种很奇怪的现象，即一方面大多数帝王纵情游乐，尽量满足口腹耳目之欲，另一方面，责任感强的大臣却千方百计地阻挠帝王旅游计划的实施。

我们研究历史，发现商纣以下，诸如周穆王、齐景公、楚怀王、秦始皇、汉武帝、汉成帝、汉灵帝、隋炀帝、武则天、唐玄宗、宋徽宗、明武宗、清圣祖、清高宗，这许许多多的帝王或为了政治目的，巡狩各地，或为了一己享受，修道路，凿运河，劳民伤财。或沉溺于园林之中，或辗转于粉白黛绿之间，虽形式各异，而欲冲破宫廷牢笼，纵情享受（享受山水之美，女色之美）则很一致。

汉灵帝初平三年，游于西园，起裸游馆千间，"采绿苔而被阶，引渠水以绕砌。周流澄澈，乘船以游漾"。使宫女乘船，专门选择

---

❶《梅圣俞诗集序》，见《欧阳文忠公集》卷四十二。

身材苗条皮肤柔滑白皙者使执篙楫,在渠水中游玩,有时故意把船弄翻,欣赏清澈的渠水中女性裸体美。据记载,灵帝夏天常来此中避暑,他选"宫人年二七以上,三六以下,皆靓妆,解其上衣,惟着内服,或共裸浴"。灵帝曾经感慨地说:"使万岁如此,则上仙也。"反映了他的价值观。后来"董卓破京师,散其美人,焚其宫馆"。裸游馆这一帝王娱游活动才算结束。❶汉成帝喜欢夜里出游,刘向、谷永等大臣直言切谏,始罢。就连以雄才大略著称于世的汉武帝,也是一个嗜好微行的家伙。所谓"微行",就是君王不与主管部门通气,改变装束,带几个侍从,到宫廷以外的地方去,或游览名胜,或上酒楼饮酒,或入妓院狎妓。《汉武故事》上说:

> 上常轻服微行,时丞相公孙弘(前200-121)数谏,弗从。弘谓其子曰:吾年已八十余,陛下擢为宰相,士犹为知己死,况不世之君乎。今陛下微行不已,社稷必危,吾虽不逮史鱼。❷冀万一能以尸谏。因自杀。上闻而悲之。

但汉武帝并没有丝毫改悔的意思。公孙弘一死,他更无顾忌了。

唐代也是我国历史上的黄金时代,开国君主李世民在《帝京篇》序中曾明确表白自己不愿因游观妨政扰民。但他的子孙也有喜欢微行的:

> 神龙二年,(李峤)代韦安石为中书令,乃上书曰:元首之尊,居有重门击柝之卫,出有清警戒道之禁,所以备非常,息异望,诚不可易举动慢防闲也。陛下厌崇邃,轻尊严,微服潜游,阅阓过市,行路私议,朝廷惊惧。如祸产意外,纵不自惜,奈宗庙苍生何。❸

唐懿宗咸通四年,懿宗游宴无节,左拾遗刘蜕上疏曰:

---

❶ (晋)王嘉《拾遗记》
❷ 史鱼,春秋时期孔子同时代人,卫国直臣。孔子有直哉史鱼的评价。《论语》:"子曰:直哉史鱼! 邦有道如矢。"《孔子家语》:"史鱼骤谏灵公,进蘧伯玉,退弥子瑕。公不从。既死,犹以尸谏。"
❸ 《旧唐书·李峤传》

> 今西凉筑城，应接未决于与夺，南蛮侵轶，干戈悉在于道途，旬月以来，不为无事，陛下不形忧悯，以示远近，则何以责其死力？望节娱游以待远人乂安未晚。❶

唐代政治比较开明，帝王对于臣下的谏诤，尚可容忍。到了明代，情况发生了根本的变化：帝王要走出宫廷的决心无人能加以阻止。他们中有些暴虐分子如明武宗，不仅不理睬臣下的意见，甚至用残酷的杀戮手段来报复进谏者。《明通纪》上记载说："江晖翰林庶吉士与同馆舒芬等抗疏谏出巡，廷杖几毙。"

《张岳集》上记载说："武皇将南幸，廷臣交章奏沮，上怒，责先谏者跪外廷。待五日罪后，行人司奏继上，遂下诏狱。翌日，大理寺合寺继之。又翌日，工部属三人继之。上命锁械暴庭中。五日，复系诏狱。时谏者有百余人，械系者三十七人，死杖下者十一人。"

《吾学编》上记载说：

> 武宗南巡，金吾张英肉袒，挟两土囊当跸哭谏，不允。即拔刀自刎，血流满地，缚送诏狱，问囊土何为？曰：恐污帝廷，洒土掩耳。是时谏者舒芬等百有七人，俱廷杖外谪。

明武宗要巡游，大臣们不许，冲突闹得如此之大，流血如此之多，恐怕在世界旅游史上也是绝无仅有的事情。具有讽刺意味的是，帝王的渴望旅游，臣僚的谏阻旅游，两者殊途同归。一方因明知"人生非金石，焉能长寿考"，而要尽量满足自己的口腹耳目之欲，另一方则为了国家的长治久安，过多地注意帝王旅游将带来的不利后果，因而采取限制态度。杀人者和被杀者都同受忧患意识的左右。

七、三不朽价值观

在我国传统文化中，最重要的学问是修身的学问，也就是心

---

❶ 《资治通鉴》卷二百五十

性之学。如果所有人都能真正明白并且遵循历圣相传的心法"人心唯危,道心唯微。惟精惟一,允执厥中"❶,人际关系将空前和谐。因为这是一条强调从每个人自身的心性修炼开始的自我完善路线。这种管理是一种建立在自我约束基础上的自我管理,跟西方工业革命所催生出来的泰勒等立足于监督控制他人的管理迥乎不同。

正心诚意修身齐家治国平天下就是这种侧重自我完善的修炼道路的路线图。按照这张路线图,循着自我完善的道路不断提升自己,从理论上说,是人皆可以为尧舜的。

古代圣贤又为我们归纳总结了三种成功的模式,即立德、立功、立言。立德、立功的内容,国家相关层次都会有档案流传,比如说,被写入国史,地方志。如果没有合适的机缘,不能走立德立功道路以求不朽的人,如何才能不朽呢?那就是立言。所谓立言,像南怀瑾先生什么党派都不参加,一生著书立说,传道讲学。他虽然死了,但普天之下到处都是他的著作和视频。这就是因立言而不朽。

历史上有几个典故都跟这种深层次的忧患意识有关。

司马迁晚年完成《史记》后,为害怕官府搜查烧毁他的著作,他在给任安的信函中讲了自己的自信。他说他所写的史书现在已经藏好了,正本藏诸名山,副本上交给了朝廷。等待将来有识者或者说政治空气正常一点,再传诸其人。果然他的女儿司马英看到汉宣帝时政治比较清明,便将父亲所著《史记》给聪敏好学的儿子杨恽看,司马迁的外孙杨恽在司马迁死后20年向朝廷献出这部千古奇书。《史记》才为天下人所知❷。

隋朝比丘尼静宛感慨佛教经典版本的易于毁坏,乃发愿以石片为载体,石刻全部佛经,以便信徒永久利用而不生误解。自她伊始,后来多代高僧继承其志,终究圆满其宏愿。这就是现在北

---

❶ 《尚书注疏》卷三
❷ 《汉书》卷六十六《杨恽传》

京房山云居寺洞窟中所藏的国之瑰宝——石经的来历❶。

　　清朝后期，武昌书法家张廉卿对好友吴汝伦说出自己拟将书法作品刻石以传不朽的想法。"往者廉卿尝从容为余言：'比者吾书乃突过唐人。'余曰：'此不足多也。古人书留者，以有金石刻也。今世渐不知文字可爱重，金石刻稀少。子书即工，世不求，无所托以久。身死而迹灭矣。视吾徒之不能书者奚择焉。'廉卿曰：'吾归，于黄鹤楼下选坚石良工，书而刻之。凿悬崖石壁，使中空如箧，陷吾所书石其中，别用他石锢箧口四周，不使隙也。千百世之后，必有剖此石壁得吾书者，子且奈我何！'嗟乎！此杜元凯欲沉碑汉水者类也。彼自信其名之可传以久，而伤并世之莫吾知也。则发愤旷览而侥幸万一于千百世之后，以几其必不亡。贤达高世之志，其怪奇故应有是。"❷

---

❶《中国历代名建筑志》隋代部分第 212 页。
❷《吴汝伦全集》施培毅、徐寿凯校点本，黄山书社 2002 年版。第一册文集第二第 114-115 页。

第十四章 "山川景物，因文章而传"
——中国旅游文化的重文传统

中国古人旅行的目的，除满足其认识世界、欣赏世界的愿望外，他们还希望通过自己在旅游过程中所创造的"文化"（包括诗、文、词、楹联、题名书法等信息载体）给山水增辉，与天地同寿。在中国人看来，人生一世，若不能留下些雪泥鸿爪，就会与草木同腐。"君子疾没世而名不称焉。"这是中国古代士大夫最看重的一句古训。"人生非金石，焉能长寿考。"个人这个小宇宙的存在时空是极为有限的，只有将个人这个小宇宙融入大宇宙之中才可经受住时间的考验。所以我个人认为，中国人所以特别重视在风景名胜之地留下一点痕迹，从心理方面分析，都是希望通过金石文字来和无情的时间抗衡。它仍是清醒的时空恐惧意识或曰忧患意识结下的果实。

一、传统：从帝王旅行家到一般游客

重文的传统在我国，数千年来几乎没有发生什么变化。神话时代的黄帝便已知道在旅游名山大川时摩崖纪念，据《穆天子传》这部产生在两千八百多年前的中国旅游名著记载，周穆王游览昆仑山时，在凭吊黄帝当年的行宫遗迹之际，就曾观赏摩挲过黄帝留下的摩崖题刻。大禹治水，亦曾在湖南衡山、武汉蛇山等地刻石纪行，这些遗迹曾使许多才士徘徊歌咏，不能自已。唐代大文学家韩愈在其旅游诗《岣嵝山》中写道："岣嵝山尖神禹碑，字青石赤形摹奇。科斗拳身薤倒披，鸾飘凤泊拏龙螭。事严迹秘鬼莫窥，道人独上偶见之。我来咨嗟涕涟洏。千搜万索何处有?森森绿树猿猱悲。"这诗中所写的岣嵝山,便是南岳衡山。诗写作者游衡山寻访禹碑不着而生感慨。短短数句,一个好古君子的形象便跃然纸上。韩愈以后,还有不少旅游者留下了关于岣嵝碑的诗文。现在,为了发展旅游事业,宣传我国的古老文明,许多大禹治水的遗迹被开发为旅游景点。西安碑林中所存的岣嵝碑也为不少风景点翻刻。曲阜师大孔子研究所骆承烈先生在给笔者寄来旅游诗稿《武汉行》中有一首"晴川阁"诗,就谈到这一新情况。诗曰:"危楼巧悬大江边,飞檐凌空现晴川。江汉朝宗禹矶显,盛世岣嵝古碑鲜。"其自注云:"阁旁有禹功矶,传禹降龟蛇二妖,镇于此,制服洪水,江汉朝宗。"又曰:"此处有禹时'岣嵝碑'等许多文物,均修复一新。"虽然近世也有学者认为岣嵝碑为后人伪托,如方药雨《校碑随笔》即认为传世岣嵝碑为伪作,陈迩冬亦认为"书体不是倒薤文,且其中许多字为最早的甲骨文中尚未有"。因此亦断定其为赝品。类似的还有陕西阳虚山石室中仓颉摩崖28字,这处胜迹历经"风雨剥蚀,渐就澌灭",先是道光辛巳年(1821)本地县令王森文摹勒上石,后因清朝诸帝每经过此地,"必拓印若干纸持以去,而官吏督责,工役骚然,民甚苦之"。这样的胜迹只因官府骚扰太甚,"一夕雷雨大作,居人乘机纵火焚之"。光绪四、五年间(1878—1879)邑令讷敏、伊允桢又先后在县城东隅创建仓圣祠,把仓颉刻石置之祠中,这才得到了保护。如果说以上两种刻石都不真实的话,那么中唐时期,陕西凤翔出土的石鼓文则是没有争议的周代文物。关于石鼓文,研究者很多。有人认为是周宣王时代太史籀所书的"猎碣"(狩猎纪行石刻),唐人多主此说。有人特别是今人多认为是春秋时代秦国的刻石,不过又分秦襄公时、秦文公时、秦穆公时、秦献公时等主张。但有一条是共同的,他们都认为这是真的,并且都认为是春秋时期的刻石。若然,则我国旅游刻石的风气至少也有2700余年的历史了。尔后秦皇、汉武、唐宗、宋祖,直至康熙乾隆,靡不加以仿效。这些古代帝王留在名山大川的刻石,其内容不外纪功、纪行二端。到了后世,如清代的康熙和乾隆皇帝，比起他们的先辈来，更是有过之而无不及。他们巡视到哪里，便写到哪里。到处是他们的碑亭和诗刻。以泰山为例，乾隆一生8次谒泰山，次次有诗作，这些诗作的碑刻现在分别保存在泰安县城岱庙中。乾隆的旅游诗记游性特强。如乾隆戊辰年（1748）仲春曾游泰山，作者曾在当时写成的《岱庙二律》中说明此行为祭拜，与古代的封禅活动不是一回事。他的祭山动机也不是为了保自己一人的幸福，而是为了农业丰收（"己躬那更求多福，祈岁心殷惠我农"）。丙申年（1776）暮春岱庙重修告竣，他又有诗纪其事，诗曰："庆落（庆祝落成）当辛卯，来瞻兹丙申。"这时岱庙焕然一新，"松柏那论旧，丹青尚着新"。这位历史上自强不息的雄主也有丰富的感情，当他一次又一次重登岱庙遥望泰山时，有时也会萌生光阴似箭、时不再来的感慨："岱宗遥望乐重登，岱庙森严玉陛升。只有丰年祈帝贶（音 kuàng），愧无明德答神凭。唐槐汉柏形容古，时景民口气象增。迅矣三年成瞬息，向来欣戚总难胜。"这首诗碑刻上题为《谒岱庙作》，系乾隆辛未年（1751）手迹。

　　帝王如此，士大夫阶层亦莫能例外。较之历代帝王的诗文刻石，士大夫阶层游山玩水时题刻形式更自由活泼，而范围更形广大。上者增辉山川，下者污染景物。时至今日，中国人旅游，仍喜欢刻刻写写，流风余韵，影响深远。以致在旅游队伍与日俱增的情势下，这一本来是中国旅游文化特色所在的传统，现在竟变成了旅游资源保护的难题。

　　考察风景区的"文章"，似乎主要指游记、旅游诗、题名、楹联，这些"文章"的物质载体通常是碑、碣和自然石。也有刻在木板上的。在风景名胜区，说明名胜历史、建筑兴衰的任务多半用比较刻板的碑文完成。这类"文章"从广义上看，应属于旅游文学的范畴，但还是作为"旅游文化"的一个内容更合适些。因为这类文字实用性远远高过文学性。若遇高手，自然可以把纪事文字变成绝世文章。但它与旅游诗、游记、楹联以及一些用前人诗句或名言刻石的点景文字毕竟不能同日而语。

二、诗文

在风景名胜区，旅游诗文往往最能吸引游客注意力。尤其是那些使景点得名的诗、文更是如此。以湖南的岳阳楼为例，此景点虽然从唐人张说便开始作为文人墨客雅集的场所，但其知名度并不高。及至杜甫的"吴楚东南坼，乾坤日夜浮"❶和稍前的孟浩然"气蒸云梦泽，波撼岳阳城"名句❷问世，斯景身价渐增，及至"滕子京谪守巴陵郡"，"乃重修岳阳楼，增其旧制，刻唐贤、今人诗赋于其上"。特别是范仲淹应友人滕子京之请，撰写了脍炙人口的《岳阳楼记》以后，岳阳楼的声名更是与日俱增。岳阳楼固然能得山水清气，但使它享有"洞庭天下水、岳阳天下楼"盛誉的直接原因，应该说还是中华民族旅游文化中重文心理影响的结果。

武汉的黄鹤楼之所以屡毁屡建，很重要原因是它得名于诗的关系。凡是读过唐诗的人，大都知道"昔人已乘黄鹤去，此地空余黄鹤楼。黄鹤一去不复返，白云千载空悠悠。晴川历历汉阳树，芳草萋萋鹦鹉洲。日暮乡关何处是？烟波江上使人愁。"到了明代，更有多事的和尚编造出"眼前有景道不得，崔颢题诗在上头"的诗句。演化的结果更弄出了李白题诗黄鹤楼的轶闻：明人杨慎在《升庵集》中专门记载了这个附会："一拳槌碎黄鹤楼，一脚踢翻鹦鹉洲。眼前有景道不得，崔灏题诗在上头。"这本来是一个和尚在和另一个和尚辩论时的隐语，明人解缙误以为此诗为李白作。杨慎曾力辩其非，因为以李白的为人，绝不会对诗歌权威甘拜下风到如此田地，且绝不会作出如此浅俗的作品。然而因为这个附会可以给黄鹤楼增色，于是不胫而走，万口流传。至今游人登斯楼犹能听到导游话此一段公案。

至于旅游诗词之被人重视的例子更是俯拾即是。杭州西湖因

---

❶《岳阳楼》。
❷《临洞庭湖赠张丞相》。

为有林和靖《山园小梅》的咏梅名句:"疏影横斜水清浅,暗香浮动月黄昏。"后人遂在孤山大面积种植梅花。以至孤山赏梅,一度成为西湖一景。苏东坡写了《饮湖上初晴后雨》这首绝句,甚至连西湖的名字也给改为"西子湖"了。唐人张继写了一首《枫桥夜泊》:"月落乌啼霜满天,江枫渔火对愁眠。姑苏城外寒山寺,夜半钟声到客船。"遂使寒山寺名闻遐迩。其"夜半钟声"亦成为中外游人趋之若鹜的游览点。类似这种因为一首诗、一首词而成为历代旅游热点的例子实在不胜枚举。

这种游览心理亦是重文传统的表现。江西南昌的滕王阁,本是唐高祖李渊的儿子元婴任洪州都督时所建。但一般游客更关心的,或者说更感兴趣的不是滕王李元婴,而是文学天才王勃和他的即席作文《秋日登洪府滕王阁饯别序》。我们且来看看王勃序中的一段写景文字:

> 时维九月,序属三秋,潦水尽而寒潭清,烟光凝而暮山紫。俨骖騑于上路,访风景于崇阿。临帝子之长洲,得天人之旧馆。层台耸翠,上出重霄;飞阁流丹,下临无地。鹤汀凫渚,穷岛屿之萦廻;桂殿兰宫,即冈峦之体势。披绣闼,俯雕甍。山原旷其盈视,川泽纡其骇瞩。闾阎扑地,钟鸣鼎食之家;舸舰迷津,青雀黄龙之轴。云销雨霁,彩彻区明。落霞与孤鹜齐飞,秋水共长天一色。渔舟唱晚,响穷彭蠡之滨;雁阵惊寒,声断衡阳之浦。❶

---

❶ 这段文章的意思是:时间正值九月,季节恰属三秋,地上的积水已尽而潭水更觉澄澈。天空的云烟凝集而傍晚的山色青紫斑驳。马车在高高的道路上前进,到高大的山陵上寻访名胜风景,到达了滕王建阁的长洲之上,登上了滕王所建的滕王阁。层层的楼台闪耀青绿,高高地耸入云霄。向上翔起的楼阁涂饰的丹漆鲜艳欲滴,好像下临无底的深渊。白鹤、野鸭栖息的水岸沙洲,极尽岛屿萦回曲折之致。用桂树和木兰建造的宫殿,和冈峦的高低起伏自然地配合。打开雕刻花纹的阁门,俯视雕镂华丽的屋脊,辽阔的山岭平原尽收眼底。纡回的河流大泽令人看了惊骇。房屋到处都是,有不少击钟列鼎而食的富贵人家;大船停满渡口,有许多画着青雀黄龙。彩虹消散、雨后新晴,灿烂的阳光照彻云衢之间;天上的落霞与水边的孤鹜一齐在飞翔,碧绿的秋水同高远的天空一种颜色。傍晚时候渔船上发出歌声,那歌声一直传到鄱阳湖畔;成群的大雁因天寒而受惊,从水边传来断断续续的悲鸣。

这段文字将秋日滕王阁的山容水意、云影天光乃至建筑之富丽，民居之辐辏，色色入画，融声色形态诸美于一炉。其中"落霞与孤鹜齐飞，秋水共长天一色"更是流传众口的神来之句。后段抒情文字中的"老当益壮，宁移白首之心。穷且益坚，不坠青云之志"等句也是后世知识分子引以自坚其志的格言。民间尚有海神相助，一夜将千里之外的王勃送到滕王阁的传说，更有洪州都监阎某为了让其女婿出风头，预告滕王阁雅集之事，让其提前构思，终不能战胜萍水相逢的天才诗人王勃的轶事。我想，传说的真实性自不足信，阎都监泄题一事也许不会是假的。即便二者都假，也可从中看出中国人的心态：对下笔千言、倚马可待的才子文章心悦诚服，而对于权势者或受其阴庇的人们的沽名钓誉之作不屑一顾。

1988年4月，湖北省《三国演义》学术讨论会在三国赤壁古战场——蒲圻市召开。会议资料中有一篇题为《黄州赤壁，文武双全》的论文。力主三国赤壁大战的古战场不在蒲圻而在黄州。论文作者举出了许多例子，用以证明赤壁大战故址在此而不在彼。用心良苦，然而当时却未能为学术界诸公所接受。依我看来，这种争夺战场归属权的争鸣实无必要。盖因中国人向来有重文的价值观。苏轼在黄州前后不足五年，然而却留下了前、后《赤壁赋》和《念奴娇》词。如《念奴娇·赤壁怀古》：

> 大江东去，浪淘尽千古风流人物。故垒西边，人道是三国周郎赤壁。乱石穿空，惊涛拍岸，卷起千堆雪。江山如画，一时多少豪杰！
>
> 遥想公瑾当年，小乔初嫁了，雄姿英发。羽扇纶巾，谈笑间强虏灰飞烟灭。故国神游，多情应笑我，早生华发。人生如梦，一尊还酹江月。

撇开此处是否真赤壁不论，单就他的赤壁怀古词和前、后两篇赋的影响，便足以使黄州赤壁名扬四海，流芳万古了。历观元明清以及近现代的旅游历史，人们似乎更钟情于黄州赤壁，甚至喜爱到了干脆用"东坡赤壁"取代"黄州赤壁"的地步。历史上许多旅游者对这种民族文化心理做过精彩的描述。这方面的引文请参看本书《山以贤称，境缘人胜》章。蒲圻赤壁虽然也有记载，且有纪念建筑，然而在湖北省开辟《三国演义》旅游线之前，这里游客稀少，破败冷清。近年来，蒲圻赤壁和东坡赤壁的地位开始平起平坐了。我以为，蒲圻赤壁以俗取胜，黄州赤壁以雅著称。特色各具，绝不会是你死我活，而应是相得益彰。从中国旅游文化重文传统分析，蒲圻赤壁因无苏轼这样的大文豪揄扬，相形之下，发展旅游尚要困难一些。黄州诸公，大可不必为此寝食不安。❶

明朝后期，随着话本小说的进一步发展和繁荣，一种脱胎于汉赋解嘲题材的山水调侃文学作品诞生了。这就是邓志谟和他的《山水争奇》。

邓志谟（1553–1650），余江县邓埠镇竹溪邓家人，明代神宗万历年间重要的通俗小说家、戏剧家和民间文学家，字景南，又字"明甫"、"鼎所"、幼称"颖敏"；号竹溪散人，又号竹溪散生、竹溪主人、竹溪风月主人、啸竹主人、竹溪生、坦然生、南阳居士、豫章竹溪主人、蝶庵主、百拙生（最常用）、百拙、拙生等。著作署名有邓志谟、邓景南、邓竹溪散人、百拙生等。

邓志谟一生勤于著述。有道教神魔系列小说三部，即《铁树记》十五回、《飞剑记》十三回、《咒枣记》十四回。争奇系列小说（现代学者又称游戏小说）七部，即《花鸟争奇》《山水争奇》《风月争奇》《童婉争奇》《蔬果争奇》《梅雪争奇》《茶酒争奇》各三卷。五局传奇类剧本五本，即《八珠环记》《玉莲环记》《凤头鞋记》《玛瑙簪记》《并头莲记》各二卷。

此处重点介绍邓志谟的《山水争奇》。

在中国，山水自然美的觉醒比欧洲早。回顾中国人的山水审

---

❶ 关于蒲圻赤壁与东坡赤壁、河南南阳诸葛庐和湖北襄阳古隆中之争的问题，1991年以来，笔者陆续撰写了一些文章加以讨论。这类现象我将其概括为"同名胜现象"。读者可参看《光明日报》1992年9月19日《开发赤壁无须争真假》《旅游通讯》1992年4月《关于人文古迹中同名胜的刍议》。《华中师范大学学报》1992年增刊所载《三国旅游线不应遗漏黄州赤壁》等。

美意识演进的历史,大体可以分三个时期:第一阶段,"庄老告退,而山水方滋"。也就是魏晋时期。南方有宗炳、谢灵运,北方有郦道元、杨衒之堪称代表。第二阶段,即唐宋时期,李白、柳宗元、欧阳修、苏轼堪称代表。明代应该是山水意识演进的第三个高峰,代表人物有王士慎、徐霞客、袁宏道、王思任、张岱等。清代则多得不胜枚举。

大体说来,这是此前研究山水文学的比较通行的看法。邓志谟一类的山水游戏文学,是明代山水意识苏醒、山水文学繁荣的标志。其《山水争奇》的写作路数,其最初范式是东方朔《答客难》。不同的是,《答客难》体像单独一个四合院,而邓志谟的《山水争奇》则将单独的四合院变成了有若干进的串联式的四合院组群了。更多了些小说戏剧的意味,增加了情节人物,故事演绎得更加波澜叠起而已❶。《山水争奇》分上、中、下三篇。精华主要在上卷。上卷为一部约万言的创作,多无篇名,皆采用拟人化的手法,对话双方,依次有山神禺疆对水神冯夷、山神泰山对水神海若、山神汪罔对水神阳侯、山神郁垒对水神天吴。叙双方争胜、相互辩驳之事,唇枪舌剑、你来我往,又间杂谑语,颇多谐趣,读来令人捧腹。试摘取几句对话:山神禺疆说:我有五岳,谁不瞻仰崇拜?水神说:我有四渎,天下离得开我吗?禺疆说:我巫山十二峰,叠叠重重,自古无梯之者。冯夷说:我弱水三千里,浩浩荡荡,迄今无谁航之焉。

其故事发生、发展的基本模式为:双方因争地位高低而爆发舌战,主将副将次第出阵,自我标榜,相互攻讦,难分伯仲,暂时休战。作者将丰富的山水文化典故融入对话之中。由于作者既对山水掌故十分熟悉,又擅长通俗文学的语言,因此行文轻松活泼,一如看戏。情节起伏变化,读之兴味盎然。如山神队伍和水神队伍打嘴仗均感愤愤不平,于是各修奏本,请第三方公断。第三方玉帝接奏后,感觉很难断谁是谁非。于是便出题面试双方,然后下判

---

❶ 《山水争奇》,见天一出版社《明清善本小说丛刊》第七辑《邓志谟专辑》第二函。

语调解,论争两方遂重归于好。除却双方的争辩、对嘲外,整篇小说几乎没有任何其他情节,此等游戏之作,特别是运用论辩形式,以对话构成小说主体的创作方式,即使在整个明清小说的长河中,亦是极其罕见,实为邓志谟独创。他的好友桂林标在序言中称道邓志谟的这本《山水争奇》"自是一家机杼",有"使观者心志悦"的效果。他说:"心志悦则精神鼓,精神鼓子史经传未必不淬砺也。"中、下两卷系邓志谟选集的有关山水专题的名家诗文,间附己作。这些作品中大量穿插了诗词散文、神话故事以及民俗材料,而且有很多是关系这些争奇内容的名人诗词曲赋。如李白的《元丹丘歌》《庐山瀑布诗》、曹植的《洛神赋》、苏轼的前后《赤壁赋》、范仲淹的《岳阳楼记》等,可以说是有史以来第一篇荟萃中华山水文学名篇的奇文。

三、楹联

楹联是中国文化的精华。它在我国人民的社会生活中有着广阔的应用天地。这里我只想谈谈用于装点旅游景点的旅游楹联。所谓旅游楹联,它一方面应具备楹联的共同特征,如字数多寡无定规,但要求对偶工整、平仄协调。写成后通常是粘贴、镌刻或悬挂在壁间柱上等。另一方面它又受"旅游"二字的制约。就是说,它必须是出现在旅游点上,它的内容能对某一景区的全体或局部进行描写、概括,能够给旅游者以导游作用,予旅游者以思想教育、艺术熏陶。如桂林龙隐洞联:

龙从何处飞来?看秀峰对峙,漓水前横,终当际会风云,破浪不尝居此地。

隐是伊谁偕汝?喜旁倚月牙,下临象鼻,莫便奔腾湖海,幽栖聊为寄闲身。

本联用嵌字格,在联首将洞名"龙隐"二字嵌入,然后用问名提起,巧妙地将独秀峰、漓江、月牙山、象鼻山这几处比邻的名胜组织入联。上联在"龙"字上做文章，因为人们心目中"龙"总是乘风破浪的灵物。下联从"隐"字上想心思，写出"龙"的精神的另一面：暂时以屈求伸。这样仅用56个字，就勾画了一条蛰龙的精神风貌，使人读来恍惚觉得字里行间洋溢着飞动蓬勃之气。

有的楹联专门从交代风景点的历史着笔，如南京市中华门内的白鹭洲公园。有人从古今两种名称上着笔，撰联道："此地为东园故址，其名出太白遗诗。"后一句是暗用李白《登金陵凤凰台》诗"三山半落青天外，二水中分白鹭洲"典。

有的楹联表现出一种旅游哲学见解。河南南阳武侯祠有联曰："心在朝廷，原无论先主后主；名高天下，何必辨襄阳南阳。"此联湖北襄阳古隆中也有悬挂。诸葛亮本居湖北襄阳隆中。从唐代开始，河南南阳人因《出师表》中有"臣本布衣，躬耕于南阳"一句，便在南阳建祠纪念。这种争夺名胜的心理对于发展旅游事业并非坏事，但从另一角度看，也实在是狭隘的地方观念作怪。联语作者却从另一角度切入：像诸葛亮这样的国家级历史名人，他理应属于全中国。何必争吵不休呢？襄阳也好，南阳也好，不都是在同一个大一统的中国吗？

一幅概括得体的楹联，往往起着介绍景区或景区某一局部的作用。如山海关前孟姜女庙中的楹联："秦皇安在哉？万里长城筑怨；姜女未忘也，千秋片石铭贞。"这幅名联为南宋爱国英雄文天祥作，是那里今存唯一的一副古联。联语点出了庙主和秦皇的关系，同时也表达了人民群众对秦始皇和孟姜女截然相反的态度。又如该庙正殿大门上的名联"海水朝朝朝朝朝朝朝落，浮云长长长长长长长消"，恰到好处地描述了大海边上万古不变的景物：潮水和浮云。并且巧妙地利用了"朝"和"长"一字多音的特点。读者可以利用这种特点加以断句，如将第一个"朝"念作 cháo，第二、三个"朝"念 zhāo，第四个"朝"念 cháo，第五个"朝"念 zhāo，第六个"朝"念 cháo，第七个念 zhāo，下联类推。还有其他念法。旅游至此，动动脑筋，不是很有趣味的事吗？古城长沙开福寺中殿两侧楹柱上有联曰:"斋鱼敲落碧湖月,觉觉觉觉,先觉后觉,无非觉觉;清钟撞破麓头云,空空空空,色空相空,总是空空。"集中概括了佛教的色空理论。又如成都望江公园中的著名长联,上联述地理,从望江楼周围环境说起,历举葱岭、白河、丹景、青衣和薛涛旧居。有远景,也有近景。下联述人物,如诸葛亮,如庞士元,如刘玄德,如公孙述。上联有风月依旧,物是人非之感。下联有大江东去,风流云散之意。此类佳联,对于那些能看懂它的游客,实在有着无声导游的作用。其艺术享受有非言语所能表达者。

总之,在中国为数众多的名胜古迹和自然风景区,楹联是最常见也是极富导游意味的点景艺术。它们或上联写自然景观之美,下联赞人文景观之美;或同写自然景观,上联写远景,下联写近景;或同写人文景观,上联述古,下联言今;或同述历史人物,一褒一贬,且扬且抑。要之,皆能引人遐想,发人深思。和西方在景区竖导游牌通过文字说明导游的做法相比,中国人的旅游生活也像饮食生活一样,诗味更觉浓烈些。

四、匾额

初唐四杰中的杨炯(650–693),陕西华阴人。曾官盈川县令,世人多以杨盈川呼之。此人所留下的诗作不多。最著名的是《从军行》:"烽火照西京,心中自不平。牙璋辞凤阙,铁骑绕龙城。雪暗雕骑画,风多杂鼓声。宁为百夫长,胜做一书生。"他的集子名为《盈川集》。这个杨炯有个很特别的癖好,就是特好园林营造。用今天的话说,就是十分重视居住环境营造。"杨盈川所居廨舍,好治亭榭。其榜额皆自制美名,大为远近所笑。"[1]其实,杨炯的这个爱好是一种有文化的表现。人们笑他是不理解。无论是造

---

[1] (宋)文彦博《思凤亭记》,见《古今图书集成·职方典》第304卷。

园,还是题匾,都有很大的学问,绝非普通人所能理解。造园方面,明代有计成的《园冶》,当代有陈从周先生的《说园》,孟兆桢的《园衍》,堪称这方面的经典之作。匾额虽然只是园林文化的一个方面,但很重要。因为首先这匾文要雅驯,要有内涵,要能准确概括所在景观的美。其次,书法还要好,要能与该地该景匹配。此中学问《红楼梦》"大观园试才题对额"一回的描写值得仔细欣赏体味。正确的匾额命名原则:"或即其地号而著,或因其事实而称。揭而书之,斯用无愧。苟异于是,则徒丰其额美其名,必为有识者之抚掌。"北宋文彦博在担任山西榆次县令时,听说历史上有个叫荀浪的地方官,"治有善迹,凤集其境"。他认为,"贤宰之迹,未可遽泯"。于是建亭且名之曰"思凤"。这个匾名就比较协调得体。

五、摩崖

我国的摩崖题刻风气从什么时候开始?除了早期人类在贺兰山等地留下的岩画,真正文字题刻,当在商朝后期或周朝初期。说商朝后期,是因为那时已经有成型的文字,这就是甲骨文。现在没有直接的证据。从理论上说,既然能在兽骨上刻字,在石头上刻字似也有可能。就考古实物而言,西周初年开始有摩崖石刻比较可靠。一者周穆王游昆仑山,在黄帝宫,在河北赞皇山等处留题,就是最明确的证据。

(宋)欧阳修《集古录》卷一记载他采访到周穆王"吉日癸巳"的详细过程:

> 右周穆王刻石,曰:"吉日癸巳。"在今赞皇坛山上。坛山在县南十三里。《穆天子传》云:穆天子登赞皇以望临城,置坛此山。遂以为名。癸巳志其日也。《图经》所载如此。而又别有四望山者,云是穆王所登者。据《穆天子传》但云登山不言刻石。然字画亦奇怪,土人谓坛山为马蹬山,以其"巳"字形类也。庆历中宋尚书祁在

镇阳,遣人于坛山模此字。而赵州守将武臣也,遽命工凿山取其字,龛于州廨之壁。闻者为之嗟惜也。治平甲辰秋分日书。右真迹。

　　大致时间相近的刻石还有著名的石鼓文。石鼓文当然不是摩崖石刻,但属于石刻则无问题,那是记述周宣王狩猎的一首诗歌。喜欢写书法的大致都临摹过。另外,还有湖南衡山的禹碑,习称岣嵝碑。因该碑在衡山的岣嵝峰发现而得名。历代都有热心人试图解读其内容。

　　明王士禛《禹碑说》云:"禹碑在祝融峰,重刻者有二本。而《隶释》亦微不同。大抵多以意会耳,非必尽能识之也。"他说:铭词虽古,未谐圣经。极类汲冢周书《穆天子传》中语,岂三代之季好事者托大禹而刻之石耶?然宣王石鼓文亦多类是。❶若然,则我国三千年前就有类似今天的摩崖石刻。在名胜地,除了石刻,还有竹刻、木刻、砖刻等载体,大体都是为了传达开发者对名胜的一种评价。或者是对名胜古迹的一种美的提示和彰显。如岳阳楼大厅里的清人张照所写的范仲淹《岳阳楼记》,陕西韩城党家村的砖刻家训,山西五台山黛螺顶上院子中墙面的明代高僧的砖刻悟道诗等。

　　如果说楹联这种点景艺术在我国诸名胜古迹十分习见的话,那么同样也可以说,用前人诗句中的只言片语点逗精神,助人游兴,也是中国旅游景点上习见的事实。这种类型的摩崖唐宋以来日渐增多。游过黄山玉屏楼的人,总不会忘记那石壁上的"如何"二字吧?正当你为那云海缥缈、山石耸翠的奇观惊叹不已时,忽然间看到了石壁上的点睛文字,它好像在问游客:黄山如何?玉屏楼如何?此时此地,你难道不能得到某种美的享受吗?当你游览五岳之首的泰山时,在经岱宗坊入山时,天阶旁明人载玺的"登高必自卑"的刻石(现在"卑"字已被埋没),你若到此,不是会更深刻地理解"千里之行,始于足下"的道理吗?这里在通往各名

---

❶ 康熙《衡州府志》卷二十,书目文献出版社影印本,第738页。

胜点的道路两旁，到处都可见到大大小小、参差错落的摩崖石刻，令人有目不暇接之感。这里有标明地名的，如"瞻鲁台"，有颂泰山高大者，如"泰山岩岩"、"登峰造极"等。有介绍其在五岳中之特殊地位者，如"天下第一名山"。有概括景观特色者，如"月色泉声"、"松壑云深"。有抒发游人逸兴者，如"一尘不染，万境皆空"。有志士仁人的警世之言，如冯玉祥将军的"还我河山"。游人且游且看，既可将动观和静观结合进行，便于消除连续奔走的疲劳，又可以从摩崖文字中获得教益：或因之而增爱国热忱，或因之而添登山毅力，或因之而悟人生境界，或因之而见景色特征。

说实在的，即便单从经济效益考虑，在风景区增加一些旅游诗词、楹联和摩崖石刻，可以延长游客在风景区停留的时间。与之配套的服务行业也因此而可以多赚些钱。游客方面亦可从中得到教益。一举两得，各得其所，何乐而不为呢？

古代，旅游者不仅用诗、文、赋、楹联乃至警句、格言礼赞山水之美，还用题名的形式直接记载游览时间、游览地点、游览因由、游览观感以及何人书写、何人上石等情形。如宋代韩无咎在游金华洞时就留下了如下一段题名：

淳熙改元七月既望，陈岩、肖子象、陈良佑天与黄炎子余赵师龙德言韩元吉无咎观稼秋郊，自智者山来谒双龙洞。篝火蒲伏，遍阅乳石之状，寒气袭人，酌酒竹荫，支筇至中洞饮泉乃归。❶

有的题名着重游览情景的描绘：元代高德裔王官谷题名：

首谒司空表圣祠，下寻三休之故基，揖天柱之危峰，穿林沿流，直抵飞瀑岩。坐客或折岩花以荐觞，或酌溪泉以瀹茗。久之，觉毛骨凛然，殆非人世。抵暮，题诗石壁而去。

有的题记不啻一篇小游记，金正隆元年张汝为《灵岩寺题记》首述泰山灵岩为名山，自恨官务繁剧，无暇游览；次述因赏犒军

---

❶（明）陈继儒《销夏部》

兵得经泰山的机缘；复次描述自己游灵岩的见闻感受："峰峦峭拔，殿阁壮古，森天乔木，是处流泉"，"清风直至，了不知暑，惟闻啼鸟之声，幽邃清奇，迥出嚣凡"。最后说明自己此行是携家偕游。地方官长由谁陪同，题记由谁书写，由谁刻石，都交代得一清二楚。

　　希望通过石刻文字留名后世的欲念，不仅存在于帝王将相和士大夫阶层之中，即便是普通工匠和游方道士中也同样存在。在敦煌莫高窟中，许多画工不甘心于被人遗忘，他们往往在替功德主（即出资造像的人）画像题名（功德主不仅在造像前题名，还要请画工替自己画像，许多像画了一家几代）后，常常于一般人不易发觉的地方题上自己的名字。如北周第290窟北壁上端图案纹样中题写有"辛丈和"三字。专家分析说，这正是画工在用颜色描绘纹样时，有意在这不容易为人察觉的地方留下自己的名字。有些达官贵人来发愿，所凿石窟中塑了自己一家的像，题了名。但一般帮忙搞勤杂的服务人员则没有资格被画到墙壁上去。不过一种希望永垂不朽的强烈愿望却支持着这些服务人员也把自己名字题上去，如盛唐第45窟正龛北侧地藏像莲座下有"为在都督窟修造营馔食饮"的题记。这说明题记的作者是唐时某都督凿窟时帮忙做饭的下人。在莫高窟盛唐第166窟南壁观音菩萨像前有一清代游方道士的题记，记文如下："武当山太玄道人真阳于今乾隆十四年四月初八日到此朝山。"有些题记是发愿文，即到莫高窟进香的人对神发下的誓愿。这种题记通常先述自己姓氏官职，继言在石窟所绘何菩萨之像、绘像的目的是什么，绝大多数都是祈求菩萨保佑自己以及合家老小无灾无难。如初唐第220窟，绘的是文殊菩萨像。供养人（即绘像经费承担者）为九江翟奉达，他捐俸绘文殊像等四躯，其造窟动机在于为使"亡灵神生净土，不坠三涂之灾"，次为"我过往（已死）慈父兄勿溺幽间苦难"，兼为现在"老母合家子孙无诸灾障"。

　　在前人的游记中，也保存着大量的关于游人题名、题诗的实况记录。了解它们，对于我们认识中国旅游文化的重文传统亦有所裨益。秦皇、汉武等古帝王轮蹄所至，命随行书家和石匠刻石纪功，这原是古时帝王巡游的通例。发展到唐宋以来，一般经济条件好的游客带石工或就地请人，务将己诗或己文或题名等入石三分而后始放心。此风到明代已蔚然成风。李元阳在《游盘山舞剑台记》中就曾明白无误地记载说，他游盘山时就随身带着一名石工，他题诗题名，石工便用铁笔凿刻。清人李云麟在《天柱刊崖记》中就专门记述了自己登蜡烛尖以及为了在蜡烛尖上留下摩崖文字所经历的艰难险阻，读来使人忽惊忽喜，其历险情形宛然目前。其中那个像瘦猴子般敏捷，跟李云麟讨价还价的当地石工给人的印象尤深。清人黄安涛有一篇《吴下寻山记》，是一篇日记体的游记。此记主要记吴中洞庭东、西两山的风景名胜。记中题名之多，在我所读过的游记中居于首位。并且全是照录原文，原文又都是出黄安涛自己，考其题名，有的属于记时，有的为记人，有的点明所使用的旅游工具，有的则点明旅游动机，有的则记述石工如何刻石。总之，从黄安涛这篇游记中可以十分清楚地看出中国旅游文化重文的特点，并可进而窥测其重文的动机。

六、历代学人论景因文显

中国旅游文化重文的传统还可从历代学人对旅游资源的价值判断中看出。中国古人并非不懂得自然景观的妙处（请参看本书《"虽由人作，宛自天开"》章），但他们对于经过文人歌咏显露出自然景观精华所在的旅游资源似乎更为重视。

宋代滕子京谪守巴陵郡，于重修岳阳楼时致书同年范仲淹求记，其中有几句话很值得玩味：

> 窃以为天下郡国，非有山水瑰异者不为胜，山水非有楼观登览者不为显，楼观非有文字称记者不为久，文字非出于雄才巨卿者不成著。❶

---

❶《与范经略求记书》。

为此，他吩咐僚属，于韩、柳、刘、白、二张二杜逮诸大家集中，摘出登临寄咏，或古或律歌咏并赋78首以及本朝大手笔范仲淹等人的诗文赋作"榜于梁栋间"。这种"使久而不可废，则莫于文字"的认识，在宋元以降的各地风景名胜建设中都随时随地地体现出来。即便当今重修的黄鹤楼，历代名贤的题咏（诗、文、词、联）仍是该景点的灵魂。元人刘仁本在《东湖唱和集·序》中指出：

> 山水林泉之胜，必有待夫骚人墨客之品题赋咏而后显闻。若匡庐见于太白之诗，天台见于兴公之赋，而武夷九曲，见于朱紫阳之棹歌也。盖其胜处，多在深僻遐旷寂寞之滨，非得好事者杖履之追游，觚翰之赏识，则夫仙踪佛迹，巨灵幽秘，亦何由而得传闻于世耶？

山水之美是由欣赏者和欣赏对象互相作用后产生的。没有具有较高审美能力的旅游者，自然景观的美就无从发现。人文景观的美也是一样。不少地方老百姓乱掘古墓葬，或把秦砖汉瓦砌猪圈，或者让苏轼、黄庭坚的书法真迹横七竖八地倒在荒烟蔓草之中，都是当事者缺乏审美眼光所至。明人钟惺在替《蜀中名胜记》写的序言中也明确指出：

> 山水者，有待而名胜者也。曰事，曰诗，曰文。之三者，山水之眼也。

所谓"有待"，是说山水本身不能成为名胜，它必须具备两个条件：一是奇杰之士的影响，一是文人墨客的诗文。有许多地方，就自然景观而言，本来无甚特色，而一旦某名士吟咏它，便会声誉鹊起。唐代刘禹锡在《九华山歌》中写道："君不见敬亭之山黄索寞，兀如断岸无棱角，宣城谢守一首诗，遂使声名齐五岳。"元人陈栎《定宇集》中有诗云："庐山千仞欧公赋，盘谷两山韩子歌。"明人周忱《游小西天记》中说："天下山川之胜，好之者未必能至，能至者未必能言，能言者未必能文。"他把旅游者分为四个等级，即"好之者"、"能至者"、"能言者"和"能文者"。而归根结底以能文为最高境界。明人孙承恩《文简集》中一首《题赤壁图》诗，其中有四句云:"缅思人世几兴废,漫为水月评虚盈。曹刘事业久灰烬,两赋光芒辉日星。"他在《题新建李白祠》诗中写道:"荆襄之堧(音 ruǎn)兰江上,山纡水环景清旷。此时突兀开新祠,万古诗豪揭高榜。地因人胜古则然,从此兰江重穹壤。"就连他缅怀的李白在《江上吟》中也曾发出"屈平词赋悬日月,楚王台榭空山丘"的感叹。

清代道光十年江夏伯华在湖北钟祥白雪亭诗碑上写道:"兰台风景最堪怜,胜迹全凭一赋传。山川须要人纲纪,风雅休争时后先。"❶ 见解真确,概括极当。虽然游客流量大,对名山大川、名胜古迹造成了不小的压力,但若一味堵,也只是治标而已。你一方面不许一般游客刻刻画画,另一方面,又专程请来某些要人刻画,这如何能服人?对这个问题,陈树青先生有很好的见解。他主张既治标,又治本,既要堵,又要导。他说:"对于乱涂乱刻,光批评不行。帝王将相文人墨客能够到处题写,一般群众为何不行?我以为既要塞也要导。在文物上乱涂乱刻,一定要堵塞住,对违犯者要严惩。同时要疏导,要有个让群众抒发感情的地方。古代还有雁塔题名的美举,现在为何不让群众买石或买砖题刻?石、砖可有大小各种档次,用料也可各不相同。可自刻也可代刻,这些石、砖可分门别类按年份垒成矮墙或筑成亭台楼阁,留作永久的纪念。一般砖刻也可用来铺设一个广场。"除了陈先生的建议外,风景名胜区还应该准备专门的纪念册,并把邀请游客为本景区题诗题联、赠字赠言作为景区开发的一项日常工作,此外,在有些风景点,景观特色不显著的空白段也可以考虑用摩崖石刻的方式来丰富景观内容,延长游客逗留的时间。如湖北利川的腾龙洞主洞中不少段落无景可看,为什么不可将游人题赠的诗词留言中内容健康、文采斐然的篇章刻在石壁上,借以打破那种令人难耐的单调感呢?安徽石台县的蓬莱仙洞,有一幅天然图画,堪

---

❶ 《钟祥金石考》

称中华一绝,但偌长一条地下银河,却空洞无物。1988年余游该洞时,曾向导游毕东云小姐建议在"银河"两岸悬崖上刻上少许诗词画,至少可以让游客多待半个小时。半个小时给风景区带来的经济效益将十分可观。从景区开发来讲,这样做可以丰富景观的层次。一举而多得,何乐而不为呢?考虑到今天游客的文化素养参差不齐,景区在这方面制订开发办法时也应多层次考虑,请行家把关。否则,许多单纯为了追求发表欲满足的人们,把他们的丝毫不能引起人们美感的乱刻乱画留在名山大川,实在是一件令千百万游人扫兴的事情。

第十五章 "景—未详、裹粮宿舂；事—未详，发箧细括"
——中国旅游文化崇尚真实性的传统

崇尚真实，是我国旅游文化的一个显著特征，同时也是一个十分古老的传统。这个传统的形成，是与中国人历史感特强的民族文化心理相联系的。在古代，我国有左史记言、右史记事的制度，帝王的一言一行，都有随行史官加以记载。这些原始记录保存下来，是为了给后人写历史提供第一手资料。中国历史上，秉笔直书一直是受人们尊重的史学传统。《左传》襄公二十五年记载说：齐大夫崔杼杀齐庄公后，当时的史官太史写上"崔杼弑其君"，崔杼杀害了太史。在古代，史官是世袭的，太史被杀后，他的两个弟弟分别继任，仍是秉笔直书，又先后被崔杼杀害。待太史的第三个弟弟继任后，仍大书"崔杼弑其君"，崔杼这才放手。当时另一个史官南史氏听说太史氏一家兄弟数人都被杀害，为了捍卫史官的尊严，"执简以往，闻既书矣，乃还。"这个历史故事告诉我们，中国古代史官对史料真实性的看重超过了对其生命的珍惜。对于胆敢以强权威逼史官改窜史实的做派，历史上抗争者、斥责者代不乏人。

这一崇尚真实的优良传统在中国旅游文化中亦有明显的体现。

一、《山海经》

中国是一个农业古国，敬天法祖的意识特别浓厚。有学者研究甲骨文，发现商代先民留下的一片记载家祭的卜辞，上面竟然往上追溯了十一代之远。也就是说，从卜辞中可以看出，他这一家祭祖，从自己的父辈一直上溯十一代。这应该就是商代的一份家谱。在古巴比伦，他们的祖先也曾在泥版上记录过去发生的和未来将要发生的日、月食，然而它却未能成为代代相传的传统继续下来。许多考古学家为此而大伤脑筋，想象力丰富的厄里希·丰·丹尼甚至认为那些泥版连同埃及金字塔都是外星人的创造。中国的名胜古迹都有历代历史记录相伴随，没有西方名胜古迹的那种神秘气氛。这不得不感谢我们祖先那种秉笔直书的尚实传统。

就拿《山海经》来说，这部古书有人认为它是地理书，有人说它是历史著作，还有人把它当成记载奇闻轶事的小说看。实际上，《山海经》并不神秘，从中国旅游史的角度来看这部古书，说它是中国最早的"旅行指南"，实在更接近该书的本来面目。

《山海经》原题为夏禹、伯益作，相传这部古书是大禹治水的旅行考察记录。从该书中时有先秦地名出现这一点分析，应该说它是一本记录了从原始社会到秦汉时期先民们旅行经验的古书。它不是某个人在某个朝代独立完成，它的成书经历了从原始社会的口头流传到后世旅行家们加工改造、不断丰富的漫长过程。

《山海经》全书由山经、海经、大荒经三大部分组成。其记述层次为：山—海—大荒。这个层次安排，真实地反映了我们祖先认识外部世界的历程。中华民族是一个以内陆为生存空间的民族，因此记述的对象首先就是山，且其篇幅最大的也是山经，海经次之，大荒更在其次。"大荒"指的是海外诸国。在《山海经》中，旧时代的学者多认为大荒经的历史地理价值最差，认为它很可能是远古旅行家们的幻想或道听途说的产物。当代学者已有用事实证明"大荒经"的真实性毋庸怀疑者（请参看本书《中国旅游史鸟瞰》（上）第一节）。

《山海经》的行文有三条规律：（1）以山为经，以水为纬。（2）前面刚说过的某山，下面叙述另一山之前，先用"又多少里"等字样，点出两山的距离并提醒读者。(3)每叙若干山后,必统计其山之总数与里程,以及山神的形状,祭祀的方式,祭品的名称、数量,以这种形式来结束该部分的叙述。

　　远古时期由于交通工具的原始落后,加之地广人稀,人们对于出游往往十分审慎。出游之前,先要占卜,看是否吉利。其次还要尽可能搞清楚路程的远近,山川的形势,有无危害旅行的地貌、气象和动、植物因素。这种特征在早期的旅行指南一类书籍中表现得异常突出。《山海经》每每在叙述某山某水的方位、特产之后,又介绍某种吃人的猛兽。这样做的目的是为了使"民入川泽山林,不逢不若"。"不若"就是指不利于旅行的各种因素,如魑魅魍魉、毒蛇猛兽等。自然,先民们在旅行过程中,也学会了不少征服自然的办法。如先民们发现,某种动物人吃了可以御毒,某种植物马吃了走得更快等。上古时代又是一个崇尚巫术迷信的时代,因此关于各种山川祭祀的祭品、仪式的介绍,在《山海经》中也占有相当的篇幅。

　　《山海经》最初还配有图,读者习称"山海图",此图大概在南北朝时便已失传。因为晋人陶渊明还看过这种有图的《山海经》。他在《饮酒》诗中写道:"泛览周王传,流观山海图。"这"山海图"指的就是和《山海经》文字配套的"导游图"。后世的山经地志以及导游手册多仿此体例,两千多年来并无根本的改变,只是"山海图"大多是奇特的动植物图案,带有早期旅行指南的特征,和后世的导游图不可同日而语。历史上,东晋的大学者、文学家郭璞曾有《山海经图赞》。武汉图书馆张华馆员近年来利用业余时间对《山海经》中的动物做了大量研究,绘制了现代版的《五藏山经图》,其学术价值值得重视。

二、《穆天子传》

　　由于古代能够从事旅游活动,并且懂得用文字形式记载旅游活动的多是帝王，而帝王的旅游活动像其他活动一样，都是要载入史册的，因此同样要受真实原则的制约。周穆王是秦始皇之前唯一的一个留有旅行记录的大旅行家。穆王姓姬名满（前1073～前968），酷爱远游，他以造父为御车手，驾着八骏，周游天下，发誓使天下各处都留下他的车辙马迹。

晋朝太康二年（281），在河南汲县魏襄王的墓葬中出土了一批竹简。这批竹简长二尺四寸，用墨书写，一简40字。这些竹简都是用素丝编连的，这批竹简就是周朝的书籍。出土竹简的消息报到晋武帝司马炎那里，他便委派了大学者荀勖（？－289）负责校勘整理。《穆天子传》就是那次出土文物中的重大收获之一。

《穆天子传》是一部什么性质的书呢？这部古书是我国西周时期的史官对穆王的旅行活动所做的一份忠实记录。迄今为止，它是我国已经发现的成书时间最早、体例最完整的帝王旅行记。

穆王是西周第五代统治者，史书上说他50岁即位，在位55年，而《穆天子传》所载仅穆王十二年至十六年四年间事。全书共六卷，由两大部分组成：第一部分（1～4卷）是该书的主体部分，记载了穆王从十二年十月征漳水到十四年十月回到洛邑（今洛阳）的事。这两年时间穆王的主要活动是出国访问。书中详细记载了穆王访问西王母国的往返经历。第二部分（4～6卷）从十四年秋徐偃王侵犯洛邑，朝廷告急，穆王回国平叛写到穆王为心爱的女人盛姬举行葬礼。这一部分主要记述穆王回国后的活动。

周穆王是一个对了解外部世界有着强烈兴趣的古代帝王。十二年十月，他率领七萃之士和六师之人，以及随行的运输粮草、礼品的队伍，浩浩荡荡，从洛阳出发，绕道井陉，北征犬戎，由此至黄河源头星宿海，此后途经积石山、于阗、葱岭直到西王母国。周穆王见西王母时手执白圭圆璧，并奉上高级丝绸四百匹作为见面礼，受到了西王母的隆重接待。周穆王在宾馆（瑶池）中举行了答谢宴会，宴会上，西王母深情地唱了一首歌，歌词是："白云在天，山陵自出。道里悠远，山川间之。将子无死，尚能复来。"

穆王答唱道:"予归东土,和治诸夏。万民平均,吾顾见汝。比及三年,将复而野。"歌词表达了两国君主友好往来的诚挚愿望。西王母国在哪里呢?据清人丁谦考证,西王母国就是古代的巴比伦,西王母就是该国的国君。

在《穆天子传》中,作者严格遵守秉笔直书的原则,对穆王的远征队伍,作了相当详细的记载。如对随行人丁的总数、马名、车夫名、御车手和主要随员的姓名,赏赐的礼品,接受的赠品,这些东西的名称、数量,由谁发放,由谁接受,在哪里休息了几天,因何种原因休息,乃至引渡稻种,移植树木,采玉,钓鱼,也无不一一加以记载。

作为帝王的旅行,自然和一般人的旅行不同。他们旅行队伍的庞大,在世界旅游史上也是空前的。穆王的旅行队伍究竟有多少人呢?按传中所记载的数字,仅随行百官和军人一项,已逾二万。运输人夫逾万,骡马亦不下万头。这个数字,在世界旅游史上,也只有后于穆王约四百年的亚历山大大帝的远征队可以媲美。穆王还是中国最早的娱乐旅游的实践者。在他的旅行活动中,除了外交和军事活动,他还把游山、观水、狩猎、钓鱼、听音乐、看舞蹈、植树和参加宗教活动结合起来穿插进行。

周穆王后,秦皇、汉武以及清代的康熙、乾隆等历代帝王的旅游活动也都被史官实录下来,保存在《史记》《汉书》《清史稿》《幸鲁盛典》《南巡盛典》等正史和专题史书中。

三、《法显传》和《大唐西域记》

法显(342-423),生于山西平阳县(今山西临汾县西南),出家于山西襄垣县仙堂寺。卒于湖北荆州新寺,享年81岁。法显是我国佛教史上陆去海还、舍身求法的重要人物,同时他又是我国旅游史上一位杰出的旅行家。

东晋隆安三年(399),法显立志改变中国佛教经典残缺不全的局面，便与同学慧景、道整、慧应、慧嵬一起，从长安出发，通过河西走廊，穿过今天新疆境内的大沙漠，翻越葱岭，取道今印度河而入恒河流域，即由今天的巴基斯坦进入阿富汗，又返回巴基斯坦，然后东入印度，并曾穿行尼泊尔南部而达恒河下游的佛教中心地带，在揭摩提国首都巴连弗邑居3年，搜集抄写佛教经典，向当地僧人学习梵语、梵书，随后渡海到师子国（今斯里兰卡），又住两年，继续访求佛教经典，然后航海东归。

义熙十年（414），法显将自己的旅行经历写出，由于这本旅行记是法显记述自己的亲身经历，所以后世学者便称是书为《法显传》。当然，这本书在历史上曾有过好几个别名，如《佛国记》《佛游天竺记》《释法显行传》等。

《法显传》和《穆天子传》一样，保持了我国古代旅行记所特有的崇尚真实的传统。全书时、地、事记载清楚真实。极少得之传闻的材料虽然写进书中，却另外加以说明。其征信传疑的实录态度一同正史。这种态度使本书具有极高的学术价值。

《法显传》是我国第一部由僧人自己写成的探险求法旅行记录。全书始于隆安三年（399），终于义熙十年（414），首尾完足。同行僧众或存或亡，都有交代。它所记述的旅行范围，除开中国本土外，还包括南亚、中亚和东南亚地区。这些地区的地理、气象、交通、宗教、物产乃至经济政治制度，书中几乎没有不涉及的。其中特别是佛教文化的记述尤为生动翔实。

在我国旅游史上，佛教徒的旅行记而具有世界影响的，在晋则有法显，在唐则有玄奘。太宗贞观元年（627），玄奘只身踏上了西行的旅途。玄奘西行走的是陆路，由长安出发，经兰州、敦煌、高昌，沿今新疆吐鲁番、焉耆回族自治县、阿克苏、库车县，从葱岭北坡进入哈萨克斯坦江布尔城，沿撒马尔罕、乌兹别克、米高扬格勒进入阿富汗，由阿富汗进入印度。大约在贞观四年（630）抵达那烂陀寺，从7世纪20年代初离开长安，到40年代初谒见太宗，近20年的悠悠岁月中，玄奘"抵殊俗"、"冒重险"、"践畏涂"、"亲践者一百一十国,传闻者二十八国"。"其物产风土之差,习俗山川之异,远则稽之于国典,近则详之于故老。"❶凡中国文献中没有记载的国家,玄奘都特别留意,于"访道远游"之际,不忘在"请益之隙,存记风土"❷。玄奘回国后,在徒弟辩机的协助下,他一路上草写的旅游记录被整理成书。我们从玄奘贞观二十年(646)七月十三日所上《进西域记表》,知道玄奘的原始记录十分详尽,篇幅浩大。在编辑过程中,玄奘将记录中的"迂辞玮说,多从剪弃",成《大唐西域记》十二卷。

《大唐西域记》的结构特征大致可概括如次:以所历国为经,以与该国有关之名胜古迹、宗教传说为纬。以宗主国为经,以隶属国为纬。其材料来源有四:(一)得之玄奘本人耳闻目睹。(二)得之当地土著的介绍。(三)得之于沿途各国的"先记"、"先志"一类古书中的记载。(四)得之于高寿老人的口述。《大唐西域记》行文措词很重视崇尚真实,如书中所言佛迹显灵的记载,每节前都要特别冠以"闻诸土俗",或"先志云"。卷十二谈到古战场遗迹时,首先便云"闻诸耆旧"等,十分讲究措词的科学性。本书在介绍某国时,通常的模式是:(1)国土广狭。(2)首都大小。(3)主要农副产品。(4)矿产资源。(5)气候特点。(6)风俗。(7)文字。(8)音乐。(9)服饰。(10)货币。(11)信教情况。《大唐西域记》继承了我国先秦旅行指南《山海经》、帝王旅行记《穆天子传》和晋法显的《法显传》、北魏旅行家郦道元《水经注》等名著共有的重视旅途时、空描述的优良传统,将西行求法的行踪、时间和地点一一衔接,如卷三"乌剌尸国"条后云:"从此东南,登山履险,度铁桥,行千余里,至迦湿弥罗国"。

《大唐西域记》记事翔实,信而可征。著名印度史学家 R.C. Majumdar 在《古代印度》一书中说:"这些记载(指《大唐西域记》

---

❶ 《大唐西域记·敬播序》
❷ 《大唐西域记》卷一

关于印度的记载）还给我们描绘了一幅印度当时情况的图画，这种图画是任何地方都找不到的。"近年来，又有印度史专家阿里说："如果没有法显、玄奘和马欢（《瀛涯胜览》一书的作者，为郑和下西洋的随行人员）的著作，重建印度史是完全不可能的。"

清人唐愚士也认为实地游历比纸上见闻更可靠。他在随军西北期间所写的边塞诗《途中览古》中写道："沧海桑田几陆沉，两朝谁复问辽金。铜驼泣雨浮云湿，石马西风宿草深。城郭废多空夜柝，人烟去尽灭秋砧。数行青史灯窗恨，不及凭高见古今。"❶ 因为"登临而得于所见者其语朴，想象而得于所闻者其词夸，古今文人类如此耳"❷。

四、中、西旅行记之比较

唐前中国旅游名著崇尚真实例析已如上述。宋以后的旅行记、游记亦保持着这一古老的传统，如陆游的《入蜀记》对于长江两岸的自然景观和人文景观都作了详细的记录，对历代文人在这一带所撰写的旅游诗文、残碑断碣亦多所考证和评论，是我们治长江旅游史者必须参考的古籍。如记中对余杭中鱼龟的记载："池中龟无数，闻人声皆集，骈首仰视，儿曹惊之不去。""溪绝多鱼，时裂水面跃出，斜日映之，有如银刀"，过阳山矶江里，"巨鱼十数，色苍白，大如黄犊，出没水中，每出，水辄激起，沸白成浪，真壮观也。"这些记录是我们研究长江渔业史的可靠资料。又如作者游瓜步山顶元魏太武庙（其地在今南京六合，瓜埠山已被开山采石毁其大半，庙已不存）时，经过一番考证，发现梅圣俞题庙诗"魏武败忘归，孤军驻山顶"犯了常识错误。原来"太武初未尝败，圣俞以佛狸（魏太武帝拓拔焘小名佛狸）为曹瞒（魏武帝

---

❶《唐愚士诗》卷一，四库本。
❷《跋董秀夫辋川图后》，见《碧梧玩芳集》卷十六，四库本。

曹操小名阿瞒)耳"。明代的刘侗、于奕正合写了一本《帝京景物略》。这是一本最早、也是最全面记述北京风土景物的专著。两位作者撰写此书时亦十分重视真实性。他们自订的原则是:"事有不典不经,不敢笔。"(意为事实若无来历和根据,不敢写进书中)其略例云:

  成斯编也良苦,景一未详,裹粮宿舂;事一未详,发箧细括;语一未详,逢襟捉问;字一未详,动色执争。历春徂冬,铢铢两两而帙成。

  编写一个城市的风景名胜能做到一个景点没有跑到,便携带干粮前往游访;一件史实没有弄清楚,便翻箱倒柜去核对;一句方言的语音没有听明白,便逢人即问;有时为了一个字,两个人争吵得面红耳赤。经过九个多月的实地考察和翻阅史志,这部书才得以基本完稿。对于作者实事求是的著述态度,我们后来者又怎能不肃然起敬呢?这种崇尚真实的传统,到了清人手中,更是发展到登峰造极的地步。著名史学家、考据家顾炎武所撰《昌平山水记》,备述明代诸帝妃的陵寝与昌平州内的山水名胜。叙事井然有序,且以严密周详的考证为基础。如介绍某陵,不仅详言其墓主、建置乃至遭破坏的经过。甚至连守墓人的安排、官员祭奠的程序,所居的房子,守墓人平日生活,无不务求真切。

  如果我们将中国古代的游记和西人的古代游记对读,我们就会感到西人的游记像小说,而中国古人的游记像历史。我们在这里强调的是作品内容的真实性。

  打开西人的游记,撇开像但丁的《神曲》、法齐奥·德利·乌贝蒂的《狄达蒙多》以及乔维诺·庞达诺所写的《阿拉密阿语意大利等地异事奇闻录》这些描写神游的游记不谈,因为这类游记虽说大都有真实的游历作基础,但其中有相当多的虚构成分,如《狄达蒙多》中的同游者苏利努斯、《神曲》中的导游维吉尔都是凭借想象虚构而成。庞达诺的游记虽对威尼斯和米兰有过较详细的描述,但作者同时又炮制了许多荒唐无稽的故事,如一年四季都开放不凋的玫瑰花,在中午发光的繁星,鸟变成人,人变成牛。但丁等人的游记还有游览阴曹地府的见闻等，和我国的笔记小说类似。《埃里汪奇游记》《格列佛游记》《伊加利亚旅行记》均可归于此类。我们发现，在西方古代社会，像这种类型的旅行记数量相当大，且世人的口味似乎更倾心于此类著作。而在中国类似的著作只有李汝珍的《镜花缘》和一些描写梦游，以神道设教为宗旨的小说，如晋朝干宝的《搜神记》、当代白佑弘的《地狱游记》。

即便是以纪实为特征的旅行记，如《马可·波罗游记》《曼德维游记》《苏莱曼东游记》的续编，伊宾·拔都他的《中国游记》，这些旅行记也几乎无一不具有故事性强而真实性较差的特点。以马可波罗游记为例，这部轰动世界，对西方世界了解中国曾产生过深远影响的旅行记，其真实性实际上是经不起推敲的。他说自己和成吉思汗如何亲近，如何被大汗委以重任。而检阅《元史》，有元一代欧洲人入仕中国者甚众，但知名度较高、官做得比较大的只有爱薛一人而已。爱薛对中国文化比较熟悉，官翰林学士兼修国史。马可·波罗既受成吉思汗宠爱，在朝廷中自当享有较高的知名度，而何以《元史》中却无关于马可·波罗的传记，其他人物传记中也不见记载呢？

> "英国人胡子约翰（John the Beard），托名曼德维，亦诡称尝从鄂多立克东游，自著《曼德维游记》，卷帙甚多。而其实则窃取鄂多立克之记载及古代希腊地理家拖雷美诸说，混合而虚构一书。昔时欧洲人以为中世纪确有英国奈脱爵约翰·曼德维游历至中国。直至晚近，考据家详细考察，始断定其为伪书。"❶

《苏莱曼东游记》的续作者自己没有来中国，说他的朋友依宾·瓦哈伯在黄巢起义之前曾到中国首都觐见唐僖宗，僖宗在接见依宾·瓦哈伯的长篇谈话中，自认中国处世界五大强国国王之第二位，而承认阿拉伯王国国王为世界第一。张星烺氏指出：

---

❶ 亨利玉尔《古代中国闻见录》第二卷，转引自张星烺《中西交通史料汇编》（一）。

此处谈话，未必真确。中国皇帝安有承认阿拉伯王为世界第一，而自认为第二之理？瓦哈伯或自将谈话变更以悦听者耳。❶

　　我甚至认为，马可·波罗游记中关于成吉思汗如何宠爱重用他的那些情节，也是出于同样动机编造的。不然的话，马可·波罗的挚友不会在他临终前奉劝他将游记中夸张离奇的部分删去。

　　另一中世纪旅行家伊宾·拔都他的游记中国部分尤多编造，如说中国北部人用象载重，而实际上当时中国北部除热带国家赠送的寥寥数象以外，中国北方没有用象负物之事。拔都他还在他的游记中描述当时来华如何得到皇帝的诏书，沿途之人如何将其作为皇帝的客人招待。后来又记载说元顺帝如何战死，且对葬仪的隆重写得生动异常。但是查对《元史》，元顺帝实病死，而非战死。且朱元璋起义，蒙古帝国迁都喀喇和林，事情发生在拔都他离开中国之后20年！

　　古时外人来华的旅行记，如上述诸书，虽然有些记载可补我国史书的不足，但共同的特征是追求故事性、趣味性，而讹传误闻，添油加醋，望风捕影者所在皆是。这只需把同时期中国方面的正史、野史乃至文武大臣笔记等有关史料找来对读，其不尚真实的特征立见。

　　这种不尚真实性而重故事性、趣味性的旅游文化特征，是西方世界的传统，它的形成和西方古代旅游基本上是作为商业附庸的形式出现有一定的关系，经商本来就有冒险的意味。游客即商人所创作的旅行记，多半是在旅途上为打发岁月而编造出来，或者是为了取悦本国读者或君主而编凑的，故既有真实的内容，亦有虚构的成分。这一点，从西方中世纪乃至更早些时候的旅行记中尤易看出。

　　和意大利等地中海沿岸国家的海洋文化背景不同，中国从很

---

❶《中西交通史料汇编》（一）

早的时候,便是一个封闭型的国家。内陆为主的地理环境,自给自足的农业经济,宗法制的家国一体化的超稳态社会结构,以及植根于农业社会所特有的重视经验教训记录,珍惜前贤往哲的图书等心理习惯,决定了中国古代的旅游历史感极强,极其看重真实性的特点。

对于中国旅游文化的这一特点,国际学术界曾给予了极高的评价。印度和柬埔寨等国的考古学家,根据晋代法显、唐代玄奘和元代周达观、费信等人的旅行记上所记载的方位道里,成功地发掘了好几处古文化遗址。印度史学界甚至认为如果没有中国游方僧人的真实性极强的旅行记,印度的历史,中亚的历史,特别是佛教的历史,将无从写起。由此观之,中国旅游文化崇尚真实性、注重历史感的优良传统,已为世界人民所认同。

在讨论真实性问题时,需要注意的是,有的记载是真实的,但因为超出常人常识的范围,故世人怀疑其真实性。过去,很多人囿于耳闻目见,对于一些超出常识的事物采取不相信主义。比如,从前读《庄子·逍遥游》,对于文中的鲲鹏,大多以为是寓言。但当你读了明朝人李卓吾的下面这段文字就会改变观点。李贽的好朋友莫某跟他同在滇中做官,莫某家住雷海之滨。曾亲口对他讲过所见识的巨鱼故事:

> 有大鱼如山,初视,犹以为云若雾也。中午雾尽收,果见一山在海中,连亘若太行,自东徙西,直至半月日乃休。

李贽评论说,"则是鱼也,其长又奚不啻三千余里者哉!"❶

宋人李方叔的笔记中保留了一则苏东坡不迷信衡山神的故事。李方叔说:苏东坡亲口对他讲,当年凤翔罢官回京师路过衡山时,随从者中忽然有个士兵遇到鬼神找麻烦。那个士兵自己不停地脱衣服。苏东坡让人将该士兵捆住,但捆好的绳子总是自己

---

❶ 《与焦弱侯》,见《焚书》卷一,大字本第8页。

散落下来。有人提醒苏东坡说,这可能是南岳神生气了,故意显示些迹象提醒你。我们去谒祠吧。苏轼采纳了这个建议。苏轼在谒祠时对南岳神像说:苏某"昔之去无祈,今之回无祷。特以道出祠下,不敢不谒而已"。他说,我的随从士兵遭遇鬼神附体作祟,不知是不是岳神你发怒的结果?这个士兵是一个渺小的人,像人身上虮虱一样微不足道。纵使有点过错,也是小过错。您何苦跟他过不去呢。天下有的是坏人,特别是那些达官贵人,犯的罪过大着呢。您为什么不找他们的麻烦,却来欺负一个渺小的士兵呢?我是一个小官,随从就那么几个人。每个人都有一摊子事,病倒一个,就少一个做事的。您原谅他,行吗?出庙后,苏轼马前忽起大风,沙石惊飞。同行失色,东坡不为所动,继续坚持行路。过了一会,风就熄灭了。❶

这样的出自苏东坡之口的故事,你是相信呢还是坚决不相信?

---

❶《师友谈记》

第十六章
"生身千载之下,游心千载之上"
——中国旅游文化的尚古传统

珍惜自己民族的历史,宝爱先辈留下的遗迹,在文明世界里,这几乎是尽人皆知的常识。然而这对多数国家而言,只是近几百年的事情。由于天灾、战争和愚昧等种种原因,世界上有的民族文化遭到毁灭性的破坏,如苏美尔。有的民族的历史如一团乱麻,茫无头绪,如印度。有的民族在遥远的古代曾经光耀世界,但却莫名其妙地退出了历史舞台,如玛雅。纵观世界古国,欲求一历史传统悠久,发展线索清晰,全民族从古至今都重视传统文化的保护和传习的国家,看来非中国莫属。

近年来,我国旅游业发展迅猛,各国游人抱着对这块古老的土地极大的神秘感,从地球的各个角落进入华夏大地。我国的旅游业呈现出前所未有的繁荣景象。旅游界的同志在接待国际旅游者过程中,向各国朋友介绍了中国古老的文化,陪他们参观多如繁星的中国古代文化遗迹,促进了中国和世界各国人民的友谊,加深了外国朋友对中国古文明的认识和理解。不过,据我所知,由于旅游界的从业人员对中国传统文化缺乏宏观的、深刻的了解,而文化界的专家学者又很少肯放下架子做这种为旅游业服务的普及性工作。于是可想而知,导游人员的解说容易坐井观天,缺乏宏观的透视。笔者不揣浅陋,决定把向中外旅游者宣传普及中国旅游文化的知识作为自己的研究课题。

第十六章 "生身千载之下,游心千载之上"

要发展中国旅游业,对于中国自己的旅游文化传统,对于我们迥异于西方国家的旅游心理、旅游资源,必须花大气力研究。知己知彼,百战不殆,孙子的格言在发展旅游业中同样适用。本专题将试图总结中国旅游文化的另一传统:尚古传统。

孔子对周公所创建的一整套礼乐制度推崇备至,发出"周监于两代(夏朝和商朝),郁郁乎文哉,吾从周"的由衷赞美。在他四处游说,试图恢复周公的那一套典章制度而到处碰壁的时节,他经常在夜里梦见周公。晚年的他有好长一段时间因未梦见周公,而深感恐惧,他对弟子们颓丧地说:"甚矣吾衰矣,久矣不复梦见周公矣。"我国自开放改革以来,整个民族心态,正在发生重大的改变,传统的尚古心理在不少文化人中开始倾斜,更不用说那些文化层次偏低的一般游客了。但是应该承认,如果以历史眼光看问题,孔子的这种信而好古、述而不作的心态对中国旅游文化曾产生过深刻的影响。当然,认真地说,这种心态也不是孔子才开始有的,考古学家的实物证明在甲骨文时代就已经十分重视尊敬祖先,保存家族历史。

也许有人会说,儒家是以信而好古著称的。那么道家呢。

在曲阜师大孔子研究所一楼大理石墙壁上,嵌刻着仿汉砖画像孔子问道图。这组画像说的是孔子前往洛阳拜见道家鼻祖老子,向他请教贯通天地人之大道的故事,这也是孔子圣迹图中的一个场景。这个故事的真实性是用不着怀疑的。孔子从老子那里出来,对弟子们评价老子道:

> 鸟,吾知其能飞;鱼,吾知其能游;兽,吾知其能走。走者可以为网,游者可以为纶,飞者可以为矢矰。至于龙,吾不能知其乘风云而上天。吾今日见老子,其犹龙耶。❶

这段话的主旨是赞美老子学说的辩证通达、无所拘碍的特色。鸟、鱼、兽虽然各有"能飞"、"能游"、"能走"的优势,但"网"、

---

❶ 《史记·老子韩非列传》

"绐"、"矢"、"矰"这些捕捉禽兽的工具却可以置它们于死地,而只有"龙"乘风云上天,一切羁绊对他来说都无法构成威胁。

这段话把孔子对道家学说的态度表现得十分明白。老子、庄子在文章中也一再流露出对远古时代的迷恋和向往。他们都处在大动荡、大分化的变革时代,对于迅速变动的事实都难于接受,儒家和道家创始人物虽然各自开出的处世药方不尽相同,可对古代文化的崇拜倾倒则是惊人的一致。在《庄子·胠箧》中,作者表示出对"甘其食,美其服,乐其俗,安其居,邻国相望,鸡狗之音相闻,民至老死不相往来"的至治之世的由衷向住。

道家思想中的尚古倾向也表现在对故国旧部的深情怀念上:

> 旧国旧都,望之畅然。纵使丘陵草木之缗入之者十九,犹之畅然!况见见闻闻者也,以十仞之台悬众间者也。❶
>
> 人事有代谢,山川无古今。生身千岁之下,游心千岁之上。登箕山而怀洗耳之风,吊首阳而悲饿死之节。利害既不相及,影响既不相知。然虽田夫野老樵童牧竖犹将踯躅悲歌有沘其颡,况高世绝俗慷慨之士哉。千万世同一理,千万人同一心。古人远矣,九京不可作矣。一旦过其隐遁之地,观其游息之所。有不浩然兴起如亲炙之者乎?❷

一、尚古崇贤——游客评价景观的价值尺度

读者诸君,现在假设在一个著名的风景区,两个相距不远的院落里,各生长着一株参天古柏,它们的形态特征、树影都很少差别,其中一株有确切的记载说是唐代所植,且有专门制做的标志,

---

❶ 《庄子·则阳》
❷ 《洞霄图志》,卷四一二叙古迹第四。

而另一株则是明朝所栽,如果让你选择一棵作为背景留影,你将选哪一棵呢?

如果在孔子故宅,除了现在新植的桧树外,尚有一株躯干高大、枝叶扶疏的古桧,但标志牌却挂在树龄不过20年的小桧树上,说这小桧树虽然是新植的,但它所在的地点却是孔子当年手植桧生长的原址,大桧树虽然古老,却是清代所植,而新桧树虽然稚嫩,却是孔子手植桧生长的旧处。如果你对孔子很崇拜的话,那你对哪一棵桧树的感情更深些呢?

现在再假设某博物馆陈列室陈列着两把陶壶,一把是从新石器文化遗址中出土的,造型稚拙,色泽暗淡,壶嘴残缺,而另一把则是清代宜兴的陶壶,无论是质地、色泽、造型都远较前者美观,如果在这两者之间让你挑选,你将怎样选择呢?

再作一次假设,如果在泰山附近屹立着和泰山地理、地质特征完全一样的另一座大山,这座山是一座没有任何古文化遗迹的纯粹的自然山,两座山离你现在所在地又是等距离的,你是愿意去泰山呢,还是愿意去那座纯自然的山呢?或者,泰山旁边的那座山是从明清时代才着手开发的,也留下了一些帝王和文化人的足迹,但就其古老而言,远不能和从上古时代就有古帝王举行封禅活动的泰山相比,如果只允许你作一次选择,你将何去何从呢?

在清代中国,许多府县修撰志书时,往往杜撰名胜,自高身价。我们知道孔子虽然曾周游列国,但他的游踪范围在今人看来实在不能说很大。春秋时期的列国主要是黄河流域的一些诸侯国,算起来不出今天的河南、河北、山东、山西。南边他到过楚国,但也只到信阳而已。他本来是计划到楚国来推销自己的仁政方案的,当他在信阳等了一段时间后,楚国传来对他老人家的方案不感兴趣的信息,于是他伤心地带着弟子们返回鲁国。这是当年的实情。孔子死后,随着历代帝王的褒封,当年惶惶如丧家之犬的孔子地位逐渐高到无以复加的境地。于是在明清时代撰修的湖北、湖南等省、府、县志书中,开始出现与孔子有关的山水名胜。这或者也可以从另一面帮助我们认识中国旅游文化的尚古特色。唐朝陕西凤翔县出土的一批周代石鼓；泰山上秦始皇登封时李斯撰刻的碑石，相传为大禹手书的蝌蚪文字衡山岣嵝碑，这些古老的文化曾激动过一代又一代旅游者，见到的自然手舞足蹈，形诸笔墨；未访到的不免无限惆怅，遗憾终生。作为补偿，在没有古老的人文景观的风景区，好事者也会附会出各种古老的传说，给缺少文化的自然山水披上一层古老文化的外衣。如四川九寨沟、湖南张家界开辟为旅游区后不久，便有《九寨沟的传说》《张家界的传说》等旅游书籍问世。

习惯于忆往，习惯于怀旧。这是中华民族历史文化积淀深厚所致。几千年来，我们的国家，我们的文化虽然也有外患侵扰，也有外族入主中原的时代，但这些外来的异族最后还是被汉化了。如此一来，祖祖辈辈都生活在一个相对稳定的环境之中，家国一体的一个文化空间里。几千年前的历史人物的思想，行事，包括他们留下来的文字著作，我们读起来并无障碍。就价值观而言，我们也不难理解。因此，一个村，一个县，一个省，甚至整个国家的历史，都像自己的家史一样亲切。我们怀念本乡的先贤，本县的先贤，本省的先贤，本国的先贤，都感觉亲切。这就是怀古哲学的社会文化基础。

二、沿波讨源——山水游记创作中的惯例

中国古代旅游者有一个共同的习惯心理，即：不满足于到此一游。在古人的游记作品中，有这么一种普遍的现象存在：凡所游览风景名胜有古代文化遗迹的，游记作者极少不加以追根溯源式的介绍，有的甚至表现出一种低徊久之、不能离去的惆怅心情。这种现象既反映在旅游文学的创作上，也反映在旅游文学的批评中。

我国最早的游记当首推《穆天子传》。在这本先秦古籍中，

第十六章 "生身千载之下，游心千载之上"

随行史官记述了穆王旅游到昆仑山时的许多游览内容，其中有一项就是凭吊黄帝的行宫，观看黄帝当年来昆仑时留下的刻石文字。此后，在《论语》《庄子》等先秦典籍中，我们还看到了孔子旅行途中对周朝古文化，对周公等古代圣贤的膜拜之情。西汉著名史学家、文学家，同时也是伟大的旅行家司马迁，在漫游大江南北、黄河内外的旅途中，对于中华民族历史上的著名古战场，著名军事家、政治家、思想家、文学家，甚至策士、游侠、引车卖浆者流们出生和活动的地方，亦分别在《史记》这部皇皇巨著中加以生动的描绘和浓厚的抒情。司马迁曾随汉武帝封禅泰山，我们从《史记·封禅书》中可以清楚地看出，他对于汉武帝以前历代帝王的封禅活动，以及留存下来的遗迹曾以极大的热情予以记载和描述。北魏郦道元《水经注》可是说是一部以江河水系为纲目的系列游记。在他的著作中，对于各地的先贤，对于古战场，对于古代传说，亦用极为认真的充满感情的态度加以记录，如河水篇中之介绍华山：

> 古语云：华岳本一山当河，河水过而曲行，河神巨灵，手荡脚蹋，开而为两，今掌足之迹仍存。《华岩开山图》云："有巨灵胡者，偏得坤元之道，能造山川，出江河。"所谓"巨灵赑屃（音 bì xì，一种龟形动物）首冠灵山者也。常有好事之士，故升华岳而观厥迹焉"。

王安石的《游褒禅山记》也是开宗明义便交待山之得名来历：

> 褒禅山亦谓之华山，唐浮图慧褒始舍于其址，而卒葬之，以故其后名之曰褒禅。

清人张道浚《游劳山记》也是在第一自然段便详考劳山的得名史：

> 《齐记》称："泰山高，不如东海劳。"昔传吴王夫差于此山得《灵宝度人经》。又《寰宇记》言："始皇登劳盛，望蓬莱。""以劳于陟，即名'劳'，又以驱之不动称'牢'。"及考《列仙传》："乐正子长适仙于此山，得赤散丹以长年"。

这种沿波讨源的风气在明清两代尤其突出,像袁小修、顾炎武等人的游记都是例子。

作为一种传统,只是从整体分析而言,并不是说没有任何例外。如魏晋时期和明代后期,思想界空前活跃,文学理论领域提倡自然、性灵,也确有一些纪游之作撇开人文景观而专写自然风景的。像南朝鲍照的《登大雷岸与妹书》,明代公安派巨子袁宏道,清代姚鼐的《登泰山记》等游记即其例。

三、热衷纵向继承,轻视横向移植

在旅游资源开发和旅游者欣赏口味方面,中国古代旅游表现出热衷纵向继承,轻视横向移植的特点。所谓纵向继承,指的是继承传统旅游文化。由于中国是一个拥有五千年历史的文明古国,地上地下保存着丰富的历代文化遗迹,这就为中国古代旅游的重视传统继承提供了客观基础。而在长期的封建社会占统治地位的儒家思想,又是以主张圣贤政治为特征的。这种意识形态的影响也是形成中国古代旅游文化的这一特点的重要条件。具体说来,可分三方面言之:

(一)就旅游点的建设来看,中国古人对开辟自然风景游览点的兴趣,远不如建设有古迹的旅游点浓烈。本来,重视古代文化,缅怀先驱人物,是世界文明古国共有的现象,不足以构成特色。但中国人的崇尚纵向继承的尚古风气却别具一格。从各地地方官灯灯相续的开发旅游资源的碑刻资料中不难看出,像柳宗元、吴武陵、欧阳修等人所开辟的以自然景观为主体的碑刻远远少于以名胜古迹著称的景观修复资料。以湖北一省为例,赛武当,以及鄂西的腾龙洞等以自然美雄踞一方的景点,充其量只在方志中一标其名而已,而像襄阳的岘山堕泪碑,钟祥的孟亭、白雪楼、阳春台,武汉的黄鹤楼,隆中诸葛亮故居等古迹却一修再修,碑刻连篇累牍。

中国古人对于保存古代旅游文化有着极强的责任感，这主要表现在山经地志的撰述上。山有山经，地有地志。中国古人很早就认识到了沧海桑田、海陆变迁的道理，于是将山水名胜连同历代经营者的事迹名姓载诸志乘，使后世之人披文怀古，一一可循。此外，利用刻石等形式，自己创作或选录前人的诗文名句点景，利用碑刻让人们了解风景区的历史。这种尚古重文的风气，大大丰富了旅游点的游观内容，并使中国古代的旅游文化呈现出特有的历史承续性。从而构成中国古代旅游文化的一大特色。

（二）就旅游者的欣赏心理分析，如果没有文化遗迹的地方，即使拥有绝好的自然风景，也不会受到多数中国人的喜爱。杭州西湖和武汉东湖，若就自然风景的气势和湖面的阔大而言，杭州西湖是不能和武汉东湖相比的。但在1985年的"十大风景名胜评选"活动中，东湖却榜上无名。推原其故，不过因为西湖的人文古迹比东湖丰富罢了。请注意，我是就大多数中国人而言。我知道，在历代地方官吏中，自然不乏像南朝的谢灵运、谢朓，唐朝的王维、柳宗元，宋代的欧阳修、苏轼这一类人物，但必须承认这批人是文化层次相当高的旅游者，即使在今天许多以自然风景著称的风景区中，人们常自轻自贱地告诉游人说没啥好看的。从旅游者的流动倾向分析，也是看古迹的多于看自然山水的。这种情形直到最近十来年才有所转变。这得归功于生态旅游的兴起，国外高端旅游者的榜样作用，和美学知识在国内的空前普及。外国游客中的绝大多数对中国古代文化遗迹缺乏了解，看起来既吃力又乏味，而对自然山水则完全可以不受文化传统的影响，一任主观的欣赏。外国游客在碑刻林中打扑克、谈家常。类似这种现象在中国文化层次较低的游客中也普遍存在。不过说实在的，对本民族历史文化茫然无知的游客，他对自然山水的美也未必能作出中肯的判断。一个显然的事实，中国美学史上的大师们没有一个不是对传统文化了如指掌的。唯其如此，他对自然美的感受、评价才能获得民族文化的特性。中国古代旅游的这种只重纵向继承的特点和西方世界恰成对照。这种对照表现为西方世界除了珍视本国固有文明外，对了解外部世界保持着浓厚兴趣。这一点地中海沿岸国家表现得尤其突出。殖民者在征服其他国家时，对于文明古国的古迹，往往不远万里移植到自己的国家。如埃及的尖顶方碑之被英国移植于伦敦是其例，近年来，美国在自己国土上修建长城，仿造中国园林也是其例。马可·波罗，哥伦布，达·伽马等旅行归来时受到本国君主和人民的热烈欢迎是其例。在西方，探险旅行家往往是全国朝野注目的人物，他们的传奇般经历往往成为举国上下谈论的话题。而中国古代的探险旅行家，除开张骞是个例外，义净、法显、玄奘、鉴真，都是在没有得到统治者支持并且还遭到多方刁难的情况下，凭着信仰和毅力完成其探险求法的旅行活动的。郑和下西洋，完成了那样伟大的航行，明王朝对他的评价也不高。永乐皇帝的后继者，毫无见识的皇帝还听信大臣的谗言，以为下西洋劳民伤财，企图烧掉十分珍贵的航海档案。

从中国古代旅游的这一轻视横向移植的特点，可以看出中国旅游文化的封闭性和自足性。它缺少西方世界那种对了解外部世界、征服外部世界的渴望。当然这种封闭型文化传统在近百年的对外开放特别是十年浩劫后的对外开放过程中，已经和正在得到改造。

在我国古代文化的宝库里，以旅游为题的山水诗，占有极为重要的地位。这无论从数量上看，还是从质量上看，都是这样。除开歌咏自然这个主题外，怀古，怀念那些被时间浪涛淘去的古人古事，也是一个永恒的主题。在民间口头文学里，怀古的主题也十分常见。明代四川才子杨升庵在给他外婆家族所修的《喻氏宗谱》写完序言后，忍不住技痒，在谱书后面即兴写了一篇怀古词。这首一时兴起写成的《临江仙》，后来被《三国演义》的作者置于书首，成了开篇主题词：

  滚滚长江东逝水，浪花淘尽英雄。是非成败转头空，
 青山依旧在，几度夕阳红。
   白发渔樵江渚上，惯看秋月春风。一壶浊酒喜相逢，

古今多少事，都付笑谈中。

由于古代中国是农耕大国，历来重视经验传承，祖宗崇拜。因此，与尚古传统相连带的，还有怀乡传统，或曰乡愁传统。

四、"后之视今亦犹今之视昔"
——当代旅游业中尚古倾向概说

通过考察中国旅游史，令人十分惊奇地看到，尽管经过否定传统文化的"十年浩劫"（1966～1976）的摧残，信而好古的中国旅游文化传统并没有因为这场极左路线带来的浩劫而销声匿迹。在党的十一届三中全会之后，中国旅游文化得到长足发展。君不见在近年的旅游资源开发过程中，形形色色的仿古建筑，仿古城，仿古街，如雨后春笋般勃兴起来，像香港的宋城、西安的唐城、上海的大观园、河北的宁国府、山东阳谷县的狮子楼、梁山县的忠义堂、武汉的黄鹤楼、晴川阁等都是较有影响的。更有今人着古装的仿古旅游活动，如北京颐和园的德和殿，工作人员就穿当年宫女的服装，接待游客。山东泰安的岱庙康乾二帝当年的行宫里，东御座也是宫女如春花满殿。曲阜孔子诞生日庆典活动举行时，城里连马车夫都着古装，泰安县还搞起了封禅旅游活动。尽管旅游界和学术界对这种过热的仿古风有不同意见，有的主张降温，有的认为无害，尽管有的地方由于主管者的文化水准不够，弄得非驴非马，招致各方批评，但应当承认，这一股仿古风的出现并且经久不衰，绝不是偶然的。它是中国旅游文化的深层传统，即尚古传统在国民行为中的表现。平心而论，我对仿古的东西，特别是活生生的"古人"，很不感兴趣。每当我在著名的旅游胜地碰上这种和古色古香的宫女对视或谈话的场面，总觉得有一种难以言状的压抑感，或者说总是觉得这样做太别扭。从审美角度言之，这样做也太实了点。旅游者想象的余地被仿古的玩意儿给塞满了。在泰山参观仿宋真宗的封禅仪式时有这种感觉，在游岱庙时看到乾隆坐像时也有这种感觉。不管怎么说，这只是水平问题，并不是说仿古旅游毫无价值可言。我们知道，具有葱茏的想象力，能够从圆明园的废墟上想象出当年的万园之园中的曲榭回廊，清风明月的毕竟是极少数人，对于绝大多数普通游客，将无形的景观有形化，将抽象的古迹具体化，使虚变实，使今若古，其教育效果自难同日而语。如果杭州西湖岳坟前不铸秦桧等人的跪像，一般游人自然难以对秦桧夫妇迫害岳飞留下那样深刻的印象。明清两代的许多游记中，不乏关于普通民众游岳坟时对秦桧夫妇铁像的侮辱性举动，如摸王氏乳房，唾秦桧之面，对于秦、王铁像撒尿，等等。据说秦桧后裔曾偷沉铁像于湖底。可见仿古旅游的魔力是何等厉害！

从近年来旅游者们创作的旅游诗看，写怀古题材的仍占相当大的比重。从旅游书籍的出版情况看，诸如风景区的历史掌故、轶闻轶事、风物传说一类的书大量出现并且极受欢迎，从对风景区的保护和对名胜古迹的修复争论中，我们也看到整旧如旧，保持自然面貌派的意见仍是不可忽视地存在。从文化的深层结构分析，反对在泰山、武当山修索道，反对在北京故宫周围、曲阜古城周围修盖现代建筑，无不是尚古意识的表现。

存在决定意识，物质决定精神。正是因为我们伟大的祖国地大物博，历史悠久、名胜古迹丰富这些客观的物质存在，才使我国人民从古到今逐渐形成这种崇尚古代、重视文化传统的习惯心理。这种心理有人认为对我国的现代化不利，是一种陈旧的观念。我无意驳斥这种看法，但仅从发展现代旅游的角度看，这种文化旅游毫无疑问有价值。试想作为中国这么一个历史悠久的文明古国的旅游业从业人员，对自己民族数千年积淀下来的文化传统所知甚少，或不屑一顾，像当年学步的邯郸少年那样去步西方旅游大国的后尘，这不是舍本逐末么？借此机会，我想向旅游界人士，特别是决定政策的人们进一言：既然尚古是经受住时间考验的中国旅游文化传统，在具体经营时最好多征求一下有关专家学者的意

第十六章 "生身千载之下,游心千载之上"

见。我在考察途中,不断听到一些不尊重专家学者的建议,或者根本不请教专家学者而想当然决定策略的令人不愉快的轶闻。既然要搞仿古建筑,总不能搞得不中不洋,不古不今吧。既然要搞仿汉表演,古代的衣着、礼节总不得不问吧。有些仿汉建筑竟用螺旋式楼梯,栏杆上雕刻图案中竟有和平鸽。有的仿清宫女,虽着清代服装,风度气质则落落然完全是现代女性。如此明显的不协调,难道是我们所追求的境界吗?

庄子曾经讲了一个越国流放犯的故事。他说,那家伙被押解到深山老林去服刑。途中遇见来自都城的老朋友,他就高兴得不得了,又是握手,又是拍肩,好像很久没有见面似的。到了服刑地点,偶然碰面一个在都城的一面之交,连姓名也想不起来,但却亲密异常,高兴地盛情接待。及至这个流放犯在荒芜人烟的服刑场所待了一年左右,这时节因为长时间见不到人即使有点像人形的木头桩子也会让他激动好一会子。❶庄子所打的比喻就是怀旧传统的体现。说到底还是对人的怀想,对那些曾经存在但现在早已不在的古人以及他们生存过的场所的怀念。"人的本质不是单个人所固有的抽象物,在其现实性上,它是一切社会关系的综合。"❷

阅读中国古代典籍,怀旧、怀古、怀乡之类的题材触目皆是。例如:嵇康《高士传》上说:"商容有疾,老子问之。容曰:'子过故乡而下车,知之乎?'老子曰:'非谓不忘故耶?'"商容是老子的老师。老师生病,学生去看他,老师还不忘教育,告诉他回故乡不能扬长而过,而应该谦虚一点,要下车步行,因为那里是生你长你的地方。聪明的老子总结说,这不就是您平时教诲我们的人不能忘本吗?即使建立大汉王朝的汉高祖在回乡宴请父老乡亲期间,不是也说过"游子悲故乡。吾虽都关中,万岁之后我魂魄

---

❶ "庄子曰:不闻夫越之流人乎?去国数日,见其所知而喜;去国旬月,见所尝见于国中者而喜;及期年也,见似人者而喜矣。不亦去人滋久思人滋深乎?"庄子所归纳的"去人兹久,思人兹深"的规律,是中国旅游文化的一个很典型的传统。这就是怀旧传统。

❷ 恩格斯《路德维希·费尔巴哈和德国古典哲学的终结》

犹思家沛"吗？❶汉章帝过东平，祭祀东平王坟墓，说了一句很经典的话："思其人，到其乡。其处在，其人亡。"❷正是这种物是人非的场景，才特别能引发人的思旧怀乡之情。

南朝刘宋谢灵运《初往新安至桐庐口诗》中有句云："不有千里棹，孰申百代意？远协尚子心，遥得许生计。"尚子，即尚子平。王莽时期著名旅行家。许生，即许询，晋朝旅行家。历史是过往的人们在大地上书写的。这就是为什么人们需要亲临现场体验感受咏怀古迹、歌咏前贤的原因。仅仅从古代的文献上是无法体验到遗址地的那种现场感。

明人邹章周论旅游的怀旧传统，也讲得很真切。他说："当陵谷贸迁后，山川怀德，品物思旧。往往游人逸客觇风讯俗，寻断碣于荒草，吊残虞之余音。感忆畴昔，赋诗寄志。未尝不于一、二名区胜迹间流连兴悼也。审是，则名胜之故墟，又未始非人情风俗之所系也。"❸

---

❶《汉书.高祖本纪》

❷《东观汉记》

❸《城西古灵宝观建三清大殿序》，康熙《衡州府志》卷十九，书目文献出版社影印本，第657页。

第十七章 "虽由人作,宛自天开"
——中国旅游文化崇尚自然的传统

一、"山川之美,古来共谈"

在古代西方,艺术和诗歌在尽情描写人类关系的各个方面后,才转向表现大自然。就是在表现大自然的时候,大自然也总是处于局限和从属的地位。这大概与基督教的影响有关。有一个时期,基督教强迫信徒们把他们一向尊敬的山、泉、湖、沼和森林看成恶魔的创造物。到了13世纪,也就是中世纪的鼎盛时期,西方人对外部世界又有了重新认识、重新领略的迹象。这主要体现在像意大利那样历史悠久的国度各民族行吟诗人的歌唱中。即使是当时,他们对自然美的欣赏也还是低层次的。正如《意大利文艺复兴时期的文化》一书作者所言,"这些描绘都是眼前景色,没有远景展望。即使是走过很远路程和看过很多地方的十字军战士,也像这些诗篇(行吟诗人的吟唱)一样显出不熟识。那种把盔甲和服装描写得非常细致的叙事诗,对于外界的自然景色不过是略作描述。甚至伟大的沃尔夫对于他的主角活动的场景也没有任何地方给我们做过充分的描绘"。总之,可以这样说,在西方,把自然界当作审美对象来观赏至早也是13世纪以后的事情。而我国秦汉以前的诸子百家,甚至早在西周时期就有人明确地把山水作为审美对象来欣赏和描写。撇开神话,在信史时代,我们所能见到的最早发现并欣赏山水自然美的人,当推周穆王。《穆天子传》上说:

天子遂袭昆仑之丘,游轩辕之宫,眺望钟山之岭,

玩帝者之宝,勒石王母之山,纪迹玄圃之上。乃取其嘉木艳草,奇鸟怪兽,玉石珍块之器,重膏银烛之宝。❶

这段记载中有几点值得注意:(一)周穆王已注意到了"嘉木艳草、奇鸟怪兽、玉石珍块"一类自然物的美,并自觉地将其移植或豢养于国都以供欣赏。(二)穆王对于不能转移的"昆仑之丘""钟山之岭""王母之山"已懂得眺望观赏。(三)周穆王还注意到对人文古迹美进行观赏,如"游轩辕之宫"。(四)周穆王还开了后世风景区题名的先河,如"勒石王母之山,纪迹玄圃之上"。四点中有两点是关于自然山水的。

如果说周穆王对山水美的认识还不够明朗,或者说《穆天子传》并未明确记载周穆王赞赏山水美的言论,至多是向我们暗示了他已意识到山水的美,那么,孔子的"仁者乐山,智者乐水"这一论断应该说已经明确表明东周知识阶层对山水自然美的特征已有相当认识。只不过周朝人在认识山水美时,总是不自觉地将它同人的德性夹缠在一块论述。应该说,这是早期山水审美的必然现象。

在周代典籍中,记载着许多礼赞山水美的文字。如刘向《新序》中就有关于晋平公赞叹西河的故事:"晋平公游西河,中流而叹曰:嗟乎,安得贤士与共此乐乎。"

刘向《说苑》上则说:"齐景公游海上,乐之,六月不归。"

《韩诗外传》上则说:"齐景公游于牛山,而北望曰:美哉固乎,郁郁蓁蓁。"

《淮南子》上说:

> 所谓乐者,游云梦,陟高丘。耳听九韶六茎❷,口味煎熬芬芳,驰骋夷道,钓射鹔鹴❸之谓乐乎?

---

❶ 《永乐大典》卷8844引。
❷ 六茎九韶:六茎,古帝瑞顼的音乐名称,与"六英"同。九韶:舜帝的音乐名称,与《九招》同。
❸ 鹔鹴(音 sù shuāng):鸟名,雁属。

这个观点自然相当偏颇。以个人眼光观之,"游云梦,陟高丘"固然快乐,而欣赏音乐,品尝美食,打猎垂钓也同样能令人快乐。它们的价值并无此高彼低之分。不过,透过《淮南子》的这几句话,不难看出汉代或汉代以前人们对山水之美和游山玩水的价值是十分看重的。《艺文类聚》上引用的先秦古籍上记载:"楚昭王欲之荆台游,司马子綦谏曰:'荆台之游,左洞庭之波,右彭蠡之水。南望猎山,下临方淮,其乐使人遗老而忘死。'"

司马子綦的话很委婉,目的是劝昭王不要把国家大事丢下不管,而任性游山玩水。但他对"洞庭之波"、"彭蠡之水"、"猎山"、"方淮"这些在"荆台"上可以远观近览的自然山水美的概括,客观上却为我们提供了当时的旅游信息,反映了包括帝王大臣在内的旅游者对荆台山水之美、临观之美的看法。

到了魏晋,欣赏自然美蔚然成风,士大夫以不会欣赏山水为耻,透过那一时期保留下来的旅游小品和山经地志的断简残编,仍可窥见当时士大夫如醉如狂欣赏山水自然美的情景。晋代和尚惠远《游石门诗·序》中已开始了对自然美的比较欣赏:

"此虽庐山之一隅,实斯地之奇观。"因石门地险,路阻行难,而石门诸道士已有心赏景,故不计艰险:"虽林壑幽邃,而开涂竞进,虽乘危履石,并以所悦为安。既至,则援木寻葛,历险穷崖,猿臂相引,仅乃造极。"

他们在文中还明确表示,只有到了石门绝顶,"详观其下,始知七岭之美,蕴奇于此。双阙对峙其前,重岩映带其后。峦阜周回以为障,崇岩四营而开宇。其中则有石台石池,宫馆之象,触类之形,致可乐也。清泉分流而合注,渌渊镜净于天池。文石发采,焕若披面,柽松芳草,蔚然光目。其为神丽,亦已备矣。……游观未久,而天气屡变,霄雾尘集,则万象隐形;流光回照,则众山倒影。"像这样纯然把自然山水的美作为欣赏对象,并且又能对其美作多角度多层次的审美评价者,在 1400 多年前就已达到这样的水平,应该说是难能可贵的。在魏晋南北朝时期,像著名书法家王羲之、著名隐士向平（也有写作尚平的，均指同一人）、著名诗人鲍照、"山中宰相"陶弘景、著名画家宗炳、著名地理学家郦道元都曾在礼赞自然山水的美方面划下了痕迹。即使是一封书信，也有大赞山水之美者。鲍照旅游到安徽望江县，在给妹妹的一封家信中，竟大写大雷岸四眺所见的风光景物。虽名曰书信，实为骈体游记。陶弘景在《答谢中书书》中干脆连书信的格式也不要了，兹录全文于次：

> 山川之美，古来共谈。高峰入云，清流见底。两岸石壁，五色交辉；青林翠竹，四时俱备。晓雾将歇，猿鸟乱鸣；夕日欲颓，沉鳞竞跃。实是欲界之仙都，自康乐以来，未复有能与其奇者。

郦道元在《水经注·江水》节中写道：

> 山松言：常闻峡中水疾，书记及口传，悉以临惧相戒，曾无称有山水之美也。及余来践跻斯境，既至，欣然始信，耳闻不如亲见矣。其叠崿秀峰，奇构异形，固难以辞叙。林木萧森，离离蔚蔚，乃在霞气之表。仰瞩俯映，弥习弥佳，流连信宿，不觉忘返。目所履历，未尝有也。既自欣得此奇观，山水有灵，亦当惊知己于千古矣。

从郦氏的叙述可知，早在南朝东晋的袁山松（？－401），就已在其所著的旅行记《宜都记》中发现了长江三峡的美。

二、"外师造化，中得心源"

由于中国古人对山水自然美的体悟较其他文明古国为早，且其对山水自然美的理解较其他文明古国为深，故这种特殊的文化基因连带影响了整个中国的旅游文化。在中国，"自然"二字不仅指未曾为人类加工过的客观物质世界，它还被广泛地用作旅游文学、旅游工艺品、风景区建设优劣的标准。

首先，我们想以中国山水画为例。古代杰出的山水画家无不

第十七章 "虽由人作,宛自天开"

对真山真水饱游饫看,静观默察:某画家的风格,他的画所表现的境界,他独创的技法,往往都是他所熟悉的山水启迪之结果。

五代画家荆浩(约 850 - ?))是以画太行山著称于世的画家。他曾自言:"因惊其异,遍而赏之,明日携笔复就写之,凡数万本,方如其真。"[1] 可见画家为了表现特色山川的个性,仍是以自然为蓝本加以模仿。宋代的郭熙(约 1000-1080)亦是山水画大师,他在《林泉高致》一书中多次强调自己的绘画得力于师法造化(即向自然山水学习)。他历数诸名山的主要特色:

> 嵩山多好溪,华山多好峰,衡山多好别岫,常山多好列岫,泰山特好主峰。

然后写道:

> 欲夺其造化,则莫神于好,莫精于勤,莫大于饱游饫看。历历罗列于胸中,而目不见绢素,手不知笔墨,磊磊落落,杳杳漠漠,莫非吾画。

他因此批评当时那些不肯下苦功夫学画的人:

> 今执笔者所养之不扩充,所览之不淳熟,所经之不众多,所取之不精粹,而得纸拂壁,水墨遽下,不知何以掇景于烟霞之表,发兴于溪山之颠哉。

五代的范宽学画,不迷信前人,而醉心真山水的观察和写实。他听说终南山和华山景物奇胜,便卜居其间。"居山林间,常危坐终日,纵目四顾,以求其趣。虽雪月之际,必徘徊凝览,以发思虑。"

从中国山水画的技法发明看,以皴法为例,我们可以这样说,没有画家对自然山水长时间的静观体悟,一系列皴法是不可能发现的。我们今天看古画,发现晚唐画家孙位的《高逸图》和韩晃的《文苑图》中已可看到皴法的早期形态。到了五代荆浩手中,由于北方地区的崇山峻岭层峦叠嶂的启发,他发明了皴法,并将皴法熟练地运用于山水画中。此法门一开,统治画坛三四百年的

---

[1] 《笔记法》

勾填勾染法便被取代了。五代的李成因受自然山石中圆浑突兀的火成岩石的启示,发明了卷云皴。此法用尖峭的中锋线条和隐约迷离的淡墨去勾皴,其画面特征是山石的形态如云滚动,且圆润突起。宋人郭熙因受自然山石中的火成岩型山石启发,乃发明乱云皴法。此皴法为先用湿笔勾出石之轮廓和脉络,线条柔浑圆曲,一如云层。然后在阴凹处以片状或卷曲之笔密皴,中锋、侧锋并用,笔笔连贯,似乱实整。最后用淡水墨渲染,亦称鬼脸皴。五代南方画家董源(943-约962)因受南方山多石少、山形起伏如馒头状、脉纹长拖如麻状特点的感发,乃运用艺术概括的手法,创造出画山石的一种新法——麻皮皴(习称披麻皴)。此皴法多用中锋圆笔,内刚外柔,恰到好处地表达了江南山石轻柔秀媚的特征。

窃观五代山水画大家,凡有独创精神的,几乎没有不是从崇尚自然的经历中悟出新招的。北方的范宽(950-1032)、关同(生卒不详)为了表现北方山川的峭利险峻,尽量突出主干线来匡定山之轮廓。南方山川土多石少,坡势平缓,草木葱茂,烟水迷茫,因此以披麻皴画出山的主体轮廓,然后又用水墨点染,从而使人有烟水迷茫、元气淋漓之感。

三、"穴石作户牖,垂泉当门帘"

在中国传统文化的体系中,主张少人为而任自然的心理,从老、庄时代就已初步形成。老子和庄子都极力主张人类回复到与鸟兽杂处的时代去。他们认为文明进步使人与大自然融洽无间的关系日渐疏远,是对那种宁静状态的破坏。

老、庄的这一思想曾经深刻地影响过和正在影响着我国传统的和现代的旅游文化。这种影响表现在风景区的建筑身上。中国人对于自然山水,除了讲究游观外,还讲究休息和居留,因为山水之美,一年四季不同,一日四时不同,晴天的美和雨天的美也风格各异,要全面领略山水之美,走马看花、蜻蜓点水是不行的,只有长时间生活其中,或者在春秋佳日、月夜雨天亲临观赏。为此,亭台楼阁、茶房酒肆的建造则势所必然。此类建筑一则可以避风雨骄阳,一则可为进餐休憩之所,许多建筑同时也是欣赏景观的驻足之处。在我国名山大川乃至许多普通的风景区,这类建筑触目皆是。

我们在这里不是想罗列风景名胜地的亭台楼阁的名字,也不想来一一追溯它们的历史。令人最感兴趣的是汉唐以来历代旅游者对这类建筑的描绘。因为从他们的叙述中,可以归纳出中国人对旅游建筑的审美倾向,或者称作传统也未尝不可。

这类旅游建筑很有讲究。它通常要求:(1)建筑物必须与自然山水协调,只能是锦上添花,不能是喧宾夺主。(2)建筑物应具备可行、可游、可居的综合功能。(3)建筑物本身的色调宜朴素自然而不能雕饰过分。唐代大思想家、大诗人、大散文家柳宗元在贬官永州期间,曾为永州刺史崔敏写过一篇《永州万石亭记》。记中述说崔敏在任期间发现城北荒野中"怪石特出","度其下必有殊胜,步自西门,以求其墟。伐竹披奥,欹仄以入,绵谷跨溪,皆大石林立",于是,当事人命令民工"刮辟朽壤,剪焚榛秽,决沟浍,导伏流。青为疏林,洄为清池,寥廓泓亭,若造物者始判清浊,效奇于兹地,非人力也。乃立游亭以宅阙中"。此亭的环境特点就是"万石环绕,清池潆洄"。当事者对"万石"景点的开发,没有更多的人工整治。所谓"刮辟朽壤,剪焚榛秽",无非是使被秽草恶木遮蔽下的"万石"显露出来,而"决沟浍、导伏流"又不过是为了使万石景区变活,因中国风景重视山水相依和景因水活。

白居易的《草堂记》则典型地体现了中国人对居住环境的审美要求。元和十年(815),白居易因上奏章请搜查刺杀武元衡的凶手,触怒当时的宦官集团,乃以越职言事罪贬为江州刺史。到任的第二年秋天,他在游览庐山时看中香炉峰下遗爱寺旁的一块空地,于是筑室其上,次年春落成。这幢建筑名曰草堂,它所处的位置是庐山风光最集中、最迷人的所在，处于香炉峰和遗爱寺之间。草堂"面峰（香炉峰）腋寺（遗爱寺）"。"前有平地，轮广十丈；中有平台，半平地，台南有方池，倍平台。环池多山竹野卉，池中生白莲白鱼。……""堂东有瀑布，水悬三尺，泻阶隅，落石渠，昏晓如练色，夜中如环琴筑声。堂西倚北崖右趾，以剖竹架空，引崖上泉，脉分线悬，自檐注砌，累累如贯珠，霏微如雨露，滴沥飘洒，随风远去。其四傍耳目杖屦可及者，春有锦绣谷花，夏有石门涧云，秋有虎溪月，冬有炉峰雪。阴晴显晦，昏旦含吐。千变万状，不可殚纪。"其建筑物本身"木斫（砍削）而已，不加丹，墙污（粉刷）而已，不加白。"不仅注意到建筑物和周围环境的协调，还注意到了建筑物本身质朴美的创造。试想若把"草堂"打扮得珠光宝气，富贵固然富贵，只是失却自然的灵性。另一位中唐诗人吴武陵在《新开隐山记》中提到他在山上建亭的情况：

> 于是度材育功，为亭于山顶。不采不膴（音 huǒ，此处作动词"染色"解），倏然而成。凭轩四望，目极千里。高禽鸷兽，蚑翔蚁走，恍然令人心欲狂。又作亭子北牖之北，夹溪潭之间，轩然鹏飞，矫若虹据。左右翼为厨为廊，为歌台为舞榭，环植竹树，迥脱嚣滓。邦人士女，咸取宴适。

这里有几点值得注意：（一）亭建于山顶，目的是为了"凭轩四望，目极千里"。（二）供旅游者娱乐和休息的建筑则建在山腰或山麓，总之不太显眼的地方。吴武陵的这种安排很有审美眼光。盖因亭虽高踞山顶，而极其简朴，用他的话说，叫作"不采不膴"，其作用只不过供游人驻足观景吃饭和避风躲雨而已。且这类亭子大多体量甚小，不致对真山构成喧宾夺主的威胁。而占地较多、功能齐全的建筑则只能建在山麓或山腰相对隐蔽的地带，这样一则可收方便游人之实效，二则也不至于破坏山水整体的美观。清代常安在游览北京西山龙泉庵时写道："庵有池泉出螭口，注池中，昼夜无间，听其潺缓激荡之声，居然惊涛倒峡起于檐庑之间。左右客堂二楹，因山以构；山排列则竖而为屏，山罅隙则窍而为牖。天然位置，视人工迥别矣。"❶ 九华山的东岩精舍亦同样以其与自然山水协调无间而自具特色；清人熊祖诒《重建东岩精舍碑记》中说：东岩精舍"随其冈峦蜿蜒，坡陀曲折，凹者间之，峻者梯之"。❷

这种强调建筑物本身质朴自然，同时又强调与所在山水相协调的审美理想，从发展旅游、保护环境、美化生活诸角度观之，实不失为中国文化之一优良传统。笔者在游览武夷山之时，曾为大王峰下的"幔亭山房"这幢有着浓厚山野情趣的建筑所倾倒。我早就听建筑界朋友讲，"幔亭山房"系原中国建筑学会理事长、已故著名建筑师杨廷宝先生的杰作，但到底是百闻不如一见。这幢改建的宾馆不仅外观和武夷山的色调吻合，内部装饰乃至家具风格都极具山野情趣。那竹编的天花板，竹编的地面，竹编的墙壁，加上整套原木家具，其古朴清新的神韵曾使我们这些长期生活在拥挤的大都市中的游客流连忘返。杨先生继"幔亭山房"后，又设计了一幢60个床位的小型宾馆，即"武夷山庄"。山庄内部自然拥有现代游客所希望享用的旅游设施，而从外表看，这幢六十个床位二层楼的小宾馆屋面却随山坡自然错落，檐口挑廊挂柱，白墙红瓦，赤石勒脚，房舍以曲径回廊相呼应。游人到此，往往误以为是一般民居。

我们认为，像王安石在《答平甫舟中望九华》诗中所概括的"穴石作户牖，垂泉当门帘"诗句，它极其形象地表现了中国人对旅游建筑的审美倾向，当然也完全可以说它反映了中国人对居住环境自然美因素的重视。这毫无疑问应是我国古老文化中的精华。但也有一些自然至上者片面理解老庄哲学对自然的膜拜。如明人张侗初在《盖茅处记》中说过下面一段话：

---

❶ 《游西山记》
❷ 民国重修《九华山志》

古之至人，以三光为户牖，故不碍桑枢；四时为庭除，故不卑茨草。但取造化之有，生成自然。若罄人工之能，补苴特甚。所以虚能生白，无有室用。……止以眼前作案，不须物外多求。

他主张一任自然，而反对"罄人工之能，补苴特甚"。清人周清源在《游雁荡山记》中甚至提出自然山水中的人工建筑有不如无："灵岩有寺废久矣，而群峰益刻露呈秀，固知天地自然之奇，非斧凿所能出，稍一点缀，反掩真色。"像他们两人的意见未免过于偏激了些。设想从古至今，人类不在名山大川上进行任何文化创造，那么20世纪80年代的旅游者欲登泰山，也只好自辟蹊径，像《管子》书中所说的，每人扯一把青茅草带着当凳子坐了。当代风景区建设中争议最大的缆车、索道和盘山公路问题，也应作如是观。因为自从人类发明了工具，自从人类开始向大自然索取生活资料之日起，事实上人类已经在破坏大自然，只不过是程度轻重不同而已。试想华山的磴道，苍龙岭上保护游人安全的铁栏杆，不也是对自然的破坏吗？但谁敢说不需要呢？问题在于按照一种什么样的美学理想去破坏。完全的不破坏事实上不可能。

四、"虽由人作，宛自天开"

园林艺术是我国传统文化的精华所在。在世界范围内，中国园林素有"世界园林之母"的美誉。英国利物浦国际园林节上，中国的燕秀园得了大金奖。这个燕秀园的设计者是年过半百的中国园林建设公司女工程师李志敏。燕秀园是仿北京北海公园静心斋的沁泉廊和枕峦亭建造的，很有中国古典皇家园林的气派。除了获大金奖外，还获最佳造型和最佳亭子两个奖。许多经营园林的外国老板，都请中国园林建设公司为他们建造中国园林。在美国的纽约，也有以苏州网师园殿春簃为蓝本的复制园林——明轩问世。

第十七章 "虽由人作,宛自天开"

读者也许会问,中国园林为何那样地受世界人民的喜爱?换言之,中国园林的独特魅力是什么?100多年前,《忘山庐日记》的主人说过下面一段话:

> 园林之幽深奥曲,肴馔之温淳甘美,文章之姿婉周折,三者我国之所独擅于世界也。西州之园林,整齐适观而已,无入胜之境;肴馔腴洁养身而已,无调和之味;文章朴直达意而已,无传神之笔。

这段话谈了文章、饮食、园林三个方面。通过中西对比,得出的结论是恰切公允的。他关于园林的见解:"(中国)园林之幽深奥曲",有入胜之境,(西方)"园林,整齐适观而已,无入胜之境"。道出了中西园林的最根本的差异。赵君豪在《上海之园林》(一)中说得更清楚,他说:

> 吾国园林以丘壑胜。亭台楼阁,曲水红桥,一花一草之微,必寓有无限诗意。竹篱茅屋,柴扉半掩,初不甚广,然循曲径以行,则每别有洞天,而景愈幽邃,有怪石嶙峋之假山,有琤琮悦耳之流泉,读山穷水尽疑无路,柳暗花明又一村之句,园林丘壑之美,从可知矣。至若欧美名园,与吾国人所经营者绝不相类,其园有碧绿如茵之草坪,平坦整洁之行道。他若游泳池、拍球场等,无一不备,盖所以锻炼身心者也。❶

中国园林虽为人工创造,却能于叠山理水之中,造成一种"虽由人作,宛自天开"的神似真山水的境界,造园家多取真山真水作造园之素材,取诗的意境为造园立意之根据,取山水画作创造园景的蓝图。考察我国的园林历史,无论是汉代皇宫内苑的"聚土为山,十里九坂"的园林土山,抑或是富人袁广汉的北邙山下"构石为山,高十余丈"的园林石山,一个共同的特点是,它们都是以真山水为蓝本而加以模仿的。晋宋以来,由于对自然山水美

---

❶ 《旅行杂志》1929年第三卷

欣赏能力的提高,造园规模普遍变小,当时士大夫所造的私家小园,山水都是以浓缩、写意的形式表现出来的。尽管如此,它仍没有抛开真山水。即使到明清以降,园林中的山水发展到或表现真山之一片,或表现真水之一角这种成熟程度,尽管造园者作了大刀阔斧的省略,只保留了最能表现某处山水特色的片断,从造园者的创作中仍不难看出其概括、提炼同样源于真实自然山水。宋人郭熙在《林泉高致》中曾经说过:"千里之山,不能尽奇;万里之水,岂能尽秀。太行枕华夏,而面目林虑;泰山占齐鲁,而胜绝者龙岩。一概画之,版图何异!"此虽论画,亦可通造园概括之法。

我们发现,宋代以来的造园家们的造园理论,几乎无一例外都提到要迹近自然。或者说,山水画家的山水欣赏和批评见解,完全为造园家所借用。还是以《林泉高致》为例,如:

　　山以水为血脉,以草木为毛发,以烟云为神彩。故山得水而活,得草木而花,得烟云而秀媚。

　　水以山为面,以亭榭为眉目,以渔钓为精神,故水得山而媚。

　　石者,天地之骨也。骨贵坚深,而不浅露;水者,天地之血也,血贵周流而不凝滞。

这些画家欣赏山水美的经验谈,被造园家毫不费力地借用过去作为鉴定园林中的人造假山、假水优劣的理论根据。

我国园林,从宏观上划分,有北方园林和江南园林两大系统。所谓北方园林,主要指已被英国殖民强盗额尔金烧成废墟的圆明园和基本保存完好的承德避暑山庄。所谓江南园林,则主要要指各朝各代遗留下来的散布在苏州、杭州、南京、广州等南方城市中的园林。江南园林因此也被称为私家园林,而北方园林则被称为皇家园林。这两类园林在园林体量上北方多大气磅礴,而南方则小巧玲珑,在其他方面风格也存在着差异。但有一点却是南北园林共同遵守的,即"卜筑遵自然"。

江南园林因为历史上属私人所有,限于园主的财力和土地水

第十七章 "虽由人作，宛自天开"

面的私有制体制，即使十分的佳景，若不是你的土地，自然也只有望景兴叹。然而聪明的南方造园家却在实践中摸索一整套小中见大的表现手法。以山为例，江南园林中的山多是假山，且坡度大多较平缓，顶多四五米高。这类假山盖取其神似，旨在改变园林空间的平旷单调之病，有此一土阜，则园中地势便呈变化状态。用当代著名园林专家陈从周先生《说园》中的话说，这叫"山不在高，贵有层次"。这样的山贵在显出起伏之势，要求交待清楚来龙去脉。以水为例，江南园林中的水面辽阔浩瀚者绝少，如何弥补这个先天不足的缺陷？造园专家们常常采用以少胜多的手法，如要想把一块池塘型的水面改造得使游人有身临波涛浩渺的天然湖泊之感，办法是把水边做成曲折有致、接近自然湖泊的水岸特征，并人工分隔港汊、水湾，配上湖泊中常见的芦荻、水亭和小桥。水不在深，贵有曲折。本来不大的水面，经过艺术加工，便有咫尺千里之势。江南园林中的湖泊，造园家们往往采用在水中设岛的方式来改变水面只有平远而无深远之不足，如武汉东湖的湖心亭，拙政园的"雪香云蔚"轩等是其例。江南园林还通过池旁的亭台楼阁和廊榭等建筑、花草树林和假山的倒影来丰富景观的层次。元代造园家计成在《园冶》中概括过这种手法，指出这种景观具有"池塘倒影，拟入鲛宫"的特殊魅力。江南园林中的石景，鉴赏家所持的批评标准是看是否具有瘦、皱、漏、透的特征，而这四个特点恰恰是经湖水冲泡的太湖石的特征。

北方的避暑山庄因为是帝王所经营的，故气象博大，大有"移天缩地入君怀"的气势。清代两个最爱旅游的皇帝——康熙和乾隆在巡幸江南期间，每遇称心的风景便命宫廷画师摹写收藏，为后来营造避暑山庄作准备。《园冶》上说："园地唯山林景胜。有高有凹，有曲有深，有峻而悬，有平而坦，自成天然之趣，不烦人事之工。"康、乾二帝深谙造园之道，他们（最先是康熙选的址）找到了承德避暑山庄这块地方。为什么要选这里呢？因为这里有高山、草原、河流、湖泊等各种地形地貌。整个地区西北高,东南低,高山地带雄踞山庄西部,具有蒙古风味的草原地带处山庄北部,而湖光潋滟的有着锦绣江南韵味的湖泊区则集中在东南,这种自然的格局恰好像我国清朝版图的示意图,具有极大的概括性。

想在一个地区集中全国各地有特征的自然山水和园林形态,显然是不可能的。我们称道的选址高明,也只是从大体上而言。作为大一统的清王朝的最高统治者,为了满足其对全国范围内的自然山水景观和园林艺术的占有,于是造园家们根据山庄本地的自然条件,凡真山真水易于仿真的则全仿,如山庄中的松云峡,就是根据乾隆游了泰山后授意画师李世倬画的一幅《对松山图》(对松山为泰山中路著名景观)仿造的。山庄中的斗姥阁和泰山的斗母宫,山庄最高峰上之广元宫亦同泰山顶上的碧霞元君祠都十分相似。也有仿中有创的,如山庄中的小金山仿镇江金山,但在山与塔的比例关系上造园者作了较大的改动:镇江金山塔高不过山之二分之一,而山庄的小金山塔(上帝阁)高过山一截。这是仿中有创的著例。总之,山庄中很少景观没有蓝本的,随便再举个例子,如松云峡北山东侧高处的"青枫绿屿"园林建筑群就曾经是主人模仿桂林山水的"江作青罗带,山如碧玉簪"景观的产物,如意洲是模仿焦山的,真焦山的特征是远望见山不见寺。如意州以土山障宫室也同样远望见山不见室。明代文人徐渭在《书朱太仆十七帖》中谈到这样一件事:"乍过人家园榭中,见珍花异果,绣地参天,而野藤刺蔓,交戛其间。顾谓主人曰:'何得滥放此辈?'主人曰:'然。然去此亦不成圃也。'"❶

由此可见主人不肯把野藤刺蔓剪除的用心,正在于存野趣,保自然。唐代冯翊在《桂苑丛谈》❷中也讲了一个类似的故事,"朱崖公两出镇于浙右,前任罢日,游甘露寺。因访别于老僧"。因尊

---

❶ 《晚明廿家小品》
❷ 《笔记小说大观》十九编一册

敬此僧，临别前赠该僧一根笻竹杖，"其杖虽竹而方，所持向上，节眼须牙，四面对出，天生可爱"。这根竹杖是朱崖公最宝爱之物。过了几年，他再莅浙右，因复访前人，问及竹杖。僧已"规圆而漆之矣（即将方竹杖刨成圆柱体并且涂上了油漆）。公嗟叹弥日，自此不复目（尊重）其僧矣"。翻开我们祖先遗留下来的园林、旅游书籍，乃至一般笔记杂说，类似这种崇尚自然、反对人工雕凿，或者即便人工建造，也需工侔（比）造化，不露痕迹的说法比比皆是。这一类的审美心理像一支千载不变的乐曲旋律，左右着千百万炎黄后裔的审美情趣。在当代旅游资源开发过程中，在关于旅游资源的如何保护等学术争论中，我们不是时时可以看到古老的崇尚自然文化传统仍然存在吗？

第十八章 "每与风月期，可无诗酒助？"

——中国古代的旅游饮食文化传统

在任何民族的文化体系中，饮食文化和性文化一般都占有相当大的比重。先哲有言："饮食男女，人之大欲存焉。"❶ 这两种类型的文化，因其与人类自身的生存繁衍密切相关，故此在研究某一民族的文化传统时，不能不对此加以考察和研究。性文化问题，在《与其倚门而富，无宁补屋而贫》一章中已有所讨论，这里想就旅游饮食文化作一点初步探讨。

一、旅游饮食文化

旅游饮食文化，指旅游者在旅游过程中所接触到的异域饮食文化。比方说，我们中国的饮食文化，在一个未曾出过国门的中国人看来，自然没有多少新鲜之处可言，所谓"不识庐山真面目，只缘身在此山中"正是这种情形的写照，但对于欧洲或美洲旅游者来说，在他们眼中，中国人的饮食内容和进餐方式，皆是其闻所未闻、见所未见者。从这个意义上讲，饮食文化即旅游饮食文化，因为文化不是孤立存在的现象，只有通过主体感受的比较，从而发现其差异。这就是说，构成旅游饮食文化的一个基本前提，乃

---

❶《礼记集说》卷五十六

是植根于不同空间饮食文化的质的差异性。如对原料的选择，烹调习惯，进食方式等方面，各国甚至同一国家不同地区也迥然有别。简言之，任何民族都有自己独特的饮食文化，包括吃什么、怎样做和如何吃这样几个方面。在旅游者看来，这就是旅游饮食文化。

旅游饮食文化的另一含义，应该是指某个国家或某个地区的旅游者在本国范围内或本地区内开展旅游活动时所特有的饮食习惯。同样包括吃什么和怎样做、如何吃这几个环节，中国古时的帝王将相乃至一般地方官，每遇喜庆之事，如封禅之类的庆典，通常都要和全国人民同庆，史书上称为"赐酺"。这种与民同乐的以共食为特征的饮食文化就是很有特色的旅游饮食文化。在对进食环境选择上，中国古代士大夫出身的旅游者在进食时或花前，或月下，或风景幽美的园林，或高山奇峰，或幽溪绝涧。他们追求的是一种与大自然融合的趣味。他们不仅满足于大快朵颐，还喜欢同时大饱眼福或大饱耳福，比如边饮食边欣赏音乐舞蹈。

显然，古代的旅游饮食文化与一般意义上的饮食文化有着不可分割的联系。要想把旅游饮食文化从一般饮食文化中分离出来加以描述是十分困难的，也是不必要的。虽然如此，旅游饮食文化毕竟有某些不为一般饮食文化所具有的特征。它应该不仅仅能果腹充饥，而且要能给人以美的、新奇的感受。许多形成地方特色的名菜如鄂州的武昌鱼，因其价格昂贵，本市居民尽管天天可以吃到鱼，但却罕有问津者，除非款待外省亲朋和接待国外旅游者。一个简单的事实是，像老子所向往的"鸡犬之声相闻，老死不相往来"式的小国寡民、互不往来的时代，是不可能产生旅游饮食文化的。我以为，所谓旅游饮食文化，它产生在各种不同的饮食文化的交流过程中。没有旅游者从甲地到乙地的旅游活动，乙地的饮食习惯特色自然不会为甲地所认识。同时它还倚赖旅游者对饮食信息的传播。游者虽到了乙地，品尝过乙地的肴馔，但如不向亲友介绍，不写文章或诗词赞美，旅游饮食文化就无从产生。因此，可以这样说，所谓旅游饮食文化，是通过旅游者的品尝、比较、总结、介绍的饮食文化。它的特点是用联系的观点看待各地乃至各国的饮食文化。研究旅游饮食文化最常用的是比较方法。当我们谈到世界旅游饮食文化时,我们总不会忘记中国菜系、法国菜系和土耳其菜系这一被无数旅游者比较归纳而成的世界三大菜系。当我们言及中国旅游饮食文化时,我们也自然会记得鲁、川、粤、闽、苏、浙、湘、皖八大菜系。旅游者在品尝了异地风味后,或向亲朋好友津津乐道,或用诗词游记加以介绍描述,使听者和读者为之激动不已的,不外乎闻所未闻的新鲜饮食和见所未见的进食方式。

二、中国烹饪源远流长

中华民族十分讲究吃喝的艺术。我们的祖先早在新石器时期就发明了陶器。这种最早的烹饪器具的出现,使先民们从此结束了茹毛饮血的时代,而向文明社会迈进了关键的一步。嗣后,随着青铜冶炼技术的发明,先民们便制造出鼎、瓿、觥、盂、簋等名目繁多的烹饪、饮食器具。迄今为止,出土的夏、商、周三代的青铜器,大半都与饮食有关。早在大禹的时代,鼎已成为上层社会重要的烹饪器具。据历史记载,大禹曾经安排专门班子把他及其部下周览山川、治理水患时对各地动植物特性的认识,绘成图像刻在鼎上,让国人知道哪些东西能吃,哪些不能吃❶。到了周代,鼎这种烹饪器具更进而成了国家政权的象征。《左传》上记载说楚国的特使王孙满到镐京(周王朝的首都,在今陕西省西安市周原一带)觐见周天子,大概他从未见过那么大的鼎,便好奇地打听九鼎的重量。这件小事竟惹得周朝史官误认他有颠覆周王朝的野心。大约在春秋战国时期,烹饪是一个时髦的、雅俗共赏的热门话题。儒家鼻祖孔子一生曾多次谈论饮食问题。他的名言有"食

---

❶ 《春秋正传》卷十九

不厌精,脍不厌细"❶,还有"席不正不坐,肉不方不割"❷。前者讲的是烹调艺术,后者讲的是进食礼仪。在那个时期,擅长烹饪技术的人地位极高。像商汤王的得力助手、名相伊尹就是以烹饪术致身卿相的,齐桓公的手下,亦有因烹饪术高明深得桓公欢心的易牙。仅此数端,可见当时人们对饮食的重视达到了何种程度。

尔后的秦汉魏晋南北朝,下至唐宋元明清,历代官方史书亦无不大书"吃"的历史,在文人墨客的文集中,到处可见关于"吃"的艺术的描述。在封建专制的中国,除了圣经贤传,其他书籍是不能称作"经"的。但唯独饮食例外。如唐人王籍的《酒经》、陆羽的《茶经》、宋人段文昌的《食经》等书,并非出自圣君贤相之手,千百年来人们却众口一词的以"经"呼之。统治者也从未想到对这些称谓予以取缔。儒家所崇拜的、用于规范各阶层行为准则的"礼",最初就是从饮食方面发展起来的。《礼记》上说:"夫礼之初,始自饮食。"在集古代礼制之大成的《周礼》一书中,关于饮食方面的规定就占了很大的比重。不管是朝廷宴享的礼节,还是普通人必须遵循的礼节,婚礼也好,丧礼也好,饮食在上述各种场合都处于不容忽视的地位。这也就是为什么《周礼》这部专门谈礼的古书开宗明义便大谈饮食的原因所在。同时也是为什么《周礼》一书中所记载的周王朝全部官僚编制不满五千,而主管饮食的官员便几乎占去一半的原因所在。

中国饮食文化在今天能独享世界声誉,是与上述历史土壤的滋润不能分割的。

三、中国饮食文化的特色

据初步考察,中国传统的饮食文化,当然同时也可称之为旅

---

❶ 《论语·乡党》
❷ 《论语·乡党》

游饮食文化,计有下述几点特色。

(一)从菜肴制作看,中国菜最大的特色是五味调和。湖北农村过年,常见各家各户的厨房门上,贴上"一人巧做千人饭,五味调和百味香"之类的对联。看了对联后总免不了对在厨房操劳的女性肃然起敬,因为这对联既赞美了她们的勤劳和智慧,又肯定了她们高超的烹调艺术。如果没有家庭主妇们的双双巧手,春节这样的传统节日将会黯然失色。讲究烹调,追求五味调和,特别是"调和"二字真可谓中国饮食文化的精髓。而古代饮食文化作为文化传统,仍在现代饮食活动中存在和发展,它们并没有因为现代社会的到来而悄然离去。

在我们中国人看来,烹饪的产品其价值不仅仅在于果腹,它同时应具有善和美两种功能。正因为此,我们总是习惯于把名特菜肴呼为美味佳肴。汉代学者郑玄在解释《周礼·天官》中"膳夫"这个官名时指出:"膳之言美也,今时美物曰珍膳。"在《周礼》中关于王室膳食的安排,有一套相当庞大的专门班子负责。包括哪些动植物可用作菜肴的原料,都有详细的规定。什么季节用什么料都有严格的规定。如"兽人"手下管着58人,按规定,他们的职责是"掌罟田兽"、"供膳羞"。意思是负责网罗飞禽野兽以供王室烹饪之用。其中关于献野味,有一条规定:

  冬献狼,夏献麋。

为什么要这样规定呢?郑玄注曰:

  狼膏聚,麋膏散。聚则温,散则凉。以救时之苦也。

唐代学者贾公彦疏曰:

  狼,山兽。山是聚,故狼膏聚,聚则温,故冬献之。麋,是泽兽。泽主销散,故麋膏散,散则凉,故夏献之。云以救时之苦者,夏苦其太热,故献麋;冬苦其太寒,故献狼。

一言以蔽之,在选择食品原料时亦需考虑与季节调和,与人之生理需要调和。从这个意义上讲,调和也可释为适应。这是较初级意义的调和。

在《周礼》中还有一种叫"饔"（音 yōng，负责菜肴烹调）的官员。"饔"的本意是"割烹煎和之称"。中国古人并不满足于把生东西煮熟了事，而认为"熟食须调和"。这种负责给内容各别的菜肴加调味品的官员就被称为"饔"。在《周礼》中，"饔"分"外饔"和"内饔"。"外饔"主管祭祀所用菜肴和宴赏外臣时菜肴的调味配给工作。"内饔"专门负责国君等王室成员的饮食调味工作。旧时乡村红白喜事，大宴宾客之际，主家必请一个本宗族的类似"饔"的精于辨别滋味的人，守候在火炉旁，一则负责给菜品保温加温，二则负责品尝一切烹炖煮跟汤菜有关的菜品的咸淡，以便上桌前确保菜品不仅温度适中，而且味道鲜美，既不太咸，也不太淡。《吕氏春秋·孝行览第二》云：

> 调和之事，必以甘、酸、苦、辛咸，先后多少，其齐甚微，皆有自起。鼎中之变，精妙微纤，口弗能言，志不能喻。故久而不弊，熟而不烂，甘而不哝，酸而不酷。

这几句话可以说已把中国烹饪的最大特色——调和描述得相当明了。所谓"先后多少，其齐甚微"，是说在烹煮过程中，哪些调料先放，哪些调料后放，放多放少，都很有讲究，究竟放多少合适，先放还是后放，没有量的规定，而关键在于当事人要善于把握"度"，这个"度"是不易描述的，可上乘的菜肴应具有"久而不弊，熟而不烂，甘而不哝，酸而不酷"的特色。其宗旨是将诸味中和成一协调的好味道。而在诸调料中，"盐"的地位尤其重要。《周礼》上说，"盐所以调和上食之物"，《周礼》的制订者还专门安排了官员分别负责盐、酱、醋等调味品的分发。如果说选料的讲究为的是有益健康，那可以叫作对真善的追求的话，那么在此基础上的调和，就是为了满足人的视觉和味觉而设，因此也就可以称之为对美的追求了。

时至今日，我们到祖国各地游览，不管是在祖国的哪个角落，也无论特别宴席还是普通的街头小吃，"调和"的特点随处可见，甚至在我们普通家庭的一日三餐中，也十分容易看出这个特点。

在西方饮食文化中，虽然也用调味品，但其历史远不如中国悠久，更重要的是调料的配合方式亦与中国迥异。如英国人的宴会上最常见的烤鸡、烤羊肉火腿、牛排和煎鱼块，调料都相当简单。大量的调味品如色拉油、辣椒油、胡椒粉、盐、芥末酱都放在桌子上，由用餐者自己去调。用烹饪术语说，那是加热后调和，颇有点类似我国北方水饺的吃法。中国饮食的调味方法，重视与菜肴味、色的有机统一，我们多数情况下是在烹饪过程中加进调味品，等到菜肴做成，调味和食物已水乳交融、密不可分了。这样做成的菜肴，才可能达到五味调和的艺术境界。中、西"调和"的差别，甚至也可以从各自对烹饪一词的不同解释看出。在英、法饮食文化中，烹饪一词的意思是"烹煮"，而中国饮食文化中的烹饪一词却包涵着"烹"和"调"两种内容。清末有位学者指出："西人之肴馔，腴洁养身而已，无调和之味。"[1]评价可谓得其要领。

中国菜在上菜程序上亦讲究搭配合理，有益健康。如集八大菜系特色之大成的孔府菜不仅以其命名的富贵雍容、形色味香的统一和原汁原味以及菜肴加工的采用传统方式等著称于世，在上菜程序上亦十分集中地体现了中国饮食文化重视"调和"的习惯。我们不妨来分析一下"燕菜全席"的菜谱搭配。这种宴席通常有海参、鱼翅、鸭子，习称"三大件"。每个主菜都配四冷碟、四热碟，如火燎活虾、炸溜鱼、三鲜汤、元宝肉、黄焖鸡等，还配有甜食点心、水果。有时"三大件"也作"四大件"，即省掉海参而添鲑鱼、甘甜。每件配两个行菜，再配两盘点心，一甜一咸。接着上饭菜四个，有时上一品锅，锅内有白松鸡，南煎丸子加油菜，栗子烧白菜、烧十锦鹅脖。随后上四个素菜，最后上面食。燕菜全席是孔府高档宴席，自然能比较集中地反映民族饮食的真精神。笔者到

---

[1]《忘山庐日记》

曲阜游览时，曾专程拜访了孔府饭店郭星经理，向他请教了孔府菜的若干问题。据郭君言，孔府菜从选料到加工一直到上菜程序，都十分符合人体营养保健的要求。许多外国旅游团不远万里飞到山东，目的就只有一个：品尝孔府宴席。更有某营养学家对孔府菜进行了全面综合鉴定，结论也是一样。应该说，这样的文化精华在中国大地上被保存下来，是我们炎黄子孙的骄傲。郭君亦曾对余言及他对孔府菜的现代化的看法。当今孔府菜名震世界，外国旅游者纷来沓至，我们若死守传统，不考虑食客的饮食习惯，不考虑在传统中加进如何适应食客的口味的内容，孔府菜就会缺乏生机。

（二）中国菜讲究色、香、味、形的有机统一。色香味形这四个字分别指视、嗅、味三种感觉器官对菜肴的感受境界。"色"和"形"是视觉的事，一道菜做成后，用眼睛看去，觉得舒服好看。"香"是嗅觉的事，一道菜端到桌上，扑鼻而来的香气使人食欲顿增，胃口大开。"味"是味觉的事，食客在大快朵颐时，舌头上的味蕾对菜肴的美味有强烈的感受。

在我国，人们对菜肴评价的最高标准，就是色、香、味、形这四个字。

这里先抄上几则古书上的例子：

> 蜀中有一道人卖自然羹，人试买之，碗中二鱼，鳞鬣肠胃皆在。鳞上有黑纹，如一圆月，汁如淡水，食者成剔去鳞肠，其味香美。

这是说四川有一道人所制作的鱼羹（汤），鱼形一如未曾加烹似的，而鱼汤亦如清水。因其逼肖水中游鱼，故以自然名之。

> 吴越有一种玲珑牡丹鲊，以鱼叶斗（拼）成牡丹状，既熟，出盎中，微红如初开牡丹。

我们今天的宴席上，类似这类形色香味俱全的佳肴仍随处可见。上述两例都是宋代以前的烹饪之花，足见中国烹饪讲究色香味形的统一其传统已相当悠久了。更奇的是，在宋代有一女尼之

善烹饪者,能以各色菜果凑成山水画面:

> 比丘尼梵正庖制精巧,用鲊鲈脍脯盐酱瓜蔬。赤杂色斗(拼)成景物。若坐及二十人,则人装一景,合成辋川图小样。❶

菜肴做到这种地步,到了能将王维《辋川图》再现在餐桌上的地步,这岂止是大饱口福,完全是在进行艺术鉴赏。不同于鉴赏山水画的地方在于鉴赏山水画只能使视觉获得美感,而享受这样的佳肴,则是味觉、嗅觉、视觉同时可以得到满足。

不仅菜肴的烹制可以达到这种境界,就连日常饮用的茶也同样可以做到色、香、味、形的统一。

中国茶是驰名世界的饮料,它的采摘、炒、揉、冲、泡都有其具体的要求。在陆羽以前,饮茶讲究不多。按皮日休《茶经·序》上的讲法,陆羽以前,"称茗(茶)饮者必浑而烹之,与夫瀹蔬而啜者无异也"。意思是说和煮一般蔬菜汁饮用没有多少分别。但到了陆羽手里,由于他的努力,使饮茶成为艺术。大凡一匹茶叶,从采摘到蒸、捣、拍、焙、穿、封、煮、饮,整个程序都有许多讲究。火候稍有不到或略为过火,就会影响到茶叶的质量。在陆羽的时代,喝茶不是像今天这样用开水冲泡,而是烹煮。通常是在烹煮的过程中,加进一些调料,大多是有益人体健康的中药。其指导思想颇同上文谈到的五味调和的境界。当然,这里的"五"同前面的"五"一样只是表示"多"的意思,并非确指。在唐宋文人的笔记中,关于如何择水,如何烹,用什么原料烹,都不乏丰富的记载。这里就不详说了。大约在宋代,有人已发明炒青工艺,即不把茶叶捣成粉末,和其他调料一起制成饼状,而是掌握火候,高温杀青后,将茶叶揉曲,然后焙干。这是一个重大的进步。这样炒成的茶叶,煮开或用开水泡开后,不失其原色原叶,而味香亦兼而有之。在今天,绿茶已相当普及了。广大爱茗饮者之所以

---

❶ 以上三则引文并见宋人陶谷《清异录·馔羞》。

热衷绿茶，绝不是偶然的。它恰恰是中国饮食文化追求色、香、味、形有机统一的文化心理的反映。现在，美国等发达国家受中国影响，饮茶之风亦盛。不过，中国饮茶艺术到他们手里，多少总要变形。我们的祖先强调活水还须活火烹，讲究煮的火候掌握，宋明以来，又十分强调色香味的统一。而西方国家则一切以节约时间为准的，各种名目的速溶茶畅销城乡，反映出他们学习中国的饮茶艺术尚有很大的差距。简言之，外国人饮茶为健身止渴，而中国人则除此动机，还有把饮茶作为艺术鉴赏的一面。

现在，不少旅游者撰文介绍日本的茶道。其实，茶和茶道是中国人发现和发明的，《茶经》和饮茶艺术也是中国古人的创造。日本的茶道是宋元以后才从中国宁波传过去的。宋代日本大庇国师昭明到中国天目山径山寺学佛，把当地僧众们边品茶、边论佛、边观景的饮茶方式带回日本，从而形成了日本的茶道。❶这里抄上两则宋人的记载，借以说明日本茶道的渊源所自：

> 馔茶而幻出物象于汤面者，茶匠通神之艺也。沙门福全生于金乡，长于茶海，能注汤幻茶成一句诗，并点四瓯，共一绝句。泛乎汤表，小小物类唾手办耳，檀越（施主）日造门求观汤戏，全自咏曰："生成盏里水丹青"云云。
>
> 茶至唐始盛，近世有下汤运匕，别施妙诀，使汤纹脉成物象者，禽兽虫鸟花草之属纤巧如画，但须臾即就散灭，此茶之变也。时之谓茶百戏。❷

汤戏也好，茶百戏也好，反正你得承认这是艺术，并且是不易达到的神境。这种艺术固然转瞬即逝，但正像目前风行世界的糖塑，虽然也难以保持较长时间，但仍为世人孜孜追求一样。美国人怕泡茶倒茶渣浪费时间，普遍使用速溶茶。快则快矣，然则人生在世，难道只有创造的义务，就没有享受的权利么？更何况

---

❶ 《世界各国饮食趣谈》，中国食品工业出版社，1987年版。

❷ （宋）陶谷《清异录》卷下。四库本。

世界上很多事情是不能急于求成的。这方面倒是中国、日本和英国人聪明。如果说饮茶太讲究会浪费时间,那日本的茶道程序如此繁琐,为何日本民族在当今世界那样生机勃勃呢?我们中国近百年固然落后于发达国家一大截,但这与风俗习惯如饮茶之类的传统文化的影响并无必然联系。遗憾的是,这一古老的饮茶艺术现在对青年一代已相当陌生了。可口可乐、果汁、果茶等饮料已成了大多数人喜爱的饮料,大城市中除四川、重庆、浙江、广东等地,已很难看到像样的茶社了。对于不少中国人来说,根本不知道茶道是中国古人的创造,而津津乐道日本茶道,是不是有点数典忘祖呢?

(三)在进食方式上,中国人喜欢共食。从菜肴的烹制特点看,追求"调和"和色香味形四者的统一,虽然不敢说已囊括了中国饮食艺术的全部特征,但大体上是差不多的。作为饮食文化,它的内涵不仅应指烹制特点,同时还应包括进食方式。用通俗的话说,前者解决的是如何加工食材的问题,后者要解决的则是人怎么吃的问题。

中国人对待饮食,从来都不把它仅仅看作果腹的手段,而习惯于用它作为联络人与人感情的纽带。在进食方式上,多喜采用"共食"[1]的方式。还是让我们从中华饮食文化的源头作一番考察吧。在中国古代,有两个字与饮食文化关系甚大,这就是"宴"与"享"。这两个字既有联系又有区别。说它们有联系,是因为它们都是指饮食这件事。说它们有区别,是因为"宴"指的是活人与活人之间的团聚饮食,而"享"则是用于祭祀死去的人们的一种饮食仪式,或者也可以叫做死人与死人的聚餐。关于这两个字的区别,前人分辨甚为清楚:所谓"享",其功能是"以训恭俭",它的特点是"设几而不倚,爵盈而不饮,肴干而不食"。这"不倚"、"不饮"、"不食"是指活着的人一俟饭菜、饮料和座位等安排就绪后,便退居餐桌

---

[1]《周礼·天官》

以外，意思是尊重死去的人，让他们用餐。这就是我们常说的祭祀。摆设肴馔，让死去的先人享用，表示不忘根本，因此态度要虔诚，要恭敬。而"宴"则不同，它的功能是"示慈惠"。其特征是："有折俎焉,得以相与而共食"❶。这就是我们常说的宴会。中国古代君主往往一方面通过赐宴给下属联络上下级关系，以便长治久安，另一方面又通过祭祀先人而加强其家庭、其政权的凝聚力。朱熹在《诗集传》中为《鹿鸣之什》作阐释时有几句话恰到好处地解释了古代君主发明宴会的动机：

>君臣之分，以严为主；朝廷之礼，以敬为主。然一于严、敬，则情或不通，无以尽忠告之益，故制成燕飨之礼，以通上下之情。于朝曰君臣焉，于燕曰宾主焉。

在中国史书中，帝王大宴群臣，宴请外国使节乃至旅游者和普天下人民大众的记载史不绝书。在大量的几乎是无法统计的古代游记、旅游诗词、笔记小说中，在近 8000 种山经地志中，关于文人墨客雅集宴饮、人民大众在旅游旺季于风景名胜之地痛饮歌呼的盛况，不乏丰富而生动的描绘。这种"共食"习惯，这种通过酒食游戏方式联络人际感情的文化传统，一直流传到现在，并且早已深入千家万户，普及至男女老幼。作为一个中国人，对于这种"共食"习惯，也许司空见惯，不以为奇。而对于一个生活在西方世界、吃惯西餐的外国游客来说，则不能不为之惊讶不已。因为西人宴客虽然同桌而食，形式虽同，实质则异。他们各吃各的，而中国人则是同吃一菜。西人的吃法从卫生学的角度言之，自然是科学的。但那种方式却不可能像中国人宴客那样通过吃喝来联络感情、消除隔阂，培养家庭乃至民族的团聚力。明乎此，我们也就会明白，为什么时至 20 世纪 80 年代，分餐制的改革倡议仍无法在神州大地上通行。

饮酒，也是中国饮食文化的一个大题目。在中国传统饮料中，

---

❶《永乐大典》卷 11848 引《事类合璧》。

最富文化意义的当首推茶、酒二物。茶、酒二物性质不同，故传统文化对二者的规范也不相同。茶因有清心明目、提神解酒祛病等许多功能，故中国人用茶款待客人时，多数地方是只要客人不表示不想再喝，主人总会一而再、再而三地殷勤相劝。酒则不然。因酒喝多了伤害身体，故此古人有"唯酒无量不及乱"❶的告诫。酒在人们的日常生活中用到的场合很多，几乎只要是宴席都要用酒，正如一句古话所说："无酒不成世界"。对于饮酒的人而言，酒和菜处在同等重要的地位。苏东坡不是在《后赤壁赋》中慨叹"有客无酒，有酒无肴"吗？民间俗语形容宴会的丰盛，也往往以"酒足饭饱"来表达。主人陪客往往说"怪酒不怪菜"之类的请客人多吃菜的谦语。可见酒在中国人心目中的地位了。在古代，正统的中国人不反对饮酒，但反对喝醉，以不伤身体、不失礼仪为准则。但到明清以下，这种古风已所存无几了。诚如黄光在《大积善录》中所说：

予尝观世俗会宾客，不以贵贱，未有不强人饮酒者。劝人饮酒，故非恶意，然当随人之量以劝之，乃可以尽宾主之欢也。

他因此而特别欣赏古时候"宾主百拜而酒三行之礼"❷。所谓"百拜而酒三行"，这是古人的一种做法，就是用比较繁琐的宾主礼仪来延缓时间，减少实际饮酒的次数。因为饮多饮少这本无所谓，重要的是饮酒这种形式是人与人之间友好联系的媒介。

（四）对宴饮氛围的艺术性追求——中国人进食的另一特征。中国人饮食，还十分注意宴饮氛围的追求。除了喜欢追求热热闹闹外，还特别喜欢把宴席设在风景秀丽的景区，或花前月下，或名楼杰阁。一边美食，一边赏景。古代中国人宴客，向有"以乐侑食""以乐侑酒"❸的传统，大概是因为音乐可以增强食欲，而人

---

❶ 《论语·乡党》
❷ 《永乐大典》卷 12043 引
❸ 《论语·微子》

体美又可作为欣赏对象的缘故。到了晋宋，随着对自然美的认识，人们发现"丝不如竹，竹不如肉"，对八音的迷恋竟被美女宛转的歌喉所取代。到了谢灵运手里，他更进而发现"岂必丝与竹，山水有清音"。于是由王羲之等名流开风气之先，每逢宴会必找风景优美的处所，在大自然怀抱里尽情地吃喝享受。脍炙人口的《兰亭集·序》便是这种风气初开时的真实写照。"阳春召我以烟景，大块假我以文章"，李太白那篇名文也是在桃李园中喝酒时写下的。如果嫌外出不便，便在人造自然——园林中进行。这方面的例子不胜枚举。上至帝王将相，下至贩夫走卒，莫不如此。试以明代为例：万历年间的北京西山，

> 每至盛夏之月，芙蓉十里如锦，香风芬馥，士女骈阗，临流泛觞，最为胜处矣。❶

明时的虎丘：

> 中秋，游者尤盛。士女倾城而往，笙歌笑语，填山沸林，终夜不绝，遂使丘壑化为酒场，秽杂可恨。❷

封建文人往往自命高雅，若李流芳者即是一例。名胜风景为国人共有之财产，难道只能由几个文化人垄断不成？不过从他的怨恨声中仍可窥到当年虎丘的宴饮盛况，像唐代长安的曲江池、大雁塔、灞桥，宋代杭州的西湖、开封、洛阳，明清时期的苏州、扬州、北京，南京等处都不乏著名的宴饮场所。几乎凡是天下太平的时代，经济繁荣的都市，这种风气便会弥漫。

即使身遭贬谪，有一肚皮牢骚的迁客骚人在追求宴饮环境的优美上也不例外。唐代大政治家、大思想家、大文学家柳宗元因永贞革新失败贬官永州，当他登上西山，发现在这里可以俯视"数州之土壤"，"其高下之势，岈然洼然，若垤若穴，尺寸千里，攒蹙累积，莫得隐遁。萦青缭白，外与天际，四望如一"。禁不住"引

---

❶ （明）袁小修《西山》，《珂雪斋文集》。
❷ （明）李流芳《虎丘小记》

觞满酌,颓然就醉","至日暮犹不欲归"❶。宋代大文学家欧阳修贬官安徽滁县时,亦常到醉翁亭宴客。他之所以在这里宴客,所追求的正是野花幽香、佳木繁荫、水声潺潺、林壑深秀的自然环境,以及"负者歌于途,行者休于树,前者呼,后者应,伛偻提携往来而不绝者"的前来游观的一般民众。在这样的地方宴客,一方面可收与民同乐之效,另一方面又有与造化相谐之趣。

皓月当空,繁花照眼,这样的景观亦是古人宴客的绝好环境。李白《饮酒》诗:"花间一壶酒,独酌无相亲。举杯邀明月,对影成三人。月既不解饮,饮徒随我身。"苏轼《水调歌头》:"明月几时有?把酒问青天。不知天上宫阙,今夕是何年。"二人诗词皆月夜饮酒之名篇。至于花下饮宴的赏心乐事,在唐宋明清历代更是所在皆是。中国人酷爱自然,总希望与自然为一。因此在居室的布置上,在文章的写作上,在画境的创造上,在园林的布置上,总忘不了强调"自然"二字。这可能是中西文化最大的区别所在,对宴饮环境的追求自然也不例外。

"有朋自远方来,不亦乐乎!"孔夫子两千多年前说过的这句话,集中体现了中国人民热情好客的美好传统。在历代正史中,在外国旅游者的旅行记中,记载和歌颂了许多中国人对待"远人"的热情接待情景。这里就牵涉中国旅游饮食文化的另一特点,即重情。追求感情的融洽,宴会气氛的亲切,强调主人和客人感情的交流。唐代大诗人杜甫旅居四川期间,曾写了一首《遭田父泥饮》的诗。诗中那个田父(农民)举止粗鲁,然而热情好客,真气感人。他"叫妇开大瓶,盆中为吾取"。他"高声索果栗",诗人"欲起时被肘"。虽然这个农民在杜甫这位有教养的士人眼中未免"指挥过无礼",但他仍觉此人真实可爱:"未觉村野丑",情真意实故也。李白的《将进酒》写自己在元丹丘的颖阳山居中痛饮狂歌,那诗篇一旦读后便经久难忘。什么原因?原因当然和写出了李白奔放不羁、傲岸

---

❶ 《始得西山宴游记》

狂放的性格有关，但对宴会场面宾主融洽无间的气氛的成功描写，恐亦是重要的原因：

> 陈王昔时宴平乐，斗酒十千恣欢谑。主人何为言少钱，径须沽取对君酌。五花马，千金裘，呼儿将出换美酒，与尔同销万古愁。

试问，谁能不为李白那种真率坦荡的性情所感染呢？谁又能不为那样亲密的宴会气氛倾倒呢？我们在安排宴席名单时，总是想方设法将有芥蒂的当事人分在不同的席面上，这显然是为了避免冲突，担心因一二人之间的不愉快而影响整个宴会的和睦气氛。大家外出旅行，在进餐地点的选择、对服务人员的要求、对同桌人员的选择上无不可以看出这种重情的心理。

除重情外，中国旅游饮食文化还有重文的特征。这一特点在古代中国十分突出。酒酣耳热之际，能诗擅文的分韵赋诗，歌咏盛宴场面、主宾欢快的心情。如在河南洛阳附近的石淙，那儿石壁上就刻有唐代女皇武则天和杜审言、沈佺期等臣僚宴饮诗数首。一般士大夫以诗文助筵席之趣者，自王羲之等人的兰亭雅集始，至今传统不绝。至于一些国学根柢厚实、雅有情趣的学者名流领略各地的风味物产后写诗或撰文赞美，更是十分常见的事情了。更大众化的重文传统，则表现为饮酒有酒令，酒牌，亦称酒筹、叶子，顾名思义，是饮酒助兴的工具，一般是在纵五寸、横三寸的硬纸片上刻印酒令及版画而成。例如《列仙酒牌》所列老子、嫦娥、黄初平、钟离权等仙人48位，逐一注明仙人姓名和饮酒法则。

第十九章
"来往云何不惜劳,勤民匪止为游遨"
——中国古代帝王的巡狩传统

在中国古代的旅游历史上,帝王旅游占有着十分重要的地位。在生产力水平低下、交通工具落后的古代社会,一般人很难外出旅游。帝王以其得天独厚的支配社会财富和人力的权力以及他们本身接受教育的优厚条件,成为中国历史上最早见诸史册的旅游者。我们可以展开想象的翅膀,精骛八极,神游千古,便仿佛看到氏族社会经过激烈的拼杀兼并后形成的中央王朝的统治者们,如夏、商、周历代帝王中的勤于政事者,每年春秋二季坐着马车或牛车,带着随从,奔波于大河内外,长江上下,他们遵循氏族社会约定俗成的规矩,春季到各聚落了解自己的人民是否有种子播种,秋季到各聚落去调查人民的收成好坏。以农业为命脉的国家,农业收成的好坏就是最大的政治。古代帝王是深知这一朴素道理的。我仿佛看到中央王朝的天子每隔一段时间前往名山大川去举行祭祀仪式,用以感谢上天的恩惠,而他统治下的诸侯国君主是要提前去的。当时五岳之下一定搭了很多茅屋以作行宫吧?可以设想,大禹在会稽召开诸侯会议,防风氏不知什么原因迟到了,大禹不是毫不手软地把他杀了么?当然,随着王朝统治的解体,或者说随着天子和诸侯力量的消长变化,也有诸侯不听天子调遣的,试想堂堂天子巡狩到某地,按规定应到的人不到,那将是什么滋味?东周时期最胆大的是齐桓公,他为了验证自己的力量,曾九次召集诸侯会盟，而次次成功。在那个时代，这种活动也可以叫旅游活动吧。虽然它的政治色彩极浓，然而对于帝王和诸侯来说，毕竟是一次出门的机会，可以闻所未闻，见所未见。我们登五岳，访问历代帝王封禅的遗迹，秦始皇的泰山刻石，唐玄宗的《纪泰山铭》，武则天的登封残迹，康熙、乾隆的诗碑。他们早已死了，可他们的车辙马迹却活在名山大川之上，成为中外旅游者凭吊的古迹。宋代以后，封禅活动不再举行，而由朝廷委派专使致祭。历代帝王中也有不肯远游以浪费国家财力物力的，他们通常是就近建个苑囿，弄点假山假水，象征性地满足一下，唐太宗是其代表。当然也有完全不顾民力，肆意大兴土木，以满足自己旅游之乐的，隋炀帝、明武宗堪称典型。历史上还有很多趣味低下的君主，放着三宫六院七十二妃子还不满足，甩掉龙袍，换上布衣，偷偷摸摸地到妓院嫖娼的。虽然朝朝代代总有不怕死的大臣进谏，帝王接受意见的却很少，真不明白那种偷鸡摸狗的生涯究竟乐从何来。

这一切可以称作"旅游"吗？我想是可以的。因为旅游是一个历史概念。它本身是一个发展过程。今天人们对旅游的定义只是20世纪80年代以来中国人的认识。如果要把历史上旅游所附着的那些成分剥去，硬要找出一个赤裸裸的"旅游"，我想那不是尊重历史。"皮之不存，毛将焉附。"君不见时至今日，许多著名风景区几乎都成了全国性的会议中心，各种会议之所以选在风景名胜地召开，说起来也无可厚非。会议期间，作为调剂，安排一些时间游览名胜，代表们既开了会又游了风景，在这种情况下，旅游这根"毛"就是附着在"会议"这张"皮"上存在的。难道我们可以不承认这也是"旅游"吗？

在中国，旅游和政治的关系是相当密切的。帝王巡狩是为了推动农业生产，考核官吏政绩，维护社会稳定，巩固国家政权，帝王的封禅更是被作为政治清平的盛世之象征。司马迁的父亲司马谈，没有获准跟随汉武帝上泰山封禅，临终还耿耿于怀，希望儿子来完成他的这一未了心愿。于此可见一斑。唐太宗等开国君主为节省民力，不愿远游，历史学家高度赞美他们。隋炀帝、明武宗大兴土木，肆意远游，荒淫女色，历史的判词是异常的严厉。至于汉成帝、汉灵帝、宋徽宗那些微行娼家的帝王，更是为正人君子所不齿，被当作腐败政治的化身。

下面，我们来对三千年的帝王旅游史作一简单的梳理。

一、封禅

在我国历史上的先秦时期，大约从夏代开始，便出现了"巡狩"这种由帝王来进行的活动。它的主要内容是：天子为了加强对自己国家的统治，每隔一段时间便要去全国各特定地点视察了解诸侯间的矛盾，同时也兼有省方问俗、关心各地区民众的生活等内容。《尚书·舜典》曰："岁二月，东巡守。"《传》曰："诸侯为天子守土，故为守，巡，行之。""巡守"也有写作"巡狩"的。《孟子·梁惠王上》说："天子适诸侯曰巡狩。"疏曰："巡狩者，谓巡诸侯为天子所守土也。"至于为什么"守"字被写作"狩"，孟子没有解释。但是，它的意思和古代称州郡负责人为牧守类似，在中央集权的国家体制下，天子处于至高无上的地位，他就像牧羊人一样，对羊群有生杀予夺之权，而他派往各地的牧羊人，则又被他放牧。巡狩也者，用比喻的说法，就是这个牧场主每隔一段时间前往各地分场巡视一下分场牧羊人是否负责，羊群生活好否。这种旅游活动，既含有游山玩水的成分，也含有宗教祭祀的成分，同时还带有强烈政治色彩。

古人又迷信上天，为了祈求上天的恩赐，帝王在巡狩过程中，除了上述省方问俗的活动外，还有一个十分重要的活动，这就是举行各种规格的祭祀活动，其中最重要、规格最高的便是上泰山封禅（shàn）。封禅的意思，通俗解释，封，就是在泰山最高处筑土为坛，向天报功。汉武帝封泰山时由于司马迁的史笔，其坛的规格特征得以记载下来:"封,广丈二尺,高九尺,其下则有玉牒书,书秘。""天子独与侍中奉车子侯上泰山,亦有封,其事皆禁。"❶"禅"本作"蝉",就是在泰山下小山上除地,向地祇报功,蝉字作"禅",是后来的事,字的偏旁变化反映出人们有意将这种活动神秘化。❷

并不是任何一个帝王都可以上泰山封禅的,因为它有十分严格的条件限制。首先,他要求必须是受天命统治天下的真命天子,篡夺者不可。因为在古人的眼光中,行封禅礼就像儿子对父母行礼一样。在他们看来,天就是父亲,地是母亲,因此向父母亲汇报必是亲生儿子。其次,他必须是治理国家功绩卓著,为全国上下拥戴者。复次,在他所统治的国土上,必须有祥瑞出现。所谓祥瑞,即不常见的事物,如凤鸟、麒麟、芝草、神人、奇花等。

《尚书》上说,舜曾

> 禋于六宗,望山川,礼群神,辑五瑞(即祥瑞),择吉月日,见四岳诸牧,还瑞。岁二月,东巡狩,至于岱宗。岱宗,泰山也。柴望秩于山川,遂觐东后。东后者,诸侯也。合时月正日,同律度量衡,修五礼,五玉、三帛,二生一死贽。五月,巡狩至南岳。南岳者,衡山也。八月,巡狩至西岳。西岳华山也。十一月,巡狩至北岳。北岳,恒山也。皆如岱宗也。中岳,嵩山也。五载一巡狩。❸

从上述引文中我们可以看出,在尧舜时期,巡狩已成为制度。其主要内容有四:(一)山川祭祀,此为远古山川崇拜之记录。选择吉日良辰,收集各种祥瑞,使用一定规格的祭品(五玉、三帛、二生、一死)。(二)全国范围的巡狩每五年举行一次。每次巡狩,帝王所走的路线亦有规定,到各处的时间大体上不能随便改易,泰山二月,衡山五月,华山八月,恒山十一月。(三)巡狩内容除祭告天地山川神祇外,尚有人事管理方面活动。古代交通闭塞,

---

❶ 《史记·封禅书》
❷ 《史记正义》的说法。
❸ 《史记·封禅书》

通信手段落后，帝王统治一个泱泱大国，若老死不相往来，中央王朝的向心力势必减弱，因此帝王每次巡狩名山大川，总要召见诸侯，统一历法、度量衡和礼制。（四）召见诸侯前，诸侯要送上本地区的祥瑞。召见完毕后，帝王仍将祥瑞分还各诸侯。祭祀山川，亦有严格的等级限制："天子祭天下名山大川，五岳视三公，四渎视诸侯。诸侯祭其疆内各名山大川。四渎者，江、河、淮、济也。天子曰明堂、辟雍，诸侯曰泮宫。"

这段见于《礼记·王制》的记载，意思是说，五岳象征国家级别，只有天子才有资格祭祀。四渎象征地方级别，只有诸侯才有资格祭祀。天子祭祀的场所，叫明堂。这是一种"中有一殿，四面无壁，以茅盖，通水，圜（环）宫垣为复道。上有楼，从西南入，命昆仑，天子从之入，以拜祠上帝"的建筑。泮宫也叫辟雍。诸侯祭祀的场所，其不同于天子的地方在于：殿堂周围不能全部让水环绕，而只能被一半圆形的水道环绕着。至于这半圆形的水道究竟在建筑物的前方，还是在他的后方，就连博学多闻的太史公也不甚了了。

在春秋时期，在这方面存心打破等级限制者亦颇有人在，其中最著名的有两个例子：其一发生在鲁国。鲁国的陪臣季氏跑到泰山去行祭奠礼，孔子知道了，讥笑他不知天高地厚。这个例子被孔子的弟子记载在《论语》一书中。另一个是齐桓公，他称霸诸侯的鼎盛时期，曾与诸侯集会于山东葵丘，主动提出要上泰山封禅。他的谋臣管仲坚决不同意，他拿古圣先王如无怀氏、神农氏、炎帝、黄帝、颛顼、帝喾、尧、舜、禹、汤、周成王这些封禅者都是受命之主来压齐桓公。齐桓公不服，乃以自己"九合诸侯一匡天下"的丰功伟绩驳管仲，管仲乃以现在凤凰不来，嘉谷不生，而鸱鸮数至，蓬蒿莠茂，没有祥瑞出现，说明上天不承认你，在这种情况下封禅，不怕被世人议论吗？桓公这才作罢。

关于封禅的仪式，就连以"信而好古"著称的孔子和博学多才闻名的司马迁也不知就里。司马迁在《封禅书》中说："孔子论述六艺，传略言易姓而王，封泰山禅梁父者七十余王矣。"然而说到仪式,则曰:"其俎豆之礼不彰,盖难言之。或问禘❶之说:孔子曰:不知"。秦始皇为了封禅,曾专门召集来自齐、鲁两地的儒生讨论封禅仪式,但儒生们只知道:"古者封禅为(用)蒲车(一种在车轮上缠草的车子),恶伤山之土石草木;扫地而祭,席用菹稭"(音zūjiē,农作物的茎秆,即秸秆)。始皇帝自然不愿意吃那份苦,于是斥退儒生,遂除(修)车道,上自泰山阳至巅,立石颂秦始皇功德,明其得封也,从阴道下,禅于梁父❷。也就是说,秦始皇还是上了泰山,他是走的山南道,下山走的是山北道。可见当时秦始皇封禅泰山的仪式一定是想当然耳。《管子·轻重篇》中说:"诸从天子封于泰山禅于梁父者,必抱青茅一束以为藉。"这是说天子的随从得备一把茅草,作为打坐跪拜的铺垫。

汉武帝在上泰山封禅前夕同样碰上了叫人哭笑不得的场面:

上与公卿诸生议封禅,封禅用希旷绝,莫知其仪礼,而群儒采《封禅》《尚书》《周官》《王制》之望祀射牛事。上于是乃令诸侯习射牛,草封禅仪。数年,至且行……群儒既已不能辨明封禅事,又牵拘于诗书古文而不能骋,上为封禅祠器示群儒,群儒或曰:"不与古同"。徐偃又曰:"太常诸生行礼不如鲁善。"

汉武帝很恼火,因此将负责起草封禅仪式的徐偃、周霸降职,而尽罢诸儒不用。

封和禅的地方亦有讲究,封一般讲都要到泰山之巅,这个几乎没有例外,但禅的地方则历代多有不同,据管仲所言,无怀氏禅地在云云。云云,山名,在梁父东。伏羲、神农、炎帝所禅地

---

❶ 禘音di,古代祭祀名目。《礼记·大传》:"礼,不王不帝。王者禘其祖之所自出;以其祖配之。"意思是说,帝祭诸侯不能进行,这是帝王才有资格举行的祭礼。其内容是帝王虽然为其始祖立庙祭祀。但想到始祖亦必有所出,那么就另设一所,以始祖配祭。其用意无非是追远尊先。这种祭礼传下来了,但具体的祭祀程序、仪式,孔子都弄不清楚。

❷ 此段文意是,始皇乃下令修路通到泰山下面,然后从泰山阳坡上山到日观峰,立石刻文歌颂自己的功德,意思是让后人知道他是得到天封的,然后从泰山阴坡下,在梁父山上举行祭祀地祇的仪式。

点相同。黄帝所禅地叫亭亭。亭亭，山名，在博城县西南30里。颛顼、帝喾、尧、舜、汤仍禅云云。禹封泰山，禅会稽。周成王禅社首。社首，山名，在博县。秦始皇禅梁父，汉武帝禅肃然山。秦始皇虽然在泰山之巅立石颂己功德，算得上封泰山，但被他斥退的齐鲁儒生则以秦始皇封泰山在半山腰曾遭遇风雨事大作文章，讥讽秦始皇无德，上天不欲其封。到汉武帝封泰山时，还有儒生丁公记得这件事，并劝武帝说："秦始皇不得上封。陛下必欲上，稍上即无风雨"，鼓励武帝不要怕天惩罚，武帝封泰山终于碰上了个好晴天，后来他着实为此高兴并想入非非呢。

封禅后，接着的节目便是大赦天下罪犯，大奖有功之臣，甚至连平民百姓年岁稍高者均可沾光。如汉武帝封禅后："赐民百户牛一、酒十石。加年八十孤寡布帛二匹。封禅所经各地，无出今年租税。"又让各诸侯在泰山脚下盖官邸。武则天封禅嵩岳时，"内外官三品已上通前赐爵二等，四品以下加两阶，洛州百姓给食二年，登封、告成县三年"❶。

一般说来，要举行封禅这样的盛典，即使帝王本人确有丰功伟绩，天下也确实太平富庶，但很少肯像齐桓公那样自己主动提出来。他们总是习惯于让周围的人或一般民众提出来。如"唐高宗龙朔二年（662）冬十月，戊午，皇后请封禅，司礼太常伯刘祥道请封禅。"❷"大中祥符元年（1008）三月甲戌，兖州父老千二百人诣阙请封禅。丁卯，兖州并诸路进士等八百四十人诣阙请封禅。壬午，文武官、将校、蛮夷、耆寿、僧道二万四千三百七十余人诣阙请封禅，不允。自是，表凡五上。"❸ 为什么会有那么多人，接连在几天内，几乎代表各阶层前来请封禅？详考真宗大中祥符年间，天下不算太平。于是我们推测很可能是臣僚中脑瓜子灵活、会拍马屁的人想的点子。因为上有所好，下必趋之。这在专制集

---

❶《旧唐书·则天皇后本纪》
❷《旧唐书·高宗本纪》
❸《宋史·真宗本纪》

权的中国不是什么秘密。

在历史上,女皇帝封禅的只有武则天一人。武则天是一个颇有气魄的女性,她不屑于步历代帝王封禅泰山的后尘,而另选了嵩山作为封禅对象。《旧唐书·则天皇后本纪》给我们留下来这样的记载:

> 万岁登封元年(696)腊月甲申,上登封于嵩岳,大赦天下,改元,大酺(音pú。由皇帝允许、国家负担的、全国性的大聚饮)九日,丁亥,禅于少室山。

封建时代的帝王往往喜欢在封禅之后改换年号,以示纪念。如唐高宗在麟德三年(666)封泰山,事后便改元乾封。乾者,天也。所以称"乾封"意思是受天之封。武则天在垂拱五年(689)封禅神岳(嵩岳)后,改年号为"永昌"。

因为帝王封禅是件大喜事,上上下下可以沾光,故而每每有帝王封禅归途中遇到拦驾请求临幸的队伍,如:唐玄宗封泰山回,"车次上党,路之父老负担壶浆远近迎谒。上皆亲加存问,受其献馈,赐赉有差。父老有先与上相识者,上悉赐酒食,与之话旧,过故村部必令询访孤老丧疾之家加吊恤亡。父老忻忻然莫不瞻载,叩乞驻留焉"❶。宋真宗封泰山回来,"次河中时,长安父老三千人具表诣行在,乞临幸(请皇帝光临他们那儿),且称汉唐旧都关河雄固,受天之封。神氏人民,无不望天光之下临也。"后幸得种放劝说,真宗才放弃那个留下来光鲜光鲜的念头。❷

每次封禅活动进行时,朝廷都有专职史官和画家记载封禅盛况。在管子著作中,本有《封禅篇》,后佚。司马迁的《史记·封禅书》中详细记述了汉武帝封禅的过程。而他关于秦始皇封禅的描写,想必也有当时的封禅记录。《开元传信录》的作者写道:"及至金桥,御路紫转,上见数十里间,旌纛(音dao,大旗)鲜洁,羽卫整肃……

---

❶ (唐)郑棨《开元传信录》
❷ (宋)释文莹《湘山野录》

上遂诏吴道玄、韦无忝、陈宏令同制金桥图。圣容及上所乘照夜白马,陈宏主之,桥梁山水车舆人物草树雁鸟器杖帷幕,吴道玄主之。狗马骡驴牛羊骆驼猫猴猪拙四足之类,韦无忝主之。图成,时为三绝焉"。宋真宗大中祥符年间封禅泰山后,二年(1009)十二月底,丁谓送来了《封禅朝觐祥瑞图》,刘承珪送上了《天书仪仗图》。三年冬十月,丁谓等又送上《大中祥符封禅记》。

到了清代,康熙、乾隆虽然不屑于封禅,但他们在位期间的巡狩活动却是中国历史上规模最大、历时最长的帝王旅游,并且留下的资料也最为丰富、全面。这只要从清人高晋等辑成的《南巡盛典》(全面介绍了乾隆一生六次南巡活动的大型资料书)的体例就可以看出。该书分十二门:(1)恩纶(诏书集)5卷。(2)天章(旅游诗集)32卷。(3)蠲除(即免除沿途所经地税额的诏书集)5卷。(4)河防(关于治理黄河的记录)11卷。(5)海塘(关于治理捍海堤坝的记录)7卷。(6)祀典(祭祀山川圣贤的记录)7卷。(7)褒赏(关于沿途奖赏的记录)8卷。(8)吁俊(求贤记录)9卷。(9)阅武(沿途阅兵记录)4卷。(10)程涂(旅行路线记录)5卷。(11)名胜12卷。(12)奏议(沿途臣民所递呈之奏议)14卷。合计120卷。这12个方面,120卷的洋洋大著,几乎把乾隆六次南巡的活动囊括无遗了。

二、巡狩

晋王嘉《拾遗记》中记载说:周昭王曾经在梦里碰见一位神人,昭王向之"求长生久世之道"。神人在梦中传授了他一剂"续脉明丸膏",醒后他还希望用该药涂足,以期达到"飞天地万里之外,如游咫天之内"。他一生究竟跑了多少地方,由于史料缺乏,我们无法全面了解。只知道在他即位第24个年头,"东瓯二女,一名延娟,一名延娱。"这两个女子非常得他的欢心,当昭王"南游荆楚""沦于汉水"时,"二女与王同舟,夹拥王身,同溺于水"。昭王南游荆楚,晋王嘉等人认为是"义乖（违背）巡狩"的行径。大概与他那位成了世界知名的旅行家的儿子一样，敢于突破常规，除了在五岳等约定俗成的地方召见诸侯外，还敢于在南楚丛林中作探险旅游的缘故吧。然而值得欣慰的是，楚国人民对于这位好远游的帝王及其宠妃还是十分怀念的。就是那位批评昭王"南游荆楚"，"义乖巡狩"，"春秋以为深贬"的王嘉，也在《拾遗记》中客观地记载说："楚人怜之，失其死矣（意指死未得其所）"，暮春上巳之日，当地民众"禊集祠间，或以时鲜甘味采兰杜包裹以沉水中，或结五色纱囊盛食，或用金铁之器并沉水中，以惊蛟龙水虫，使畏之，不侵此食也，其水傍号曰招祇之祠"。后来屈原自沉汨罗，楚人仍用这种方法祭祀亡灵，久而久之，昭王便被屈原代替了。我们今天翻起这段记载，目的是想说明南方楚国人民对帝王远游看法迥异于北国。

昭王淹死在湖南长沙附近昭山一事，王嘉说"春秋以为深贬"，认为其死不得所，他并未采用《左传》的讲法（即昭王促楚人造舟，楚人乃以胶舟害死昭王等），这本身似乎也在向我们暗示昭王并不是楚人存心害死的。《左传》那样写，完全是受《春秋》以一字定褒贬的原则影响的结果。因为堂堂周天子不小心淹死在一个湖泊里，说出去不好听，而嫁祸楚人，又好为他日寻衅之资。故若干年后，齐桓公兴兵伐楚时还责问楚使昭王淹死一事，楚使回答"君其问诸水滨"，根本不承认楚人存心淹死昭王这回事。

在我国旅游历史上，周穆王是一个被误解得很厉害的帝王旅行家，我们不妨先看一首诗："尝闻穆天子，六飞骋万里。仙人觞瑶池，白云出杯底。远驾求长生，逐日过漾汜。盛姬病不救，挥鞭哭溺水。汉武好神仙，妻子思脱屣，东巡并西幸，离宫宿罗绮……苦无不死方，得令昭阳起。"❶可这都是在中国古代占压倒优势的看法。将周穆王和后来以求仙走火入魔著称的汉武帝同提并称，实在有欠公平。穆王性喜远游，愿使天下皆有其车辙马迹，这是许

---

❶ （清）吴梅村《吴诗集览·清凉山赞佛诗》

多先秦古籍众口一词的记载。从现有的文献资料分析,我们还无法得出穆王好神仙,穆王的旅游是求仙式的旅游这样的结论。《穆天子传》中固然有一些关于祭祀天地山川的文字,但这在古代是任何一个国君都必须实行的例行公事。读者如果把《穆天子传》和《史记·封禅书》中有关武帝的部分对照,就会相信这个看法不错。

穆王即位32年,巡行天下,驭黄金碧玉之车,傍气乘云,起朝阳之岳,自明及晦,穷宇县之表,有书史十人记其所行之地。又副以瑶华之轮十乘,随王之后,以载其书也。❶

史官们的记录,在当时篇幅一定相当可观,但可惜的是在发表条件十分原始的古代,那么珍贵的旅行记都用漆写在竹片上,及至晋太康年间从汲县魏襄王墓中出土时,又因盗墓者的无知,将竹简当火把照明,毁掉了不少。加之联系竹片的绳索已朽乱,珍贵文物弄得乱七八糟,等到朝廷派荀勖等人去清理时,无论如何,也难以恢复庐山真面目了。然而即使是整理出来的《穆天子传》存在着残缺、错简等缺憾,当时有识之士仍然给予极高的评价。学者王嘉看到整理本《穆天子传》后曾"考以竹书蠹简,求诸石室不绝金绳,山经尔雅及乎大传"。认为此书"虽历世悠远而记说叶同"。清代疑古派学人完全无视1000多年前当事者经过科学考证的结论,一口否定《穆天子传》,把这个中国旅游史上的开山之作一笔抹杀,将之和《列子》等书一道打入冷宫,委实令人不解。

穆王和他的部下"名山大川肆登跻之极,殊乡异俗莫不膜拜稽颡,东升巨人之台,西宴王母之堂,南渡鼋鼍之梁,北经积羽之地,觞瑶池而赋诗,期井伯而游博,勒石轩辕之丘,绝迹玄圃之上",诚如王嘉、萧绮所评价的:"自开辟以来,载籍所记,未有若斯神异者也。"这种看法应该说是经得住历史检验的。

现在让我们对《穆天子传》作一掠影式扫描吧:

"癸酉,天子舍于渗泽,乃西钓于河以观。"(卷一)

---

❶ 晋王嘉《拾遗记》

渗泽，地名，疑为黄河附近地名。河，指黄河，这是说周穆王旅途中在黄河钓鱼。

"吉日辛酉，天子升于昆仑之丘，以观黄帝之宫，而封丰隆。"

昆仑，地名，在甘肃境内，这一条是说的周穆王在昆仑山上参观黄帝行宫的遗迹。

"穆王巡游至赤乌……曰：是山唯天下良山也，宝玉之所在，嘉谷生之，草木硕美。天子于是取嘉禾以归，树于中国。"

这是说穆王在新疆和田一带得到稻谷良种将之移栽中国。

"癸巳，至于群玉之山，容成氏之所守……天子于是攻其玉石，取玉版三乘，玉器服物载玉万只，天子四日休群玉之山，乃命邢侯待攻玉者。"

这不就是说，穆王路过和田，让手下人开采玉石，运回成周吗？

穆王之后，名副其实的巡狩之见于记载者首推秦始皇。始皇因为下令筑万里长城，加重了人民的负担，故人民怨之若仇雠。实则始皇一生的四次巡狩，除了刻石纪功，自我炫耀外，本身并无多少扰民的记载。

"二十八年，始皇东行郡县，上邹峄山，立石，与鲁诸儒生议刻石颂秦德，议封禅望祭山川之事。"❶

根据《三代地理书》的记载，我们知道他这次上峄山是"乘羊车"上去的。他命丞相李斯"以大篆勒铭山岭"❷其铭文为四字句韵文，三句一韵，全文凡数换韵，可视作秦代韵文之代表作。铭文全文如下：

"皇帝立国，维初在昔，嗣世称王。讨伐乱逆，威动四极，武义直方。戎臣奉诏，经时不久，灭六暴强。廿有六年，上荐高号，孝道显明。既献泰成，乃降专惠，

---

❶ 《史记·始皇本记》
❷ 《水经注·泗水注》

亲巡远方。登于绎山，群臣从者，咸思攸长。追念乱世，分土建邦，以开争理。功战日作，流血于野，自泰古始。世无万数，陁及五帝，莫能禁止。乃今皇帝，一家天下，兵不复起。灾害灭除，黔首康定，利泽长久。群臣诵略，刻此乐石，以著经纪。"

刻石文首述统一六国之功绩，次述天下大定，群臣奏请巡狩。复次述登峄山时君臣共同的心愿，希望永久和平，利泽长久，最后点出刻石的目的在于提醒世人共同维护统一，反对分裂。

同年，始皇又上了泰山，举行封禅大典。亦有刻石。文长，不具引，现抄录其中有关材料于次，一刻文中说："初并天下，罔不宾服。"他"亲巡远方黎民，登兹泰山，周览东极"。他"既平天下，不懈于治，夙兴夜寐，建设长利"。这可以说都是很实际的话。从泰山下来后，又登上了之罘，也刻了石。

随后，他和臣属南登琅琊，留三月，对这里的风景乐而忘返，亦有刻石。刻石上说：当时天下一统。"器械一定，同书文字。""节事以时，诸产繁殖，黔首（老百姓）安宁，不用兵革，六亲相保，终无寇贼。"社会安定，生产力得到了较快的发展，当时的版图亦相当可观："六合之内，皇帝之土，西涉流沙，南尽北户，东有东海，北有大夏，人迹所至，无不臣者。"和前面两处刻石不同。本处刻石还点明了建议在这里刻石的臣僚的姓名，如王离、王贲、赵亥、武成、冯毋泽、隗林、王绾、李斯、王戎、赵婴、杨樛。我们因此知道了当时始皇主要随从大臣是哪些人。

游罢琅琊后，始皇"过彭城，斋戒祷祠，欲出周鼎泗水"（即希望从泗水中打捞出象征统一的周朝九鼎）。"使千人没水求之，弗得，乃西南渡淮水，之衡山，南郡。浮江，至湘山祠。逢大风，几不得渡，始皇问博士：湘君何神？博士回答说：闻之尧女，舜之妻，而葬于此。于是始皇大怒，使刑徒三千人皆伐湘山树，赭其山。"[1]

---

[1]《史记·秦始皇本纪》。

二十八年，始皇还巡视过湖北安陆。❶此次巡狩的归路是由南郡经武关回咸阳。❷

二十九年，始皇开始了第二次巡狩。当然，按旧制，虽应该是五年一巡狩，但始皇为了全面掌握天下大势，自然顾不了什么前代规矩。此次东游，可谓出师不利，在博浪沙，险些被六国遗民张良的刺客杀死，乃下令天下大索十日，凶手没有找到，便又上之罘刻石了。随后，又到了琅琊，经过恒山从上党回咸阳。

三十二年，始皇开始了第三次东巡。《史记·秦始皇本纪》上说："三十二年，始皇之碣石。"在这里，也有刻石，这个刻石文件有几句话，透露出当时始皇统一六国后所采取的一些强化统一的措施，"堕坏城郭，决通川防，夷去险阻。"这做法的确有助于统一，可惜的是，因此却使六国文化各自的特色丧失殆尽。因为城市建筑格局、水利工程设施、关隘军事建筑都很能代表一国的特色。现在一律"堕"、"决"、"夷"，那还能剩下什么呢？

三十七年，十月，始皇开始了第四次东巡。这次东巡始皇让左丞相去疾留守咸阳总理国家事务，而将右丞相李斯和少子胡亥带在身边，此次先到云梦，随后游览了庐山，其中特别游览了庐山东南最高峰，始皇为之取名曰"上霄"，意谓与霄汉相接也。随后便顺江东下，到浙江杭州一带，上会稽，窥禹穴，亦有刻石。

清代的康熙和乾隆，以励精图治，勤于巡狩而闻名于世。康、乾两帝皆热爱旅游，康熙8岁即位，15岁便想巡边，得侍读学士熊赐履、给事中赵之符疏谏，才放弃了这一计划，然而在他早年的岁月里，史传上几乎没有哪一年没有"幸近畿"、"幸南苑"、"幸汤泉"、"幸玉泉"等字眼。到康熙二十三年，也就是康熙31岁那年，他要巡狩的愿望终于变成行动，"给事中王承祖谏东巡"，但康熙

---

❶ 《文物》1976年第6期云梦秦简释文之一。

❷ 《史记·秦始皇本纪》

却"命查典礼以闻",分明是不肯再买账了的意思。从这一年开始,他便开始了通称"六下江南"的六次南巡活动。第一次南巡,主要的目的是检查黄河工程,他曾说过这样一段话:自己之所以要亲自巡视治黄工程,主要是因为自己"未曾身历河工",对"河势之汹涌澒漫,堤岸之远近高下,不能了然"❶,巡视完毕,在回京的路上,当时的治河大臣靳辅送他,他对靳辅说:"送朕事小,河道关系重大,料理河工要紧,尔不必远送。"❷康熙的其他五次南巡也都始终围绕着治理黄河这个中心。三十三年,他在巡视河工过程中发现河道总督于成龙指责前任河道总督靳辅"未曾种柳河堤"和"放水淹民田"是诬陷,他在行宫面对大学士们说:"于成龙前奏靳辅未曾种柳河堤,朕南巡时,指河干之柳问之,无辞以对。又奏靳辅放水淹民田,朕至其地,观之,断不至淹害民田。"❸

最后一次南巡,在康熙四十六年,他是前来检验治河总督张鹏翮的治黄计划的。康熙先看了图纸,再去实地作了考察,发现实际工程与图纸不相符合,实际工程"不独坏民田庐,甚至毁坏坟冢",严厉批评张鹏翮后,命令工程立即停止。当时消息传开,老百姓欢呼跳跃,说圣祖的英明决断"不惟生者沾恩,亦且下及枯骨。"❹

二十三年九月壬寅,康熙经过桃源,"阅河工,慰劳役夫,戒河吏勿侵渔",甲寅,"次高邮湖,登岸行十余里,询耆老疾苦";二十八年正月,"诏所过勿令民治道";三十六年二月,经宁夏,百姓闻上将行,恳留数日,上曰:"边地硗瘠,多留一日,即多一日之扰,尔等诚意已知之矣。"康熙为了探视宁夏黄河,由横城乘舟行,至湖滩河朔,登陆步行,率侍卫行猎,打鱼射水鸭为粮❺,

---

❶ 《清圣祖实录》卷 117 康熙二十三年十月辛亥。
❷ 靳辅《防河书》卷一《圣略》。
❸ 《清史稿·圣祖本记》
❹ 同上,卷 228、康熙四十六年二月。
❺ 《清史稿·圣祖本纪》

康熙虽然以巡视河工为中心,但沿途游山玩水,观风问俗,钓鱼打鸟,并且还奉陪着自己的母亲旅游,真可谓公私兼顾了。在封建时代的帝王旅游历史上,康熙的旅游可称得上当之无愧的巡狩式旅游。

康熙南巡,十分注意爱惜民力。二十八年正月,他在一封诏书中说:"朕观风问俗,卤簿不设,扈从仅三百人,顷驻扬州,民间结彩盈衢,虽出自爱敬之诚,不无少损物力,其前途经过郡邑,宜悉停止。"❶

他的孙子乾隆虽然不敢越祖制,也只来了个六下江南,也是以治理黄、淮两河工程为中心,但他的随从护驾的兵丁多达两三千人,提前一年沿途各州县都要预作准备,包括建行宫,修道路。他每到一地,当地政府照例需向他进呈地图和名胜古迹资料,其中要求详细载明历史沿革、地理位置、人文风俗、昔贤题咏、本朝事迹。如果舟行,即使是商业繁盛的江面或河面,在南巡队伍来到前三五天,这里便被封锁,种种色色,无非体现帝王的尊严和特权。乾隆性喜吟咏,比乃祖更爱舞文弄墨,所过之处,树碑题诗,在在皆是。

以上,我们简单地勾勒了一下中国古代帝王的巡狩这种旅游活动的一个大致轮廓,并择要介绍了周穆王、秦始皇、唐玄宗、唐高宗、武则天、宋真宗、清圣祖、清高宗这几位帝王的巡狩旅游。至于求仙式的旅游和娱乐式的旅游,限于篇幅和体例,我们就不在这里介绍了。考察中国古代帝王的巡狩式旅游的传统,我们发现,尽管这些好游的帝王们兴师动众,或远距离,或数年一贯的远游,确乎给人民群众带来了不小的负担,但他们为维护国家统一和多民族团结,为繁荣祖国的文化科学,为整顿吏治,保卫国民的生命财产的安全所作的努力,都是无论如何也抹杀不了的。就拿备受中国古代帝王和士大夫批评的周穆王来说,难道他那种不安于

---

❶《清史稿·圣祖本纪》

坐井观天，想使天下皆有其车辙马迹的远游探险精神，就没有值得我们现代人借鉴的成分吗？

三、封禅巡狩的相关档案

岱庙泰山历史陈列馆编排有历代帝王封禅表，明清两代遣官致祭表，今附于下，供参考：

历代帝王封禅表

无怀氏	封泰山　禅云云
伏羲氏	封泰山　禅云云
神农氏	封泰山　禅云云
炎帝	封泰山　禅云云
黄帝	封泰山　禅亭亭
颛顼	封泰山　禅云云
帝喾	封泰山　禅云云
尧	封泰山　禅云云
舜	封泰山　禅云云
夏　禹	封泰山　禅会稽
商　汤	封泰山　禅云云
周　成王	封泰山　禅社首
秦　始皇嬴政　始皇	封泰山，刻石于极顶。残石存岱庙。因他上泰山天下雨。舆论不承认。

二十八年（前219）

二世　胡亥（前209）刻诏书于始皇帝刻石处

西汉　元封元年（前110）武帝刘彻　　封泰山　禅肃然山

第十九章 "来往云何不惜劳，勤民匪止为游遨"

元封五年（前106）武帝刘彻	封泰山	祠	明堂
太初元年（前104）武帝刘彻	封泰山	祠	蒿里
太初三年（前102）武帝刘彻	封泰山	祠	石闾
天汉三年（前98）武帝刘彻	封泰山	祠	明堂
太始四年（前93）武帝刘彻	封泰山	祠	石闾
征和四年（前89）武帝刘彻	封泰山	祠	石闾
东汉建武三十二年（56）光武帝刘秀	封泰山	禅	梁父
元和二年（85）章帝刘炟	封泰山	祠	明堂
延光三年（124）安帝刘祜	封泰山	祠	明堂
隋代开皇十五年（595）文帝杨坚	为坛设祭泰山		
唐代乾封元年（666）高宗李治	封泰山、禅社首山		

开元十三年（725）玄宗李隆基 封泰山、禅社首山。社首山，位于泰山西南，与蒿里山相连。为唐玄宗、高宗筑坛祭地遗址。高宗于乾封元年（666）偕武则天皇后来泰山封禅。正月初二，高宗登泰山，行登封仪式后。于初三降禅于山南社首山行祭祀地祇之礼。高宗行初献礼后，武则天升祭坛行亚献之仪。自古禅地大典第一次由皇后充当。双束碑又名鸳鸯碑。原在岱岳观，现移存岱庙。上有武则天自造22字。时为大周长安四年。

开元十三年（725），玄宗李隆基登泰山丈人峰。丈人峰，在泰山极顶西北。

宋代大中祥符元年（1008）真宗赵恒封禅泰山。澶渊之盟后，主和派代表人物宰相王钦若伪造天书降于泰山，以示宋真宗是受命天子。宋真宗登封泰山地点在日观峰。碧霞祠，位于岱顶。宋真宗大中祥符二年建，为真宗得玉女石像供奉之所。自明至清，以祭天地为宗旨的封禅演变为遣官告祭。明太祖反对偶像崇拜。确立了"东岳泰山之神"的名位。清代定制，在国家祀典中列为中祀。派遣大臣前往致敬祭。

明代遣官致祭表

时间	致祭者
洪武十年（1377）	曹国公李文忠、道士吴永与、邓子方
洪武十一年（1378）	道士吴永与
洪武二十八年（1395）	道士乐本然、监生王济
洪武三十年（1397）	道士朱铎如、监生高矞
永乐五年（1407）	道士复生、监生张礼
宣德十年（1435）	泰安知州胡宗敏
正统元年（1436）	吏部给事中车逊
正统三年（1438）	泰安守臣
正统九年（1444）	翰林侍读习嘉言
景泰六年（1445）	刑部尚书薛希琏
成化六年（1470）	礼部尚书李希安
成化九年（1473）	礼部左侍郎刘吉
成化十三年（1477）	礼部左侍郎陈俨
成化二十一年（1485）	山东副都御史盛颙
弘治四年（1491）	通政司元守直
弘治六年（1493）	山东左佥都御史王霁
弘治七年（1494）	左副都御史刘大夏
正德五年（1510）	户部侍郎乔守
正德六年（1511）	山东布政使司徐永告
嘉靖十一年（1532）	泰安知州李旻
嘉靖十七年（1538）	泰安知州丁方
嘉靖三十二年（1553）	山东巡抚沈应龙
嘉靖三十三年（1554）	山东巡抚沈应龙
隆庆三年（1569）	山东巡抚姜廷颐
隆庆六年（1572）	山东巡抚傅希挚
万历元年（1573）	左布政使曹科

第十九章 "来往云何不惜劳，勤民匪止为游遨"

清代遣官致祭表

时间	致祭者
顺治八年（1651）	都御史刘昌
顺治十八年（1661）	翰林侍读学士左敬祖
康熙六年（1667）	内秘书院学士刘芳躅
康熙十五年（1676）	宗人府府丞马汝骥
康熙二十一年（1682）	宗人府府丞李延松
康熙四十二年（1703）	内阁侍读赵世芳
雍正元年（1723）	宗人府府丞吴梁
乾隆二十七年（1762）	协办大学士兆惠
乾隆三十年（1765）	御前侍卫五福
乾隆四十五年（1780）	内阁学士达敏
乾隆五十五年（1790）	成亲王永惺

自此后直至清末，均于每年四月十八日遣官致祭，有时仍委派山东抚臣致祭。

康熙南巡与乾隆南巡

有清一代，康熙六次南巡，乾隆六次南巡，五次东巡，先后十一次来泰安，在岱庙天贶殿举行祭祀泰山大典，其中六次登岱顶，奉皇太后礼碧霞元君。官方档案有朝臣所编《南巡盛典》。民间经历其事者亦多有记载。下面，我们利用清代江南士子钱泳的笔记，还原康熙当年六次南巡的实况，给读者一个民间的视角：

康熙六巡江浙，南巡始于康熙二十三年甲子，十月二十六日，御舟抵浒墅关，先于二十四日过扬州，将由仪征幸江宁府。忽遇顺风，可以速达京口，遂乘沙船顺流而下，次早上金山，晚而登舟扬帆过丹阳、常州、无锡，俱未及泊，一昼夜行360余里。时汤文正公斌正为巡抚，务俭约，戒纷华。御舟已入邑境，县令犹坐堂皇决事也。上骑马进阊门，士庶夹道，至阗塞不得前。上辄缓辔，命勿跪，访求民间疾苦，蔼然若家人父子。至接驾桥南，行幸瑞光寺。巡抚前导，由盘门登城，穷檐蔀屋，极目无际，上为眷念者久之。遂从齐门而下，幸拙政园，晚达葑门，驻跸织造府。

第二次南巡是二十八年己巳，二月初三日，御舟抵浒墅关，苏州在籍诸臣汪琬、韩菼、归允肃、缪彤等接驾。日晡时，上入城，衢巷始结灯彩。次日，幸虎邱，登万岁楼。时楼前有玉蝶梅一株盛开，芳香袭人。上注目良久，以手抚之。

出至二山门，有苏州士民刘廷栋、松江士民张三才等伏地进疏，请减苏、松浮粮。上命侍卫收进，谕九卿科道会议。至十九日，车驾自浙江回苏，合郡士庶进万民宴，上颔之，命近侍取米一撮，曰："愿百姓有饭吃。"士民复请，上又取福橘一枚掷下，曰："愿尔等有福也。"

第三次南巡是三十八年己卯，奉慈圣太后以行。三月十四日驾抵苏州，在籍绅士耆老接驾，俱有黄绸幡，幡上标明都贯姓名、恭迎圣驾字样。自姑苏驿前，虎丘山麓，凡属驻跸之所，皆建锦亭，联以画廊，架以灯彩，结以绮罗，备极壮丽，视甲子、己巳逾十倍矣。十八日，恭逢万寿圣诞，凡百士庶献康衢谣若干帙，颂圣诗若干帙，万寿诗若干帙，分天地人和四册，以祝万年之觞。又于诸山及在城名刹广列祝圣道场，百姓欢呼涂路。十九日，召苏州在籍官员翁叔元、缪曰藻、顾禥、王原、祁慕琛、徐树谷、徐升入见，赐赏各有差。又赐彭孙通、尤侗、盛苻升御书扁额。二十日辰刻，御驾出葑门，登舟幸浙江。时两江总督为遂宁张鹏翮，江苏巡抚为商丘宋荦也。上问云："闻吴人每日必五餐，得毋以口腹累人乎？"臣鹏翮奏云："此习俗使然。"上笑云："此事恐尔等亦未能劝化也。"四月朔日，驾由浙江回苏。

初二日传旨，明日欲往洞庭东山。初三日早出胥口，行十余里，渔人献馈鱼银鱼两筐，乃命渔人撒网，又亲自下网获大鲤二尾。上色喜，命赏渔人元宝。时巡抚已先到山上，少顷，有独木船二

第十九章 "来往云何不惜劳，勤民匪止为游遨"

拨桨前行，御舟到岸，而随从者未至。巡抚备大竹山轿一顶伺候，上升舆，笑曰："到也轻巧。"有山中耆老百姓等三百余人执香跪接，又有比丘尼艳妆跪而奏乐，上云："可惜太后没有来。"其时翠峰寺僧超揆步行先驱，引路者倪巡检、陈千总也。在山士民老少妇女观者云集，上分付众百姓："你们不要蹋坏了田中麦子。"是时菜花已经结实成角，上命取一枝细看，问巡抚何用，奏云打油。上曰："凡事必亲见也。"是日有水东民人告菱湖坍田赔粮，收纸付巡抚。上问扈驾守备牛斗云："太湖广狭若干？"奏云八百里。上云："何以《具区志》止称五百里？"奏云："积年风浪，冲坍堤岸，故今有八百里。"上云："去了许多地方，何不奏闻开除粮税乎？"奏云："非但水东一处，即如乌程之湖漊，长兴之白茅嘴，宜兴之东塘，武进之新村，无锡之沙㲼口，长洲之贡湖，吴江之七里港，处处有之。"上云："朕不到江南，民间疾苦利弊焉得而知耶？"初四日，即由苏起銮北发。

第四次南巡是四十二年癸未，二月十一日，驾抵苏州。时巡抚宋荦尚在任，一切行宫彩亭俱照旧例。荦扈从时，见上勤于笔墨，每逢名胜，必有御制诗，或写唐人诗句。荦从容奏云："臣家有别业在西陂，乞御笔两字，不令宋臣范成大石湖独有千古。"上笑曰："此二字颇不易书。"荦再奏云："臣曾求善书者书此二字，多不能工。倘蒙出自天恩，乃为不朽盛事。"上即书二字颁赐。顷之，又命侍卫取入，重书赐之，上勤于笔墨如此。

第五次南巡是四十四年乙酉，三月十八日，驾抵苏州。是日为万寿圣诞，奉上谕："江南上下两江举监生员人等，有书法精熟，愿赴内廷供奉抄写者，著报名齐集江宁、苏州两处，俟朕回銮日亲加考试。"四月十四日，命掌院学士揆叙赴府学考，进呈册页，取中汪泰来等51人，同前考过郭元釪等10人俱赴行宫引见，各蒙赐御书石刻《孝经》一部。是年，驾又幸昆山县，登马鞍山，旋往松江阅提标兵水操。

第六次南巡是四十六年丁亥，二月二十六日，上幸虎丘山。

三十日,幸邓尉山圣恩寺,僧际志恭迎圣驾。午后传旨宫门伺候,御赐人参二斤,哈蜜瓜、松子、榛子、频婆果、葡萄等十二盘。上云:"吾见和尚年老也。""六次南巡中,天恩温谕,莫可殚述,江南父老至今犹能言之。初,无锡惠山寄畅园有樟树一株,其大数抱,枝叶皆香,千年物也。圣祖每幸园,尝抚玩不置。回銮后,犹忆及之,问无恙否。查慎行诗云:'合抱凌云势不孤,名材得并豫章无。平安上报天颜喜,此树江南只一株。'迨圣祖宾天,此树遂枯,亦可异也。"❶

应该说明的是,钱泳的记载只是江南,重点是苏州无锡一带,记录偏于详细。而江宁等地则因不能随去,因而涉猎不多。至于康熙幸鲁,朝臣有《幸鲁盛典》记其事。兹不赘。

康熙南巡地方接待以及道路维修的经费来源情况,我们也抄录一段履园丛话的记录。读者可一管全豹:

> 时蒋氏官监司、郡守、州牧、邑令者三十余人,相约助捐。惟楫力拒之曰:"吾承先人余业,衣食稍给,理宜报效朝廷于万一。弟侄辈居官在外,一郡有一郡之政,一邑有一邑之政,学校农桑,有关国计民生者,事事可取之家财,以利地方。果能罄家为国,百姓受福,吾荣多矣。"乃独力捐办御跸临幸大路,计费白金三十余万两,亲自督工,昼夜不倦。楫字济川,诸蒋中家最饶,性慷慨,仗义疏财。官刑部十年,明慎练达,图圄有颂声焉。❷

比较起来,乾隆皇帝比乃祖康熙的南巡要奢侈许多。并且似乎也没有太在乎访贫问苦,调查民情。民间流传许多乾隆下江南的风流韵事,看来不完全是没有原因的。尽管他自己标榜说:"来往云何不惜劳,勤民非止为游遨"。❸实际上南巡很大程度上还是游遨。这个他自己后来也承认了。

---

❶ 《履园丛话》卷一
❷ 《履园丛话》卷一
❸ 《良乡行宫作》,见《南巡盛典·天章类》。

最后，我们来欣赏一段乾隆皇帝对南巡的自我检查。乾隆皇帝自我批评把南巡当成旅游。他援引袁燮的《尚书·大禹谟》讲义"警戒无虞,罔失法度"节的文字："人君岂能无安逸欢乐之时？苟不至于过则亦不害其为法度。流而不返，便是失法度。"表示认同袁燮的观点。并自我批评说："余昔游巡所至，一览即过。不肯因此稍稽庶政，是以尹继善有'驰驿游山'之语。余诗中每见此意，今观燮鲜，与前指适相吻合。余昔未见是书，其言实先得我心耳。"❶

---

❶ 《御题袁燮絜斋家塾书钞》

第二十章 "欲修禊事清明近,曲水流觞拟晋贤"

——中国旅游文化重视雅集的传统

中国文化中有一个深入人心的理念即"三才"理念。何谓三才?三才即指天地人。过去童蒙课本《三字经》中有"三才者,天地人。三光者,日月星"的表达。中国古人考虑问题即使是流连风景、旅游休闲,也总是将天地人作为一个大系统来考量,根本不可能孤立地讨论人的活动。因为"地之精妙在山川,天之精妙在风月。物之精妙在花竹""人之精妙在诗酒。"[1] 如果就其价值最大化而言,天地美景适逢其会,但如果没有具备审美眼光的人来欣赏这天地精妙之美,其效果跟麋鹿禽鸟之出入山林花卉之间有什么两样?良辰美景,断井残垣,如果没有感春伤春的杜丽娘,又有什么意思呢?

一、雅集传统的历史渊源

一部中国古代的旅游文化史,夸张点讲,可以说文人墨客占了一半,帝王官僚占了一半。因此,研究古代旅游文化传统,不能不讨论文人对旅游文化建设的贡献。文人对旅游文化建设的贡献,涉及很多方面,在本章,我们主要探讨文人聚会的问题。

讲到文人聚会问题,需要先熟悉一下文人画、文人字、文酒

---

[1] (明)文太清《游城南杂记》,《晚明小品文总集选》。

之会这些概念。

文人画。谈到中国绘画史，我们不能绕过文人画这个题目，如唐代王维所创的南宗山水，即指他所创造的写意山水画。是为了跟此前北宗写实山水画，即李思训的青绿金碧山水相区别而言的。王维是文人画的开创者，后来宋代苏轼和文与可的画，元代倪元璐、柯九思，明代的唐伯虎、祝枝山等人的画都属于文人画。

文人字。指中国书法名家大家中不以书法为生，但学养深厚，读书多，学问大，其书法充满书卷气的文人的书法。这种人这种字不可忽视。因为中国书法强调书家的综合素养。比如说，当代很多职业的书法家只会写唐诗和毛主席诗词，自己不会创作，就是缺少腹笥的表现，是为真正的大家所不认可的。

文人的文酒之会

由于中国有官本位的传统，纯粹文人聚会的也有，但并不太多。即使今天，文人们聚会，也会有官员文人介入其中。这是常态。因为雅集总是要花钱的，没有人买单是不行的。或官，或商，大家聚在一起，事情才好办。

开文人雅集之先河者应该是三国时期魏国曹氏父子为首的邺下文会。

曹操（155-220）建都邺城（今河北临漳县邺北城），这里聚集了大量名流学士，形成了以曹氏父子为中心的"邺下文人集团"。曹丕（187-226）的《典论·论文》称孔融、陈琳、王粲、徐干、阮瑀、应玚、刘桢为"建安七子"。而七子中孔融年辈较长，且在建安十三年（208）被杀，因此实际上只有六人参加了邺下时期的文学活动。

有记载的最早的文人雅集，当推东晋永和九年暮春时节王羲之（303-361）等人在浙江会稽山阴的兰亭所进行的雅集活动。

这种比较正规的文人雅集活动实际有两个来源。来源之一是古代郑国上巳节的民俗。"郑俗三月上巳于溱洧水滨招魂续魄秉兰

草被除不祥。汉时季春上巳，官及百姓皆禊于东流水上。"❶

不同的是，一般春游聚会，人众较杂，对参加者的综合素质特别是文化素质并无要求。但文人雅集却不同，前提必须是文人。当官的当然可以，但必须同时也是文人。如王羲之本身就做过临川内史，还做过右军将军。

来源之二是饮酒聚会。有三说：一说临曲水而泛觞，是周公姬旦营造都城洛邑竣工而发明的野餐模式，即"昔周公城洛邑，因流水以泛酒。故逸诗云：'羽觞随波'。"❷ 另一说是："秦昭王以三日置酒河曲，见金人奉水心之剑曰：'令君制有西夏乃霸诸侯。'因此立为曲水。"❸ 第三说是三国曹魏时期由曹氏父子所开创的文人之间的文酒聚会。因为当时洛阳和邺下已经有流杯池之类的设施了。❹

要上溯理论渊源，其依据或者就是孔子所倡导的"以文会友，以友辅仁"的理念。

二、兰亭雅集

东晋永和九年（353）三月初三"上巳节"，时任会稽内史的右军将军、大书法家王羲之，召集筑室东土的一批名士和家族子弟，共42人，于会稽山阴之兰亭（今浙江省绍兴市西南十多公里处）举办了首次兰亭雅集，有谢安、谢万、孙绰、王凝之、王徽之、王献之等名士参加，会上共得诗37首。王羲之"微醉之中，振笔直书"，写下了著名的《兰亭集序》。兰亭雅集的最重要的结晶——王羲之所书《兰亭集序》本属无意得之者。从流传至今的临摹本看，王羲之当时只是用鼠须笔、蚕茧纸为这次雅集的诗歌结集起草一篇序文而已。然而，这篇序文手稿的书写，却因艺术造诣空前绝后，

---

❶ 《遵生八笺》卷三
❷ 《古今事文类聚》前集卷八
❸ 《古今事文类聚》前集卷八
❹ 《山堂肆考》卷二十四

第二十章 "欲修禊事清明近，曲水流觞拟晋贤"

而成为中国书法史上最负盛名的经典之作。以致千古一帝的唐太宗为了从王羲之后人那里得到这份真迹，不得不使出阴谋手段，派人打入内部，盗出真迹。后世的兰亭雅集，作书记录者几乎阙如，但草录或誊录诗稿肯定离不开毛笔，只是墨迹未曾流传下来而已。自然，与王羲之那座高山不可逾越也有必然的联系。直到20世纪80年代后，人们举办兰亭雅集，才把创作书法作品当作一项重要内容。一般情况为：曲水流觞、饮酒赋诗过后，大家便走到流觞亭前或右军祠内，挥毫泼墨，把刚刚作成的诗句（或他人诗句）变成一幅幅神采飞扬的书法作品。

兰亭雅集行祓禊之礼，被称为"修禊（音xie）"。修禊的习俗来源于周朝上巳节，时间一般在春季三月初三上巳日，这叫"春禊"。如逢闰月，春禊则举办两次。春禊也有在其他时间举办的。在秋季下巳日举办修禊活动就叫"秋禊"，秋禊也有在重九和其他时间举办的。除"春禊"和"秋禊"之外，还有极少数在夏季举办。修禊活动的地点一般选在临水之处，修禊的人可以"漱清源以涤秽"，即通过洗浴的方式把一切污秽的东西清除干净；修禊活动，洗浴过后，就是把酒洒在水中，再用兰草蘸上带酒的水洒到身上，借以驱赶身上可能存在的邪气，而求得来日幸福、美满之生活。这是古代常规"修禊"的做法。

至于曲水流觞、饮酒赋诗，赋予传统"修禊"节日以新的文化内涵，则是东晋文人的一大创举。其内容大致是，客人到齐之后，主人便将他们安排到蜿蜒曲折的溪水两旁，席地而坐，由书童或仕女将斟上酒的羽觞（一种材质比较轻盈的酒杯，酒一般也只倒半杯），用捞兜轻轻放入溪水当中，让其顺流而下。根据规则，酒杯在谁的面前停住不动，就由书童或仕女用捞兜轻轻将其捞起，送到谁的手中，谁就得痛快地将酒一饮而尽，然后赋诗一首；若才思不敏，不能立即赋出诗来的话，那他就要被罚酒三杯。

兰亭雅集中的即席赋诗，永和九年那次是自由式的，即吟什么、怎么吟全由吟诗者自己决定。后来，绝大部分的兰亭雅集都延续了这一做法。但唐人鲍防（722～790）等35人举办的兰亭雅集，赋诗则采用联句式，即每人吟诗两句，上句承上，下句启下。最后再由首唱者收结；元人贡师泰（1298～1362）等人和清人桑调元（1695～1771）等人举办兰亭雅集，赋诗采用的是分韵式，视人数多少编一句含有多少字的句子，再由主持者将句中各字"随机"分给大家，大家即据拿到手的字韵作诗。元人刘仁本（？～136）于浙江余姚组织的"续兰亭雅集"，赋诗不为自己所作，而为永和兰亭雅集中未赋出诗的16人所作，这就是"续诗"，形式亦非常别致。除此，清人杜甲组织的兰亭雅集，赋诗还采用唱和式，主人首唱，客人和之。❶这些都是后世的变相。也可以说是曲水流觞饮酒赋诗主题活动中的创新。

　　兰亭雅集之初，肯定没有专门设计曲水流觞景致。曲水流觞后世成为定制，即人工设计略有坡度之流杯池，如今天兰亭的曲水流觞，四川宜宾的曲水流觞等。这是人为创造出来的雅集文化道具。至于设计这个曲水流觞景观，估计在曹魏时期的邺城铜雀台已经有人工建造的流杯池，可惜文献记载过于简略，不得其详。但北魏时期已经定型，则是确切无疑的："北齐沙门灵昭有巧思。于山亭造流杯池，船每至帝前，引手取杯，船即自住。上有木小儿抚掌与丝竹相应。饮讫放杯。便有木人刺还。上饮若不尽，船终不去。"❷

　　唐宋时期很多人开始仿建。到了明清，全国各地县志中，就到处可见曲水流觞、流杯池之类的记载。可见已经非常普遍了。

　　兰亭雅集中的制序，一般出现于较大规模活动之后。它的前提是人多、诗多，便于结集，有结集才会有制序之举。永和九年，42人，37首诗汇成一集，由王羲之作序，孙绰作后序。后来，大

---

❶《兰亭雅集的文化意义》，《绍兴日报》2008年4月7日。
❷《玉芝堂谈荟》卷九

部分的兰亭雅集，都没有制序之举。制序之举，前述清人杜甲组织的那次兰亭雅集延续、照办了，当时，有42首诗结集，吴高增为之作《兰亭秋禊诗序》。还有，2004年兰亭雅集，也做到了汇诗成集，其序由主办单位特邀启功先生所作，即《新兰亭集序》。兰亭雅集作为一种文化活动，具有极大的历史价值、文化价值、艺术价值与学术价值，将它保护好、传承好，可以帮助人们了解东晋以后历代文人的知识与信仰世界，帮助今天的人们提升文化建设的品位，获得中国传统诗文书法的审美享受，以及充实中国传统文化研究的内容等。

在"极左"路线统治中国的岁月里，兰亭胜迹曾经被作为生产队的牛栏。1978年拨乱反正以后，兰亭重现生机。除开书法界的兰亭雅集活动。日常情况下的兰亭，旅游活动中也充满了文化韵味。笔者就亲自经历过一回。那是2006年11月26日下午，山阴道上天阴地暗，与王羲之等先贤永和九年三月三日所见迥异。余与南京大学张捷，苏州大学魏向东，上海大学姚昆遗、陈建勤，安徽大学章尚正，华东师范大学汪宇明，徐州师范大学孙天胜，中国社会科学院旅游研究中心李明德，四川外国语学院王毅，江南大学吴相利十教授，南昌大学陈志军硕士，因参加首届人文旅游高峰论坛的缘故同游兰亭。到流杯池边，服务小姐以晋代双耳酒杯敬酒，余不知就里，接而饮之。小姐随即索诗，否则罚酒三杯。余因口号俚句而答之："乘兴访兰渚，流觞曲水边。少女如鲜花，灿烂酒杯前。黄酒一勺美，碧山千古鲜。惜哉王羲之，不得同跻攀！空留兰亭序，千载耀遗编。"[1]

三、滕王阁雅集

游南昌，不能不去滕王阁，因为她是古城南昌的名片，或者

---

[1]《兰亭雅集赠同游诸君子》，《三元草堂诗词联钞》，中国戏剧出版社，2009年版。

说就是这座城市的客厅。说起南昌,不能不提及滕王阁的那次著名的名士雅集以及青年才子王勃当仁不让写下的《秋日登洪府滕王阁饯别序》。

唐肃宗上元二年(675),绛州(今山西河津)青年王勃(约650-约676)前往交趾看望任县令的父亲,路经南昌时,赶上了时任洪州都督的阎伯屿为宇文新州举办的饯别宴会。在古代中国,此类饯别宴会同时也就是文士们赏景饮酒赋诗作文的活动。此类雅集自然不同于兰亭雅集,但在以诗酒为灵魂这一点上还是一致的,不同的是主题,因为这是送别性质的文人雅集。送别的东道主是都督阎伯屿;送别对象是宇文新州。本来阎伯屿想让他的女婿孟学士作序露一手,头天已经嘱咐女婿打好腹稿。但当着满城文士,阎都督在大家的诗词创作结束,进入作序阶段时,还是很有风度地让手下人端着文房四宝,依次礼请在座的各位文士。同城的文士们自然懂得那不过是假意推让,自然都一一推辞,如此走过场了事。没承想外来户王勃却当仁不让地接过了纸笔,一挥而就,为雅集的诗词集写就了一篇名文。民间传说,阎都督开始很不愉快,退出会场,在休息室等候,安排一个书童向他报告王勃那小子的创作进展。当书童报告王勃写下"豫章故郡,洪都新府"的句子时,阎都督说不过尔尔。当书童报告王勃写出"落霞与孤鹜齐飞,秋水共长天一色"时,这位都督大人从心底里折服。那场雅集,哪些人参加了,有哪些作品,都被岁月遗忘了。风头给了青年才俊王勃一个人。和这篇伟大的序文相比,阎都督和孟学士不过是陪衬而已。在他的小序中,留下了"都督阎公之雅望,棨戟遥临;宇文新州之懿范,襜帷暂驻"和"腾蛟起凤,孟学士之词宗;紫电青霜,王将军之武库"等交代背景的词句,对传说中的阎都督之女婿孟学士评价还是很不错的。

江左之地,文风鼎盛。1300年来,在南昌滕王阁不知道展开过多少场滕王阁文人雅集的活动。改革开放后,滕王阁文人雅集

第二十章 "欲修禊事清明近,曲水流觞拟晋贤"

活动又恢复了生机。与以往不同的是,由于当代干部真读书能文者不多。此类雅集中再也见不到既是诗人书法家又是官员的人物了。参加活动的人主要是清一色的诗人作家。

这里,我们抄录江右诗社发表的雅集启事。原文如下:

  敬启者

  吾江右文脉,肇自陶元亮渊明。其后有唐刘慎虚、王季友、陈陶诸公,各擅其美。至宋欧阳文忠公修、王荆公安石、曾南丰巩、黄山谷庭坚、杨诚斋万里、姜白石夔、文信国天祥,无不开宗立派、独领风骚。洎宋以降,有虞道园集、揭文安公傒斯、范德机椁、句曲外史张公羽、陈散原三立、陈义宁寅恪,亦推文章宗主。然自国朝鼎革以来,江右文风式微,不绝如缕。故吾侪生当盛世,宜振凋起敝,克绍箕裘,使吾赣诗风丕振,雄风再起,鼓旗重开,吾侪其勉哉!

  故某不避谫陋,与同仁倡一雅集,预于三月初三日(公历3月31日),与诸江西籍诗友聚於南昌滕王阁下,共商豫章诗社成立事宜,望诸位念桑梓之谊,辗转相告,踊跃来赴,故布告於此,希版主置之于顶,吾等感激不尽矣。

  执笔:剑川(丰城)丙戌岁杪

  拟邀发起同仁:

  丰城:商隐斋主人(剑尘)

  都昌:一得愚生(鄱湖野人)、红叶

  南昌县:殊熠在天

  萍乡:风生水起(水击三千)、李汝启、孤鸿远影

  南昌:阿二(亚历山大)、寒砚

  上饶:披云、翰林院的老鼠

  星子:海风(华仔)

  九江:浔阳倦客

景德镇：柳父

泰和：剧饮千杯（青衫磊落）

赣州：sun19691969

临川：楚成

靖安：东篱雪

南城：龙文鸳侣

婺源：天涯倦客

不难看出，这是一个全省性的雅集启事。

这是一次 21 世纪初叶在江西南昌展开的继往开来的文人雅聚活动。

这个江右诗社经常开展旅游休闲活动，按照古代的雅集习俗，分韵赋诗，是对兰亭雅集、滕王阁雅集传统的继承和弘扬。我们这里抄录该社 2007 年游览南昌县蒋巷村的诗词创作全部内容，供读者了解这个古老的传统在今天是如何传承和创新的：

江右蒋巷雅集春课 江右社课

要求：以花、草、鸟三物象为题，不限体裁和韵。

以下我们选择一部分诗作，以便读者了解：

梅云：

丁亥孟春与江右诗社诸君游蒋巷

城居春踪杳，郊游旷怀深。柔荑连天际，懒云落湖心。
一啸群鹜起，排云破层阴。骚客伫风露，振衣共长吟。
徘徊夭桃下，幽梦驰邓林。妙质一时得，绿蚁还自斟。
座中有三美，醺然堕珠簪。瑶台即在迩，何劳远相寻？
骊歌莫轻唱，无奈日渐沉。驱车临歧路，小别成古今！

丁亥孟春江右雅集蒋巷感赋

太子河边鸟乱飞，桃花红欲扑人衣。
最怜蒋巷春来早，采得藜蒿满把归。

卷葹：

浣溪沙五首·蒋巷踏青
出门
剪剪轻寒未出门，出门数里即繁春。黏来草色上丝巾。
桃晕低熏膏土软，蒿芽嫩摘野盘辛。花间醉了采诗人。
太子渡
湖草青回芦雁前，平波犹系打鱼船，萧条古渡是何年。
挑菜人随皋远近，烧茶水汲野潺湲。湿云处处卷晨烟。
菜花
百里郊坰烂漫黄，不知春幅几多长，风来胜过郁金香。
棚鸭孵时租水近，芸薹摘后榨油忙。更无闲事扰农桑。
南矶
近水桃林动绮霞，南矶庄小绿烟遮。主人好客客停车。
厨下飘香斟土酒，门前泵井沏粗茶。寻常生趣在谁家？
水鸟
酷似波心立木桩，星星点点远相望，春来何事不飞翔？
暂住南矶鱼米足，暗思前路水天长。有芦花处即家乡。

临屏和草啸
南矶春好采风来，淡淡村烟花簇堆。
怪得诸君拚酒力，轻车满载醉诗回。

剑川：

南矶山观鸟
汝亦翩然来，我亦翩然至。
踟蹰不肯行，娉婷为何事。
蒋巷观桃花
莫言春冰深，莫道东风薄。
不是汝多情，桃花自开落。
太子河采藜蒿
把酒忽投箸，杯盘思荐新。

执手春风里，来作采薇人。

　　　　　　　　　　　　末句言菜人兄

红土川原：

　　　浣溪沙·游南矶山有怀旧友

　几树红霞满地金，驱车放鹤到湖心，花团锦簇小山村。

　但对荣枯知冷暖，无从陌路报家门，藜蒿在握久沉吟。

　　　　偶得二首

　　鄱阳湖里许多鸟，春运紧张留守少。（用剑川意）

　　水中央处遣黑羽，天堂来客作游导。

　　鄱阳湖里许多草，难入阳春白雪调。

　　近无遥看碧连天，叫起来嘛不得了。

　　　　打油第三首：

　　鄱阳湖里许多草，洗洗就丢锅里炒。

　　太子河边淘菜人，说是绿蔬最环保。

（宜信兄张罗的佳肴就有3种野菜：藜蒿，荠菜，另一比绿豆芽还要细嫩，好像某野菜根须。）

浔阳倦客：

　　　遥寄蒋巷雅集江右诸翁

　　寻得桃源避世尘，初逢便似一家亲。

　　田花不解迎新客，地主高情款近邻。

　　诗赋养心元亮节，湖山放足葛天民。

　　他年若许盟鸥鹭，共探洪都烂漫春。

菜人：

　　　蒋巷踏青社课之一

　　春日伴红红，来游蒋巷东。

　　身行桃树下，影落菜花中。

　　太子渡前水，小姑山上风。

　　波平吹不皱，曾为照惊鸿。

> 蒋巷踏青社课之二
> 蒋巷地多湿，鄱湖水半空。
> 难为观鸟者，闲杀打鱼翁。
> 昔属船行处，今归车驶中。
> 人来凡目此，莫不慨叹同。❶

四、其他类型的雅集

值得说明的是，自汉晋以来，我国就有重视送别的习俗。送别赠诗结集，请名人作序，曾经是千余年来中国文化的常态。这种风气不仅唐宋多有，到了明清，可谓登峰造极。翻开明清时期人们的诗文集，不难看到诸如某某壮游诗序之类的文字。如明代黄仲昭《南都壮游诗序》就是为江西省永新县一个叫张祖龄的医学训科而作。张祖龄到当时的南都金陵去看望自己的兄长顺庵。于是，张祖龄"浮深涉险而来，泛龙江以观天堑之险，登凤台以览形胜之奇，瞻虎踞于石城，望龙蟠于锺山，访朱雀之桥以吊王谢繁华之迹，临玄武之湖以询齐陈争战之墟。凡京师宫阙陵庙之雄壮，廪藏苑囿之富饶，台榭寺观之幽奇，园林泉石之瑰伟，无不历览登眺"。既竣事，将归，张祖龄的兄长张顺庵的同官诸公就张祖龄所尝游者分而为题，曰：石城夜泊；曰：锺山晓望；曰：龙江潮势；曰：凤台山色；曰：朱雀停骖；曰：玄武观鱼；曰：牛首晴岚；曰：鸡鸣夕照；曰：报恩登塔；曰：朝阳谒陵；曰：雨花怀古；曰：栖霞眺远。凡十有二，各采一题赋诗赠之，装潢成轴，题曰《南都壮游》。因为黄仲昭和张顺庵是好朋友，因此请黄做序。❷这是送别雅集的一种模式。于此文亦可考见明代社会重游重文的社会风气。

---

❶ 江右诗社的博客 http://blog.sina.com.cn/u/1276486992。
❷《未轩文集》，卷二。

此外著名的还有《西园雅集》等，在我国广东等地还有"东坡祭"，在东邻日本国，还有"赤壁会"和"寿苏会"，❶则是为了纪念重要文人和重要历史文化事件而衍生出来的文人雅集活动。为节省篇幅，兹不赘述。

第一，这些雅集事件本身因为诗歌文章书法等载体而流传后世，成为山水名胜佳话。第二，这些当年举办雅集活动的场所后来基本都成了名胜古迹，如绍兴兰亭、南昌滕王阁。第三，后来文人们雅集，便到已经成为名胜古迹的地方去举办。这些雅集事件成为该名胜古迹的重要文化积淀。起到了增美湖山的作用，如扬州虹桥的文人雅集，在清代几乎年年举办。

民国时期规模较大的文人雅集，发生在民国14年（1925），地点北京陶然亭。参加者有发起组织者湖北恩施人樊增祥、画家贺良朴等72人。和以往不同的是，除了雅集成果《乙丑江亭修楔分韵诗存》外，还增加了一张合影。❷

新中国成立以来，由于"极左"路线的干扰，这一文化活动中断了半个多世纪。如前所述，进入21世纪以来，在诗歌大省江西等地已经出现传统意义的诗人雅集活动。不同的是，官员中绝少能诗能文之辈。真正参加者都是一些传统诗歌爱好者流。当然，他们的分韵赋诗，水平一点也不比过去的差。如本章搜集到的案例就是。只是由于"极左"路线摧残，原来基于"以文会友，以友辅仁"风雅十足的文人聚会，被20世纪后半叶历次政治运动中普遍存在的动辄上纲上线，以思想意识论罪的风气所败坏，一时半会，很难恢复到从前的光景。

---

❶（日）池泽滋子《日本的赤壁会和寿苏会》，上海人民出版社2006年。
❷《中国文化画报》2012年第9期第46–51页有关于该次雅集的报道。文章名曰《陶然亭最后的雅集》。

第二十一章
"青山有幸埋忠骨,白铁无辜铸佞臣"
——中国旅游文化重视伦理评价的传统

宋人胡寅高度评价范仲淹的《岳阳楼记》仁民爱物的境界。他在《岳阳楼杂咏十二绝》中写道:

> 李杜词源广更深,数篇春涨拍云岑。
> 争如一首修楼记,妙写仁人出处心。

又云:

> 范公才具济川舟,翰墨居然第一流。
> 每向遗文窥远意,愿言忧乐继前修。❶

诗中的"仁人出处心"就是范仲淹所写《岳阳楼记》的主题思想,即"先天下之忧而忧,后天下之乐而乐""居庙堂之高则忧其民,处江湖之远则忧其君"的仁人情怀。这种境界已经超越了通常意义上的君臣关系,已然扩展到国家与人民的相互关系上了。范仲淹所倡导的地方官人生境界就是儒家政治理想的经典表达。崇尚修身、注重教化,穷则独善其身,达则兼济天下,是我中华民族对人类文明的伟大贡献。

❶《斐然集》卷四

一、伦常评价高于事功评价

爱民忠君是中国传统伦常最看重的地方官为官境界。

维护统一，反对分裂，也是中国传统伦常最看重的地方官为官境界。

东晋初期王敦（266–324）叛乱前，曾邀请著名的文学家、学者也是最著名的风水师郭璞（276–324）前去帮其预测成败。这个郭璞一点不考虑个人安危，明确告诉王敦：叛乱必败。结果被王敦杀害。但人民怀念他，因为他维护统一，反对分裂。以他的声望，当然也是以他的性命为代价，给叛乱分子心理上重重的一击。现在全国各地民间保存下来的或者是附会建成的郭璞纪念地不下20处，而叛贼王敦却没有一处名胜。

人民的爱憎才是决定性的因素。类似的例子，如商朝末帝商纣王（？–约前1046），论力气可以徒手搏杀狮虎，论智慧可以指挥千军万马，治理天下。但至今留在天壤间的商朝名胜，不见纣王的一星半点，倒是被纣王害死的忠臣比干墓保留至今，得到千百万游客的凭吊和礼赞。当年周武王（约前1087–前1043）灭商，第一件事就是封比干墓。因为商纣王无道，没有任何道理地残杀自己的叔父、忠心耿耿的大臣。这在五伦之中，既违背了父子之道，也违背了君臣之道。历史上留下了相传是孔子所书的比干墓碑十字碑文以及汉唐以来数十篇吊比干的文章和难计其数的诗词作品。

被老百姓否定的历史人物，如秦始皇（前259–前210），虽然留下了一个大墓，但古往今来过其墓下的文人墨客几乎没有认同他的，而更多的是嘲讽。如唐朝章碣的那首著名的《焚书坑》：

竹帛烟销帝业虚，关河空锁祖龙居。

坑灰未冷山东乱，刘项元来不读书。❶

---

❶ 《御定全唐诗》卷六百六十九。最末一句也有版本为"刘项原来不读书"。

晚唐诗人曹邺《秦始皇陵下作》伦理评价色彩更浓,措辞也更直白:

> 千金买鱼灯,泉下照狐兔。
> 行人上陵过,却吊扶苏墓。
> 累累圹中物,多于养生具。
> 若使山可移,应将秦国去。
> 舜殁虽在前,今犹未封树。

拿舜帝跟秦始皇比较,歌颂舜的简朴爱民,鞭挞始皇的暴虐残民。

二、爱民忠君,尚正去邪

这种尚正去邪的传统,在古代中国十分普遍。例如清人王士祯《古夫于亭杂录》卷三记载,作者游览四川,见"剑州有小庙,祀邓艾",便感觉不舒服。他欲"告州守废之而未果",乃追赋一诗云:

"申屠曾毁曹蛮庙,常侍还焚董卓祠。剑阁至今思伯约,蜀巫翻赛棘阳儿。"后阅唐彦谦诗云:"昭烈遗黎死尚羞,挥刀斫石恨谯周。如何千载留遗庙,血食巴山伴武侯。"

三代之直,古今人所见略同也。

中国旅游文化重视伦理评价,对于爱国爱民、人品端正的君子,总是同情敬重;对于祸国殃民、人品不端的小人,总是不遗余力地鞭挞。这个传统普遍存在,不仅仅体现在文人墨客的笔下,也体现在普通百姓的口中。明张岱《琅嬛文集》之《募修岳鄂王祠墓疏》中谈到旅游者的普遍心理:"阅壁图者刻画宪、云,展墓道者掷击桧、禼。众怒之下,铁难保首,木亦剖心。"张岱的意思是说,旅游者参观杭州西湖岳飞墓,在岳飞祠墙壁上看到岳云、张宪被奸臣秦桧残害的情节,一个个怒不可遏。到了岳飞墓前,看到跪在地上的秦桧、万俟禼等奸佞铁像,则会情不自禁地用石块或棍子击打。人民的愤怒,是不可战胜的。因此,杭州岳飞墓前的秦桧、王氏、万俟禼等铁跪像过一段时间就得重新铸造,因为经不起游客的敲打。

王士禛之重视姜维（202-264），而轻视邓艾（197-264）。自然是因为尊刘皇叔为正统所致。

宋代程颐（1033—1107）"游秦中，历观汉唐诸陵无有完者。惟昭陵不犯。陵旁居人尚能道当日俭素之事。此所以历数百年屡经寇乱而独全也"❶。为什么盗墓贼不破坏昭陵？因为昭陵的墓主爱民，不忍心搜刮民脂民膏厚葬自己，昭昭在人耳目，这就是伦理评价。即使是盗墓贼也知道哪些墓主残民，哪些墓主爱民。

三、热爱乡邦—伦理评价中的地方保护主义

当然，古代旅游文化之重视伦理评价，也跟地域文化的自重有关。如苏州吴江历史上有"三高祠"，其中祭祀范蠡、张翰和陆龟蒙。这三高祠当属在晚唐五代或北宋初年形成。宋朝刘清轩就曾赋诗讥讽："可笑吴痴忘越憾，却夸范蠡做三高。"而元人谢应芳上书给饶参政，信中指出："蠡事越亡吴，吴仇也。礼不祀非族，法宜去。请祀太伯、仲雍、季子，而张陆列其旁。""饶是其言，会乱中止。"谢应芳的观点所依据的是古老的吴地文化传承。历史从太伯奔吴，开发吴地，到吴越争霸，已经过去了数百年。从吴越争霸，越国灭吴，到元代，是在大一统框架下已经从秦始皇时代发展到蒙元时代，历史走过了1400多年，这时还有人执持狭隘的吴越两国的地域壁垒，可见地域文化影响的重要。到了宋代，"洪咨夔（1176-1236）知龙州，毁邓艾祠，更祠诸葛亮，谕其民曰：勿事仇雠而忘父母。"洪咨夔即洪舜俞，是宋理宗朝的官员，已经接近宋朝尾声，而仍坚持蜀汉正统，斥曹魏政权中的历史人物邓艾为仇人。可见祀典不祭非族的传统影响有多深。

---

❶《研北杂志》卷上

四、人民爱憎真历史：岳飞墓和秦桧墓的不同命运

最能给人鲜明印象的是位于南京江宁的秦桧墓和位于杭州西湖的岳飞（1103-1142）墓绝然不同的命运。人民怜惜爱国忠君、一心要收复失地的忠臣岳飞，痛恨对外屈膝卖国、对内残害忠良的汉奸国贼秦桧。数百年来虽然朝代屡次变易，而爱憎态度不曾改变。

秦桧（1090-1155）是宋朝有名的奸相。他前后两度为相，窃据相位长达19年。在位时勾结金国，迫害忠良，无恶不作。因为有权柄在手，有势力保障，正义的人们无奈他何。但就在秦桧生前侍卫林立的情况下，也有义士施全（？-1156）行刺秦桧的事情发生。就在秦桧权倾天下的时节，秦桧的儿子秦熺回金陵老家扫墓，在游览茅山时题诗一首于华阳观，诗曰："家山福地古云魁，一日三峰秀气回。会散宝珠何处去，碧崖南洞白云堆。"当时陪游的南京地方长官留守宋贶随即让人将该诗装潢好悬挂在墙壁上。当晚，秦熺再来欣赏自己的杰作时，诗板的一侧却冒出了一些白色的文字，于是"举梯就视"，见是一首诗：诗曰："富贵而骄是罪魁，朱颜绿鬓几时回。荣华富贵三春梦，颜色馨香一土堆。"面对民间的调侃和嘲讽，秦熺也无可奈何。

秦桧死后，"天下之儿童妇女，不谋同辞，皆以为国之贼"。他死后，宋高宗赵构忍不住对侍卫官杨沂中说："今日始免得这膝裤中带匕首。"可见这对君臣既互相勾结，又时刻互相防备着。遭秦桧迫害贬官永州的张浚（1097-1164），有个老部下得知秦桧死讯，立即派人到永州给蒙冤受屈的老上级报告秦桧已死的大好喜讯。使者长途奔波，跑得太紧张，以至于到了永州张浚家时累得"喘卧檐下，殆不能言"。救醒后，才得知就里，顷刻之间，满堂"欢声雷动"。秦桧死后，虽然宋高宗还是坚持投降路线主动承揽了跟金国议和的责任，但秦桧家的社会地位迅速下降。甚至连修建运

河的民工也来发泄，他们将疏浚运河的泥土故意堆积在丞相府的墙根和大门旁边，让他们难看，让他们进出不便。

秦桧死后，埋在金陵牛首山，离金陵城18里，其地当今之牧牛亭。最能体现中国文化尊正贬邪传统的无过于人们对秦桧墓的态度。首先，秦桧虽然死在宰相任上，墓上虽树丰碑，却无人肯为之写碑文。大家都担心秦桧的臭名损害自己的形象。因为当年士大夫"鄙其为人"，"而莫之肯为"。即使那些原来追随秦桧阿谀逢迎之徒也害怕物议，不敢作神道碑。

宋、金之间在洛阳、襄阳一带交战之后，宋将孟珙还朝回京路过秦桧墓地时，故意将部队驻扎在秦桧墓所在地，传令军士们可以在墓上大小便。后人因此称秦桧墓为"秽冢"。

元朝时，秦桧墓被盗发过一次，当时县令下令将泡在水银池中尚完好无损的秦桧和王氏夫妇的遗体拉出来曝尸烈日之下，让过往游人丢石头砸尸、吐唾沫，任其侮辱。《至正金陵志》记载，当时围观者多达10万人。

明朝成化二十一年（1485）秦桧的墓再次被盗发，盗墓者"获金银器具巨万"。盗墓贼被抓后，当地官员因为所盗系秦桧墓，乃"减其罪，恶桧也"。当时"司法部长"（司寇）滑浩和大理寺卿蔡昂因秦桧墓被盗而十分开心，还写诗庆祝。诗的末联还拿杭州西湖的岳坟之备受官民呵护与之相比，表达了对奸臣没有好下场的一种伦理评价。

与秦桧墓之遭受万人唾弃形成鲜明对照的是，历代游人和地方官对位于西湖胜地的岳飞墓的爱护和建设。比如说，明朝天顺年间同知司马伟取桧树一劈为二，栽在岳飞墓前，人称"分尸桧"，寄托了民众对权奸祸国殃民的憎恨。又有人将和好的面揉成条子放在油锅炸，名曰"油炸桧"，也就是今天大家吃的油条最初的名字。正德八年（1513）都指挥使李隆"范铜为桧及妻王氏、万俟卨三像，反接跪墓前"。后来，万历年间，兵部官员范涞又在三个跪像旁增加了一个张俊（1086–1154），因为张俊是投降派的主要人物，也是谋杀岳飞的元凶之一，当时漏网。这些建在景区的奸佞小人的铜跪像抵挡不住历代游客的诅咒、唾沫和石头等器物的击打，每过数十年就需要重新铸造，因此，我们今天游览杭州的岳飞墓所见的铜跪像早已不是500年前李隆所铸造的，其间经过明万历年间的范涞，清朝雍正七年钱塘知县李惺、乾隆十二年布政使唐模、嘉庆七年巡抚阮元、同治四年布政使蒋益澧、光绪二十三年布政使恽祖翼等的重铸。其间最有意思的是太平天国的农民英雄们仇恨秦桧等奸佞。他们攻入杭州后，把秦桧等恶人的铜头四个中砍断了三个，可见其憎恶之深。当然，时至今日，我国已经进入大众旅游的新时代，我们的旅游文化不允许过去那种非理性的表达。但无论如何，国人憎恶奸佞的心态，是不会改变的。因为中国文化是尊重统一反对分裂，尊重忠孝反对奸佞的。这是我们的文化基因。快人心，彰忠烈是我们旅游文化的最重要的传统之一。

五、五伦是和谐社会的五根支柱

我们的国民对于不孝于父母的人，不忠于君主的人，对丈夫或妻子不贞的人，对于一切忘恩负义的人，都是鞭挞的。重视伦理评价，可以说是中华民族凝聚力强大的重要因素。

类似的伦理评价在中国三千多年的文字记载史上可以说是比比皆是。无论是正史、野史，还是地方志、家谱，此种评价无处不在。其原因是因为我们伟大的祖国，自古以来就有重视伦常教化的传统。

父子有亲,君臣有义。夫妻有别,长幼有序,朋友有信。

这五句话被称为"五伦"，这是中国古代圣贤总结出来处理人际关系的一种普遍有用的准则。因为这五种关系是任何时代都不会改变的经常性存在的关系，故又被称为"五常"或"五典"。因为立足在于教化，跟刑罚不同，所以最初还有个名字，叫"五教"。

不过，五教、五常、五典，这些叫法都是很遥远的事情。最早倡导五教的契（xiè）是黄帝的玄孙，尧帝的异母弟，其生活的时代距今起码4900年以上。最早进行"五伦"表述的是孟子（约前372～约前289）。他说人"饱食、暖衣、逸居而无教，则近于禽兽。圣人忧之，使契为司徒，教以人伦。父子有亲、君臣有义、夫妇有别、长幼有序、朋友有信"❶。孟子所说的圣人当指尧帝。直到今天，我们民间仍十分看重五伦。民间对人际关系的判断评说，事实上就是流传了近五千年的五伦教化的影响。

天下之大，人众之杂，固然千差万别，以地位论，有"君卿大夫士庶人之分"，以职业论，则有"士农工商贾之别"。以贫富论，有富人，有穷人；以品性论，有有教养之人，有无教养之人；以善恶分，有好人，有坏人，等等。"而总其人之类，则曰：君臣、父子、夫妇、昆弟、朋友，皆五伦之所缀属而已。是故天下无伦外之道，即无道外之人；天下无道外之人即无人外之教。自二帝三王以来莫之或易也。"如前所言，夫妇关系是五伦之一。"无君臣焉，则强凌弱众暴寡而天下乱矣；无父子夫妇焉，则生人之道灭而乾坤或几乎息矣。有父子夫妇自不能无兄弟，而朋友则亦彼之所不能无也""圣人修身齐家治天下，无非生民日用之常，非有他道也。何谓常？民彝是也。父子有亲，君臣有义，夫妇有别，长幼有序，朋友有信，谓之五典，即此常也。尧尽此常道，所以为圣人。名书曰典，以明书之所纪皆常道也。"❷

这五种基本的人际关系如果处理得好，或者说各安其位，借用孟子的话，"天下可运于掌"。但在实际社会生活中，五伦关系完全各安其位互相不冲突的时候并不多，更多的时候是五伦中的某些伦常关系会发生冲突。其中最突出的可能就是君臣关系和父子关系。因为在封建中国，特别是专制集权的时代，有君父的说法，

---

❶ 《孟子.滕文公上》
❷ （清）李绂《原教》

第二十一章 "青山有幸埋忠骨，白铁无辜铸佞臣"

即所谓君要臣死臣不得不死，父要子亡子不得不亡，君父具有绝对的权威。你只要看君字都排到父字之前就可想而知。君臣关系和父子关系的冲突实际也就是忠孝两种伦理之间的冲突，民间云忠孝不能两全，就是这个意思的最简洁表达。

君臣关系延伸一下就是君王与臣民关系。君王要爱臣民，臣民要忠君国。君民关系最经典的论述有荀子和唐太宗。

荀子转述孔子传授下来的前贤论君民关系的经典论断：

> 君者舟也，庶人者水也。水则载舟，水则覆舟。此之谓也。故君人者欲安则莫若平政爱民矣，欲荣则莫若隆礼敬士矣，欲立功名则莫若尚贤使能矣，是君人者之大节也。三节者当则其余莫不当矣，三节者不当则其余虽曲当由将无益也。❶

荀子书中的这段前贤论断，后来因被唐太宗在《帝范》中引用而广为人知。

在我国各地大大小小的各色旅游名胜，都可以看到后世游客凭借其作为评价各种各样的历史人物的标尺。此类伦常评价的案例确实不胜枚举。

下面抄个历史故事：

> 昔者齐桓公出游，于野见亡国故城郭氏之墟。问于野人曰：是为何墟？野人曰：是为郭氏之墟。桓公曰：郭氏者曷为墟？野人曰：郭氏者善善而恶恶。桓公曰：善善而恶恶，人之善行也。其所以为墟者何也？野人曰：善善而不能行，恶恶而不能去，是以为墟也。桓公归以语，管仲曰：其人为谁？桓公曰：不知也。管仲曰：君亦一郭氏也。于是桓公招野人而赏焉。❷

这个历史故事很生动。郭国的国君之所以会把天下玩没了，

---

❶《荀子》卷五
❷（汉）刘向《新序》卷四

是因为他不能正确运用赏罚二柄。正人他不知道保护,坏人他不知道铲除,所以亡国。孔子在回答鲁哀公的咨询时打了个比方,说在上者虽然手握权柄,有生杀予夺之权,但就像一个人骑着奔跑的马而所用以控制马的绳索却是烂的一样,那是十分危险的。当国君的如果不会用人,用错了人,自己所乘坐的这匹奔马就会失控,国君就会被摔死在地上。

历代这方面的凭吊感慨诗文大旨不外如此。这就是唐太宗据荀子的论述简化后的"水能载舟,亦能覆舟"的八字真理。

除了载舟覆舟的道理外,还有范仲淹的名言:"处江湖之远则忧其君,居庙堂之高则忧其民","先天下之忧而忧,后天下之乐而乐"。

围绕载舟覆舟的论述,我们发现中国历史上流传下来的大量的旅游文献,充满了对爱民的君王之礼赞,对虐民的君王之鞭挞。围绕先忧后乐的论述,我们发现中国历史上流传下来的文献,都是对仁民爱物、忧国忧民的大臣小臣的歌颂,而对卖国求荣、贪赃枉法的奸臣赃臣则是口诛笔伐,绝不宽恕。

五伦中的第二伦就是君臣有义。

义的原始意义是模样,样子,后来的引申意思是宜。宜就是合理,适宜。君臣有义,这句话的意思是:君要有君的样子,臣要有臣的样子,君要按照君的本分处事,臣要按照臣的本分处事。那么,君臣关系有没有普遍适用的法则呢?有的。这就是君仁臣忠。君仁是什么意思?君仁就是当君主的要善于为天下发现人才,爱惜人才,任用人才,厚道地对待自己的下属。什么叫厚道。厚道当然不是小恩小惠,而是立足于爱护培养。关于君仁臣忠,孟子的阐述最为精彩。他说:"君之视臣如手足,则臣之视君为腹心;君之视臣如犬马,则臣之视君如国人;君之视臣如土芥,则臣视君如寇仇。"❶这是处理好君臣关系的大原则。君臣之间是有感应的。通俗地说,你公正,我不敢徇私;你勤政,我不敢懒惰;你对我好,

---

❶ 《孟子.离娄下》

我对你好,但这个好不是无原则的和稀泥,是必须以有义为前提的。如果君不能以义自处,不以仁待臣,轻则臣下离心离德,貌合神离;重则大祸临门,身首异处。这方面的例子不胜枚举。商纣王和西伯姬昌,也曾经是君臣关系。秦始皇和刘邦、项羽,也可以说是一种君臣关系,即领导和被领导的关系。由于在上者不仁,残害天下,荼毒百姓,人民起来造反,君很快就完蛋。这就是君不仁、臣不忠,你不仁、我不义的具体写照。

六、两篇记文说忠孝

在我国的旅游文化遗产中,我们可举两个名楼的记文做案例,即《岳阳楼记》和《亩忠堂记》。

《岳阳楼记》因为入选中学课本,熟悉者多。客观地说,范仲淹的《岳阳楼记》作为楼记,不能说写得多么好。因为第一,范仲淹没有到岳阳去,也没有看过岳阳楼什么样。他描写的洞庭湖一年四季的风景,也是一般的描写,但使该记流传千古的是记文最后的点睛之笔,即记中所提到的"古仁人之心",即"不以物喜,不以己悲。居庙堂之高则忧其民,处江湖之远则忧其君。是进亦忧,退亦忧。然则何时而乐耶?其必曰:先天下之忧而忧,后天下之乐而乐"。滕子京跟范仲淹是同年进士,但滕子京曾因贪污而遭贬谪。范仲淹的记文多少有些规诫或曰以古仁人的境界来共勉的意思。正是这一段结尾的话点亮了全文,也对后世旅游者起着做人境界的教化作用。

中国旅游文化重视伦理,是一以贯之的。因为伦常是人们处理人际关系不能须臾离开的指导原则。旅游也不例外。游道不离人道。五伦乃人道之根本。旅游时岂能不讲?元代江西新喻人胡行简曾应一个叫黄立诚的儒生之请求,撰写了一篇赠序。序文全文如下:

> 儒生黄立诚踵门而请曰:"总角读礼,知桑弧蓬矢所以表男子之所有事,窃识之心不忘。今年踰弱冠,而浮沉里巷,无以自见。欲及亲之康宁遂游四方,以遂其初志。吾亲既

许之矣，先生幸赐之言以华其行。"因语之曰："士之志远游者非骋吾所欲骛纷华慕声利，将广其见闻进德修业，归为亲荣也。为亲者孰不望其子之游卓然有立于世哉？所谓詹在侧而无离忧，亲之志不乐也。詹出游而有离忧，亲之志乐也。为人子者以父母之心为心，必知所以显亲所以立身矣。今子以英妙之年抱有为之志，其游也观夫名山大川之高深，古今人物之高下，寓之于目，求之于心，其进何可量哉？过豫章而怀孺子之高风，望庐阜而企匡君之遗躅。航岷流之浩渺，观万水之朝宗。维扬而看琼花，上蔡而采蓍草。神州赤县之壮，黄河太华之雄，车书之广，人物之懿，皆可悦乎心目而廓见闻也。高歌慷慨，抒其怀古之思。司马子长之游不啻过也。抑尝闻孟氏之言而绎之曰：尊德乐义，游之本也。兼善独善，游有遇否而道不易也。征诸斯言，先立乎其大者远者，则吾子之游无施而不可，奚患乎？锦衣归觐，叠拜高堂。当举觞贺子非复吴蒙，足以悦亲矣！"立诚曰："谨受教"。遂书以遗之。❶

这篇记文告诉我们，人子出游心中要有父母。出外游历是为了扩充见闻，结交贤达，增益修养和学行。说到底还是为了立身扬名以显后世，为父母增光这个大宗旨。但作为受过儒家教育的人，外出旅游一定要先立乎其大者。什么是大者呢？这就是"尊德乐义，游之本也。兼善独善，游有遇否而道不易也"。德义二字不可不牢记在心。因为外出游历，各色诱惑都会遇到。若心无所主，难免走岔道路。做人的操守不能改变，游历可能有机会，也可能没有机会。但无论有无机会，做人的基本原则或曰底线是不能改变的。

这篇记文的中心思想和前面谈到过的周易旅卦所讲的旅行哲学是相通的。人在旅途，谦和为上；人在旅途，清醒为上；人在旅途，仁厚为上；人在旅途，学习为上。

---

❶《送黄立诚远游序》，《樗隐集》卷五，四库全书本。

第二十二章
旅游不妨政，玩物不丧志
——中国旅游文化的与民同乐传统

一、从几个历史故事说起

北魏文明太后是一个施政举重若轻，驾驭得法，很有见地和手段的女主。《魏书》记载：她"为王叡造宅，故亦为丕造甲第。第成，帝后亲幸之，率百官文武飨落焉。使尚书令王叡宣诏，赐丕金印一纽。太后亲造《劝戒歌辞》以赐群官。丕上疏赞谢。太后令曰：臣哉邻哉！邻哉臣哉！君则亡逸于上，臣则履冰于下。若能如此，太平岂难致乎？"❶

文明太后的劝诫歌辞今不得见，但即便是被史官记录下来的"太后令"，也足可看出文明太后是一个高人。她将《尚书》《无逸》篇周公戒成王的那篇谈话记录简化为两句话："臣哉邻哉！邻哉臣哉！君则亡逸于上，臣则履冰于下。若能如此，太平岂难致乎？"这段话概括了君臣之间的良性互动关系。按照中国古代的五伦观，君臣关系被概括为"君臣有义。"义就是样子，相当于今语的范。意思是君要有君的范，臣要有臣的样范。那么，君应该是个什么样子呢？臣应该是什么样子呢？3000年前的周公姬旦就给规范好了。即君要无逸于上，臣要履冰于下。即无论君臣，在其位都要

❶《魏书》卷十四

有敬畏感、使命感，要忠于自己的岗位。

周公之作《无逸》，是因为成王即位时商朝已经灭亡，当时天下既已太平，用不着要年幼的成王"劳其筋骨，苦其心志"，但小小年纪，据此高位，畏惧之心易弛而骄怠之心易生，因此教育成王应知稼穑之艰难，还要明白小人会靠迎合讨好你而图谋不轨的危险。周公接着又以刚刚被消灭掉的商纣王朝为案例教育成王。正因为商纣王骄奢狂暴，纵情享受，结果导致天怒人怨，走向灭亡。实际是警示成王，如果贪图安逸，就会有商纣王的下场。又从健康身心的角度提醒成王，人如果不愿勤劳，一味的享受，还会毁掉自己的身体。那样不仅江山不能常存，连性命也会被自己毁掉。

回过头看中国历史上的历代政治，凡属秉持君无逸于上，臣履冰于下的时代，政治一定清明，社会一定安定，人民一定和谐。凡属君逸乐于上，臣贪腐于下的时代，一定是官污吏乱、民不聊生的时代。

春秋时期晋平公在西河游玩，很尽兴。他说："安得贤士共此乐者？"也就是说，他在西河上游玩时想到贤士。划船的舟人固桑乘机进谏。他说：你要想得贤士还不容易吗？你知道"剑产于越，珠产江汉，玉产昆山。三宝皆无足而至。君苟好士，贤士至矣。"平公说："吾食客三千，朝食不足，暮收市租；暮食不足，朝收市租。尚何不好士乎？"固桑跟平公打了个比方。他说，鸿鹄高飞，所凭借的是它们的翅膀上那些管用的粗大的羽毛，还是凭借鸿鹄胸前背上的那些柔细的起装饰作用的氄毛？你就是在鸿鹄的背上或胸前增加一大把细毛，能飞高一寸吗？那意思就是暗示平公所养多士只是附庸风雅之徒，像鸿鹄胸前的氄毛一样不中用，不足以振起鸿鹄的全身高飞远举。要与贤士共同创业，共同享受，就应该选择那些管用的人才，而不是那些只知溜须拍马巧言趋奉之徒。❶

齐景公打猎，上山遇到虎，下泽遇到蛇。他以为不吉利，便

---

❶（汉）刘向《新序》，转引自（宋）曾慥《类说》卷二十，书目文献出版社缩影本，第500–501页。

问晏婴。晏子说：治理国家，有三种不祥的事情："有贤不用，一不祥；知而不用，二不祥；用而不任，三不祥。"他对景公说，你上山看到虎，山是虎的家；你下泽看见蛇，泽是蛇的家，有什么不吉祥的？❶

这两个故事，主要是侧重说明"君无逸于上"的道理。但晋平公的车夫固桑所打的比方，同时也涉及臣应履冰于下的道理。如果臣僚不是如临深渊、如履薄冰那样有危机感，那样敬业，而是自甘饱食终日，无所用心，君上说可就可，君上说否就否，那样的国家不亡国才怪。

二、周公姬旦的游乐观

周公姬旦（？－前1105）是西周重要的政治家，也是八百年周朝文明的创始者。他的思想，对周代，对整个中国历史，都有深刻的影响。因此，我们研究中国旅游文化史，不能不讨论他的游乐观。

周公曰：呜呼！继自今嗣王至以万民，惟正之供。

孔氏曰：继今以往，皆戒之。

金氏曰：此勉成王之无逸也。夫观以广视，逸以安身，游以省农，田以讲武，皆人君所不能无，但不可淫于此。淫则为纵逸之私且病民矣。故周公不戒之使无，而但戒其淫。苟必绝之使无，不惟废礼，且使人君苦于拘则未必不乐于肆矣。

林氏曰：隐公观鱼，庄公观社，观也；唐敬宗日昃坐朝，逸也；周穆王所至有车辙马迹，游也；太康畋洛表，田也；皆淫于此者。按前称文王，此戒嗣王。皆先言简游田而继以惟正之供。盖淫于四者侈费无度，其势不得不横敛；四者既省，用有常经，自应以万民惟正之供也。上

---

❶ 同前504页。

文言游田而不言观逸，以大而包小也；此言万民而不言庶邦，举近以见远也。❶

这段引文第一段是《尚书》正文，是周公姬旦告诫成王的原话。著者王樵引用了研究《尚书》的孔氏、金氏和林氏三家的分析。孔氏说，这段话是说，总结了历代帝王修身治国的经验教训而来，"惟正之供"是历史的经验。君王如果奢侈心生，诛求之臣必然应运而生，天下就会由治而渐乱。此乃必然的趋势。因此，从你开始，代代天子都要记住"惟正之供"的道理，时刻拿历史上那些不"惟正之供"而聚敛害民，以天下奉一人亡国灭族的君王为镜子，随时警醒自己。

金氏阐释说："夫观以广视，逸以安身，游以省农，田以讲武，皆人君所不能无，但不可淫于此。"夏商两代的末代君主都喜欢建造体量高大的台观建筑，因为在那上面可以登高望远。金氏说天子上到高台上望望远，累了休息一下保证精神健旺，到全国各地巡守，了解民情，通过打猎而演习军队，都是统治者应有之义。问题是不能"淫"。这个淫不是淫荡的淫，而是过分、太多、无度的意思。一过度，必然分散精力，就不可能全副心力投入治国安邦的工作中。

林氏举鲁隐公观鱼为例。《春秋·隐公五年春》："公矢鱼于棠"。《左传》亦云："公将如棠观鱼者"，臧僖伯于是说了一大通话，谏止隐公。最后，"公曰：'吾将略地焉'。遂往，陈鱼而观之"。鲁国是周公之后，是礼制比较完善和严格的国家，这春季男女祓禊游乐的活动应该是比较少见，所以隐公好奇，禁不住想去看一看，但被守礼的臧僖伯劝阻了，只好找个借口说是到边境去看看。

鲁庄公观社。《左传·庄公二十三年》："二十三年夏，公如齐观社。"因为不符合周礼，遭到曹刿的谏阻。但鲁庄公没有听进曹刿的意见，还是去了。社就是社祭。后世的社火是其发展，实际就是农闲时节的民间聚会活动。内容应该有民俗表演，青年男女

❶ （明）王樵《尚书日记》卷十三

第二十二章 旅游不妨政，玩物不丧志

借助这种热烈的娱乐聚会，可以互相选择意中人，一如今日之少数民族的节庆活动。

唐敬宗日昃坐朝，是说唐敬宗不敬业，耽于享乐。文武百官等他，每每到太阳偏西才来上朝。这也是逸乐过度的典型。

周穆王的远游，虽然也是游，但他希望自己的车辙马迹遍及天下，这就是过度了。夏朝的太康贪恋田猎，耽误正事。金氏举这几个经典的案例，说明君王不是不能观，不能逸，不能游，不能田，关键是不能过度，要适中。

周公告诫成王的这一帝王游观必须有节制的思想，是中华民族几千年一以贯之的原则。

> 盖天生民而立之君以司牧之，将使以一人而治天下，不以天下而奉一人。故文王之治其国，惟以斯民之不获为虑，而不以一己之忧勤为难。恭俭节用，以卑其衣服也，盖为就其安民之功与其治田之功而已；柔和恭敬之德皆尽美也，盖为怀保小民与夫加惠于鲜乏鳏寡之人而已。自旦至于日中，及日昃不暇饮食也，盖为咸和万民而已。夫欲天下之匹夫匹妇无有不被其泽，则无望乎适一己之便。逸豫者可以适一己之便矣，而天下之民必有不得其所者。使文王为鲜衣美服，则必不能就安民治田之功；狠虐暴慢，则必不能加惠于穷民。惟口腹之是念，则必不能咸和万民。何者？天下无两全之利也。是以文王宁屈己以便民，不肯拂民以奉己也。然文王之爱民不独此也，又不敢盘乐于游田者，盖以庶邦之贡赋惟供所当用者。若以供游田之费，则非其正矣。夫天地之生财有限，而庶邦之贡赋有常，若以供其私费，则必有不继者。而横赋暴敛将自此起矣。文王之所以不敢盘于游田也，惟文王之无逸如此，故其享有国祚者五十年。❶

---

❶ （宋）林之奇《尚书全解》卷三十二

宋人林之奇这一大段对周公谏成王"无逸"的有节制旅游的分析，其中有些观念十分超前，比如说"将使以一人而治天下，不以天下而奉一人"。封建专制的中国，两千多年来，统治者几乎都是"以天下而奉一人"，真正能够"宁屈己以便民，不肯拂民以奉己"如周文王这样的君王，像周公那样一沐三握发、一饭三吐哺的大臣又有几个！周公自然清楚，逸乐比劳苦舒服。但如果在上者贪图逸乐，不把老百姓的福祉放在心上，则必然横征暴敛，加重百姓的负担。这是历史的逻辑。只有在上者克制自己的私欲，减少自己的享受，多为百姓谋利益，才能"咸和万民"。

中国古代的通用哲学是中庸，无论个人修为还是国家政治，都是如此。对"中道"的追求是许多人的梦想。为了防微杜渐，避免耽于佚游而误了政事，古代有官员的座右铭就叫《诫佚游铭》如明孙承恩的《戒佚游铭》：

> 惟天生人，各有其事。孰不事事而宴安是嗜。矧于吾徒，远大是期。顾可不知所治而乃佚游以嬉。呜呼子乎！其将饱食终日而无所用其心乎？德不知修乎？学不知讲乎？冠儒冠衣儒衣襜如锵如群居于于块然自立于天地之间而不知所居乎？誓言自今以惕以厉，黜尔优游；作尔志气。庶幾犹有所至焉。否则终为小人之归也决矣！吁！❶

孙承恩，字贞父，南直隶华亭（今上海）人。明正德辛未进士，官至礼部尚书，兼翰林学士，掌詹事府。谥文简。上引这篇《戒佚游铭》体现了一个接受正统儒家教育出来的读书人，在进入官场入仕为官后，是如何自我策励的。

三、古代圣贤论休闲的合理性

中国古代，虽然有重视远游的优良传统，但近游思想更显发达。

---

❶《文简集》卷三十八

古语云:"文武之道,一张一弛",休息和工作的关系是辩证的。孔子为代表的儒家向来重视教育,但儒家并非叫人死读书。《儒林外史》上的死读书典型,不是孔子和原始儒家的思想。孔子非常重视受教育者的休闲娱乐。不仅官员一方面要努力工作,另一方面也需要休闲放松。就是小孩子读书,也是同样的道理。儒家讲学校选址必须考虑受教育者的休闲活动开展,所谓"藏焉息焉",通俗地讲,就是小孩子读书,课余要有山水环境以供休闲娱乐,放松身心。

《左传》上说,郑国的战略家裨谌思考国家大事时,"谋于邑则否,谋于野则获"❶。这是因为城市人声嘈杂,思考问题精力难以集中。而在空气清新、环境幽静的郊外,人的大脑所受外物干扰较少,其时工作起来才会出现最佳效果。后来为了满足官吏消烦清心的需要,统治者们便在城镇近郊,因其自然形胜,修建类似于后世城镇公园的建筑,以此作为"为政者观游之所"。这种建筑如果离城近,则不建斋厨、卧室;若稍远,则为堂为楼,以燕以息。"更衣膳饔莫不毕具。"此类设施的功能有二:一是为官民人等提供一个游观之所,二是借助此类游观之所达到使官员调剂休息和了解民情的目的。

魏征说游不妨政

魏征在唐贞观十三年(639)给唐太宗上了两篇奏疏。一篇叫《十思疏》,全文如下:

> 臣闻:求木之长者,必固其根本;欲流之远者,必浚其泉源;思国之安者,必积其德义。源不深而望流之远,根不固而求木之长,德不厚而思国之理(治,唐高宗名治,故唐人避讳,称治为理),臣虽下愚,知其不可,而况于明哲乎!人君当神器之重,居域中之大,不念居安思危,

---
❶ 《左传·僖公三十一年》

戒奢以俭，斯亦伐根以求木茂，塞源而欲流长者也。凡昔元首，承天景命，莫不殷忧而道著，功成而德衰。有善始者实繁，能克终者盖寡，岂取之易而守之难乎？昔取之而有余，今守之而不足，何也？夫在殷忧，必竭诚以待下；既得志，则纵情以傲物。竭诚则胡越为一体，傲物则骨肉为行路。虽董之以严刑，震之以威怒，终苟免而不怀仁，貌恭而不心服。怨不在大，可畏惟人；载舟覆舟，所宜深慎。奔车朽索，其可忽乎！君人者，诚能见可欲，则思知足以自戒；将有作，则思知止以安人；念高危，则思谦冲而自牧；惧满溢，则思江海下百川；乐盘游，则思三驱以为度；忧懈怠，则思慎始而敬终；虑壅蔽，则思虚心以纳下；惧谗邪，则思正身以黜恶；恩所加，则思无因喜以谬赏；罚所及，则思无以怒而滥刑。总此十思，弘兹九德，简能而任之，择善而从之，则智者尽其谋，勇者竭其力，仁者播其惠，信者效其忠。文武争驰，君臣无事，可以尽豫游之乐，可以养松乔之寿，鸣琴垂拱，不言而化，何必劳神苦思，代下司职，役聪明之耳目，亏无为之大道哉！❶

奏疏中的"乐盘游，则思三驱以为度"。意思就是喜欢游览，但应该注意不能过度。要适可而止，不能乐而忘返，不能把国家大事、人民生死置之不顾。这就是有限度的盘游，或曰旅游。古代中国秉持民为邦本、本固邦宁的治国原则，对君王的权利或曰欲望多有限制。认为治国就像栽树和治河一样，必须从源头抓起。治国靠人，人心就是源头。遏制贪欲，激活其责任心。"居安思危，戒奢以俭"，就是正本清源的路线图。他总结古来人臣的规律，"善始者实繁，能克终者盖寡"。正是因为始勤终怠，始劳终逸，始廉终贪，不能善始善终的缘故，许多官员不得善终。即使不做官，

---

❶《旧唐书·太宗纪》

普通民众也存在这种差别,是严格要求自己,还是放纵自己,路线不同,结果各异。"居安思危,戒奢以俭"的人,日子一定过得稳定;相反,始勤终怠,始劳终逸者则必然坐吃山空,不可持续。

为了警醒君臣时时自励,魏征提出"十思",也就是提醒当事人每当遇到以下十种情况时就要敲打自己一下,警觉起来,从防微杜渐入手。人人都这样注重自我检束,则天下必然进入大治的境界:

君人者,诚能见可欲,则思知足以自戒。

这是第一思。就是说,当手握公权力的人看见自己喜欢的事物时,就要警告自己知足常乐。因为"祸莫大于不知足,福莫大于寡欲"。

将有作,则思知止以安人。

手握公权力的人每每喜欢大兴土木,或者兴师动众。每当动此念头时,当事人应该警醒自己适可而止。因为你在上面,一句话,只是动动嘴皮子,但下面执行起来就会扰民害民。

念高危,则思谦冲而自牧。

高处不胜寒。人处在高位上,下面很难有人敢批评你,充耳皆是恭维赞美之声。这样,你将很难听到真实的意见,因此十分危险。当你处在这样的位置时,你应该谦虚敬慎而经常反躬自省。

惧满溢,则思江海下百川。

满招损,谦受益。这是颠扑不破的真理。如果你处在人生的顺境,自己心里也担心泰极否来。这时你就想想谦虚的好处,想想百川归海,想想水甘于处众人之所恶。

乐盘游,则思三驱以为度。

性喜游乐的人,要想想古代商汤王围猎时一定要空出一面给野兽逃跑的机会。对野兽尚且有不一网打尽,给生路的安排,这样的君王一定不会为了自己的游乐而无止境地盘剥百姓。

忧懈怠,则思慎始而敬终。

姜太公曾云:敬胜怠则吉,怠胜敬则亡。意思是对人对事如果始终有敬畏之心，则必吉利；相反，如果一味懈怠，没有敬畏之心，则事情做不好，人也肯定做不好。

虑壅蔽，则思虚心以纳下。

在上者由于远离实际，很容易被下级蒙蔽，上下其手。正确的预防措施是虚心听取下属意见。还要尽可能地深入实际，下级就不仅不敢而且不能蒙蔽你。

惧谗邪，则思正身以黜恶。

任何时代，任何单位，总有在领导面前进谗言的小人。根本的方略是修身养性，提升在上者自己的品格。只要在上者其身正，进谗者就未必敢来，因为苍蝇不叮无缝的蛋。

恩所加，则思无因喜以谬赏。

要给下级好处，这时你就要考虑我这是不是无原则的滥奖励。或者说你就要问问自己：这样奖赏有没有事实支撑，是否经得起考验？

罚所及，则思无以怒而滥刑。

要惩罚下级，你就要想想我这样处罚某人有没有十足的理由，是不是因为我个人的好恶在起作用？切切不可因为别人得罪了我，或者我看着不顺眼，就将其往死里整。

另一篇叫《十渐疏》，全文如下：

> 臣奉侍帷幄十余年，陛下许臣以仁义之道，守而不失；俭约朴素，终始弗渝。德音在耳，不敢忘也。顷年以来，浸不克终。谨用条陈，裨万分一。陛下在贞观初，清净寡欲，化被荒外。今万里遣使，市索骏马，并访怪珍。昔汉文帝却千里马，晋武帝焚雉头裘。陛下居常论议，远希尧、舜。今所为，更欲处汉文、晋武下乎？此不克终一渐也。
>
> 子贡问治人。孔子曰："懔乎若朽索之驭六马。"子贡曰："何畏哉？"对曰："不以道导之，则吾仇也，若何不畏！"陛下在贞观初，护民之劳，煦之如子，不轻营为。顷既奢肆，思用人力，乃曰："百姓无事则易骄，劳役则

易使。"自古未有百姓逸乐而致倾败者，何有逆畏其骄而为劳役哉？此不克终二渐也。

陛下在贞观初，役己以利物，比来纵欲以劳人。虽忧人之言不绝于口，而乐身之事实切诸心。无虑营构，辄曰："弗为此，不便我身。"推之人情，谁敢复争？此不克终三渐也。

在贞观初，亲君子，斥小人。比来轻亵小人，礼重君子。重君子也，恭而远之；轻小人也，狎而近之。近之莫见其非，远之莫见其是。莫见其是，则不待间而疏；莫见其非，则有时而昵。昵小人，疏君子，而欲致治，非所闻也。此不克终四渐也。

在贞观初，不贵异物，不作无益。而今难得之货杂然并进，玩好之作无时而息。上奢靡而望下朴素，力役广而冀农业兴，不可得已。此不克终五渐也。

贞观之初，求士如渴，贤者所举，即信而任之，取其所长，常恐不及。比来由心好恶，以众贤举而用，以一人毁而弃，虽积年任而信，或一朝疑而斥。夫行有素履，事有成迹，一人之毁未必可信，积年之行不应顿亏。陛下不察其原，以为臧否，使谗佞得行，守道疏间。此不克终六渐也。

在贞观初，高居深拱，无田猎毕弋之好。数年之后，志不克固，鹰犬之贡，远及四夷，晨出夕返，驰骋为乐，变起不测，其及救乎？此不克终七渐也。

在贞观初，遇下有礼，群情上达。今外官奏事，颜色不接，间因所短，诘其细过，虽有忠款，而不得申。此不克终八渐也。

在贞观初，孜孜治道，常若不足。比恃功业之大，负圣智之明，长傲纵欲，无事兴兵，问罪远裔。亲狎者阿旨不肯谏，疏远者畏威不敢言。积而不已，所损非细。

此不克终九渐也。

贞观初,频年霜旱,畿内户口并就关外,携老扶幼,来往数年,卒无一户亡去。此由陛下矜育抚宁,故死不携贰也。比者疲于徭役,关中之人,劳弊尤甚。杂匠当下,顾而不遣。正兵番上,复别驱任。市物襁属于廛,递子背望于道。脱有一谷不收,百姓之心,恐不能如前日之帖泰。此不克终十渐也。

夫祸福无门,惟人之召,人无衅焉,妖不妄作。今旱之灾,远被郡国,凶丑之孽,起于毂下,此上天示戒,乃陛下恐惧忧勤之日也。千载休期,时难再得,明主可为而不为,臣所以郁结长叹者也。❶

第一个需要重视的防微杜渐的问题是:创业之初能清净寡欲,事业有成进入顺境时就开始放纵贪欲。

第二个需要重视的防微杜渐的问题是:创业时期知道爱惜民力,因为需要民力为之效劳。得天下后却开始放纵自己,开始滥用民力而不知珍惜。

第三个需要重视的防微杜渐的问题是:创业之初肯"役己以利物",天下大定之后却"纵欲以劳人"。

第四个需要重视的防微杜渐的问题是:创业之初"亲君子,斥小人"。天下大定后就反过来亲小人而远君子。因为小人总是顺着当权的君主,只有君子才会为了天下大计不惜触犯君王的尊严犯颜直谏。

第五个需要重视的防微杜渐的问题是:创业之初君王可以做到"不贵异物,不作无益",而天下大定之后则"难得之货杂然并进,玩好之作无时而息"。贪腐从对难得之货的喜欢开始。比如喜欢奇物珍宝啊,喜欢大兴土木啊,等等,都是需要自我警惕的。

第六个需要重视的防微杜渐的问题是:创业之初,君王可以做

---

❶ 《旧唐书·太宗纪》

到"求士如渴,贤者所举,即信而任之,取其所长,常恐不及"。但天下大定之后,一切以皇上一心之好恶为是非。许多人才"以众贤举而用,以一人毁而弃,虽积年任而信,或一朝疑而斥"。

第七个需要重视的防微杜渐的问题是:创业之初,很少田猎。天下大定后,经常性出猎,玩乐的时间多了,用于政事的时间就少了。

第八个需要重视的防微杜渐的问题是:创业之初,上下沟通渠道畅通,天下大定后,皇上在听取各方意见时,渐渐有懈怠之心。一是外臣的汇报不想听了,二是对于进言者喜欢去挑人家的小错误,而不看大方向。

第九个需要重视的防微杜渐的问题是:创业之初,孜孜以求,唯恐治道出问题。天下大定后,骄傲之心渐长,表现为动不动就想对外用兵。

第十个需要重视的防微杜渐的问题是:创业之初,对待百姓生怕赋税重了百姓无法生存,对老百姓关心多,老百姓没有迁徙现象。天下大定后,赋税日益加重,老百姓疲于应付兵役徭役。很多人户远走他方以图逃避日益加重的负担。

历代名臣奏议本的《十渐疏》在第九条后保留有下面这段话:"志在嬉游,情无厌倦。虽不全妨政事,不复专心治道,此乐将极也。"他在这篇奏疏中指出唐太宗在天下安定后开始流露出来的十种不好的苗头,概括起来就是求治之心锐减而骄逸之心渐萌。其中被《旧唐书》删掉的那句话,说的比较委婉,但却是原文的有机组成部分。因为君王嬉游,也不是不可以,原则是不能妨政,即不影响政治。但我们看历史上许多帝王喜欢远游,所到之处,修桥建馆,准备接待。对地方政府,对当地百姓,都是沉重的负担。这个包括清代康熙、乾隆的巡游文件中都被经常提到。虽然乾隆等人下诏书时也冠冕堂皇地说几句不要铺张浪费的话,但实际上帝王告诉臣子你要下去旅游考察,就等于暗示地方政府必须接待好。我们回过头来看魏征的见识和胆略确实非同凡响。由于他的两篇奏疏写得太好了，到了唐太宗那里，太宗将其张贴在卧室的屏风上时时省察，还重奖魏征。

其实，这两篇奏疏虽然说的是唐太宗，但同时也是针对人性的弱点所作的规律性总结，对所有人都有启示意义。即使你是一个普通的劳动者，你也会有心态的变化，也会出现唐太宗所犯的错误。因此，对于魏征的这两篇奏疏，很有认真学习的必要。不仅仅是官员旅游的指南，也是我们所有的人反躬自省、加强修身养性功夫的必修功课。

柳宗元论官员也需要休闲场所

唐人柳宗元从人的生理需要出发，论证了建设城镇公园的必要性：

夫气烦则虑乱，视雍则志滞，君子必有游息之物，高明之具，使之清宁平坦，恒若有余，然后理达而事成。❶

这类建筑比之那些处在"高山之巅，穷涧之滨"，需要游览者"跋履崎岖，登陟险阻，非无事者莫能至"的风景名胜，其显著特色是"连城邑，挟市井"，可以"朝登暮眺，往返不劳……赋诗把酒，无适不乐宜"❷。简言之，这种近游场所的开发，便于官民游览，怡情养性，是封建时代精神文明建设的一个重要内容，是地方政治的一个方面。

在中国历史上，由于这种"与民同乐"思想的熏陶，产生了一大批将仁政实施与旅游开发结合进行，从而名标青史的地方官。像柳宗元之被贬永、柳，一方面时刻不忘"利安元元为务"，为落后地区老百姓谋福利，另一方面，又重视城郊游观之所的建设。像白居易、欧阳修、苏东坡、范仲淹等人，都是把这两方面结合得很好的样板。在浩如烟海的游记文学作品中，有一个不变的模

---

❶《零陵三亭记》
❷（元）王结《文忠集》

式存在着,这就是凡属地方长官重修或新筑旅游景观之际,有关的纪实文字必须点明这一工作是在政通人和、邑政大放光辉的时节进行的。写地方官的出游也是如此。当然这类表白未必百分之百可靠,但即使它只是游记中的套话,也足以说明在中国古人的心目中,重视民众生活情况,主张仁政和旅游结合进行,是被当作传统,当作一种优良传统来看待的。毫无疑问,这一与民同乐的思想,对于鼓励封建时代的帝王和地方长官开发旅游资源,对于保存旅游文化,都产生了不容漠视的影响。从某种意义上讲,这一思想对后世官僚的精神世界有着一种无形的制约作用。大多数地方官都希望凭借旅游设施等载体,储存自己在该地人民心目中树立的为民父母的德政者形象。

这种"与民同乐"思想的影响,使得中国古代官僚阶层的旅游和欧洲各国官僚贵族的旅游带上不同的特色。一般来说,欧洲贵族为了休息,往往远赴他省或外国度假旅行。他们的旅行对个人的享受比较看重,如享受大自然的阳光、空气、森林、海滩等,他们的旅行离开守土很远。而中国古代的官僚则绝大多数就近选点,一则可以消烦娱心,二则可以观察民风,了解下情。一句话,中国古人总是把旅游看成政治的一部分,他们不肯脱离政治来谈旅游。地方官如此,帝王也是如此。

颜真卿为祖将军树碑

下面我们再来介绍颜真卿旅游不妨政治的一个故事。颜真卿不仅书法一流,做人人品端方,史有定评。从旅游史的角度看,他还是一个旅游景点开发的好事者,旅游文化的创造者。

下面我们全文引用(唐)欧阳詹的《吊九江驿碑材文》:

吊,伤而有辞者也。噫!九江之驿碑,其何兴辞而吊欤?斯碑之材,昔太师鲁国颜忠肃公所建祖亭之碑也。公素负辞华,代之铭志多公之辞。又好采异留名之致。顷为湖州牧,州产碑材石。每使工琢之,与辞兼行。磨磐而成常心所用者不可胜数。斯碑也终山之穷僻，得之于自然。趺本有龟，护顶有螭。虽不甚成而挐躩偾兴如神如灵。公神而珍之。精选所处，湖州无称立，罢守归朝，载而途卜，出苏台，入毘陵，亦无称立，转丹阳，游建业，亦无称立。次江州。州南有湖，湖东有山。蛟奔螭引，直到湖心。顿址之处则茂林峭石，势瑰气胜。非往时所睹。而神祠曰祖将军庙在焉。公觐其诡秀与碑材叶，即日以酒脯奠祖神，出钱五万造亭，曰祖亭。南香炉峰，北浔阳城，九江为亭，千艘历阶。亭既就，公制亭之文，手勒斯碑而立之。公文为天下最，书为天下最，斯亭之地亦天下最。庶资三善，加以斯碑之奇，相持万古而采异留名之致一得也。后典州吏于州之九江驿有修坏之劳，状其末绩乃取斯碑而刬公之述寘己之述。今为九江驿碑焉。余旅游江州，税于兹驿。祠部员外郎郑恕同之。郑与州将严士良共为余说而俱以相示。呜呼! 先贱后贵，世之常也；先贵后贱，人之伤也。以祖亭方九江驿则兰室鲍肆矣，以鲁公之文方今之文则牢醴糟糠矣，以鲁公之札翰方今之札翰则锦绣枲麻矣。痛哉斯碑出祖亭入九江驿，失鲁公之文得人之文，削鲁公之札翰题人之札翰，亡鲁公之用就人之用，是去兰室而居鲍肆，舍牢醴而食糟糠，脱锦绣而服枲麻，可悲之甚者！况我质天成，必将可名。鲁公所以卜择敬慎如彼而常人无良黩辱如此，与夫有道而黥无罪而刖投四裔御魑魅何以别也！石不能言，岂其无冤！故吊之。❶

这篇由欧阳詹书写的为颜鲁公祖神碑被后面继任的无知地方官破坏鸣冤的文字，很庆幸地为我们后世读者保存了一段旅游文

---

❶ 《欧阳行周文集》卷七。此处非全文。因篇幅限制，著者删掉了末尾"情违以伤，理拂乃冤"一段。

化的往事。

颜真卿是一个高品位的文化人,他在地方上做官,有"采异留名"的爱好。所谓采异留名,就是喜欢搞一些景观建设。像他在金陵(今南京市儿童医院对面)的乌龙潭就建有放生池。他在九江建设的这个碑亭,里面竖立了一块特别的碑,碑文的内容是纪念祖将军。碑材是他在湖州做地方官时偶然得到的,那块碑材具有天然的螭帽和龟趺。自从得到那块稀世之宝的碑材之后,他就想到要为这块天然的碑材找个好景点安顿下来。结果他到处寻找安放这块特殊碑石的地点,从湖州,到常州,到金陵,都没有合适的地方。最后到江州,在浔阳江畔,无意中发现了一个神祠,即祖将军神祠。他相度了位置,于是决定将他在湖州所得的天然碑材,刻上他自己所写的祖将军碑文。最后在九江和庐山香炉峰中间的某个地点,安置此碑。

颜真卿有创造旅游文化故事而借其不朽的爱好,与杜预沉碑万潭性质相同。此即旅游文化自觉。他们都明白"人生非金石,焉能长寿考"的道理,所以借助金石等不朽的载体,将自己有限的人生无限化。但这种旅游文化建设,同时也是在不影响政事前提下所进行的文化活动。且所建设成的景观是一种公共资源,是普通老百姓都可以享用的大众文化景观。历史上有雅兴的好事者进行景点建设,表彰前贤的也大有人在。但像颜真卿这样认真的,如此有美学眼光的,还真不多见。

这篇唐欧阳詹所写文章值得关注者有三:

第一,反映了颜真卿的文化自觉。

第二,这个碑还有美学,因为选材不易。碑首有天然的螭首,碑足有天然的龟趺。碑材本身难得,其次是立碑的地点,在九江和庐山之间的中间点。

第三,这个碑文内容也很特别,他所彰显的是祖将军。至于这个祖将军究竟是祖逖呢还是祖神(旅游神),因为书缺有间,我们无从了解。但不管怎么样,颜真卿进行旅游景点建设的这种认真精神,这种高度的美学眼光,都是大唐文化的光荣。是中国旅游史上的重要篇章。

宋明以来,大臣谏阻帝王巡幸的奏折史不绝书。大体说来,都秉承一个宗旨,即游不妨政,游不妨民。我们随便从历代名臣奏议中就可找出一些例子。如宋代罗愿谏阻真宗皇帝巡游。他说:帝王责任重大,一身安危系一国安危,外出巡游不安全。如:

> 每春游豫与民同乐虽亦颇陈禁旅,然銮舆不御,以万乘之尊幅巾匹马杂于扈骑之中,绕出湖山数十里。夹道观者密近天威,臣子之心不能不惧!❶

其次,外出巡游必然增加地方政府、沿途百姓的负担。更重要的是,经常乐此不疲地巡游,还会滋长不务正业,游畋无度的习气,会影响帝王的治国理政。

总之,中国古代虽然是封建专制政体,但敢言的直臣还是不少的。而大臣们限制帝王远游或者冶游,总是不遗余力的。但限制的不是正当的巡游,而是过度的逸游,即妨害政治的那种旅游。

四、历代地方官游不妨政的案例举隅

中国古代的许多旅游景点其实都是地方官本着与民同乐的宗旨建设成功的。爱惜民力,和人民共建共享,此种景点建筑大都基于儒家爱民政治而生。唐宋以下,代有其人。如柳宗元、韩愈、白居易、李渤、欧阳修、苏轼,等等,大凡忠君爱民之官僚,在任期之内,大都会进行名胜古迹的修复、地方名贤事迹的上报、地方志书的纂修等事关教化的工作。至于水利工程建设等自然更是地方官职责所在。

---

❶《历代名臣奏议》卷二百八十七

前凉酒泉太守马岌上书朝廷请求开发西王母遗迹

永和元年,以世子重华为五官中郎将。凉州刺史酒泉太守马岌上言:"酒泉南山即昆仑之体也。周穆王见西王母乐而忘归即谓此山。此山有石室玉堂珠玑镂饰,焕若神宫。宜立西王母祠以裨朝廷无疆之福。骏从之。"❶

张骏即张重华。这是最早见诸记载的关于酒泉南山即昆仑山的记载,也是地方行政长官自觉意识到应该修建名胜古迹景点的记载。是中国旅游史上的大事。中唐时期浙江金华籍官员冯宿(767—836)在为兰溪县灵隐寺东峰新亭所撰写的记文中盛赞县令洪少卿在政通人和后,自己拿出俸钱两万修造县郊景点东峰亭。冯氏称道亭之选址便于官民:"背城之闉,半里而近。"次赞其景致的休闲效用大:"向之池隍馆宇之多,旗亭闤阓之喧,途道往来之众,簿书鞅掌之繁,顾步之际,忽焉如失。"冯宿说,以前兰溪县城没有可供游观的名胜场所,是县官洪少卿拿出自己的俸钱2万经营成这个可供官民登览的景点。特别值得称道的是洪少卿的四因思想。即"因地于山,因材于林,因工于子来,因时于农隙"❷。"子来"是中国古代一个专有名词,指代老百姓。意思是地方官做出了表率,所做的事情符合民意,老百姓不用号召,就像儿子乐意给父亲干活一样。这四因的前两个因是因其自然,因其地利,后两个因是不违农时,利用民力。这好似典型的游不妨政,且利益当地百姓。

在封建中国,有很多有作为的有品位的地方官像洪少卿这样把城郊名胜建设和自己的本职工作结合起来,既不妨政事,又为地方官民留下了游观场所。从这个意义上讲,游观场所的建设也是政治的一个组成部分。

---

❶ 《晋书》卷八十六
❷ 《兰溪县灵隐寺东峰新亭记》,《全唐文》卷六一四。

白居易、苏东坡开发杭州西湖的业绩

儒家文化是于民众最有益处的文化，因为它始终以仁民爱物为行政路线。在古代中国，儒家思想是国家的统治思想，国民教育皆用儒家经典为课本。故普通人和达官贵人包括帝王所接受的价值观教育都来自同一源头。

白居易任杭州太守期间，非常喜欢西湖风景，对西湖的旧堤也做过一些整修。事实上他修造的堤坝并没有达到苏轼所筑堤坝那么大的影响，也没有明确的位置，历代杭人的指向并不一致。这样说丝毫不影响他的伟大形象。因为他爱民，又能诗，加上对西湖的特殊感情，给杭州人留下了极其深刻美好的印象，正是这种好印象导致出一个景观即西湖白堤。直到今天人们到西湖游玩，还会将从断桥到平湖秋月的那条堤呼为白堤，将白堤和苏堤相提并论。这种民间传说甚至连写《新唐书》的宋祁也采用了。因为《新唐书》《白居易传》上有居易为杭州刺史始筑隄捍钱唐湖之类记载。

真实情况是白居易到杭州任职后，确实修筑河隄加高数尺，但那是三塘河，是河堤，不是湖堤。白居易的《别杭民诗》自注中写得很清楚，增筑湖堤。显而易见，湖堤之筑不是自他伊始，而是增筑。白居易自己的诗中或用白沙堤，或用护江堤。总之，白居易的诗歌具有极强的纪实性。他的诗集又是自己亲自编定的，如果他真的修筑了此前没有过的湖堤，他也不会客气，一定会有诗记载其事。但我们应该明白，人民的爱憎就是历史。大家喜欢白居易，就想把不是他做的也归功给他。汪立名在《唐宋诗醇》卷二十四记述说：白居易当年"所修湖隄在湖之东北接连下湖。旧志近昭庆有石函桥溜水桥是其故址，即李泌设闸泄水引灌六井处。"但就在他身后不久，"今杭人率指苏隄之西为白隄，益不相涉。又有指石径塘为白隄者，不知张祜已有'断桥荒藓合'之句矣。白诗'谁开湖寺西南路，草绿裙腰一道斜'，自注云：孤山寺在湖洲中，草

第二十二章 旅游不妨政，玩物不丧志

绿时望如裙腰，正指今石径桥也。"

清人毛奇龄指出："钱塘湖中有一隄穿于湖心，作志者初称白隄，后称白公隄。谓白乐天为刺史时所筑。及读乐天杭州春望诗云：谁开湖寺西南路，草绿裙腰一道斜。则未有己所开而反云谁开者，且诗下自注云：'孤山寺路在湖洲中，草绿时望如裙腰。'是必前有此隄而故注以证己诗，其非初开可知也。是以张祜诗云'楼台映碧岑，一径入湖心'，其诗不知何时作。但乐天出刺杭州在长庆末，而陆鲁望每推祜为元和诗人，则此隄非长庆后始筑可知。尝考此隄名白沙隄。乐天《钱塘湖春行》有云：最爱湖东行不足，绿杨荫里白沙隄。则意此隄本名白沙，或有时去沙字，单称白隄；有时去白字单称沙隄。如乐天有诗云'十里沙隄明月中'，是一沙一白遂多误称也。"❶

若宋代的苏东坡开发西湖，疏浚葑草，筑堤清淤，是有苏轼自己的诗歌和杭人的东坡肉等旅游文化载体做依据的。明人杨升庵在《苏堤始末》一文中介绍西湖苏堤的由来至为清晰。今摘录于下：

> 东坡先生在杭州颍州许州皆开西湖，而杭湖之功尤伟。其诗云："我在钱唐拓湖渌，大堤士女争昌丰。六桥横绝天汉上，北山始与南屏通。忽惊二十五万丈，老葑席卷苍云空。"此诗史也。而注殊略。今按宋长编云："杭本江海之地，水泉咸苦。唐刺史李泌始引西湖水作六井，故井邑日富。及白居易复浚西湖，所溉千余顷。然湖水多葑，近岁废而不理。湖中葑田积二十五万余丈，而水无几矣。运河失湖水之利，则取给于江潮。潮浑浊多淤，河行闤闠中，三年一淘，为市井大患。而六井亦几废。公始至，浚茅山盐桥二河，以茅山一河专受江潮，以盐桥一河专受湖水。复造堰闸以为湖水蓄泄之限，然后潮

---
❶ 《西河诗话》

不入市。间至湖上,周视良久曰:今愿去葑田。葑田如云,将安所置之?湖南北三十里,环湖往来,终日不达。若取葑田积之湖中为长堤,以通南北则葑田去而行者便矣。堤成,杭人名之曰苏公堤。"❶

元人刘将孙认为西湖在苏轼之前,属于隐逸者的天地;苏轼之后,成了旅游者胜地。❷

清杨来嘉将修复高阳池和农田水利结合进行

康熙七年,襄阳地方军事长官杨来嘉访问当地古迹高阳池,结果发现该处东汉时期就已经著名的高阳池业已干涸,土地被老百姓占用。他批评老百姓"贪尺寸之土失数百顷之灌;计一家之人,而忘数千人之获"。他说,这既是民不会算账,也反映了"官无以利导之也"。他说,这处"历晋唐以至今,其间托之吟咏,著为篇章者在在可考,而未言池之利,宜其兴废相寻,就湮没而不之惜也"。也就是说,这处名胜历代有很多人游玩,也保存了很多名人的诗词。但一个共同的问题,没有人点明这个高阳池还有农田灌溉的功用。这是问题的关键。因此之故,老百姓感觉跟自己关系不大,所以修复了又废弃,废弃了又修复,如此循环多次。如果说明这个池子不仅是名胜,所储蓄的水还可为下游老百姓造福,老百姓就会主动关心高阳池的命运。这个杨来嘉号召老百姓:"官出钱,民出力。即故址深广之设,东西二洑以时启闭,则自白马陂以下田皆可溉矣。"三个月后,工竣。这项古迹修复工程"尽水泉之利,彰古今之迹,复游观之胜"。一举而三得,深得民心。❸

归熙甫为陈武帝故宅老井题刻

清人厉鹗《樊榭山房集》卷一《同寿门游若溪广惠寺是陈武

---

❶ 《升菴集》卷七十八
❷ 《湖山隐处记》
❸ 清同治《襄阳县志》卷一

帝故宅》一诗题下自注云：寺中有井，相传帝初生时取水以浴，忽涌起数尺。明归熙甫作令时刻铭其上。

宋荦论休闲旅游有益处理政务

地方官适当旅游，不仅可以像归熙甫那样为保存古迹、传承文化做些有益的工作，更重要的是，适当的旅游休闲，可以使官员头脑清醒，办事效率更高。清人宋荦曾言：

> 或者疑游览足以妨政，愚谓不然。夫人日处尘氛，因于簿书之徽缠，神烦虑滞。事物杂投于吾前，憧然莫辨。去而休乎清冷之域，寥廓之表，则耳目若益而旷，志气若溢而清。然后事至而能应，物触而不乱。尝诵王阳明先生诗曰："中丞不解了公事，到处看山复寻寺。"先生岂不了公事者？其看山寻寺，所以逸其神明，使不疲于屡照，故能决大疑，定大事，而从容暇豫如无事。❶

康有为论地方官应积极进行旅游开发

到了清朝末年，一批中国先贤走出国门，观察外国，学习东、西方先进国家的旅游开发经验。如康有为就曾正确指出旅游开发是有大益于国计民生的好事。他说：

> 吾国山水佳趣，多赖僧寺（喻按：此段文字之前作者历数广东一地毁坏佛教建筑等名胜古迹的行为）。岂徒宗教有关，实于风景有补。又多古迹，足资考求。英人灭印度，于其宗教古迹，犹派官吏发特金以保全之，何况吾国乎？即故家旧物，实关一国之美术。日本之于日光德川庙也，郑重守之。游者人一元，岁收数十万金，盖以饰其公园之台榭花木，欧美人游之日伙。乃筑大旅馆于山中，益增名胜矣。日人于一切名胜古迹虽至小不足观者亦多为

---

❶《重修沧浪亭记》

影画以发明之,设为向导以便览者,于是日人之文明喷喷于欧美人之口。其有温泉则大表彰之,点以园林,增以旅馆,而欧美人之游者日多,既增文明,又填游屐,所得金钱,以资国民亦不少矣。法国于外人游巴黎者,岁十万万。即日本岁计外人游资,亦二三千万。盖今之新法以饰名迹盛游历,亦为国计民生之一道焉。而我有名胜古器,乃不知修美之,又从而毁弃之,何其愚智相去之远也。❶

---

❶ 康有为《保存中国名迹古器说》,见《不忍》杂志初编卷二。

第二十三章 "敬老慈幼，无忘宾旅"
——中国旅游文化的好客传统

中国文化素有好客传统。在官家的表述为"敬老慈幼，无忘宾旅"，在民间则有"山潮水潮，不如人潮""千错万错，来人不错"等说法。人在旅途，还有一句话描述其不容易："在家千日好，出门一时难"。总之一句话，有客人来，就应该好好接待，让客人有"宾至如归"之感。宾客属于五伦中的朋友关系，所以必须正视。

一、闲说"逆旅"

"逆旅"是我国古代对旅馆的别称。小说《太平广记》中有许多故事，便是在逆旅中发生的。该书提到开元时期（713-740），唐朝陈留郡的逆旅中，著名的文人萧颖士遇到了一位327岁的老翁，跟他谈当年和颖士八世祖交往的事。旅店这一行业，在我国还可以上溯至更早时候。据查，最早的记载见于春秋时的《国语》，该书曾记阳处父和杨朱都在河南的卫、宋二国住过逆旅。这一记载，更把我国旅馆的历史提前到公元前五六世纪，即离今2500年前。古人还有认为我国尧舜时期或西周初年便已有了逆旅之称的，如吕尚到封地赴任，夜宿逆旅，逆旅主人提醒他现在还不是你高枕无忧的时候。他于是警觉，比常规的时间提前到达，平定了一场动乱。其时间在西周初年。

逆旅发展到战国后期，至少在秦国，已经为数甚多。商民数众，影响到了农业生产的正常进行，所以引出了商鞅的《废逆旅令》，商鞅认为取消旅店便可以奸人不生,人民一心务农,天下就太平了。这当然是逆时代潮流的行为,行不通的。但反过来却说明了当时旅馆业的发达。

二、敬老慈幼,无忘宾旅:
齐桓公和当时同盟国的盟誓

春秋时期五霸之首的齐桓公(? – 前643)在九合诸侯的过程中于葵丘盟会上第一次达成的共识是:"诛不孝,无易庶子。无以妾为妻。"意思是:对于有不孝顺父母行为的人可以诛杀。不要用偏房的儿子来替代正妻所生的长子。不要以喜欢的小妾来做正妻。第二轮达成的共识是尊贤育才,彰显那些德行高尚的人们。第三轮达成的共识就是"敬老慈幼,无忘宾旅"❶。无忘就是不要忘记,不要疏忽的意思。客人无论是外地,还是外国来,都是应该礼遇尊敬。要像照顾自己的父母一样照顾年老的客人,要像爱护自己的孩子一样爱护年纪幼小的客人。齐桓公在春秋时期,之所以能九合诸侯,一匡天下,深得人心,这是因为他提出的这些共识都是大家普遍重视的文明素养。特别是在周王朝的分封制度开始动摇,传统的经济基础和上层建筑开始瓦解,诸子百家游走天下,帮助各国君主规划建设新国家,帮助排解面临的内外困境的大背景下,列国之间争夺人才的战争愈演愈烈。因此,逆旅接待问题,是人才战略的一个重要组成部分,是关乎国家的兴亡的大事。

晋国重视宾旅接待的社会效应。在中国古代,明智之士都看重逆旅接待工作,认为这就是政治。一个国家如果重视宾客接待,就兴旺;反之就衰亡。在春秋时期,晋文公重视宾客接待,因此四方志士宾至如归,晋国越来越强大。相反,陈国负责宾客接待的官员司里不大在乎宾客接待,经常有客人来了没有地方住宿的事

---

❶ 《孟子·告子下》

情发生,因此单相公预测陈国必亡。

明章懋《语录》曰:"春秋之世,晋人崇大诸侯之馆,而宾至如归,子产所以美文公之霸。陈之司里不授馆,羁旅无所,单襄公知其必亡。"[1] 可见"宾至如归"这种理念在 2600 年前的中国古人那里已经属于共识。

三、"宾至如归"典故说源

"宾至如归",这个词语是中国人耳熟能详的成语,意思是客人到宾馆就像回到自己家里一样,形容主人待客热情、周到,来客感到满意。这个成语来源于《左传·襄公三十一年》"宾至如归,无宁灾患,不畏盗寇,而亦不患燥湿"。子产,即公孙侨,是春秋时郑国的大夫,曾当过多年国相,执掌郑国政权。公元前 542 年,子产奉郑简公之命出访晋国,带去许多礼物。当时,正遇上鲁襄公逝世,晋平公借口为鲁国国丧致哀,没有迎接郑国使者。子产就命令随行的人员,把晋国宾馆的围墙拆掉,然后赶进车马,安放物品。晋平公得知这一消息,吃了一惊,派大夫士文伯到宾馆责问子产。士文伯说:"我国是诸侯的盟主,来朝聘的诸侯官员很多。为了防止盗贼,保障来宾安全,特意修建了这所宾馆,筑起了厚厚的围墙。现在你们把围墙拆了,其他诸侯来宾的安全怎么保障?我国国君想知道你们拆围墙的意图是什么?"子产回答说:"我们郑国是小国,需要向大国进献贡品。这一次我们带了从本国搜罗来的财产前来朝会,偏偏遇上你们的国君没有空,既见不到,也不知道晋见日期。我听说过去晋文公做盟主的时候,自己住的宫室是低小的,接待诸侯的宾馆却造得又高又大。宾客到达的时候,样样事情有人照应,能很快献上礼品。他和宾客休戚与共,你不懂的,他给予教导;你有困难,他给予帮助。宾客来到这里就像回

---

[1] (明)章懋《枫山语录》,四库全书本。

到自己家里一样。可是,现在晋国的宫室有好几里地面,而让诸侯宾客住的却是奴隶住的屋子。门口进不去车子,接见又没有确切的日期。我们不能翻墙进去,如果不拆掉围墙,让这些礼物日晒夜露,就是我们的罪过了。如果让我们交了礼物,我们愿意修好围墙再回去。"士文伯把情况报告了晋平公,平公感到惭愧,马上接见子产,隆重宴请,给了丰厚的回赠,并下令重新建造宾馆。

四、《管子》关于宾客接待的制度建设

齐国每隔30里路设置一个驿站,储备好粮食物资等以便接待过路官吏、外交使节以及商贾游客,委任专门官吏负责管理。凡诸侯各国来齐国交涉办事的官员以及做生意的商人,驿站都有义务接待。要用车辆帮忙来客转运行装到前一驿站。若是住宿,还要负责安排客人的饮食并喂养客人的马匹。国家专门制定了契券,驿站负责人和旅客各执一半,沿途验证。❶除驿站建设外,国家还配套建设宾馆以招待客人。齐国规定,凡拥有驷马一车的来齐商人,宾馆免费提供饮食。凡12匹马拉3辆车的商人,宾馆还外加供应牲口草料;有20匹马拉着五辆车的商人,宾馆还应配备5名服务人员。❷

五、墨子论逆旅的职业之爱

《墨子·大取篇》有一个论断,原文曰:"爱人非为誉也,其类在逆旅。"

这句话结合上下文理解,就是讨论旅馆主人对客人的爱,或

---

❶ 《管子·大匡》:"三十里置遽委焉,有司职之。从诸侯欲。通吏从行者令一人为负,以车;若宿者,令人养其马,食其委。客与有司别,契。至国,人契。"

❷ 《管子·轻重乙》:"请以令为诸侯之商贾立客舍。一乘者有食。三乘者有刍菽。五乘者有伍养。天下之商贾归齐若流水。"

者说热情友好的服务,是有别于父爱母爱、兄弟之爱、男女之爱的一种爱。他将这种爱归类在逆旅项下,也就是说这种爱是一种职业之爱,是这种面对面服务所需要的关怀,是一种主人对客人的关怀。

六、晋朝潘岳的《上客舍议》的重大价值

潘岳(247-300),即潘安仁,也有写作潘安的。他是我国西晋朝著名的美男子,史书上说,他坐着车子在洛阳大街上走,年轻女子便手牵手形成人墙围着看他,而老姑娘们则朝他所乘坐的车子里丢水果表达爱意。结果他出一趟门,不花一分钱就能收获一车水果。这个潘岳也是孝子。二十四孝中就有他的大名和故事。他还是个情种。他跟妻子杨氏两小无猜,相爱终生。妻子病逝后,他写的悼亡诗成了文学史上的名篇。在文学上,潘岳是"潘鬓"、"檀郎"的典故载体。从旅游史的角度看潘岳,他还是一个对旅游接待很有见解的历史人物。下面我们全文引用他的《上客舍议》:

谨按:客舍逆旅之设,其所由来远也。行者赖以顿止,居者薄收其直,交易贸迁,各得其所。因民成利,惠加百姓。语曰:许由辞帝尧之命而舍于逆旅。春秋外传曰:晋阳处父过甯,舍于逆旅。魏武帝亦以为宜,其诗曰:逆旅整设,以通商贾。然则自唐到于今,未有不得客舍之法。惟商鞅尤之。此固非圣世之所言也。

方今四海会同,九服纳贡。八方翼翼,公私满路。近畿辐辏,客商亦稠。刍秣成行,器用取给。又诸劫盗皆起于迥绝而止乎人众。十里萧条则奸宄生心,连陌接馆则寇情震慑。且闻声有救,已发有追,不救有罪,不追有戮。禁暴捕亡,恒有司存。凡此皆客舍之益,率历代之旧俗,获行留之欢心。使客舍洒扫以待,征旅择家

而息,岂非众庶颙颙之望?❶

潘岳的这份建议第一段说明设置逆旅是一个古老的传统。居者有因此而收利生活的需要,行者有赖以顿止的食宿需求,这是因民成利的好事、德政。历史上从唐尧时代就很重视逆旅建设,因为它确实是一种很实在的需求。只有秦孝公时的商鞅废除过逆旅,但那不是得人心的举措。

第二段是讲当时天下统一,无论是外国使节来华,还是国内商人贸易需要,读书学子求学需要,没有逆旅都极不方便。潘岳还从防盗的安全角度出发,论证逆旅越有规模越安全,越是分散在孤山野岭越危险。

最后,他说:希望国家延续古老的好传统,为旅客提供方便,"使客舍洒扫以待,征旅择家而息"。

七、明代著名慈善旅社老板——李疑

宋濂《李疑传》是一篇中国旅游史的重要文献。全文如下:

金陵之俗以逆旅为利。旅至,授一室,仅可榻,俛以出入。晓钟动,起治他事。遇夜始归息,盥濯水皆自具。然月责钱数千,否必诋诮致讼。或疾病辄遣出,病危气息尚属眴眴未瞑即舁弃之,而敚其赀。妇孕将产者以为不祥,摈,不舍。其少恩如此。非其性固然,地在辇毂下,四方人至者众,其势致尔也。

独李疑以尚义名于其时。疑字思问,居通济门外问巷。子弟执业,造其家,得粟以自给;不足则以六物推人休咎。固贫甚,然独好周人急。金华范景淳吏部得疾,无他子弟。人殆之,不肯舍。杖踵疑门,告曰:我不幸被疾,人莫舍我。闻君义甚高,能假我一榻乎?疑谢许诺。延就坐,除明

---

❶ 《文选》四库全书本

爽室，具床褥炉灶使寝息其中。征医师视脉，躬为煮糜炼药。旦暮执其手问所苦如事亲戚。既而疾滋甚，不能起。溲矢污衾席，臭秽不可近。疑日为刮摩浣涤，不少见颜面。景淳流涕曰：我累君矣。恐不复生，无以报厚德。囊有黄白金四十余两，在故逆旅邸，愿自取之。疑曰：患难相恤，人理宜尔，何以报为？景淳曰：君脱不取，我死恐为他人得，何益乎？疑遂求其里人偕往，携以归，面发囊，籍其数而封识之。数日，景淳竟死。疑出私财买棺殡于城南聚宝山。举所封囊寄其里人家，往书召其二子。及二子至，疑同发棺，取囊按籍而还之。二子以米馈，却弗受。反赆以货，遣归。

平阳耿子廉械逮至京师，其妻孕，将育。众拒门不纳。妻卧草中以号。疑问故。归谓妇曰：人孰无缓急，安能以室庐自随哉？且人命至重，倘育而为风露所感，则母子俱死。吾宁舍之而受祸，何忍死其母子乎？俾妇邀以归，产一男子。疑命妇事之如疑事景淳。踰月始辞去，不取其报。人用是多疑。名士大夫咸喜与疑交，见疑者皆曰善士善士。疑读书为文亦可观。尝以儒举，辞不就，然其行最著云。❶

宋濂此文介绍的是明朝初年京师金陵城的社会风气，是宝贵的社会学资料，也是重要的旅游史资料。李疑这个旅馆老板堪称明初南京城的慈善家。

在数千年的历史长河中，人员的流动是刚性的需求，因此，逆旅的存在是必然的。据著者的研究，除国家、州郡、县三级政府所建造的逆旅供给体系外，一些风景名胜区，道教的宫观，佛教的寺庙，明清以后出现的会馆，都是游客选择的逆旅。还有不少家境富裕、为人风雅的读书人，还会自己建造宾舍以接待过往

---

❶《文宪集》卷十，四库本。

的游客,如江西南昌新建喻氏、浙江俞坑俞氏都有此类建筑见诸族谱,可以说是政府建设的逆旅、宗教名山佛道人物开放的逆旅之外的一种补充。

翻阅古代中国的旅游文献,我们发现很多地方官关于地方逆旅渡口管理的记载。如:

渡船并买扑,税场多邀难。过往至于官员秀才或被轻侮,须严出榜示戒约。内渡船只可载六七分已下。原注:火印水则。❶

有的地方官还在逆旅亭馆挂上小白板以便旅客留言改进服务,如:

某拜闻:过往官员秀才如到此歇泊,什物缺少,扫洒不至洁净,或看管人不在本处祗候,切望垂示,当依理遣行。具位某拜闻。

传舍亭馆须当严洁,桥梁道路尤宜修治,卑下之地其有不可填叠者常令除去积水。❷

谈到接待设施,历朝历代都有建设,名称叫法略有不同。等级区别也是客观存在的。如国家层面的接待设施,地方接待设施,私营旅馆,等等。

至于名称,柳宗元总结,历代政府的接待办,周朝时叫"邑",汉朝叫"邸",唐朝叫"院"。其《邠宁奏记》曰:"凡诸侯述职之礼,必有栋宇建于京师,朝觐为修容之地,会计为交政之所。其在周典则皆邑以具汤沐,其在汉制则皆邸以奉朝请;唐兴因之则皆院以备进奏。"

古代中国虽然没有现代意义的旅游业,但旅游的主体是人。人的需要无分古今,都是一样的,吃饭,住宿,交通,游览,购物,娱乐,大体都是接待业务的范畴。这里以宋代为例,稍作说明:

宋代旅行者的吃饭问题,当时已经有米饭和面饼馒头等常见

---

❶ 《作邑自箴》卷二,四库全书本。
❷ 《作邑自箴》卷八,四库全书本。

食品。古代南方地区有所谓雕菰饭，即用水中的茭白籽烧煮的饭。李白诗有云："跪进雕菰饭，月光明素盘。"（《夜宿宿松吴媪家》），还有所谓盘游饭、脱粟饭。五代时，在安徽寿春等地旅店，多有面食如烧饼等出售。赵匡胤（927-976）微时，任周世宗（921-959）的部将。显德三年(956)，他领兵跟周世宗会于寿春，在饼店吃饭时，世宗因该店所卖饼既小又薄，曾发怒要杀店主，为赵匡胤劝阻。❶宋代像首都汴京，制作饼类食品的专业店铺已经很多。小的店铺三五个伙计，大的店铺多达上百人，且根据市场需求哄抬饼价者亦不罕见。例如北宋末年金兵南侵，宗泽守汴梁。大概是被侵占区逃往首都的难民太多，饼店将平日7文一枚的饼价一下子提高到20文。宗泽亲自带兵厨制作，发现成本最多每枚只需6文，随即下令全城，饼价每枚8文，胆敢涨价者杀无赦，这才镇住涨价风。还有个故事，也跟饼有关。楚州（今淮阴）有个卖鱼人，精于预测未来。徽宗性格好奇，将其接进宝箓院里，经常召见。某日，他怀揣一枚蒸饼坐小殿中，不期徽宗烧香至此。他自然跟随，徽宗烧完各相关殿内的香后，有点饿。楚州卖鱼人便从怀里掏出蒸饼献给徽宗充饥，说："可以点心"。徽宗大概担心不干净，没有接饼。那个卖鱼人又补充了一句："后来亦难得食也。"第二年北宋灭亡。徽宗和钦宗被虏至东北五国城中，自然再也吃不到宫中的蒸饼了。❷

其实，古代通都大邑，沿国家主要交通道路，都设置有国家级、郡县级等不同层次的官私旅馆。此外，佛道等宗教场所，因为多数在名山大川或者人烟辐辏的大都市里。这些场所，特别是名山大川等风景名胜景点中的寺庙和道观，也是重要的旅游接待设施。古代是小众旅游，且多数为官家和地方富有者。那些道观和寺庙正好可以借助接待服务拉近消费者关系，开发这些潜在的施主。因此，谈古代中国旅游史，说到接待设施，不能无视这一

---

❶ 《宋史·太祖本记》
❷ 《鸡肋编》

存在。这里聊举宋代的统计数据为例：宋代列入统计范畴的寺观，全国多达四万余所。光首都汴京一地就多达953处，南宋时期的杭州稍微少点，也有400多所。全国僧尼和男女道士多达40余万。东京僧尼22941人，男女道士959人。❶寺庙道观都有食宿设施，且有专门供施主住宿的地方。

---

❶ 《宋会要辑稿》道、释一

第二十四章
"婚嫁向平何日事？卧游宗炳暮年期"
——中国旅游文化的卧游传统

一般意义上人们会把"卧游"理解为躺在某处看山水风景。如明朝程敏政《杨柳青见桃李诗》："春阴淡淡绿杨津，两岸风来不动尘。一日船窗见桃李，始惊身是卧游人。"❶ 卧游，也指借助一定的技术手段，例如催眠，使人在迷迷糊糊中进入某个自己想去的地方、见到想见的人。唐开元六年（718）八月十六夜，唐明皇（685-762）与申天师洪都客作术卧游月宫。进入状态后，明皇见一宫榜曰"广寒清虚之府"，"下视王城嵯峨，若万顷琉璃之田。有素娥十余人，皆乘白鸾，舞于广庭桂树之下，音乐清丽，归按其调作霓裳羽衣之曲。"❷ 这是说唐明皇在催眠师的帮助下，得以前往广寒宫观看仙女跳舞，听霓裳羽衣舞。但这并不是我们所要讨论的卧游。

我们这里所说的"卧游"，它特指或因工作原因，或因身体健康原因，或因年龄老迈等原因，不能实地游览而借助图书、绘画、多媒体等载体间接游览的一种传统旅游文化现象。

---

❶《北河纪·北河纪余》，卷四
❷《龙城录》

一、宗炳首创卧游传统

宗炳（375-443），字少文，南朝宋画家，南阳涅阳（今河南镇平）人。家居江陵（今属湖北），士族。东晋末至南朝刘宋元嘉（424-454）中，朝廷屡次聘请他做官，他都没有接受。

宗炳生值社会动荡的年月，政坛危机四伏，朝臣朝不保夕。因此，他很早就选择了悠游山林、澄怀观道的隐逸之路，选择了寄情山水的艺术道路。

宗炳一生好游观山水，不论远近，他都要前往登临，由于善画，他且游且画。自然有很多写生的草稿。晚年的他因病居于江陵，不能再涉足天下山水，常常感叹不已。但他很快就想到了排遣寂寞的办法。这就是将平生所游之地的突出风景用他的画笔一幅幅绘好，张贴于室内的墙壁上，虽然足不出户，却也似置身于千岩万壑之间，面对画幅，抚琴寄意，也自兴趣盎然。69岁时，宗炳辞世。

宗炳尝叹曰："老病俱至，名山恐难遍游。惟当澄怀观道，卧以游之。"凡所游历，皆图于壁，坐卧向之。[1]

二、"卧游"的意义

宗炳开启的这个传统的意义何在？因为再健康的人，再有钱的人，也有名山恐难遍游的遗憾。因为世界太大，名胜太多，或者因为战争，或者因为身体，或者因为金钱等原因，不能如愿。怎么办？当然只有找替代的办法，比如不能亲游，可以看绘画作品，如历代画家留下的山水画。或者没有绘画作品，可以看前人或时人的山水诗、游记或地方史志，如南朝刘宋时期的谢灵运所

---

[1]《名画记》

开创的山水诗,而后 1700 年来,汗牛充栋,几乎没有不曾留下山水诗的名山大川。游记分两种:一是实游者的游记,如《徐霞客游记》,二是宋代流行的《卧游录》和明代流行的《玉壶冰》——此种图书乃选取前人游记而成。在多媒体时代的今天,则可以借助各种视听载体,充分地享受未能亲历的景点。这种传统实际上是一种积极的心态,是一种好文的表现,是一种对精神自由境界的追求。

人生在世,即便有能力远游各地,也只能看到在同一时间空间内的活动。千载之上,万里之外,大多要凭借文献来卧游,也就是阅读体验。因为这包括当事人的文字和自己之前有心人的考古探访而形成的文字。如不凭借前人的积淀,所谓游览,除了山川格局,风日景物,其他则不可能有只言片语。因此,文献旅游是卧游的首选。阅读欣赏也是另类旅游。

中国文化重视卧游,一者促成了中国山水诗、山水画以及题画诗的繁荣,二者促成了中国游记文学的繁荣,三者促成了地方史志和名胜史志的繁荣。

三、卧游与山水诗、山水画

南朝刘宋朝的谢灵运因遭受政敌排斥,寄情山水,无意中催生了山水诗这一文化奇葩。像"昏旦变气候,山水含清晖。清晖能娱人,游子淡忘归"(《石壁精舍还湖中作》)之写天人合一的感受境界,像"池塘生春草,园柳变鸣禽"(《登池上楼》)之写春景,"春晚绿野秀,岩高白云屯"(《入彭蠡湖口》)之写晚春初夏的景色,"野旷沙岸静,天高秋月明"(《初去郡》)之写秋景,"明月照积雪,朔风劲且哀"(《岁暮》)之写冬景等。谢灵运之后,几乎没有哪个诗人的集子里没有山水诗的,可以说山水诗成了中华文化的重要基因。

至于山水画,诞生于晋宋时期。顾恺之大概算是创始者,因为他有《庐山会图》,《历代名画记》记载他有 6 幅绢画山水图。同时期戴逵还有《九州名山图》。比顾恺之年龄略小的宗炳不仅画了很多山水画,还写出了一篇绘画理论文章《画山水序》。从晋宋以降,隋有展子虔,唐有王维、李成,后来又有马远、夏圭,荆浩、关仝、赵孟頫、倪瓒、石涛、王时敏、恽寿平,民国时期有黄宾虹,当代有傅抱石等。历史上的灿若星汉的山水画家的作品,当然还包括其他画种的作家作品,成为中华民族重要的艺术遗产,理所当然地受到历代读者的喜爱。历代的鉴赏家和收藏家,著名诗人,帝王将相之能文者,有机会接触到历代名画的时候,往往会留下题画诗和相关收藏题跋。这些题画诗和题画跋文,也跟历代名画一样成为十分珍贵的遗产。后人读画,也就是卧游,还留下了许多趣谈。例如宋代文学家秦观某年在汝南官衙里卧病,他的一位叫高符仲的朋友带来一幅王维的辋川图。见面后出示给秦观看,并告诉他,这幅山水画能够治病。他于是让工作人员在枕边展示给他欣赏,结果欣赏完了,病也好了。另一年夏天,他再次见到这幅珍贵的画作,时当溽暑,他一边欣赏,一边感觉清凉顿生,于是忍不住在画后空白处留下了一段题跋:

> 余曩卧病汝南,友人高符仲携摩诘辋川图过直中相示,言能愈疾。遂命童持于枕旁阅之,恍入华子冈,泊文杏竹里馆,与裴迪诸人相酬唱,忘此身之鞄系也。因念摩诘画,意在尘外,景在笔端,足以娱性情而悦耳目,前身画师之语非谬已。今何幸,复睹是图,仿佛西域雪山,移置眼界。当此盛夏,对之凛凛如立风雪中。觉惠连所赋,犹未尽山林景耳。吁!一笔墨间,向得之而愈病,今得之而清暑。善观者宜以神遇而不徒目视也。五月二十日。高邮秦观记。

秦观对于王维的辋川图"向得之而愈病,今得之而清暑"的神奇功效赞叹不已。

宋代歙县人汪莘爱游黄山。晚年脚力不济,干脆把自己所绘制的黄山图 12 幅挂满自己的书房。他的《沁园春·挂黄山图十二轴恰满一室》就是写卧游雅致的:"家在柳塘,榜挂方壶,图挂黄山。觉仙峰六六,满堂峭峻;仙溪六六,绕屋潺湲。行到水穷,坐看云起,只在吾庐寻丈间。非人世,但鹤飞深谷,猿啸高岩。如今双足蹒跚,向画里嬉游卧里看。甚花开花落,悄无人见;山南山北,谁似余闲?住个菴儿,了些活计。月白风清人倚阑。山中友,类先秦气貌,后晋衣冠。"❶

四、卧游与题画诗

中国历代的题画诗,进入清代,得到了系统整理,被收入四库全书。读者如欲卧游山水人物名胜古迹等古代绘画的境界,就请阅读以下几种清人编纂的工具书。

最集中的题画诗汇编是《御定历代题画诗类》。该书系翰林陈邦彦衷辑汇钞,得题画诗 8900 余首。其书按天文、地理、山水、人物、闲适、行旅、羽猎、仕女、仙佛、渔樵、耕织、牧养等 30 类,编次 120 卷。康熙四十六年(1707)四月十六日,康熙亲自为该书作序,是休闲阅读最好的卧游资料。

除开专门的题画诗专书外,下列书画类书中也有很多题画诗材料,包括历代著名书画家生平和书画作品背景掌故等,值得卧游。

《佩文斋书画谱》(清)孙岳颁、王原祁等于康熙四十四年十月初九日奉旨纂辑。康熙四十七年二月所做序言中说明这本多达 100 卷的工具书"凡书画之源流,古今工于此者之姓氏,以至闻人之题跋,历代之鉴藏,悉备考而慎其择,亦可谓详且尽矣。"

《秘殿珠林》,清张照、梁诗正等于乾隆八年(1743)奉旨纂集。收入历代释道两教书画名迹以及清代顺治、康熙、雍正、乾

---

❶ 《御选历代诗馀》卷九十,四库本。

隆四朝有关佛教和道教的书画真迹，带有比较明显的宗教专题色彩。

《石渠宝笈》是清乾隆八年所编辑的书画工具书，该书体例比较特别，系按照清王朝收藏书画作品的场所为纲，以各收藏点的收藏品为目的一部书画工具书，如乾清宫、三希堂、养心殿、重华宫。如乾清宫中保存的主要是顺治、康熙、雍正所留下的书画作品。其中有赵孟頫等大家的书画作品。

关于题画诗，历代书画家作品鉴赏、生平介绍的大型工具书，除了皇家的外，还有学者型官员们所编纂的大型工具书，如清代《书画汇考》就是乾隆朝福建巡抚卞永誉所编纂。全书60卷。"凡诗文题跋悉载。上溯魏晋，下迄元明。所收最为详博。"该书"先纲后目，先总后分，先本文而后题跋，先本卷题跋而后援据他书。条理秩然，且视从来著录家征引特详。"

古代中国，确实有些热爱山水的画家，倾毕生精力摹写名山大川，为后人留下卧游的载体。清朝嘉庆道光年间的南京画家张宝，他20岁出游，60岁回家，晚年将自己平生旅游各地所绘制的最自信的100多幅名胜古迹写真图，以及在京华等各地大量接触的各界名人的赠诗和赠字编纂出版，是为《泛槎图》。他的一生一直在漫游、写生、绘画和做文房四宝生意中度过，是清代的宗少文（宗炳字少文）。

在古代中国，还有些著名的绘画作品，画家并未到过现场。由画家和到过现场的人合作，一个描述，一个绘制。这样的合作作品，不仅可资卧游，而且增添了一段段故事。如：明"成化间仲山官工部，治泉山东，遍历齐鲁之郊。公余得览观古圣贤遗迹而山水佳处亦皆有足迹焉。事竣，归见沈启南隐君，为谈其胜。启南遂写成十图。其经营位置，仲山之所指授也。"❶

---

❶ （明）吴宽《家藏集》，卷五十二。

五、卧游与游记

游记文学的源头最早当追溯到西周第五个皇帝周穆王。穆王就是姬满。他的人生愿望就是让天下到处都留下他的车辙马迹。他的旅行游记即《穆天子传》，很可能是流传至今的世界上最早的游记。穆王之后，孔子带弟子周游列国，在《论语》《孔子家语》《庄子》等晚周诸子的著作中，保留了大量的短小精悍的对话体游记。汉代司马迁的《史记》，本身就是一篇上下数千年、纵横数万里的长篇游记。其中写他考察孔子故里、韩信故里、刘邦故里等文字，都是很精彩的名人故里游记。虽然寥寥数笔，但精神尽出。南北朝时期，诞生于南方中国建业城的《世说新语》，诞生于北方中国洛阳的郦道元《水经注》、杨衒之的《洛阳伽蓝记》，其中许多片段都是十分精彩的游记。至于唐代的柳宗元，宋代的苏东坡、范成大、陆游，明代的袁宏道、王士性、徐霞客、张岱、都穆，清代的康有为、单士厘等，都有名胜古迹游记传世。还有历代游记作品汇编、选本类著作，如明代都穆的《天下名山记》、清代的《小方壶斋舆地丛钞》，等。贾鸿雁博士论文《中国游记文献研究》对此有系统的讨论，读者可以参阅。

六、卧游与地方史志

在中国古代的卧游图书中，还有一类值得重视。这就是地方史志研究和名胜古迹图志。

秦汉以来天子建都之地，有关中、洛阳、建业、汴梁、临安等地。"其间遗迹往事非藉图籍以传，则迹与代湮，事随人灭。陵谷变易，城阙丘墟，虽都人遗老有不能道其旧址之所在者矣。然则图籍之在寰宇，抑岂可少哉？今关中有《三辅黄图》，吕汲公《长安图记》，程文简公《雍录》，葛稚川《关中记》；洛阳有杨佺期《洛城图》，韦述《西京记》，李格非《洛阳名园记》，王正伦《洛阳类事》；

建业有史正志《建康志》，朱舜庸《建康续志》，陈鲁南《金陵图考》；临安有《武林旧事》，周淙《临安志》，李心传《朝野杂记》，皆行于世。学士大夫一展阅间，故都遗迹宛聚目前，不必履壤观风，询宫问沼，蹑荒台，瞩废殿，而感时怀古之情自不容已于卧游之顷矣。"❶

　　卧游有时也指看地图。我们知道，具备一定的地图常识，就能借助地图间接地"游览"地图上所代表的某地。如明代一位在类似今天"国土资源部"机构中供职的何姓官员，使命感极强。他在政府机构办事时，就曾仔细研究过当时的边疆地图。这位何姓官员后来受命前往西部地区防守。之前数年就开始卧游全国各地地图，当然很可能主要是西部地区的军用地图。他自述读图卧游的层次：第一年，只能做到记住山水之形，第二年就可记住其山水走势等信息，第三年就已经知道该怎么防守了。

　　在众多的志书之中，名胜志撰写目的就是给读者卧游的。实际上，卧游也可以说是实游的一种先导和补充。人们要前往某地旅游，事先都得做做功课，了解一下所欲前往之地的历史地理人文风情。这就是地方志山志的价值。这些信息相对游览者而言，是比较稳定的，都属于历史的信息。旅游者游览时因时因心而变化，所看到的风景名胜不会完全一样。所谓有一百个读者，就有一百个哈姆雷特。游人撰写游记、旅游诗，虽千万人写同一个名胜题材，只要写真情实感，也不会犯重，因为各人所看到所感受到的美不同。但在你来到名胜地之前，山水格局、人物历史、诗文档案早已客观存在，那是不会变的一部分。会变的是一代又一代的新来的游客留下的故事和写成的文章。这些名胜地的历史积淀和新鲜血液两者结合，就是旅游文化的全部。从这个意义上看，卧游是旅游文化的半壁江山。

---

❶（明）李濂《汴京旧迹志》序

七、卧游与生活情趣

宋代刘辰翁的儿子写了一篇《山囿记》。该记从旅游的局限性立论：

> "骚人志士之所游，与游而不能造，造而未及遍，或牵于同行，或因于无侣，或数步有公事不得往，与中道迫于私故径归者莫不犹有余恨。幸而得至其处而败于风雨，怵于蛇虎，隔于梯梁，仆痛马瘏，猿断鸟呼。即平地入望而济胜之具不进，亦且仿佛而止。"❶

此文所论，括而言之，人生都是有局限的。耕于田者不知道外面世界之精彩，游于天下者不能画山水，善画山水者又不能画自己没见过的山水。大家都有局限性。

远游亲历，人之常情。但或因老病相侵，或因阮囊羞涩，故卧游成为必然。

古代中国，很多人因为年老体弱，欲远游而不得，欲放弃而不甘。于是就有利用图书文献，将有关名胜古迹图文录出，以供消遣者。如宋代学者吕祖谦的《卧游录》一卷，就是这样来的。吕祖谦晚岁病废，卧家取史传所载古今人境胜处录之。时以宗少文卧游之语实诸卷首。❷

或者因为政治分裂，无法前往，或因官务束缚，不能外出，故卧游成为必然。因政治分裂而不能前往想去的地方，可以东晋书圣王羲之和北魏郦道元为例："晋王右军闻成都有汉时讲堂，秦时城池，门屋楼观，慨然远想，欲一游目。其与周益州帖盖所致意焉。近时吕太史有宗少文卧游之语。凡昔人纪载人境之胜为一编，其奉祀亳社也自以为谯沛真源，恍然在目。视兖之太极、嵩之崇福、华之云台皆将卧游之。噫嘻！弧矢四方之志，高人达士之怀，古

---

❶ （元）刘将孙《须溪集》卷四
❷ 《直斋书录解题》卷七

今一也。顾南北分裂，蜀在境内，惟远患不往尔。往则至矣。毫兖嵩华视蜀犹尔封也，欲往其可得乎？然则太史之情其可悲也已。近得此记手写一通，与《东京记》《长安河南志》《梦华录》诸书并藏而时自览焉，是亦卧游之意云尔。永嘉陈瑗伯玉书。"❶

王羲之想去成都旅游，未能如愿，这是政治分裂造成的。同样受政治分裂影响的大旅行家，郦道元也留下了遗憾。我们知道，郦道元的时代，南北政权对立。他为了给汉朝桑钦的《水经》作注，或默室求深，或闭舟问远。对能到的地方，都走到，故《水经注》一书，于北方中国的水系考据最为详明。因为北方的水道，他不仅熟悉其史料，而且都实地考察过。而对于南方中国，由于当时政治上南北对立，郦道元只能依据山经地志资料进行简介研究。虽然其中诸如长江三峡等部分文字优美，入选中学课本，广布人口，但那是盛弘之《荆州记》中的记载和描写。从学术上衡量，南方中国的水系的考证，就不能和北方中国的那部分相提并论了。这是历史造成的局限。

因公务限制不能远游的，可以梁朝何胤为例。梁朝何胤做官后感觉早年的读书旅游梦想无从实现，曾经发过如下的牢骚："畴昔欢遇，曳裾儒肆。实欲卧游千载，畋渔百氏，一行为吏，此事遂乖。"❷

明代还有个大学者将自己的书斋命名为"卧游室"。他有《卧游室午睡起题》一诗：

东方谈十洲，尚子怀五岳。登览岂不遐，浮踪竟安泊？
伊余实蹇劣，禀赋屡且弱。迟回三十年，强半客京洛。
风沙蔽颜面，神明日凋落。虽窃文苑声，未睹寰中乐。
揭来卧一丘，晨昏课耕凿。卜居邻荠苍，筑室事恬漠。
轩窗不盈丈，周遭艺兰若。游目惟图书，怡神匪丹臒。

---

❶《洛阳名园记》
❷《梁书》卷五十一

第二十四章 "婚嫁向平何日事？卧游宗炳暮年期"

  时援白雪琴，三弄对猿鹤。泠泠众山响，一一度林薄。
五鼎非我荣，万锺亦奚乐。达哉宗炳言，先民有遗矱。❶

又有《卧室》诗：

  泠泠七弦琴，飞声白云上。三十六洞天，不假卢敖杖。❷

  明朝学者诗人胡应麟将自己的书斋取名卧游，很有宗炳的趣味。即通过阅读古今图书，欣赏山水画卷，达到怡情养性的目的。他自述30年奋斗，"虽窃文苑声，未睹寰中乐"。这可能是一种很普遍的心态。卢敖，是古代传说中的远游人物。一个人活在世上，既希望自己在事业上有成就，也希望自己遍游寰中，见多识广。二者若能兼得，自然是人生的大福德。逼不得已，卧游也是一个寻求满足的可靠途径。

  王士禛《览何使君振卿所编游名山记有寄》：

  笔底青山杖底知，书成不数子长奇。
双峰太华真如掌，万里岷峨半入眉。
婚嫁向平何日事？卧游宗炳暮年期。
玉京人鸟须弥顶，更有新编拟付谁？❸

  明清时期已经形成一种新的社会风气，在文人墨客和达官贵人中间流行。这种风气就是流行旅游，流行写山水旅游诗词，结集出版；更有一种是自己能画的文人，将若干名胜画成组画，或自己品题，或请人品题。还有一种人，自己有旅游经历，如做官的，管理运河的，但正好他有画家朋友，于是两人合作，到过实地的人跟画家配合，画出若干景物，成为组画。如前面所述沈石田的故事。

---

❶ 《少室山房集》卷十三
❷ 《少室山房集》卷六十八
❸ 《弇州四部稿》卷四十

第二十五章
"千秋功罪,谁人曾与评说"
——中国旅游文化传统的继承和建设

一、中国旅游业的历史回顾

到本章为止,我已花去 24 章的篇幅,分专题考释了中国旅游文化史的各相关方面。我试图用较少的文字为读者诸君勾勒一幅比较宏观的小众旅游时段的旅游文化图景,替在封闭的自足的农业社会土壤中生长并延续下来的中国旅游文化,做一个初步的总结。个人认为,这个课题的研究虽然不能立竿见影地为中国旅游业的发展起促进作用,但它的出现,仍然是时代的要求,是在我国发展有中国特色现代化旅游事业的需要。也是振兴民族精神,找回民族自信,向世界彰显中华民族的旅游文化遗产之魅力的需要。

为什么这样说呢?

在我国,虽然旅游历史悠久,旅游文献丰富,但真正由国家决策,把旅游当作一门产业来看待,还不到 40 年的历史。和欧美等旅游业发达的国家相比,我们在这方面的经验还十分有限。造成这种落后的局面,自然有历史的原因。如果我们的祖国在康熙、乾隆的时代就开始对外开放,把商品经济引入中国的社会生活。让西方世界的重商意识来冲击一下我国的轻商意识,让中国人民从封闭自足的狭小天地中早点解放出来,我们的国家决不会放着举世无双的旅游资源不开发,而只知道开荒种地,用几千年一贯的农业劳动来维持数亿人口的生计。随着殖民者的到来，我们的国家在一个世纪前便被迫对外开放。20世纪二三十年代，在中国终于出现了以营利为目的的中国旅行社。但在战争年代，发展旅游业的计划终于束之高阁。1949年中华人民共和国成立。按理说在统一安定的中国发展旅游业基础是具备的。但新中国成立伊始，百废待兴。加上20世纪50年代的抗美援朝战争、"大跃进"等"极左"思潮带来的一系列现实问题，一时间自然也无暇顾及旅游业。60年代初，国务院曾制订了发展旅游业的规划，随后却又受到"文革"的干扰破坏，周总理等人的心血也只有付诸东流了。新中国成立到中国共产党十一届三中全会之前，中国国际旅行社、中国旅行社的职能是及时贯彻党和政府的外事方针和统战政策，赢利的观念在那些年月里尚未进入人们的头脑。直到1978年底党和国家终于作出了"对外开放，对内搞活"的决策，发展旅游业也因之逐渐被提上日程。然而我们的旅游业起步太晚，较之一些旅游业发达国家，已经落后了很远。

在闭关自守、老死不相往来的古代社会，落后数十年，也许算不了什么，国与国之间也许不会拉下太大的距离。然而在通信、交通等手段日益现代化的21世纪，在地球日益变小的今天，这段距离我们得花多大的气力才能赶上啊。于是我们受命抓旅游的同志心焦，党和国家领导人心焦！于是我国的旅游业在向旅游业发达国家的学习中，在国内外游客的肯定和否定的评价声中，艰难地然而却是卓有成效地向前推进。

1979年到现在，37年过去了。我们国家的旅游业从零起步。从最初的只接待外国游客赚取当时国家紧缺的外汇开始，发展到现在的国际旅游、出国旅游和国内旅游三驾马车并驾齐驱，现代旅游业破天荒地在中华大地拉开序幕，一幕一幕精彩的演出，直令世界瞩目。随着中华民族的崛起，世界旅游组织在20世纪70年代的预测正在变为现实。中国已然从世界旅游资源大国开始向世界旅游大国迈进。当然，我们的旅游业还存在很多问题。诸如不少出国旅游的游客存在素质不高、教养不够的问题，我们国内旅游景区存在着粗制滥造、不尊重游客、任意宰客等问题，我们的一些地方政府存在默许景区节日涨价、经营不善的问题。但在我看来，这一切都源于一个问题，即我们缺少正确的义利观教育，属于前些年国家发展过程中经济利益高于一切的导向之后遗症。如果我们党和国家能够抓旅游文化建设像抓旅游经济建设那样发力，这个当前最困扰世人的问题将不难解决。

二、中国旅游业的发展道路：既要现代化又要中国化

在我国，旅游业的现代化具有主、客观两方面的可能性。我们国家是一个有着数千年文明的东方古国，在世界人民心目中，她仍享有相当的地位。丰富的自然景观和灿烂的古代文化，作为旅游资源，对各国旅游者还是很有吸引力的。1979年对外开放以来，每年外国来华旅游者数字都有较大幅度的增长，这本身就是有力的证明。特别是在我们的接待条件和服务水平还未达到国际标准的20世纪最后20年，那么多旅游者不远万里而来，这表明他们对中国这块土地和生息在上面的人民充满着了解的渴望。另外，我们还享有一个和平安定的国际环境和发展商品经济、提倡竞争机制的开放搞活的国内环境。这两方面，都是中国旅游业现代化的重要前提。

现代化是有标准的。在旅游资源开发、风景区的建设、接待条件、服务水平、能源、交通、通信等方面都必须达到国际标准。只有做到了这一步，我们在国际旅游市场上才有竞争力，才有话语权。

旅游事业的现代化，在发展道路、管理模式诸方面必须有所借鉴。窃观近年来介绍到我国的英、美、法、意大利、葡萄牙、瑞士、南斯拉夫、日本等国研究旅游业的专著及其他信息资料，

第二十五章 "千秋功罪，谁人曾与评说"

我们发现，这些学术著作和统计数字，实际上已给我们描画了一条条相当清晰的发展旅游业的轨迹。在这条条轨迹上有成功的尝试，也有失败的记录。认真地钻研此类书籍，了解其他国家所走过的道路，吸取他们的成功经验，避免他们失败的教训。这对于我们国家旅游业的发展，无疑也是必补的一课。希望这一工作不要局限在学者圈子。

限于我国生产力的发展水平，在目前一段时间内，我们的旅游业要达到国际先进水平，是困难的。但这些问题随着科学技术的进步，自然不难解决。最难解决的是旅游从业人员本身的现代化和整个中国国民精神面貌的现代化。人的现代化是我国旅游业现代化必不可少的要素。它并不像某些人所认为的那样，只是旅游业现代化过程结束后的副产品，而是旅游业现代化赖以成功的先决条件。从这个意义上讲，可以说，没有人的现代化，中国旅游业的现代化就只能是一句空话。

为什么一定要人的现代化呢？我们全盘借鉴西方旅游大国的管理经验，来它一个全盘西化，不是可以缩短中国旅游业现代化的进程吗？但是，如此发展，其前景将会失去中国的特色和个性。智利知识界领袖萨拉扎·班迪博士在回顾发展中国家追求现代化坎坷道路时，说过这样一句含义深刻的话："落后和不发达不仅仅是一堆能勾勒出社会经济图画的统计指数，也是一种心理状态"。一些发展中国家为了富民强国，从发达国家引进卓有成效的科学技术和经济管理方式，甚至近乎全盘模仿了发达国家的政治经济和文化教育制度，但结果常常出现另一种奇迹：想象中的尽善尽美的蓝图被歪曲了，不是走向失败，就是扭曲流产。美国现代化问题专家阿历克斯·英格尔斯在 4 年时间调查了 6 个发展中国家近 6000 人的基础上，得出结论是："无论哪个国家，只有它的人民从心理、态度和行为上，都能与各种现代化形式的经济发展同步前进，互相配合，这个国家的现代化才真正能够得到实现。"罗马俱乐部总裁奥雷利奥·佩西博士也曾指出："今后经济变革比科学革新更重要，而文化和观念的变革又比经济变革更重要。"[1]要使人的观念现代化，就必须弄清楚传统的观念。为了和传统观念中不利于现代化的因素决裂，就必须弄清楚孕育传统观念的历史土壤。找出妨碍旅游业现代化的观念及其土壤，引起国人的重视，这正是笔者撰写本书的最后一章的动机所在。而剖析传统旅游文化的若干特征，力争将精华和糟粕区别开来，其目的无非是为了使中国旅游业能够形成中国作风和中国气派。没有中国作风和中国气派的旅游文化是丧失个性的文化，而不能达到现代化水平的旅游文化，又是必然被淘汰的文化！

在前面24章我们讨论过的若干旅游文化传统中，我个人认为，像重视资源保护、注意保存史料的传统，像"读万卷书，行万里路"地将读书和旅游结合进行的传统，像探险旅游传统，像重视游览艺术的传统，重文、重人的传统，崇尚真实性的传统，崇尚自然的传统，以及饮食文化中的追求调和境界等传统，虽然同样是产生在小生产土壤之中的旅游文化，它们却因其自身价值可为我们建设当代旅游文化所用，甚至已经成为了我们正在建设的当代旅游文化的重要组成部分了。其他有些传统亦可在一定范围内为发展当代旅游业所用，如尚古传统之见于仿古旅游，附会传统可用于丰富景观内容等。随着中国在世界的重要性的日益凸显，作为中国学者，除了睁开眼睛看世界，还要静下心来盘点一下老祖宗给我们留下的宝贝。老祖宗留下的旅游文化遗产如何为建设新型的社会主义现代旅游文化作贡献，现代的社会主义旅游文化建设如何突出中国作风和中国气派，都是我们应该重视的问题。

三、中国旅游文化建设之我见

旅游文化一般要受到来自两个方面的影响。从纵的方面看，

---

[1] 引自《未来一百页》

古代的旅游文化总会像梦魇一样纠缠着人们的头脑,人们每每受其影响而不自知;从横的方面看,是外来旅游文化的冲击。尽管有的民族旅游文化传统根深蒂固,文化隔离机制甚为强健,但不同空间旅游文化的互相影响和渗透,总是或迟或速地发生着。因此,要建设当代中国的旅游文化,一方面要借鉴世界各旅游大国旅游文化建设的经验,了解各旅游大国如何使传统的旅游文化与现代化建设协调一致。另一方面,我们必须花大气力清理中国古代的旅游文化遗产,站在建设大众旅游时代的新型旅游文化、推动和繁荣当代中国旅游业的高度,对其进行冷静的分析批判,区别何者为精华,何者为糟粕。继承那些可以用来建设当代中国旅游文化大厦的"灵魂"而不仅仅是"构件"。对于那些有碍当代旅游文化建设的传统观念,则要坚决地与之决裂。这两个任务是互相联系,缺一不可的。

(一)小众旅游的经济基础

中国古代的经济,在鸦片战争以前,主要是封建的自给自足的自然经济(也称产品经济)。鸦片战争以来,中国经济虽然注入了某些商品经济的成分,但由于近百年来你争我夺,割据纷争的政局,使资本主义在中国失去了发展的机会,商品经济也是步履维艰。1949年后,由于指导思想的重大失误,在广大的农村,虽然生产恢复很快,粮食总产量在不断增加,生产工具也有一定的改进,但从根本上讲,就我国大多数地区而言,整个生产方式仍然是牛耕人种,分散劳动,单一经营,自给自足,是中国农村经济主要特征。在城市,我们模仿苏联的做法,建立了以国家计划为主的经济体制。这种体制由国家包揽一切,没有竞争机制,缺乏应有的活力。传统的旅游文化就是植根在这样的经济基础之上的。只要这种经济基础不从根本上改变,旅游文化就不可能彻底地脱胎换骨,自别于传统的旅游文化。中国文化的根基在农村,我们几十年来对农村伤害太多,自然也包括以历史名村为载体所传承的农耕文明的诸多精华。

(二)小众旅游的文化基因

传统的旅游文化中具有面向过去的、守旧的旅游文化特征。当代的旅游文化应是面向未来的、创新的旅游文化。我在本书前面各章中,曾从不同侧面谈到了这一问题。从价值观念看,中国人对于古人留下的遗迹感情特深,孔子对于商、周文明的梦寐以求的精神状态,司马迁到曲阜旅游参观孔子故居时那种"低徊久之,不能去云"的无限倾倒的神情,孟浩然登岘山读羊公碑而涕泪交流的形象,邓牧的"生身千载之下,游心千载之上。登箕山而怀洗耳之风,过首阳而悲饿死之节"的理性论述,都可说明这一点。过去时代的旅游方式,也往往被一成不变地一代又一代地沿用下去,如中国古代帝王的巡狩,这种政治色彩很浓的旅游方式,不是从上古时代的无怀氏一直到清代的康熙、乾隆代代相传、而从无根本的改进么?这决不等于说巡狩这种旅游活动有什么不好,而是说历代的当事者在这问题上很少想到改变。我们在比较中、西旅游史时固然可以骄傲地宣称:我们早在周穆王的时代即公元前1000年就有了队伍庞大、距离遥远、艰苦卓绝的探险旅游了。我们也可以夸耀:早在魏晋时期,我们的先哲已懂得欣赏山水自然美了。我们早在唐代便有"失其本居而寄他方"这样极其聪明的旅游定义,它的概括力丝毫不逊色于20世纪70年代联合国世界旅游组织的定义。然而我们必须承认,在我国旅游历史上,像欧洲旅游史上那样以罗马时期、英国女王伊丽莎白一世时期和产业革命时期划时代的变化的事情毕竟太少。我们的国民总是习惯于沉浸在对往昔旅游史中先驱们旅游行为的留恋和模仿之中。若论未来意识,充其量就是希望借助山水名胜,使自己千古流芳,而很少有人对未来中国的旅游业是什么样子进行预测研究的。当然,这种现象之所以出现在中国,与中国地理环境的封闭性、孔子学说的强调内省和自我完善的影响是不能分开的。今天的世界由于交通、通信工具的现代化，国与国之间老死不相往来的时代已经结束了。试想我们的旅游文化若不改弦更辙，怎么能适应日新月异的国际文化环境呢？一个重视自我反省、重视睦邻友好、重视心身和谐、人我和谐、人和自然和谐的中国，如果能克服传统文化的束缚，走出去，学习别人，一定可以交很多的朋友，一定可以在未来的旅游文化建设过程中得益，在吸收世界各国文化的优点的同时，同时也可以彰显中国文化的真精神。

（三）小众旅游自怡自适的价值观需向共怡共适的大众旅游价值观转变

传统的旅游文化是自我欣赏的文化，而当代的旅游文化应是面向世界、让别人也能理解的文化。中国旅游文化传统中有一个很怪的特点，这就是当事人创造旅游文化只求娱心适意，并不求别人的理解和认同。他们认为旅游之乐正如吃饭穿衣一样是自己维持身体健康的需要，只要自己在游览中自得其乐，别人理解与否无关我事。持这种主张的人包括孔子、曾点、谢灵运、白居易、苏轼、苏辙乃至元明时期的许许多多著名旅行家。这种游览我曾以"心游"二字名之。毫无疑问，当旅游行为发生时，也就是旅游主体和旅游客体发生关系之时，主体在和客体的交流中得到审美的愉悦，这是十分自然的心理现象。在封闭的古代，旅游者只求封闭自己的身心，不想把自己的感受译介给别的旅游者，从信息论的角度言之，这种心理无形中就堵塞了旅游信息畅通的渠道。而这对于发展以赢利为目的的旅游业，其不利影响不言自明。我国古代积累下来那么多旅游名著，直到 20 世纪才陆续被外国学者介绍了几部过去，大量的堆如山积的记载着历代旅游者独特感受的旅游著作，仍躺在各种丛书、类书和诗文别集中睡大觉，这种现象正常吗？这种现象本身难道不也是不求外人认同的心理表现吗？从发展当代旅游业的高度出发，我们翻译家有责任把一些记载着重要旅游信息、描述了前人独特的旅游感受的名著介绍给外国读者，向他们多输出一些有关的信息，一来可以增强他们对中国旅游文化特色的认识，二来也可以激发他们旅游中国的兴趣。中国旅游文化中的饮食文化、园林文化已为世界文明国家所认同，而我们其他方面的旅游文化，如旅游楹联、诗词却因文化背景的不同，也因译介工作的落后而仍受到外国旅游者的冷落。在 20 世纪 80 年代后期召开的"旅游诗词、楹联创作研讨会"上，我曾经呼吁旅游界人士在招揽业务的旅游广告和导游手册中，加进这方面内容的译介，因为信息从一端输向另一端是需要中介的。你不把屈原赋作中的精华用外文译出，外国游客到秭归、汨罗一游，只能知道有一个古代诗人叫屈原，因为受当局排挤，遭流放，最后投江自杀，人们为了纪念他，每年五月五日吃粽子、划龙舟这些浮浅的知识。屈原之为屈原，他的伟大人格又怎能传递到外国游客心中呢？又比如：屈子祠门上的对联"屈平词赋悬日月，楚王台榭空山丘"这联诗本身就是对中国旅游文化重文传统的形象概括，若能从深层文化心理上分析，外国游客不是所得更多吗？

（四）小众旅游时代的重义轻利应向大众旅游时代的义利兼顾发展

传统的旅游文化重义轻利，是一种建立在产品经济基础上的文化；当代的旅游文化应该义、利并重，它是一种建立在商品经济基础上的文化。我在本书《探险旅游传统》中已经涉及这个问题。中国古代捐资修复旅游点的人很多，富翁中多，地方官中也多，甚至有和尚道士倾毕生精力四处化缘来修复一座寺庙或道观，也有人发现城镇周围的地下溶洞奇观而捐资修造一些游览设施，然而这一切行为的动机只有一条：积德和留名。从没有人想到利用风景名胜来赚钱赢利。即便是远游探险，中国人也只不过关心弘扬国威，或访道问学，一言以蔽之，对精神满足的追求远远超过对物质欲望的贪婪。从战国时期商鞅变法开始由"重耕战，奖军功"发展来的重农抑商意识便作为政策代代相传，这就是"以农为本，以商为末"。战国时期的韩非子干脆把商人划入危害社会的五种蛀虫之列❶。与这种轻商观念相联系,在国人的心目中便形成了重义轻利的价值观念。国家千百年来的抑商政策的实施,使中国旅游史上的商人旅行家未能受到重视。这和欧洲公元前和中世纪旅游活动中的积极分子多是由商人充当形成一个十分鲜明的对照。我想,并不是中国古代没有出现自己的商人旅行家,而是因为官方的轻商贱商意识使文人不屑于为他们作传,或者是他们自身自惭形秽,以为难登大雅之堂。不然,何以史料如此缺乏呢?

现在我们要发展商品经济,就得按等价交换的价值规律办事。既不能像古代中国人那样只求名而不求利,或者借用时髦语言,叫作只讲社会效益不讲经济效益。也不能像欧洲殖民统治者的探险家那样两眼只盯着一个利字,只讲经济效益而不讲社会效益。因为旅游是世界各国人民增进了解、促进和平的重要纽带。毫无疑问,健康的、向上的面向未来的旅游文化,必须考虑到促进世界和平的大同社会早日到来这样的历史责任。时下外国游客对我国部分宾馆、饭店的服务水平不满意,概括起来,无外乎两个方面的原因:一是高额收费、低劣服务。只讲经济效益,不重社会效益。二是过分优待外国游客,把中国传统的热情好客发挥到极致,不考虑经济效益。这后一方面尤以对待外国来华的专家和工商人士为甚。

与重义轻利的价值观相联系,传统的旅游文化是一种与世无争的文化。在古代中国,隐逸者流"不事王侯、高尚其事"的人生价值观十分吃香。历代官僚因政治上遭到挫折,便把旅游当作一种寄托。在历代官修史书中,在稗官野史中,隐逸于山林之中或隐居于闹市的与世无争的人永远为人民大众所艳羡,然而那毕竟是农业社会的文化。在现代社会里,优胜劣汰,适者生存。与世无争者,其生存空间必遭他人攘夺,唯奋起竞争者才能有立足之地。试想,在各旅游国都在挖空心思争夺客源的今天,我国旅游业要进入强者之林,如果对国际市场不调查不研究,抑或以守

---

❶《韩非子·五蠹》

株待兔的心理等客源,那行吗?因此,现代的旅游文化又必须是有竞争意识和竞争能力的文化。

经过37年的观察,我发现我们国家在旅游业发展过程中,犯了由一个极端走向另一个极端的思维错误。我们古代的旅游文化不重视利,只关心义。而当我国真将旅游作为产业来建设,某些地方就暴露出唯利是图的极端倾向。有一次,有关部门暗访,15个国家重点旅游景区,竟然有13个存在超负荷接待,强迫旅游者消费的宰客现象等问题。我当时看了报道,十分震惊。因为一般来讲,有问题的总是少数,但这次是多数都有问题。我为此写了一篇文章,名曰《唯利是图何时了?》发在我的实名博客上。

我觉得,社会主义中国的健康旅游文化应该是义利并重的文化。封建社会的旅游,是小众旅游,那些好事者们完全不讲经济效益,那是时代的必然。现在的旅游业是大众旅游,追求经济效益也无可厚非,关键要义利并重。片面强调任何一方面,都会过犹不及。

(五)小众旅游时代封闭自足的特性应向大众旅游时代的开放拓展看齐

传统旅游文化是一种封闭型的文化,今天的旅游文化则应是开放型的文化。这是不同质的两种文化。古代的旅游文化是在近乎封闭的环境中形成的,今天的旅游文化则是在日益开放的国际环境中形成并与之相适应的文化。植根在农业社会封闭环境中的旅游文化,必然打上小生产经济形态的烙印。其表现主要有以下几点:(1)视出门为畏途。农业社会生产力低下,普通人没有旅游的条件,故视出门为畏途。俗谚云:"在家千日好,出门一时难。""一生不出门,是个大福人"。就是这种历史情景的写照。(2)不远游的旅游观。与自然经济基础相适应,儒家提出了"父母在,不远游,游必有方"的近游理论,道家提出了"物物皆游,物物皆观"、"乐因乎心,不因乎境"的心游理论。在交通不发达、旅游者安全无保障的古代，儒、道两家的旅游思想，都不失为明智之见。然而它毕竟是历史的陈迹。在发展商品经济的今天，这两种影响中国两千余年的旅游观念，必将发生根本的变化。近游和心游的旅游观束缚人们的手脚，限制人们的视野，鼓励人们用精神的自我平衡来取代远游和冒险。这种旅游观的危害性在于，它会自觉不自觉地淡化人们对外部世界了解的渴望。而又是自我封闭、懒于竞争的温床。我们预测，近游和心游的旅游观必将逐步让位于远游和探险猎奇的旅游观。因为后者更能适应商品经济的发展。当然，近游作为一种旅游形式，在我们国家还有它存在的条件，因为我们的人民，大多数还不富裕，不具备远游的物质条件。取代云云，是从宏观趋势而说的。（3）不顾历史真实，真假名胜并存。在中国，同一个历史名人，往往被分属几个不同的省、县。某古战场本来只有一个，结果闹出几个并存的局面。如河南南阳和湖北襄阳就并存着诸葛亮的两处故居，在李自成的墓地问题上出现了湖北通山、通城两县争夺不休的闹剧。三国赤壁大战战场亦有争议。这种现象的出现，推本求源，仍然是封闭、信息不通、各以为是的客观条件造成的。（4）景观评价存在着不讲科学性的毛病。古人旅游范围有限，但在评品旅游景观时却每每好作夸大的评价，如孔子"登东山而小鲁,登泰山而小天下"（《孟子》），徐霞客"五岳归来不看山，黄山归来不看岳"。历代文化人在风景区留下的"第一山"、"第一洞"、"第一泉"、"第一峰"之类的绝对化的评价，都是在缺乏全方位比较的情况下作出的结论。

（六）小众旅游时代的专制的一元化文化观应向大众旅游时代的民主的多元的文化观转变

传统的旅游文化是专制的一元的旅游文化，而今天的旅游文化应该是民主的多元的旅游文化。由于中国是一个封建制度延续历史最长的国家，因而其旅游文化的封建专制色彩也格外突出。

专制的一元的旅游文化的表现之一，是扼杀创造力和个性，提倡因循与模仿。康熙在营造承德避暑山庄时,题写了三十六景,其孙乾隆也题三十六景,不敢稍为逾越。宋宁宗给宋迪的潇湘八景配了诗,于是一时洛阳纸贵,天下八景泛滥成灾,以至许多州、县甚至普通乡镇都有"八景"。在中国古代像这样的旅游文化现象甚多。对权势者的崇拜也是其表现之一。我在前面"重人传统"已有所论列。不管景点的旅游价值如何,只要是帝王或大臣去过的地方,那里的山水便会身价百倍。在整个封建时期,旅游文化都表现出一种模式,一个腔调的特征。以文、武二圣的纪念性建筑为例,全国各地的孔庙和关庙在形式上大同小异,在祭祀、管理方式上亦区别不大。看了曲阜的孔庙,其他地方的孔庙可以不看,因为个性成分太少,而共性成分太多。这种遗风至今犹存,某地搞一座仿古建筑成功了,其他地区跟着仿效,而绝未想到另搞一套。要现代化,这种缺乏创造力的求同思维定式不改变,行吗?

专制的一元的旅游文化的表现之二是等级制度。在中国古代,旅游这种文化活动同其他文化活动一样,也被赋予了贵贱尊卑的特性。最初,旅行者深入深山老林、激流险滩,由于对大自然的恐惧,他们便以各种不同的祭祀方式来敬奉想象中的神祇。后来随着宗法制社会完善,社会生活中的等级差别也进入了旅游文化。如《周礼》规定,只有天子才能祭祀全国性的名山大川,诸侯则只能祭境内的名山大川,界限森严,逾越不得。古代的中国人在对待旅游资源的看法上,也表现出很强的等级色彩。如中国有很多名山,他们在这众多的名山中挑出五岳,而在五岳之中又非独尊东岳泰山不可。在接待规格上,等级界限更是明显。一个风景区,在接待皇帝、大臣和文人墨客乃至普通旅游者等人员时,其礼节,其饭菜标准,住房安排,都有区别。这可从一个民间故事中看出。传说某名士到一寺庙旅游,开始,名士进入方丈室,方丈见来人其貌不扬,爱理不理,对来人说:"坐"。立谈数句,见谈吐不俗,便曰"请坐"。再深谈,见其吐属风流,不是凡俗之辈,乃从椅子上站起来,对来人说"请上坐"!这个故事是典型的。它生动地反映了在专制集权制的中国,旅游接待人员的奴性服务心理。因为在古代中国,真正能到全国各地旅游的,非贵族莫属,服务人员岂敢怠慢。正如韩愈在《送李愿归盘谷序》中所形容的:"武夫前呵,从者塞途,供给之人,各执其物,夹道而疾驰。喜有赏,怒有刑。"因为他们手握生杀予夺之权,服务员的一条命还不值一根草芥。为了生活,这些服务人员不得不"争妍而取怜",尽量争取服务对象的欢心。除开帝王这个层次,地方长官出差旅行,也很少不大摆其老爷架子。服务人员稍有不到,骂声便起,甚至拳脚交加,轻则受伤,重则丧命。因此世故的服务员便只有低首下心,忍气吞声,以免节外生枝。但是,当来客是和自己身份差不多的平民时,他们便冷冷淡淡。他们的灵魂是被专制集权制度的代理者扭曲了的。时至今天,在旅游服务行业中依然存在着"见官怕三分""欺软怕硬""衣帽取人"等恶劣作风。相信随着商品经济的发展,在金钱面前人人平等的新观念会取代"见官怕三分""衣帽取人"的陈旧服务心理。要繁荣中国旅游文化,这种奴姓、等级、因循守旧等旧的文化心理必须打破,要敢于独出心裁,标新立异。旅游文化的建设,应该提倡各地区百花齐放,而不应再重复几千年来一贯制的强求一律。我们今天的旅游文化,还应充分体现对人的尊重,对民主的尊重。

(七)小众旅游时代的贵旅性、精英性应向大众旅游时代的全民性和世界性转变

传统的旅游文化是贵族的、少数人的文化,今天的旅游文化应该是民族的大众文化。如果我们对中国有史以来的旅游历史作一纵向追溯,我们就会看到这样一幅图景:周、秦、汉时期,能够到全国各地旅游的帝王和少数大臣,以及部分富商,他们轮蹄所至,前呼后拥,热闹非凡。这是十足的贵族旅游。魏晋六朝时期,顾恺之、王羲之、谢灵运等仍是贵族旅游。到了唐宋,由于科举取士,这一时期旅游者成分有较大的变化。这主要表现为大量的中小地主

阶层的年轻学子也参加到旅游行列中来。但除了读书人，普通工匠、农夫旅游者极为罕见。明清两代乃至中华民国，也基本上是这种格局。与明代不同的是，清末出国远游的人多起来。与清代不同，民国时期旅游队伍的平民化趋向有所加强，且域外旅游较清代更有发展。

大众旅游跟小众旅游有很多不同，因此，从文化建设和管理上看，必须研究新问题，探索新途径。

从这一极为简略的回顾可以看出，中国旅游文化历史不为不悠久，中国古代旅游文化的层次也不为不高，然而却不是人民大众的旅游文化。这种局面是自给自足的小农经济和封闭型的文化氛围所造成。十多年来，由于对外开放和对内搞活国策的实施，一方面外国来华旅游者逐年上升，另一方面，国内旅游也以空前速度发展着。应该说，这是中国旅游史上值得大书特书的一个时期。但冷静一想，我们在指导思想上对大众旅游给予了应有的重视吗？没有。诚然，想方设法吸引外国人来中国旅游，这对于经济的发展，引进现代科学技术和现代观念，无疑是重要的。但我们同时也不应忽视另一方面。我国人口众多，其中占人口百分之八十的农民是一支潜力很大的旅游队伍。他们在温饱问题得到解决后，旅游愿望便会日渐强烈。我们的旅游文化建设怎么能忽略他们呢？须知鼓励他们旅游，对于开阔他们的视野，增强他们社会化大生产的观念，进而提高全民族的文化素养，培养现代意识，都是很必要、很重要的工作。而当代官员公费旅游的问题屡禁不止。当代官员的公费旅游既败坏了社会风气，也破坏了传统。因为古代旅游追求的是游不妨政的境界，而当代的官员却是走的假公济私的道路。这该如何解决，都是历史留给当代旅游文化研究者和建设者的任务。

总之，对外，创造一种能与世界各国竞争的旅游文化，对内，创造一种为广大人民大众喜闻乐见的、符合民族心理和传统的民族的大众的旅游文化，是我们当前旅游文化建设的并行不悖的两大任务。而提高国人的综合素养，用不仅能至，而且还要能言，最好还要能文的高标准来作为标尺。鼓励我们的国民不能满足于只做一个到此一游的低层次游客，应该追求做能言能文的高层次游客，这才是真正的高大上。出国旅游比购物，比钱多，比大声喧哗，比奢侈浪费，国内旅游比煞风景的本事，比敢冒天下之大不韪，只知道在体量规模上超越前人，那能算高大上么？当然，我们的旅游景点规划建设，我们的接待服务文化建设，也应同样提档升级。中华民族在继承古老的旅游文化遗产，吸纳世界最先进的国外旅游文化的基础上，必将创造出辉煌灿烂的中国特色的新型旅游文化，从而谱写出无愧于时代的中国旅游文化史新的篇章。